淮北师范大学文学院中国语言文学博士点立项建设学科组稿

古典文献学术论丛

第六辑

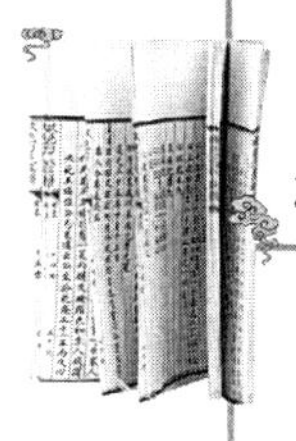

主编 王政 周有斌
副主编 冀运鲁 任荣

全国百佳图书出版单位
时代出版传媒股份有限公司
黄山书社

图书在版编目(CIP)数据

古典文献学术论丛. 第六辑 / 王政, 周有斌主编. -- 合肥 : 黄山书社, 2017.5

ISBN 978-7-5461-6376-5

Ⅰ. ①古… Ⅱ. ①王… ②周… Ⅲ. ①古文献学-文集 Ⅳ. ①G256.1-53

中国版本图书馆 CIP 数据核字(2017)第 109986 号

古典文献学术论丛(第六辑)
GUDIAN WENXIAN XUESHU LUNCONG DILIUJI

王 政 周有斌 主编

出 品 人 王晓光
责任编辑 周振华
责任印制 戚 帅
装帧设计 陈 强
出版发行 时代出版传媒股份有限公司(http://www.press-mart.com)
黄山书社(http://www.hspress.cn)
官方直营书店(http://hsssbook.taobao.com)
营销部电话:0551-63533768 63533788
(合肥市蜀山区翡翠路 1118 号出版传媒广场 7 层 邮编:230071)
经 销 新华书店
印 制 合肥锐达印务有限责任公司

开本 787mm×1092mm 1/16 印张 17.5 字数 350 千字
版次 2017 年 8 月第 1 版 2017 年 8 月第 1 次印刷
书号 ISBN 978-7-5461-6376-5 定价 58.00 元

目　录

文献拾遗补正

文学文献研究

文艺美学研究

书评

文献拾遗补正

古籍整理中运用 Word 文档繁简转换功能致误举例

林日波

在 2005 年，鲍国强先生就撰写了《繁体电子书稿易错字举例》长文，刊载于《古籍整理出版情况简报》（以下简称《简报》）2005 年第 1—4 期，影响大，流传广，已成为从事古籍整理出版的学者、编辑案头必备的手册。较之十年前，当今传统文史专业学者获取稀见文献的机会越来越多，治学成效遂因之提高，且大多数学者在深入挖掘文献资料撰写论文的同时，也乐于及时将某些要籍整理出版，从而促进了古籍整理出版事业的繁荣。在这整个过程中，电子化较之传统纸笔的便捷人所乐见。然而事物都有它的两面性，古籍的繁体特点与整理者的简体输入习惯常常存在矛盾，当整理者“偷懒”或者过于信任 Word“中文繁简转换”的功能时，文字错误便会在不知不觉中隐藏在字里行间，增加编校困难。对近年来出现的一些新问题，程毅中先生《不是电脑惹的祸》（《简报》2013 年第 4 期）、江庆柏先生《关于电脑自动转换中文简繁字产生的问题》（《简报》2014 年第 1 期）又进行了归纳，笔者从中受益匪浅。笔者也留心汇集了若干在编辑实践中遇到的因繁简自动转换致误的词语，下面分类列举，略作说明，希望对有志于古籍整理事业的同仁有所裨益。

笔者所记简转繁致误的词语，大体可分两类：一类是词语中的某简体字对应了两个及以上繁体字的音或义而致误。对此类错误，只要整理者和编辑勤于翻检鲍、程两位先生的文章，则一遇便知。具体列表如下：

简体	自动转换为繁体	说明
并（bīng）州	並州（“並”〔bìng〕错）	
击筑	擊築（“築”错）	
党项	黨項（“黨”错）	“上党”错同。
游魚	遊魚（“遊”错）	
种（chóng）师道	種師道（“種”〔zhǒng〕错）	
发（fà）小	發小（“發”〔fā〕错）	“发（fà）已种种”错同。

续表

简体	自动转换为繁体	说明
叶(xié)音	葉音("葉"〔yè〕错)	"叶(xié)韵"错同。
长吁(xū)短叹	長籲短歎("籲"〔yù〕错)	"吁〔yù〕嗟"错同。
洪适(kuò)	洪適("適"〔shì〕错)	
当宁(zhù)	當寧("寧"〔níng〕错)	"位宁(zhù)"错同。
腊(xī)肉	臘肉("臘"〔là〕错)	

有例外的情况,就是尽管某简体字对应了两个及以上繁体字的音或义,但由其组成的词语自动转繁后,其在此词中错,而在彼词中却不错。具体列表如下:

简体	自动转换为繁体	说明
仆(pū)倒	僕倒("僕"〔pú〕错)	"颠仆"错同,"前仆(pū)后继"不错。
癸丑	癸醜("醜"错)	"丁丑""己丑""辛丑"错同,"乙丑"不错。
甄后	甄後("後"错)	"甄皇后"不错;"吕后""吕皇后"情况相同(他可类推)。
后稷	後稷("後"错)	"后羿"错同。
十里	十裡("裡"错)	"里"前为"〇"至"十"错同,为"百""千""万"则不错。
陵谷	陵穀("穀"错)	"坑谷"错同,"满坑满谷""山谷""空谷足音"不错("谷"字组词例多,不枚举)。
道咸间	道鹹間("鹹"错)	"咸同间""咸淳""咸通""咸熙""咸和""咸亨""咸雍"错同;"咸宁""咸康""咸安""咸平""咸丰"则不错(以上皆年号)。
姜子牙	薑子牙("薑"错)	"姜尚""姜太公"不错;"姜夔"(号白石道人)错同,"姜白石"不错(他可类推)。
范缜	範縝("範"错)	"范纯仁"(谥忠宣)错同,"范忠宣公"不错;"范文正公"错同,"范仲淹"(谥文正)不错。

续表

简体	自动转换为繁体	说明
据括	據括（“據”错）	“括据”不错。
丰神	豐神（“豐”错）	“丰韵”不错。

另一类是某简体词语自动转繁后，会莫名其妙地出现增字、错字，甚至“贯通中西”。具体列表如下：

简体	自动转换为繁体	说明
算法	演算法	增“演”。“X+算法”，如“九章算法”“天文算法”错同。
清癯	清臒	“癯”同“臞”，与“臒”字形相似，或因此而误。
升序	昇冪	前者指由小到大、由低到高、由少到多的上升趋势排列；后者则指多项式中按某字母指数由小到大排列，是数学术语。
沉疴	沉屙	含“疴”词语错同。《第一批异体字整理表》以“痾”为“疴”之异体，与“屙”字形相似，或因此而误。
庶吉士	庶起士	custard 香港译为“吉士”，cheese 音译为“起士”“起司”，前者为一种预拌粉，常加水或牛奶做西点的馅料；后者即奶酪、干酪，二者均可作为糕点原料，或因此而误。
丰西泽	丰凱撒	“丰西泽”乃刘邦纵徒之地。拉丁文 Caesar 或译西泽，或译凯撒，遂因此误转。
奔驰	賓士	“宾士”为汽车品牌，中文译为“奔驰”，二者简繁转换自动关联。
比隆唐虞	比靈斯唐虞	“比隆”意为同等兴盛。又，“比隆”可作丹麦城市“Billund”的音译，“比靈斯”乃美国城市 Billings 的音译，二者或因此串通。
渠道	管道	《现汉（六）》“管道”义项②为“途径；渠道②”，“渠道”义项②为“途径；门路”，二者意义可通，但并非完全一致，须加辨析。

此外，“坂上走丸”转换为“阪上走丸”（“长坂坡”同），“鸲（鸡曲）”转换为“鴝（鷄曲）”，“璇玑”转换为“璿璣”，“咨询”转换为“諮詢”，“杂沓”转换为“雜遝”，字虽不错，但也要细为区分。“阪”，《现代汉语词典（第六版）》〔以下简称《现汉（六）》〕第一义项称“同‘坂’”，但古籍中常用“坂”，故应留心复核。

“鸝”,《现汉(六)》规定其为“鹂”(繁体字作“鸝”)的《第一批异体字整理表》外的异体字,其实东汉许慎《说文解字》中有“鸝”而无“鸝”,宋代《集韵》中同时收录“鸝”“鸝”二字,元代周伯琦《六书正讹》则称“俗作鸝,非”,则“鸝”乃后起的异体字,反而被扶正,实属意外。“璿”在《第一批异体字整理表》中被规范为“璇”。“諮”在《现汉(六)》中有对应的简体字“谘”,尽管它同“咨”,但要严格遵照古籍原文用字不能马虎;“遝”类似,《现汉(六)》此字后注称“见[杂沓](杂遝)”,表明“杂沓”为国家试行标准的推荐词,尽管两词同义,亦应遵照古籍原文。

繁转简致误的词语,所遇不多,暂列如下:

繁体	自动转换为简体	备注
乾卦	干卦	“乾元”“乾首”、“乾綱”错同,“乾坤”不错。(“乾”字组词例多,须随遇随记。)
公車上書	公交车上书	“公交车”转繁体则为“公車”,前后二者为大陆与港台用词差异。
本州	本州岛	增“岛”。“X+本州”或“本州+X”“X+本州+X”,均同错,可举刘长卿《送州人孫沅自本州却歸句章新營所居》诗为例。
九州	九州岛	情况同“本州”。
王渾字元戎	王浑字符戎	“李儋字元鍚”错同。
李維楨	利瓦伊桢	此误与简转繁之“丰西泽”同类。“Levy”音译作李维或利瓦伊,二者因此误串。

还有个“钜”字比较另类,无论在简体词语如“为数甚钜”中,还是在简体人名如“梁章钜”中,转换为繁体时,其字坚持不变;若其在简体字文中已作繁体“鉅”,一旦简转繁,则又错为“钜”,令人莫名其妙。

对于鲍文、程文、江文以及本文中提及的这些问题字词,今后为了避免一一检核的麻烦,可在 Word 的“中文简繁转换”工具栏中点击“简繁转换”,在弹出的对话框中点击“自定义词典”,根据四种“转换方向”(繁到简、繁到简〔双向〕、简到繁、简到繁〔双向〕),进行字词的“添加或修改”。当然,繁简自动转换造成的问题字词,一人一时难以网尽,需要对此有心之人在古籍整理及编辑实践中不断积累、公布,合力毕其功。

眼下随着“互联网+”概念的提出和研究的推进,社会参与程度将逐步提高,古籍数字化的进度必然加快,实现手段也会多样化。在这样的态势下,加之国家大力提倡弘扬优秀传统文化,“让书写在古籍里的文字活起来”,不管是传统纸媒编辑还是网络编辑,一定要对繁简转换导致的各类错误有全面、深刻的认识,切莫等闲视之,庶几经典不因我辈而“谬种流传”,令现在乃至后世读者瞠目结舌,心生厌恶。清代藏书家、刻书家陆心源曾说“明人刻书而书亡”,前车之鉴,须引以为戒!

(作者简介:林日波,凤凰出版社副编审。本文为江苏省“333”工程科研资助项目“近三十年古籍整理出版及其数字化问题研究”成果之一,项目编号BRA2014206。)

《知本堂读杜诗》征引杜诗学文献简释

魏　娟　邱瑰华

《知本堂读杜诗》①,汪灏撰。汪灏,字紫沧,江南休宁(今安徽休宁)人。生于清顺治十五年(1658)(一说顺治十八年),康熙四十一年(1702)钦赐举人,次年钦赐进士,选庶吉士,后官皇太子讲官、内廷供奉翰林院编修。勤于读书,博学多识,工于诗文,尤喜读杜诗,颇多独得之见。著有《披云阁诗》《披云阁词》《知本堂诗文集》《知本堂读杜诗》《随銮纪恩》等,并参与纂修《渊鉴类函》《广群芳谱》等。卒年未详,康熙六十一年(1722)前去世。《知本堂读杜诗》对杜甫全部诗歌进行了解读,文中多有征引前人杜诗学文献处。虽然汪灏对"凡引人者,必将姓氏注明"(《知本堂读杜诗·凡例》),但其言作者,或用字号(如鲍钦止、李泰伯),或只言某氏(如姜氏、黄氏);言著述,多在撰者姓氏后加一"注"字、"编"字(如仇注、黄氏编),皆极简省,这对于当时的人来说并非难于理解,而对于今天的读者来说则为难事。本文特作一简要注释,并附征引次数,以便帮助读者阅读理解,亦可见《知本堂读杜诗》关于杜诗学文献的征引情况②。

1.鹤注(398次)、黄鹤(2次)、黄鹤注(2次)、黄希注(2次)、鹤编(9次)、黄编(1次)、黄氏编(1次):指黄希、黄鹤合注《黄氏补千家集注杜工部诗史》三十六卷。黄希,字梦得,号师心,宜黄(今江西宜黄)人,宋孝宗乾道二年(1166)进士,官永新令。黄鹤,字叔似,黄希之子,著有《北窗寓言集》,今已佚。

2.仇注(207次):指仇兆鳌注《杜诗详注》二十五卷。仇兆鳌(1638—1717),字沧柱,号章溪老叟,鄞县(今浙江鄞县)人。康熙二十四年(1685)进士,选庶吉士,散馆授编修,历官内阁学士、礼部侍郎、吏部侍郎等。康熙四十三年(1704),因著《杜诗详注》受康熙赏识,总纂《方舆程考》。

3.朱鹤龄注(4次)、朱注(48次)、朱编(2次)、朱氏编(3次):指朱鹤龄编注《杜工部集辑注》《杜工部年谱》。朱鹤龄(1606—1683),字长孺,号愚庵。吴江(今江苏苏州)人,明诸生,著有《愚庵诗文集》。

4.钱宗伯本(1次)、钱本(3次)、钱笺(8次)、钱注(24次):指钱谦益笺注《杜工部集笺注》(简称《钱注杜诗》)。钱谦益(1582—1664),字受之,号牧斋,晚号蒙叟、东涧老人,学者称虞山先生,常熟(今江苏常熟)人。明万历三十八年(1610)进士,授翰林院编修,官至礼部侍郎。钱氏为清初诗坛盟主之一,著有

① 汪灏《知本堂读杜诗》,中国国家图书馆藏清康熙刻本。

② 按征引次数多少排序;征引次数相同,按撰者时代先后为序。

《牧斋集》《初学集》《有学集》等。

5.杜臆(33次)、王嗣奭注(2次):指王嗣奭撰《杜臆》。王嗣奭(1565—1648),字右仲,号于越,鄞县(今浙江宁波)人。明万历二十八年(1600)举人,官涪州知州。著有《管天笔记》《夷困文篇》《密娛斋诗集》等。

6.蔡梦弼注(7次)、梦弼注(1次)、蔡注(2次)、蔡氏编(1次)、蔡编(3次)、草堂本(7次)、草堂诗笺(1次):指蔡梦弼笺注《杜工部草堂诗笺》,简称"草堂本"。蔡梦弼(生卒年不详),字傅卿,建安(今福建建瓯)人。生平不详,宋宁宗时(1195—1224)在世。

7.梁氏编(9次)、梁编(2次)、梁本(2次)、梁权道编(4次)、梁权道注(2次):指梁权道撰《杜工部年谱》(又名《杜工部集谱》)。梁权道,生平不详,南宋时人。原本已散佚,近人有梁廷灿《年谱考略》。

8.卢元昌注(1次)、卢注(18次):指卢元昌撰《杜诗阐》。卢元昌(1616—1693),字文子,号观堂,华亭(今上海市)人,清顺治时(1644—1661)诸生。

9.顾注(17次):指顾宸注《辟疆园杜诗注解》。顾宸(1607—1674),字修远,号荃宜,无锡(今江苏无锡)人。明崇祯十二年(1639)举人,著名藏书家。

10.赵次公注(3次)、赵注(10次):指赵次公撰《新定杜工部古近体诗先后并解》。赵次公(生卒年不详),字彦材,西蜀(今四川成都)人。南宋初在世,宋孝宗隆兴时(1163—1164)任隆州司法。赵注原本已佚,今有林继中辑《杜诗赵次公先后解辑校》。

11.黄生本(1次)、黄生注(7次)、黄白山(1次):指黄生撰《杜诗说》。黄生(1622—?),字扶孟,别号白山,歙县(今安徽歙县)人,明末诸生。著有《一木堂集》《字诂》《义府》等。

12.邵宝注(1次)、邵宝曰(1次)、邵注(6次):指邵宝撰《杜少陵先生诗分类集注》。邵宝(1460—1527),字国贤,号泉斋,别号二泉,无锡(今江苏无锡)人。明成化二十年(1484)进士,授徐州知府,后官户部侍郎、礼部尚书。卒赠太子太保,谥文庄,明代著名藏书家。

13.吴若注(1次)、吴若本注(4次)、吴若本(1次):指吴若编《杜工部集》。吴若(生卒年不详),字季海,荆溪(今江苏宜兴)人,宋高宗绍兴年间(1131—1162)在世。所编《杜工部集》是较早的杜集定本,被称为"吴若本"。

14.单复编(5次)、单复本(1次):指单复撰《读杜愚得》十八卷。单复(生卒年不详),字阳元,剡源(今浙江绍兴嵊州区)人。明洪武四午(1371)举怀才抱德科,后任汉阳县令。

15.蔡兴宗年谱(1次)、蔡氏编(1次)、蔡编(2次)、蔡注(1次):指蔡兴宗编《重编少陵先生集并考异》。蔡兴宗(415—472),字伯世。济阳考城(今河南兰考)人。官至尚书右仆射、左光禄大夫。著有《重编少陵先生集并考异》二十卷(又名《注杜甫集》《编杜诗》),已散佚。

16.赵汸注(1次)、赵东山注(3次)、赵东山汸注(1次):指赵汸注《杜律五言注》。赵汸(1319—1369),字子常,号东山,休宁(今安徽休宁)人。为黄泽门人,因其曾作东山精舍,故学者称之为东山先生。洪武二年(1369),召修《元史》。著有《东山存稿》七卷,《周易文诠》四卷等。

17.张綖注(5次):指张綖撰《杜诗通》。张綖(1487—1543),字世文,自号南湖居士,高邮(今江苏高邮)人。明正德八年(1513)举人,授武昌通判,后擢光州知州。著有《南湖诗集》四卷、《诗馀图谱》《杜律本义》等。

18.吴见思《杜诗论文》(1次)、吴论(2次)、吴论注(1次)、论文(1次):指吴见思撰《杜诗论文》。吴见思(约1621—1680),字齐贤,武进(今江苏武进)人。除《杜诗论文》,另著有《杜诗论事》。

19.张远注(3次)、远注(2次):指张远撰《杜诗会萃》二十四卷。张远,字迩可,萧山(今浙江萧山)人。康熙中(1662—1722)由贡生授缙云县教谕。著有《云峤集》《蕉园集》《梅庄集》。《四库全书总目》评《杜诗会萃》曰:“是书采诸家之注而成,故曰‘会萃’。其分析段落,训释文意,颇便初学。”

20.王洙注(2次)、洙注(1次):指王洙编订《杜工部集》二十卷。王洙(997—1057),字原叔,应天府宋城(今河南商丘)人。累迁翰林学士,谥曰文,为北宋一代著名藏书家。所编《杜工部集》为各种杜集的祖本。

21.王彦辅(3次):指王得臣杂著中关于杜甫诗歌的注解。王得臣(1036—1116),字彦辅,自号凤台子,安陆(今湖北安陆)人。嘉祐四年(1059)进士,历任开封府判官、金部郎中、司农少卿等。著有《麈史》三卷、《凤台子和杜诗》三卷。据《分门集注杜工部诗·姓氏》记载:王得臣著有《增注杜工部诗》四十九卷(其中《和杜诗》三卷),书亡,一些注尚存宋人集注中。《麈史》中《诗话》与《论文》亦有评杜文字。

22.鲍钦止注(2次)、鲍注(1次):指鲍慎由关于杜甫诗歌的注解。鲍慎由,一名由,字钦止,处州龙泉(今浙江武义)人。宋哲宗元祐六年(1091)进士。历任淮南转运判官、考功员外郎等。尝注杜诗,已散佚,著有《夷白堂小集》二十卷等。

23.李泰伯注(1次)、李注(1次):指李觏杂著中关于杜甫注解。李觏(1009—1059),字泰伯,号盱江先生,建昌军南城(今江西抚州)人。因其博学通识,推理经义,故被尊为“一时儒宗”。著有《直讲李先生文集》。

24.石林注(2次):指宋叶梦得《石林诗话》中关于杜甫评注。叶梦得(1077—1148),字少蕴,晚号石林居士,吴县(今江苏苏州)人。宋绍圣四年

(1097)进士,历任翰林学士、户部尚书、江东安抚大使等。著有《石林燕语》《石林词》《石林诗话》。

25.师氏注(1次)、师氏(1次):指师尹笺注杜诗(南宋郭知达编集《九家集注杜诗》有采录)。师尹(?—1152),字民瞻,彭山县(今四川眉山)人,官终夔州通判。曾注杜诗,已散佚。

26.鲁訔注(2次):指鲁訔编注《杜少陵诗》。鲁訔(1100—1176),字寄钦,一字季卿,号冷斋,嘉兴(今浙江嘉兴)人。宋高宗绍兴五年(1135)进士,官敷文阁直学士。

27.王十朋注(2次):指王十朋辑《王状元集百家注编年杜陵诗史》三十二卷(简称"王状元本")。王十朋(1112—1171),字龟龄,号梅溪,温州乐清(今浙江省乐清市)人。宋绍兴二十七年(1157)科状元,授绍兴府签判,官至龙图阁学士,谥忠文。著有《梅溪集》三十二卷,《续集》五卷。

28.东坡注(1次):指苏轼关于杜诗的批注。苏轼(1037—1101),字子瞻,号东坡居士,谥文忠,眉州眉山(今四川眉山)人。宋代有托名苏轼撰《杜诗事实》。

29.黄山谷笺(1次):指黄庭坚笺注杜诗(南宋郭知达编集《九家集注杜诗》有采录)。黄庭坚(1045—1105),字鲁直,号山谷道人,晚号涪翁,洪州分宁(今江西修水)人。为江西诗派鼻祖,该诗派以杜甫为祖,黄庭坚、陈师道和陈与义为宗,故有"一祖三宗"之称。

30.赵德麟注(1次):指赵令畤杂著中关于杜甫诗歌的注解。赵令畤(1061—1134),初字景贶,苏轼为之改字德麟,自号聊复翁。袭封安定郡王,迁宁远军承宣使。著有《侯鲭录》八卷。

31.范元实编(1次):指范温编注杜诗(南宋郭知达编集《九家集注杜诗》有采录)。范温(约1070—1125),字元实,华阳(今四川双流)人。名臣范祖禹之子,曾跟随黄庭坚学诗,著有《潜溪诗眼》。

32.赵子栎注(1次):指赵子栎关于杜甫诗歌的注解(南宋郭知达编集《九家集注杜诗》有采录)。赵子栎(?—1137),字梦授,宋朝宗室。宋元祐六年(1091)进士,官宝文阁直学士。著有《杜诗注》,已散佚。

33.薛注(1次):指薛仓舒笺注杜诗(南宋郭知达编集《九家集注杜诗》有采录)。薛苍舒(生卒年不详),字梦符,河东(今山西运城)人,生活在北宋时代。著有《杜诗补遗》五卷、《续杜诗补遗》八卷、《刊误》一卷(《宋史·艺文志》著录),已散佚。

34.杜田注(1次):指杜田笺注杜诗(南宋郭知达编集《九家集注杜诗》有采录)。杜田(生卒年不详),字时可,一字汝耕,号樗叟,安岳(今四川安岳)人。

生活在南宋初期,官至大邑县丞。著有《杜诗补遗正谬集》(又名《杜诗拾遗》《补遗正谬注》《注杜诗》)十二卷(胡仔《苕溪渔隐丛话》后集卷八《李伯纪杜工部集序》著录),已散佚。

35.东莱注(1次):指吕祖谦著述中关于杜甫诗歌的注解。吕祖谦(1137—1181),字伯恭。原籍寿州(今安徽凤台),出身"东莱吕氏",人称东莱先生。宋孝宗隆兴元年(1163)进士,累官直秘阁、主管亳州明道宫。参与重修《徽宗实录》,编纂刊行《皇朝文鉴》,笺释《东莱注杜甫三大礼赋》。与朱熹、张栻,并称"东南三贤"。著有《东莱集》《历代制度详说》《东莱博议》等。

36.谢省注(1次):指谢省撰《杜诗长古注解》。谢省(1420—1493),字世修,号愚得,黄岩(今浙江黄岩)人。明代宗景泰五年(1454)进士,授兵部员外郎,任宝庆知州。后隐桃溪二十年,学者称桃溪先生。

37.张璁注(1次):指张璁撰《杜诗训解》六卷。张璁(1475—1539),字秉用,号罗峰,后改名孚敬,赐字茂恭,永嘉(今浙江温州)人,官至内阁首辅,卒谥文忠。著有《礼记章句》《大礼要略》《罗山奏疏》《罗山文集》等。

38.颜注(1次):指颜廷榘笺注《杜律意笺》。颜廷榘(1519—1611),字范卿,号陋巷生、赘翁、桃源渔人,永春(今福建永春)人,嘉靖三十七年(1558)岁贡,出任九江通判。明代知名诗人和书法家。著有《匡庐唱和集》《燕南寓稿》《丛桂堂集》等。

39.程注(1次):指程嘉遂杂著中关于杜甫诗歌的注解。程嘉遂(1565—1643),字孟阳,号松圆老人、偈庵居士,休宁(今安徽休宁)人,晚年皈依佛教,释名海能。与李流芳、娄坚、唐时升并称"嘉定四先生"。明知名书画家和诗人。

40.唐注(1次):指唐汝询撰《杜诗解》。唐汝询(1565—1659),字仲言,华亭(今上海市)人。明代著名唐诗选家,著有《编蓬集》《姑蔑集》等。

41.杨德周注(1次):指杨德周注《杜诗类注》(一作《杜诗解》)。杨德周(1579—1648),字南仲,又字齐庄,鄞县(今浙江鄞县)人。明万历四十年(1612)举人,历任古田、高唐县知县。与王嗣奭、葛世振并为"汐社三老"。

42.胡夏客注(1次):指胡夏客注《杜诗通》。胡夏客(1599—1672),字宣子,一字藓知,号谷水,海盐(今浙江海盐)人。明末清初诗人、清诸生,著有《谷水集》《谷水谈林》。

43.潘注(1次):指潘柽章撰《杜诗博议》。潘柽章(1626—1663),字圣木,号力田,吴江(今江苏苏州)人。明亡后,隐居故里,潜心于读书治学。康熙二年(1663),因受"明史案"牵连,被凌迟。著有《国史考异》《松陵文献》。

44.慈水姜氏注(1次):指姜宸英笺注《杜诗笺》。姜宸英(1628—1699),字西溟,号湛园,又号苇间,慈溪(今浙江慈溪)人,明末诸生。康熙十九年(1680)

以布衣身份入明史馆任纂修官。康熙三十六年(1697)进士,授翰林院编修。明末清初书法家、史学家,与朱彝尊、严绳孙并称“江南三布衣”。著有《湛园集》《苇间集》《海防总论》。

45.洪仲注(1次):指洪仲撰《苦竹轩杜诗评律》六卷。洪仲(生卒年不详),又名洪舫,字方舟,号邗上羁人,室名苦竹轩,歙县(今安徽歙县)人。清顺康间(1644—1722)在世。

46.陈鹤奇注(1次):陈鹤奇其人不详。俟考。

47.张总注(1次):张总其人不详。俟考。

〔作者:魏娟,淮北师范大学文学院研究生;邱瑰华,淮北师范大学文学院、安徽文献整理与研究中心教授。基金项目:安徽省教育厅高校人文社科研究后期资助重点项目(K2015ZD99)“《知本堂读杜诗》校点及相关问题研究”阶段成果。〕

孙治年谱简编

胡春丽

孙治(1619—1683),字宇台,号鉴庵,又号武林西山樵者,浙江钱塘人。

康熙《钱塘县志》卷二十二:"孙治,字宇台。"

阮元《两浙輶轩录》卷七:"孙治,字宇台,钱塘人。"

钱林《文献征存录》卷六:"孙治,字宇台,一字鉴庵,仁和人。"

李元度《国朝先正事略》卷三十七:"孙治,字宇台,钱塘人。"

吴庆坻《蕉廊脞录》卷四:"孙治,字宇台,号鉴庵,仁和人。……乙酉后,不应试,自称武林西山樵者。"

民国《杭州府志》卷一百四十五:"孙治,字宇台,钱塘人。"

其先祖启阜,汴人,扈跸而南,遂居钱塘。

《孙宇台集》(以下简称本集)卷三十一《迪躬诗》:"家本汴人,自启阜府君扈跸而南,遂居钱唐。"

本集卷二十四《先考文学复庵府君行实》:"先世汴人,扈跸,有宋南迁。"

本生祖父水生,祖父实甫。

本集卷二十四《先考文学复庵府君行实》:"祖考实甫府君。先府君为水生祖考之第四子,祖妣张孺人所出,而后于实甫祖考,故为实甫祖考子也。"

本生祖母张氏,祖母冯氏。

本集卷二十四《先考文学复庵府君行实》:"本生祖考与祖妣张孺人最怜爱之……而祖考于诸伯叔中尤喜先君,头角,祖考病殁,时曾祖妣方孺人在堂,即立府君为后,盖仅十一龄也。……祖妣冯孺人多病。"

父锡,字明先,号复庵。

本集卷二十四《先考文学复庵府君行实》:"府君讳锡,字明先,号复庵。"

母沈氏。

本集卷二十四《先考文学复庵府君行实》:"年十九,娶先妣沈孺人。"

姊二:一适沈,一适胡。

本集卷二十四《先考文学复庵府君行实》:"女二,长归沈硎丹象藻,次归胡仪天鸿运。"

弟治,初娶鲁,继娶许。

本集卷二十四《先考文学复庵府君行实》:"己未,生不孝治。又二年辛酉,生弟洽。……后弘先伯父,娶鲁公侵甫女,继娶许公卜年女。"

妻沈氏。

本集卷二十四《先考文学复庵府君行实》:"有子二:长即不孝治,娶沈公子培女。"

子二:长孝桢,次孝栴,皆沈氏出。

本集卷二十四《先室沈孺人行实》:"戊子,始举孝桢……壬辰,举孝栴。"

女一,早卒。

本集卷二十四《先室沈孺人行实》:"余到泉未几,即有长女之变。"

明季,与毛先舒游闻启祥之门,称"二俊"。

孙孝桢《先考文学鉴庵府君行实》(《孙宇台集》附录):"受业于葛屺瞻、闻子将先生之门。"

吴灏《国朝杭郡诗辑》卷三"孙治"条:"幼与毛稚黄游闻子将之门,子将称为'二俊'。"

明亡后,与陆圻、柴绍炳、毛先舒、张纲孙、吴百朋、丁澎、沈谦、陈廷会、虞黄昊感时赋诗,砥砺志节,时号"西泠十子"。"十子"所作诗文淹通藻密,符采烂然,世谓之"西泠派"。

毛奇龄《西河合集·毛稚黄墓志铭》:"当甲、乙之际,士君子弃置今学,学古人为文辞,往往萃一二指名者,互相标许。维时临安诸君则有所谓'西泠十子'者,实以稚黄为项领云。"

陈康祺《郎潜纪闻》卷十四:"康熙间,陆圻景宣、毛先舒稚黄、吴百朋锦雯、陈廷会际叔、张纲孙祖望、孙治宇台、沈谦去矜、丁澎飞涛、虞黄昊景明、柴绍炳虎臣称'西泠十子'。所作诗文淹通藻密,符采烂然,世谓之'西泠派'。"

按,"康熙间",当作"顺治间",毛先舒《思古堂集》卷三《万里志序》:"庚、辛间,余辈有'西陵十子'之选。""庚、辛"指顺治庚寅(七年)、辛卯(八年)。

文如商彝周鼎,剥蚀之余,光怪益露。

李元度《国朝先正事略》卷三十八《丁药园先生事略》后附"孙治"条:"以著述称于时,其文如商彝周鼎,剥蚀之余,光怪益露。"

精京氏《易》,兼善《潜虚》。

王晫《今世说》卷七《术解》:"陆丽京、孙宇台并精京氏学,于甲申除夕各占元旦明晦,丽京决晴,宇台断雨,次早曈昽日出,晚即滂沱雨来,人咸异之。孙宇台既精《易》课,兼善《潜虚》,尝与陆丽京同在临平沈去矜座,陆举'之'字问孙云:'今日当得几客?'孙应声云之:'文十一也。'已而果验。"

明亡后,隐居不试,游幕四方。

民国《杭州府志》卷一百四十五:"顺治初,虽隐居不试,而以两亲笃老,砚耕奉养,北走燕赵,南驱闽粤,涉历甚远。"

生平笃友谊,急人之难。

民国《杭州府志》卷一百四十五:“生平笃友谊:魏姓友(魏耕)逮系,以爱女为托,及友被法卒,娶为子妇。陆彦龙死,亦以孤女托,为择吴任臣妻之;又为立嗣,以甥女嫁焉。吴百朋令南和,卒于官,往经纪其丧,以归。”

明神宗万历四十七年　后金天命四年己未(1619)　一岁

三月六日,孙治生。

本集卷二十四《先考文学复庵府君行实》:“己未,生不孝治。”孙孝桢《先考文学鉴庵府君行实》:“殁于康熙癸亥年二月初九日戌时,享年六十有五。”逆推之,知生于本年。

本集卷三十一《迪躬诗》序曰:“戊子三月六日,为余初度。”

按,江庆柏《清代人物生卒年表》“孙治”条将生年系于万历四十六年(1618),误。

是年,亲友年岁之可考者:

父锡二十一岁。母沈氏二十二岁。

王猷定二十一岁。范骧十二岁。张右民十二岁。纪映钟十一岁。陆圻六岁。魏耕六岁。徐继恩五岁。吴百朋四岁。柴绍炳四岁。胡介四岁。陆培三岁。严沆三岁。陈廷会二岁。汪沨二岁。沈昀二岁。张纲孙一岁。

明神宗万历四十八年　明光宗泰昌元年庚申　后金天命五年(1620)　二岁

沈谦生。毛先舒生。陆堦生。王嗣槐生。姜图南生。陆嘉淑生。

明熹宗天启元年　后金天命六年辛酉(1621)　三岁

弟浛生。家罹火灾,室庐尽毁。

本集卷二十四《先妣沈太孺人行实》:“辛酉六月,火灾,室庐焚焉。”

本集卷三十一《迪躬诗》注曰:“吾母沈生治甫三岁,浛甫一岁,即罹回禄灾,家无孑遗。”

姜希辙生。

明熹宗天启二年　后金天命七年壬戌(1622)　四岁

妻沈氏生。

丁澎生。

明熹宗天启四年　后金天命九年甲子(1624)　六岁

是年,始就外傅。

本集卷三十三《台庄阻风忆旧,寄二子孝桢、孝栴》中有“六岁就外傅,皇祖喜岐嶷”。

明思宗崇禎六年　后金天聪七年癸酉(1633)　十五岁

善属文。

本集卷三十三《台庄阻风忆旧,寄二子孝桢、孝栴》中有“舞象能文章,十五惊同列”句。

明思宗崇祯七年　后金天聪八年甲戌(1634)　十六岁

与毛先舒同学于闻启祥之门。

吴灏《国朝杭郡诗辑》卷三“孙治”条:“幼与毛稚黄游闻子将之门,子将称为‘二俊’。”

本集卷九《赠毛稚黄序》:“自吾十六七时,即与稚黄为亲友。”

明思宗崇祯八年　后金天聪九年乙亥(1635)　十七岁

与陆元祺定交。

本集卷二十二《陆二存先生暨元配陈孺人、继配袁孺人墓志铭》:“念治与元祺订交于乙亥。”

明思宗崇祯十年　清崇德二年丁丑(1637)　十九岁

与陈廷会读书南北山中,肆志古文辞。

本集卷四《陈际叔文集序》:“己未春,程子骏发以其师际叔陈先生之命,赍文集数百篇属余裁定,念与际叔缔交四十三年矣。……余少与际叔读书南北山中,即肆志古文辞。”

明思宗崇祯十二年　清崇德四年己卯(1639)　二十一岁

与张纲孙相识。

本集卷九《张母沈太夫人寿序》:“仆与纲孙之相识也于己卯。”

明思宗崇祯十三年　清崇德五年庚辰(1640)　二十二岁

娶妻沈氏。

本集卷二十四《先妣沈太孺人行实》:“庚辰,治娶于沈。”

本集卷二十六《祭岳母胡孺人文》:“治成婚之日,二十有二。”

与徐继恩等作文赋诗,砥砺名行。

本集卷三《答徐留书》:“当庚辰、辛巳之交,尊君与余辈偶尔集聚,赋诗作文,砥砺名行。”

明思宗崇祯十四年　清崇德六年辛巳(1641)　二十三岁

因连年饥馑,馆于赵元开宅,授元开子宪斌《易经》。

本集卷八《赠赵元开序》:“仆自辛巳岁即说经赵氏矣。初,仆学田干孙,而元开子宪斌业高堂生,仆以他经为辞。”

本集卷二十四《先室沈孺人行实》:“庚辰、辛巳连年饥馑,余遂下帷临平赵氏。”

与范骧定交。

本集卷二十六《祭范文白文》:“吾与君定交辛巳之岁。”

除夕,侍家燕。

本集卷三十六《辛巳除夕,侍家燕》。

明思宗崇祯十五年　清崇德七年壬午(1642)　二十四岁

秋试,不举。

本集卷二十四《先室沈孺人行实》:“壬午,被放。”

倪元璐补兵部右侍郎,作诗赠之。

本集三十六《奉赠倪鸿宝太史拜少司马》。

嘉庆《大清一统志》卷二百九十五:“崇祯……十五年,起兵部右侍郎。”

弟洽娶妻鲁氏。是年九月,本生祖父殁。十月,本生祖母殁。

本集卷二十四《先妣沈太孺人行实》:“壬午,洽娶于鲁。是年九月,本生祖殁。十月,本生祖妣殁。”

交蒋玉立。

本集卷九《武唐蒋去华先生寿序》:“三蒋子发迹于武唐,名闻天下。壬午,余交亭彦。”

仍馆赵元开宅,适陆圻馆于临平沈谦宅,读书之暇,相与饮酒赋诗。

本集卷四十《辛巳、壬午间,余下帷于临平赵氏元开家,而景宣亦下帷于去矜氏,读书之暇,日与诸子饮酒赋诗。尝憩安平泉闲游,或效柏梁之体,或仿皮陆之制,亦一时之快也。今已三十余年矣,追忆曩游,若在昨日。检旧笥中得诸子效柏梁一纸,不欲删去,以存夙昔于千一云》。

与冯六虚、裘驾时、唐求如、郎季千、陆圻、沈谦、赵元开、沈较书、沈羽阶游安隐寺,效柏梁体赋诗。

本集卷四十《安隐寺同诸子效柏梁体》。

赴沈谦章庆堂宴集。

沈谦《东江集钞》卷六《章庆堂譙集记》:“堂落成之六年,岁在壬午,予师祝慎庵先生至自海宁,黄平立至自檇李,骧武、景宣二陆子,宇台孙子至自郡城。”

明思宗崇祯十六年　清崇德八年癸未(1643)　二十五岁

仍馆于赵元开宅

交蒋云翼、玉章兄弟。

本集卷九《武唐蒋去华先生寿序》:“又逾年,而始交鸣大、篆鸿,其诗文皆今之隽也。”

与黄灿定交。

本集卷二十二《黄君维韫暨元配鲍孺人墓志铭》:“异时癸未,则君之兄维含过予定交。”

明思宗崇祯十七年　清世祖顺治元年甲申(1644)　二十六岁

正月初七,与陆五畴过陈确,晚饮陆圻宅。

吴骞《陈乾初先生年谱》卷上“大清顺治元年甲申四十一岁”:“初七日,陆五畴、孙宇台过,晚饮陆丽京家。”

举家避居郭外之穷乡,母病,几死。

本集卷二十四《先妣沈太孺人行实》:“甲申,治奉母挈妻至于郭外之穷乡,母危病几死,幸而得苏。”同书同卷《先室沈孺人行实》:“甲申改革,余遂弃儒,依栖田间。”

与黄炜结交。

本集卷二十二《黄君维韫暨元配鲍孺人墓志铭》:“甲申,则余出北郭交君。”

仍馆于临平赵元开宅,吴百朋就医临平,治往视其病。

本集卷二十《亡友吴锦雯行状》:“甲申,君病,余适馆于临平。君就沈翁献亨医药,余得视君病。”

清世祖顺治二年　南明弘光元年乙酉(1645)　二十七岁

因乱屡迁,困顿至极。

本集卷二十四《先妣沈太孺人行实》:“乡居骚乱,复即旧庐而处。乃乙酉迁为屯营……逾年又迁焉。自是流离播徙之苦,真非人世所有也。”同书同卷《先室沈孺人行实》:“甲申改革,余遂弃儒,依栖田间。所有资妆尽劫于兵。……呜呼,是余之困顿至此极也!”

九月二十四日,毛先舒母许氏卒,为作哀辞。

本集卷二十《毛母许孺人哀辞》。

毛先舒《毛氏家乘·先母许孺人述略》:“孺人生于戊子九月十二日未时,卒于顺治乙酉九月二十四日未时,享年五十有八。”推知毛母卒于本年。

与陆圻、汪沨游道场山。

本集卷三十六《道场山》诗中注曰:“乙酉,与陆景宣、汪魏美同游。”

友陆培自缢殉国。

清世祖顺治三年　南明鲁监国元年丙戌(1646)　二十八岁

沈博山与妻秦氏五十双寿,作文寿之。

本集卷九《沈博山先生暨配秦太君五十双寿序》:“岁丙戌月正,属先生与孺人五十降生之辰,是用称述其生平,随家人子上寿。”

师葛寅亮卒,作诗挽之。

本集卷三十六《挽葛侍郎屺瞻业师》。

岁杪,与张遂辰、潘之淇、柴绍炳、陈廷会夜集关键斋。

张遂辰《衰晚编》卷二《岁杪,夜集关六钤明府斋中,同潘尔瞻、柴虎臣、陈际叔、孙宇台诸子》。

按,此诗在《丙戌元日》后,当作于本年。

清世祖顺治四年　南明鲁监国二年　永历元年丁亥(1647)　二十九岁

陆圻自闽返里,辑弟陆培等殉节诸人遗文。

本集卷二十八《题陆丽京集殉节诸公卷后》:“吾友景宣氏,为余姊壻,丙戌、丁亥之交,从闽峤归,仿殉节故人遗迹,自漳浦(黄道周)以下及弟大行君(陆培)若干首,辑为此卷。”

与张遂辰、陆圻、胡介集饮,酒间谈诗感事。

张遂辰《衰晚编》卷二《酒间与陆丽京、胡彦远、孙宇台诸子谈诗感事放歌》。

与友陆圻、柴绍炳、孙治、沈谦、毛先舒、丁澎等朝夕吟咏,因有“西陵十子”之选。

本集卷首自序:“二十九岁时,与友人陆大丽京、柴二虎臣、孙大宇台、沈四去矜、毛五稚黄、丁七飞涛朝夕吟咏,因有“西陵十子”之选。而源流始明故中州侯子朝宗曰‘西陵十子之诗,俱有源委者’是也。”

除夕,作诗抒怀。

本集卷四十《丁亥除夕》。

清世祖顺治五年　南明鲁监国三年　永历二年戊子(1648)　三十岁

丙戌至戊子,连遭清兵屯营劫掠,家室数迁。是年避迹于盐官之修川。

本集卷二十四《先考文学复庵府君行实》:“丙戌至戊子,连遭屯营,家室数迁,资装尽归盗。”

本集卷二十一《千峰立禅师无隐庵碑》:“戊子,余避迹于盐官之修川。”

三月六日,三十初度,作《迪躬诗》。

本集卷三十一《迪躬诗》序曰:“戊子三月六日,为余初度。岁月如驶,倏已立年。吾道将废,吾学罔成。感时触绪,悲非一端。”

曾叔祖照贤八十,为作生传。

本集卷十五《曾叔祖冲宇公生传》:“盖公之生,正当穆皇帝之己巳年也。”

子孝桢生。

本集卷二十四《先室沈孺人行实》:“戊子,始举孝桢。”

本集卷三十三《台庄阻风忆旧,寄二子孝桢、孝栴》中有“生桢甫三十,三年又生栴”语。

长媳王氏生。

本集卷二十四《亡长媳王氏事略》："亡长媳王氏，为吾亡友王君圣翼之季女，予门人王遵、王逊之季妹也。……长儿孝桢犹婴孩也，与媳同年生。"

清世祖顺治六年　南明鲁监国四年　永历三年己丑(1649)　三十一岁

是年，始馆王佑贤家。

本集卷二十五《祭王圣翼文》："忆在己丑，仆馆君之家……从兹五稔，朝夕执手。"

本集卷二十四《亡长媳王氏事略》："亡长媳王氏为吾亡友王君圣翼之季女，予门人王遵、王逊之季妹也。己丑，予下帷于其家。"

九月，葬高祖、曾祖并两祖考，父锡哭之极哀，丧一目。

本集卷十二四《先考文学复庵府君行实》："己丑，葬高祖、曾祖并两祖考。"同书同卷《先妣沈太孺人行实》："先是，己丑葬高祖以下至两祖考妣，吾父哭之极哀，丧一目焉。"

清世祖顺治七年　南明鲁监国五年　永历四年庚寅(1650)　三十二岁

曾叔祖照贤卒，年八十二，为作诔文。

本集卷二十《曾叔祖冲字公诔》："公生于己巳……公春秋八十有二，今年九月十日终于寝室。"

清世祖顺治八年　鲁监国六年　永历五年辛卯(1651)　三十三岁

六月初一，朱澹生卒，为作诔文。

本集卷二十《文学朱君澹生诔》："维辛卯六月朔，先生澹生朱君卒。"

秋九月，陈祚明赠诗五章，以诗答之。

本集卷三十二《辛卯秋九月，陈胤倩赠诗五章，率尔作答》。

清世祖顺治九年　南明鲁监国七年　永历六年壬辰(1652)　三十四岁

春，万寿祺游杭，旋归，作诗送行。

本集卷三十二《送万年少还隰西五首》。

按，本集卷二十五《祭万年少文》："君之去予辈而归也，不过三旬，抵家不过七日，而竟溘焉以死。……今兹壬辰，君又何逃?"知万寿祺本年游杭。

屠爌母六十，作文贺寿。

本集卷九《长水屠母六十序》："长水屠子，余之石交也。有母二十三而寡，今春秋六十矣，屠子甫三岁父亡，母称未亡人。"

按，陈确《乾初先生遗集》卷一《复萧山徐徽之书》："岁壬辰，鸳水屠闇伯之母寿六十。"知屠母本年六十，孙文当作于本年。

次子孝栴生。

本集卷二十四《先室沈孺人行实》："壬辰，举孝栴。"

万寿祺卒，作文祭之。

本集卷二十五《祭万年少文》:“今兹壬辰,君又何逃?嗟乎嗟乎,君死则得矣!”

清世祖顺治十年　南明鲁监国八年　永历七年癸巳(1653)　三十五岁

陆圻母六十,作文贺寿。

本集卷九《陆太孺人寿序》:“先是协洽之岁,仆尝为文以寿太夫人。今青龙在巳,又十年矣。”

按,陈确《乾初先生遗集》卷一《复萧山徐徽之书》:“癸巳,西泠陆丽京之母六十。”知本年陆圻母六十。

张遂辰七十初度,作文贺寿。

本集卷九《张卿子七十寿序》。

据方文《嵞山续集》己亥稿《徐杭游草·赠张卿子先生》其一有“春秋七十六,还似少年人”句,推知张遂辰本年七十。

闻淡明卒,为作葬记。

本集卷十三《闻元亮葬记》:“元亮名淡明,生于壬戌,卒于癸巳。”

清世祖顺治十一年　南明永历八年甲午(1654)　三十六岁

始下帷褚里。

本集卷七《南园诗序》:“甲午,予初下帷褚里。”

本集卷九《沈翁绍华七十寿序》:“甲午,余下帷褚里。”

清世祖顺治十二年　南明永历九年乙未(1655)　三十七岁

仍馆于褚里。

丁澎中进士。严沆中进士。

柴绍炳之京,作诗送之。

本集卷三十二《送柴虎臣游燕》。

十月十六日,赵元开五十初度,作文贺寿。

本集卷九《赵元开五十寿序》:“辛卯春,赵子元开结社于东城之莲居,犹东林之道义也。……自辛卯至乙未,五稔矣。……乃今十月十有六日,为赵子初度。”

清世祖顺治十三年　南明永历十年丙申(1656)　三十八岁

仍馆于褚里。

典一屋,父母祖孙始得聚首,然已贫甚。

本集卷二十四《先室沈孺人行实》:“丙申,余始典一椽破屋,父母祖孙始得聚首,然余之贫益甚。”

七月六日,业师朱君翊卒,为文祭之。

本集卷二十五《祭业师朱君翊先生文》:“岁丙申七月之六日,吾师以病卒。

越三日，治等为位哭于其室。越六日，其孤奉灵輀于北山之麓，既反哭之。”

九月九日，伯母金氏卒。

本集卷二十《先伯母金孺人诔》：“唯丙申九月有九日，先伯母金孺人卒于南良里第。”

蒋芬六十初度，作文寿之。

本集卷九《武唐蒋去华先生寿序》：“是月也，为先生甲子初周设帨之辰，海内之与三子为兄弟者，皆登堂拜先生。”

按，彭孙贻《茗斋集》卷五丙申稿《寿魏塘蒋去华六十》，知蒋华本年六十，孙文亦当作于此时。

清世祖顺治十四年　南明永历十一年丁酉(1657)　三十九岁

仍馆于褚里。

三月三日，葬伯父与伯母金氏，作《先伯母金孺人诔》。

本集卷二十《先伯母金孺人诔》：“丁酉三月三日，嗣子治将启殡宫合葬于弘先府君之茔次，于是谨述大节而昭之素旒。”

父病目，医者误用凉剂，又丧一目。

本集卷二十四《先考文学复庵府君行实》：“丁酉，又病目，医者误用凉剂，又损一目焉。”同书同卷《先妣沈太孺人行实》：“至丁酉，又病目，医者过用凉剂，遂并丧焉。”

与钱喜起同巷居，时相过从。

本集卷二十九《与钱武山》：“丁酉，携家同巷，得与先生素心晨夕。”

与吴百朋过江都，寓琼花观。

本集卷三十二《登琼花观层楼》。

本集卷三十三《纪行十首》二《江都》：“丁酉，同锦雯寓琼花观。”

丁澎之京谒选，作诗送之。

本集卷三十六《送丁飞涛之京谒选》。

与梁以楠、陈晋明、吴章玮集胡介宅。

本集卷三十六《胡彦远斋集同梁仲木、吴间玮、陈康侯》。

秋，胡介之闽，作诗送之。

按，丘象随《西轩诗集》卷四己亥《除夜得胡彦远丁酉闽南除夜见怀诗怆然即用来韵奉寄》，知胡介丁酉在闽。另本集卷三十六《胡彦远之闽》“五月君从淮海归，重阳又与故人违”句，知胡介秋之闽。

十二月，河南乡闱科场舞弊案发，友丁澎任河南乡试副主考，革职被逮。

《清世祖实录》卷一一三：顺治十四年十二月壬申“刑科右给事中朱绍凤劾奏：‘河南主考官黄釴、丁澎，进呈试录《四书》三篇，皆由己作，不用闱墨，有违定例。且黄釸服官,向有秽声,出都之时,流言啧啧。及入闱,又挟恃铨曹恣取供应,请敕部分别处分。'得旨:'黄釸着革职,严拿察究,丁澎亦着革职察议。'"

清世祖顺治十五年　南明永历十二年戊戌(1658)　四十岁

自褚里馆舍迁南屏,怅然成咏。

本集卷三十六《自褚里馆舍迁南屏,下帏于此五载,一旦谢去,怅然成咏》。

二月十七日,张纲孙母沈氏六十初度,作文贺寿。

本集卷九《张母沈太夫人寿序》:"仆与纲孙之相识也于己卯,而与纲孙之结为亲友也以辛巳。……太夫人春秋六十,如月之十有七日,实为设帨之辰,不佞治敢称祝辞以进。"

按,据本集卷二十二《张志林先生暨元配沈孺人墓志铭》:"夫人生于万历己亥二月十七日,卒于今己亥九月四日,子三人:长纲孙。"知张母本年六十。

春,吴百朋授苏州府理刑推官,招孙治署中。

本集卷三十二《哀吴威卿》小引曰:"威卿名庆,故人吴锦雯之子,年少负奇才。锦雯为吴中司理,戊戌春,招余于署中。"

见吴锦雯子庆,作诗赠之。

本集卷三十六《与锦雯子威卿》。

七月,友丁澎以丁酉科场案远徙尚阳堡。

《清世祖实录》卷一一五。

秋,赵元开卒。

陆圻《威凤堂文集》祭文部《祭太学赵元开文》:"戊戌之秋,君既殁。"

九月,钱塘知县慕天颜父六十初度,作文贺寿。

本集卷九《关西慕里赤先生六十寿序》:"关西称慕氏,犹琅琊之王、北平之崔,盖秉礼守义,能世其家者也。鸣鹤先生以名进士来莅钱唐,仁而爱人,又有能名。……会戌之九月,先生以其尊大人六十诞辰。……请以是上之先生,为粲然一笑,临风举爵焉。"

姜图南起复还台,作诗赠之。

本集卷三十六《送姜侍御还台》。

据丘象随《西轩诗集》卷四戊戌《姜真源北征见过》,知本年姜图南入京。

陈晋明之燕,作诗送之。

本集卷三十六《送陈康侯之燕》。

梁以枏卒。

清世祖顺治十六年　南明永历十三年己亥(1659)　四十一岁

张纲孙之燕,作诗送行。

本集卷三十二《送张祖望之燕》。

按，诗中有“与子同一身，今已二十春”语，两个己卯定交，至本年已二十年，故系于此。

四月，许道济母吴氏六十，作文寿之。

本集卷九《许太君六十寿序》：“仆结发与诸君子友，盖多累世之好，而至柴子虎臣、严子子餐、吴子兴公兄弟、许子道济兄弟，则自高大父思泉以来，奕世相善，至于治五世矣。而许氏又同里闬，故习知许氏名德之相继也。……先生死于麻城，在癸未之四月，阅十七载而为己亥之四月，而太君春秋六十。”

六月十一日，李名淦有匡庐之行，作诗送之。

本集卷三十四《己亥六月十有一日，维扬李季子别余，有匡庐之行，诗以送之。先一日，秦子臣溥、李子季子、孙子承公、稚先自湖北送予至湖南》。

清世祖顺治十七年　南明永历十四年庚子(1660)　四十二岁

夏，与丘象随宿胡介旅堂。

丘象随《西轩诗集》卷四庚子《与孙宇台同宿旅堂》。

胡介招同丁野鹤、张僧持、孙治、李渔、毛先舒、诸骏男、僧南云暨懋远泛舟西湖。

丘象随《西轩诗集》卷四庚子《胡彦远招同丁野鹤、张僧持、孙宇台、李笠翁、毛驰黄、诸骏男、僧南云暨懋远泛舟西湖二首》。

屈大均游越，遇诸南屏寺。

屈大均《翁山诗外》卷十四《南屏寺逢孙宇台》。

屈大均乞孙治为其母作寿诗，孙治作诗贺寿。

本集卷三十二《粤东屈子一灵乞为其母夫人寿诗》。

屈大均招王亦世、许天玉、姜宸英、孙治、黄石民、陆堦、陆售饮湖楼。

陆进《巢青阁集》卷四《一灵上人招同王亦世、许天玉、姜西铭、孙宇台、黄石民、弟左墄、高仲饮湖楼》。

冬，王佑贤卒，为文祭之。

本集卷二十五《祭王圣翼文》。

按，据本集卷二十一《王孝惠先生墓表》：“王君圣翼私谥孝惠，名佑贤，浙之钱塘人。……君死于庚子之冬。”

陈三岛卒。朱士稚卒。

清世祖顺治十八年　南明永历十五年辛丑(1661)　四十三岁

袁于令游杭，值其七十寿辰，作文贺寿。

本集卷八《赠袁箨庵序》：“今年，先生来湖上，谓余曰：‘老夫七十，子何以为余寿？’余曰：‘余无以为先生寿，余知先生之为东方先生也。’”

按，谷辉之《毛先舒年谱》“顺治十八年”条：“袁于令再度游杭，先舒携酒过其寓所,并为作《赠袁箨庵七十序》。"知孙诗亦作于本年。

七月,陆圻母裘氏卒,为志墓。

本集卷十六《先伯姊陆夫人传》:"辛丑,裘太孺人殁。"

本集卷二十三《陆太孺人墓志铭》:"……遂卒,时辛丑七月二十八日也,距其所生之年,六十有八矣。"

秋九月,与徐继恩宿于愚庵,谈性命之学。

本集卷十五《俍亭禅师生传》:"辛丑秋九月,余与俍亭宿于愚庵,凡谈三日夜不休,皆根柢性命之学。"

作《先王父命字说》。

本集卷十九《先王父命字说》:"予兄弟二人,先王父名予曰治,名弟曰洽。……乃余少不能自强,长而不闻道,今年四十三矣。"

上天竺梵宫将成,应寺僧所请,为文记之。

本集卷十三《上天竺记》:"上天竺者,隋之讲丛也。……乃今己亥融风为灾,殿宇尽毁,僧众哀号,上闻于天。……迄于今三稔矣。而余因览目于斯,盖愀肰于荒烬之后,而又忻感于梵宫之将成也。僧来前曰:'愿先生之有纪也。'"

清圣祖康熙元年　南明永历十六年壬寅(1662)　四十四岁

顾有孝贻毕、沈二子诗,复书答之。

本集卷二十九《与顾茂伦》:"前岁鹤客既逝,昨又朗诣见告,风流都尽,甚以惨怆!顷础石至,深慰平生。海内知交寥落,如础石之《述哀》《纪游》,亦何多得也?见贻毕、沈二子诗,风气日上,斯事如积薪,吾其退三舍矣。"

按,据文中"前岁鹤客(陈三岛)既逝,昨又朗诣(朱士稚)见告",知孙诗作于本年。

春,王猷定客卒湖上,与查继佐、严津、毛先舒、陆圻经纪其丧。

本集卷三十二《王于一猷定客死湖上,同查伊璜、严子问、陆景宣视其棺敛。棺木,子问所赠也》。

七月,庄廷钺"明史"狱起。十一月,因庄已死,其弟及子孙十五岁以上者及刻工、书贾、书匠、藏书者均被斩,友陆圻、范骧、查继佐皆入此案。十一月,陆圻被逮,寻解至京。

陆圻《威凤堂文集·游天台山记》:"壬寅九月几望,予将游天台山。……十一月,归杭,大狱起,十二月而槛车征京师。"

冬,丘象随过杭州,访孙治,不值。

丘象随《西轩诗集》卷五壬寅《访孙宇台不值》。

丘象随归里,答别孙治原韵。

丘象随《西轩诗集》卷五壬寅《答别孙宇台原韵二首》。

为张养重、丘象随《同调集》作序。

本集卷六《淮南张虞山丘季贞江东同调序》。

清圣祖康熙二年癸卯(1663)　四十五岁

正月,陆圻、查继佐、范骧三人之家属亦被系狱。

陆莘行《老父云游始末》。

三月,陆圻自京解至浙听审。

陆莘行《老父云游始末》。

五月,庄廷钺"明史"狱解,陆圻、范骧、查继佐获释。

毛奇龄《西河合集·陆三先生墓志铭》:"康熙二年五月,狱解。……丽京自狱还,辄郁郁不自乐。"

五月,岳母胡氏感微疾。

本集卷二十六《祭岳母胡孺人文》:"去岁五月,忽遘微疾。"

夏,与陆嘉淑、高兆同客胡介旅堂,作《三子诗》。

本集卷三十二《三子诗》。

按,王简可编《陆辛斋先生年谱拟稿》"康熙二年癸卯"条:"癸卯之夏,与孙宇台、高云客共坐胡子旅堂,宇台作《三子诗》。"

秋八月,张文启五十,为文寿之。

本集卷九《张开之五十寿序》:"仆之友有二张者,天下贤人也。仲嘉习于禅,而开之习于医。……今仲嘉年五十余矣,开之方五十,秋八月□□之辰,正其初度也。"

按,据本集卷二十二《张君仲嘉墓志铭》:"君同产四人:长文誉,次则君,次文启,即开之。次文宏。……君弟开之以医名世,制行与君同,先后弃世,是皆可哀也。……君生万历辛亥闰三月,歿今戊午九月。"知文启兄仲嘉生于万历三十九年(1611),本年五十三岁,文启生晚于仲嘉,姑系于此。

陆圻五十,为文寿之。

本集卷九《陆景宣五十寿序》:"景宣为余姊壻,余同人之以肺腑称者,莫吾两人若也。而己卯、庚辰以来,屡与同好有盟会之事,余益兄事景宣,乃今二十五年,且三十年矣。景宣春秋五十,将及悬弧之辰,其情事若有愀然者,走至鼍江而避之,余故为文以广之。"

按,陆圻《威凤堂文集·送钱驭少之豫》有"结交有神契,与君生同年"句,据江庆柏《清代人物生卒年表》,钱邦寅,字驭少,生于万历四十二年(1614),据以知陆圻本年五十。

赵明镳卒。

本集卷二十五《祭赵珍流文》:"於乎!君其死耶,岁在癸卯。"

清圣祖康熙三年甲辰(1664)　四十六岁

春,遘危疾。夏,病起。

本集卷十五《先伯姊陆夫人传》:"余于甲辰遘危疾。"同书卷二十四《亡长媳王氏事略》:"甲辰,余得剧病。"同书卷二十四《先室沈孺人行实》:"甲辰春,余得危疾,孺人则祷于东狱而求余年。"

病时,胡介数过慰劳。

本集卷四《胡彦远遗集序》:"当彦远未死之先,余方抱沉痼之疾,彦远数过我相慰劳,而不意彦远溘焉而余尤得生也。"

三月,为张毅孺子汉作哀辞。

本集卷二十《会稽张汉哀辞》:"张毅孺先生有少子曰汉,年少负隽才。壬寅,从父之燕。癸卯,先生过吴,而汉留馆于京师,七月,病殁。其家人以先生哀悼,不令之知也。甲辰三月,先生尚留滞吴中,始知凶问,意凄怆悲哀,为诗十二章。……余为作哀辞以广其意。"

岳母胡氏卒,为文祭之。

本集卷二十四《先室沈孺人行实》:"甲辰春,余得危疾……是年,胡孺人没。"

本集卷二十六《祭岳母胡孺人文》。

应苏州知府吴道煌之请,下帷苏州。

本集卷二十四《先考文学复庵府君行实》:"甲辰至丙午,下帷姑苏。"

同书卷三十二《哀吴威卿》小引曰:"甲辰,余以吴瑶如太守之请,馆于府署。"

有诗和吴道煌《春闺诗》。

本集卷四十《戏和吴瑶如太守雨丝风片烟波画船限韵春闺诗》。

追忆旧游,伤友吴百朋之子庆早逝,作诗哀之。

本集卷三十二《哀吴威卿》小引曰:"威卿名庆,故人吴锦雯之子。年少负奇才。锦雯为吴中司理,戊戌春,招余于署中。未及一月,见威卿。……已锦雯不得意于贵人,又病,遂去官。威卿触热数千里,往来救父,卒死于秦淮。……甲辰,余以吴瑶如太守之请,馆于府署,与司理之垣仅一间耳。而追忆旧游,邈在天末,遂成斯篇。"

关仙渠吴署,示以新诗。

本集卷三十七《关槎度来署中,示我新诗》。

与张戒庵定交吴署。

本集卷四十《张戒庵与余定交吴署,乙巳四月四日,忽焉暴卒。悲夫,音容在即,而人已隔世,槜李沈子仙声先余作七绝十首,余次其韵》。

按，张戒庵明年四月卒，治本年至吴，与张戒庵定交当在本年，故系于此。

九月九日，同张戒庵登高，有和诗。

本集卷四十《九日，同张戒庵》。

与张戒庵游，以诗遣闷。

本集卷四十《遣闷与张戒庵三首》。

胡介卒。

清圣祖康熙四年乙巳(1665)　四十七岁

三月，亡友陆培妻陈氏五十，为文贺寿。

本集卷九《陆夫人五十寿序》："有明行人鲲庭陆先生其配曰陈夫人，岁乙巳姑洗之月，为五十设帨之辰，而其子繁弨来言曰：'惟先子之执友，敢以一言为请?'余曰：'然。'"

四月四日，张戒庵卒，以诗哭之。

本集卷四十《张戒庵与余定交吴署，乙巳四月四日，忽焉暴卒。悲夫，音容在即，而人已隔世，槜李沈子仙声先余作七绝十首，余次其韵》。

沈仙声还嘉兴，作诗送之。

本集卷三十二《寓姑苏，送沈仙声还槜李》。

夏，从苏州归里，为侄忠楷《竹枝词》作序。

本集卷七《侄宪葵竹枝词序》："乙巳夏，余从吴门归，见同人之为《西湖竹枝》者，不一而足。犹子忠楷亦为数十首以进，而并属余为同人之序也。"

八月，毛先舒父应镐八十初度，作文祝寿。

本集卷九《毛继斋先生寿序》："即如余初见先生，年犹未及五十，自年六十、七十悬弧之辰，亦未尝置酒一会宾客。今春秋八十，退让如故也，此尤人情之所不及者。"毛先舒《潠书》卷七《先考继斋公行略》："公生于万历丙戌八月一日巳时，卒于康熙丙午十二月十八日戌时。"据以知此年八十。

门人王遵卒。

本集卷二十四《亡长媳王氏事略》："乙巳，遵死。"

冬，从苏州归里，为长子孝桢协婚。

本集卷二十四《亡长媳王氏事略》："乙巳，遵死。其冬，余从姑苏归，以十二月二十七日为吾儿协昏焉。"同书同卷《先室沈孺人行实》："乙巳，为长子娶妇王。"

清圣祖康熙五年丙午(1666)　四十八岁

陆圻至南雄府知府陆世楷署。

陆莘行《老父云游始末》："丙午四月，至南雄守孝山叔署。"

六月六日，严沆母江氏七十初度，作文贺寿。

本集卷九《严太夫人寿序》:"乃余自少与颢亭同研……今颢亭亦当五十之年,斑斓子舍,宾客满堂,太夫人副祎华于身……治敢从众君子以进酒也。"

按,潘衍桐《两浙輶轩续录》卷二邵奏平《康熙丙午季夏六日,严母江太夫人七十寿,哲嗣灏亭给谏寿亦五十,诗以祝之》,知严母本年七十,孙文亦当作于此时。

秋,将归里,与吴道煌别,即祝其生辰。

本集卷三十七《别吴瑶如即祝其生辰》。

九月,张纲孙父母合葬,为志墓。

本集卷二十二《张志林先生暨元配沈孺人墓志铭》:"丙午,纲孙以故人姜给事之助葬也,营窀穸于法华山之东陇,顿首于余,曰:'子其为先人铭。'余与纲孙兄弟也。"

八月,陆明辅与元配陈氏、继配袁氏合葬,为志墓。

本集卷二十二《陆二存先生暨元配陈孺人、继配袁孺人墓志铭》:"陆二存先生者名明辅,字赓良,杭州郡学有名诸生也。……先生生于万历戊寅三月十六日,卒于天启辛酉十月十四日。陈孺人生于万历丁丑八月初九日,卒于万历己亥五月十九日。袁孺人小先生四岁,而后先生死四十三年,生于万历壬午八月初四日,卒于今康熙甲辰三月二十八日。始元祺厝先生柩于虎跑之左,顺治丁亥,乃与陈孺人合葬于武林春涨之北。今孺人死三年,将以丙午八月十有二日启殡宫而祔葬先赍。其所著先生与孺人之年谱,泣以求铭于治。"

得赵明镳卒信,为文祭之。

本集卷二十五《祭赵珍流文》:"於乎!君其死耶,岁在癸卯。君行至闽,逾年未归,而传君自闽而入粤也。丙午之秋,逢君苍头,云旅榇已归,而余辈犹未之知也。"

清圣祖康熙六年丁未(1667)　四十九岁

夏,高兆为孙治宅题诗。

本集卷二十九《与高云客》:"丁未夏,同辱足下题我蜗舍。"

舅父修族谱,为外祖父母作传。

本集卷十四《外大父母传》:"今丁未……舅氏修沈族谱,曰:'子安可不为外大父母传哉?'治曰:'然。'"

夏,周遇缘妻施氏卒,为作传。

本集卷十五《施孺人传》:"若周子遇缘之妻施孺人者,其亦可谓贤也。夫孺人以今丁未二月二十六日死,夏五,将谋出殡宫,而为祖而乞仆为之传。"

七月,长媳王氏生子。八月五日,长媳卒。

本集卷二十四《亡长媳王氏事略》:"丁未秋七月二十三日,免身生男。逾月五日，遂死。”同书同卷《先室沈孺人行实》：“丁未之秋，长媳不夭。”

汤明俊及妻宋氏合葬，为作墓表。

本集卷二十一《文学汤君万英暨配宋孺人墓表》：“岁乙酉，文学汤君卒。……其配宋孺人后君十八年而死，又逾年丁未，可宗奉母柩祔葬启君窴而窆焉，从古制也。……而予因遂以表其阡，表曰：君汤姓，明俊其名，万英其字。”

友陆圻入黄山，祝发为僧。

陆莘行《老父云游始末》：“丁未春，辞叔，至徽州。是岁，祝发。”

清圣祖康熙七年戊申(1668)　五十岁

元日，姜希辙父天枢七十初度，作诗贺寿。

本集卷三十六《赠姜定庵尊人》。

按，据《续姜氏世谱本宗纪年考略》：“紫环公生万历己亥元旦，卒康熙壬子六月二十七日，年七十五。”知姜天枢本年七十。

春，关键以诗寄赠，依韵答之。

本集卷三十六《答关六铃戊申首春见赠之作》。

三月，五十初度，王嗣槐作文祝寿。

王嗣槐《桂山堂诗文选》卷八《孙宇台先生寿序》。

三月，妹婿胡仪天从江东归，客死。

本集卷二十四《先妣沈太孺人行实》：“今年三月朔日，仪天从江东归，客死。”

五月七日，母沈氏卒。为文状之。

本集卷二十四《先妣沈太孺人行实》：“母生于戊戌年五月十日未时，卒于戊申年五月七日戌时，享年七十有一。”同书同卷《先考文学复庵府君行实》：“先妣沈孺人生于戊戌年五月十日未时，卒于戊申年五月七日戌时。”

严沆母江氏卒，为作诔文。

本集卷二十《严母江太孺人诔》：“严母太孺人者姓江氏，尚书之女孙，太常之仲妇，大儒忍公先生之继配也。……十五始笄而于归，春秋七十有二而永毕其事。……戊申缩月，太孺人以病卒于里第。”

张遂辰卒，作诗挽之。

本集卷三十七《挽张卿子先生》。

按，吴景旭《南山堂续订诗》卷三《杂忆旧游十一》：“张卿子戊申后不复至湖。”

清圣祖康熙八年己酉(1669)　五十一岁

春，友毛先舒病，至十八年始愈。

三月，吴百朋之官南和，与之偕行。

本集卷二十四《先室沈孺人行实》:"己酉,吴锦雯招余至南和,孺人以母丧未举,劝余同行,为先慈丧葬计。"同书卷一《北征赋》:"友人吴锦雯为南和令,订余偕行。己酉三月,发武林。"

首夏,渡河,闻白杨树声,作《白杨赋》。

本集卷一《白杨赋》:"余于己酉暮春辞家远行,及乎首夏,泝河而北,策疲蹇,经荒原。忽焉悲风崛窟起于丛树之际,其声槭杀怆急,骤然闻之,泪流不止,即途之人而问之,曰:'此所谓白杨也。'然后知古诗与太白之言其信然矣。下马宿逆旅,揽笔为此赋。"

过平乡县,有诗赠平乡县知县赵弼。

本集卷三十七《赠平乡令赵子匡,蜀人》。

夏,抵南和,作《北征赋》。

本集卷一《北征赋》:"己酉三月,发武林。夏五,抵邑。慕叔皮之制,以写行路愁幽之思,遂有是篇。"

到南和署,嘲吴百朋官况。

本集卷四十《到署,嘲锦雯官况》。

在南和署中,感今伤古,作《南和四先生诗》。

本集卷三十三《南和四先生诗》序曰:"四先生者,宋相国璟、侯尚书泰皆产于南和者也;李北海邕、元鲁山德秀,李为南和令,元为南和尉,皆吏于南和者也。己酉夏五,从友人锦雯吴子来此署中,感今伤古,情不能已,乃作《南和四先生诗》。"

作《南和路子后园记》。

本集卷十三《南和路子后园记》:"去和阳城五里,是为路子之居。路子规所居之后葺为小园,而读书于其中,属予为记。"

秋,王岱过南和,以全集赠治。

本集卷三十三《王山长过南和,以全集见惠》。

为吴百朋全集作序。

本集卷四《吴锦雯全集序》:"仆友吴子锦雯倜傥,怀独行之概,其著述斐然成一家言,天下知与不知,见其片言只字,无不以为吴子之能文章也。庸渠知其吏治有远过古人耶?锦雯之于仕宦,非其好也。然一理姑苏,清名绝迹;再理端溪,平反冤狱……乃者以部檄过和阳,因投劾不及,勉强从官,然未及三月,而政大治。……锦雯向属仆序,久宿此诺,今特题此于简端以告二三兄弟,且以示后之人。"

按,据本集卷二十四《亡友吴锦雯行状》:"往者君索余文序其全集,久宿此诺。去岁,为作一篇记其简端。"知孙序作于本年。

吴山涛归里，哀其遇，作诗送之。

本集卷三十七《哭岱观归里》。

在南和，交沈士秀，作诗赠之。

本集卷三十七《赠和阳沈顾先讳士秀，河南荥泽人》。

弟洽在燕，苦不得消息，以诗遣闷。

本集卷三十七《余滞和阳舍，弟宙合在燕，两地苦不得消息》。

闻柴绍炳病，并念谁莽（陆圻）消息。

本集卷三十七《闻柴虎臣病，并念谁莽消息。谁莽即丽京也》。

按，柴绍炳《省轩先生文钞》卷二《续乐志论》序曰："岁在己酉，余抱疴连月，自分短期矣。"

清圣祖康熙九年庚戌（1670）　五十二岁

正月，柴绍炳卒，为文哭之。

本集卷三十四《哭虎臣》。

吴百朋病，作《七告》。

本集卷二《七告》。

二月三日，吴百朋卒，料理其交盘事宜。十月，同其遗榇南还。

本集卷二十四《先室沈孺人行实》："庚戌，则锦雯死，余以朋友之谊料理其交盘等事。十月，方得同其遗榇南还。"

二月十三日，沈谦卒，年五十一。

妻沈氏病甚，为长子孝桢续娶诸以叙女。

本集卷二十四《先室沈孺人行实》："方余之在南和也，孺人病甚，为续长子妇，诸众亲友皆为孺人危，而孺人得活。"同书同卷《先考文学复庵府君行实》："孝桢娶王公圣翼女，继娶诸公以叙女。"

有诗寄亲家诸以叙，赞其高义。

本集卷三十四《寄诸以叙，余成南和，以序高义，归女与吾儿完姻》。

长夏，憩邢丘学署，为顾山容三子说《易》。

本集卷三十八《庚戌长夏，憩邢丘学署，为顾山容三子说〈易〉》。

夏五，与周铱从邢州还和阳。

本集卷三十五《夏五，同周茗柯从邢州还和阳二首》。

为周铱诗作序，盖在此即。

本集卷五《南和周茗柯诗序》。

作《亡友吴锦雯行状》。

本集卷二十四《亡友吴锦雯行状》："君讳百朋，字锦雯，号朴斋，别号石霜。……君生而岐嶷，年十五已能文章。……十八补博士弟子。……壬辰，上公车,偬得复失,始就检选,当得李官。丁酉谒选,得理姑苏。……甲辰,再任广东肇庆司理。……丁未,裁缺。……君生前万历丙辰八月二十八日寅时,卒于今康熙庚戌闰二月三日巳时。妻顾氏,葵阳公女,学博乐岩公女孙。……子二:长庆,郡文学,有隽才,君理苏,遇患殁于白下,所称'死孝'者也。庆娶陆氏,吾姊婿陆丽京女,生孙磊,矢节苦志,磊已见头角,以弱小随母在杭。次子熊,未聘,蚤殇。"

吴百朋卒后,遭署篆碎细其家,孔荫樾埋其诬枉,孙治致书谢之。

本集卷三十四《赠孔宪副心一》,其序曰:"故人吴锦雯为南和令,清廉惠爱,卒于官。……遭署篆碎细其家,不得扶柩南还。宪副特莅悬,埋其诬枉,督府县津梁送归。故人在地下,当为结草,余特代为申致云尔。"

门人诸匡鼎游河南,作诗怀之。

本集卷三十四《怀门人诸骏男在河南》。

侄忠楷至临清,将过南和相晤,未果,怅然成咏。

本集卷三十四《舍侄忠楷到临清,将过南和晤予,闻成装已发,遂取路到燕,怅然成咏》。

仲冬,扶吴百朋遗榇归里,行至台庄阻风,寄二子孝桢、孝栴。

本集卷三十三《台庄阻风忆旧,寄二子孝桢、孝栴》中有"良友为北征,将余同行役。呱呱故人情,匹敌犹子戚。奈何期月间,生死又永诀。在彼命沦丧,在我遇蹇劣。杨生岐路悲,阮籍穷途戚。经理身后事,当官殊牵掣。荏苒逾岁时,方同旅衬发。来时华桃李,经年天霜雪"句。

十一月十九日,自清河至天妃闸。

本集卷三十三《十一月十九日,清河至天妃闸》。

过淮,寻张养重,值张游武林,不遇。

本集卷三十三《过淮,寻张虞山,值游武林,不遇》。

岁暮,抵家,经营母丧事。

本集卷九《如弟沈夫人寿序》:"岁庚戌,则吾妹行年已四十矣。吾妹之生辰为杪冬之二十九日,余方岁暮从北归,经营母丧事,月二十六日而引殡,月二十八日而反虞。"同书卷二十四《先室沈孺人行实》:"暮十四晚抵家,即为先慈经营出殡。二十七日,厝先孺人于南山。既事竣,余惫顿殊甚。"同书卷二十九《寄严颢亭》:"庚戌岁底,从和阳归,一了先慈殡事。"

清圣祖康熙十年辛亥(1671)　五十三岁

王省庵量移泉州太守,约孙治为清源之游。

本集卷三十七《大名司马王省庵量移泉州太守,折简邀予于广平,谈咏三日,且约予同为清源之游》。

正月九日,与王省庵赴闽。

本集卷二十三《张夫人墓志铭》:"余庚戌冬从襄国归……辛亥月正九日,即有泉南之役。"同书卷九《如弟沈夫人寿序》:"献岁月正九日,又以友人招余八闽之行,揆离老父膝下,走二千余里至泉南。"同书卷二十四《先室沈孺人行实》:"辛亥开岁,正卧疾,而王省庵于九日至杭,次日,即有泉南之行。"

赴闽途中,过刘鳞长故里,感其早年知遇之恩,作《哀刘夫子赋》。

本集卷一《哀刘夫子赋》:"辛亥岁,余以泉州太守王省庵之招,过乾所刘夫子故里,访二子士镂、士铎,追述生平,不胜感怆。昔任昉于王仆射殁后,作《怀德赋》,仆蚤年受知于夫子,眷念明德,岂独西州之叹哉?遂挥泪以赋之耳。"

按,据雍正《浙江通志》卷一百十九,刘鳞长明末曾官浙江提学道。

夏四月,妹四十初度,寄文祝寿。

本集卷九《如弟沈夫人寿序》:"余同产四人,其二为女兄弟,而归沈者,予长妹也。妹婿沈子象藻,博雅淹赡,且又令器,顾不幸而蚤死。……岁庚戌,则吾妹行年已四十矣。……献岁月正九日,又以友人招余八闽之行,揆离老父膝下,走二千余里至泉南,兄其尚可以为人耶?夏四月,得少间,为文一通,归寄为妹寿。妹向喜兄文章,知吾言之必有当于心也。"

夏,在泉州,为友张续孙妻卢氏志墓。

本集卷二十三《张夫人墓志铭》:"予友黄岩训导张子续孙之夫人曰卢氏,夫人年十七而归张子,六十一岁而殁,张子长夫人一岁。……余庚戌冬从襄国归,张子手其诗且令其子谷与玉藻以状匐匍请铭,余诺之。辛亥月正九日,即有泉南之役,藏其诗与状于箧中以行,至夏初,发箧读之,洒然流涕,用为其志。"

长女殇。

本集卷二十四《先室沈孺人行实》:"余到泉未几,即有长女之变。"

有书寄季式祖。

本集卷二十九《与季孚公》:"昨岁从和阳归,仅营先慈殡事,身大委顿。月正九日,即有温陵之行。"

友魏耕女遭难放归,抚为次媳。

本集卷二十九《与纪伯紫》:"前岁,弟从和阳归里……此恒情所未有也。……昨岁,魏女已与豚儿完姻。"本集卷二十四《先室沈孺人行实》:"时魏女遭难放归,余抚为次媳。"

严沆屡致书问,覆书谢之。

本集卷二十九《寄严颢亭》:"月正九日,即赴泉南之约,猝然起行,亦不及执别,我劳如何?……弟以饥驱之故,南北奔驰,初亦不过谓郭文举入署、徐孺子下榻,偶然事耳。……兄怜我念我,数千里外时致书邮,不胜感激之至。"

病起,有诗志感。

本集卷三十五《病起杂感十首》之八有“去年在冀北,今日又闽南”句,知作于本年。

有书寄高兆。

本集卷二十九《与高云客》。

清圣祖康熙十一年壬子(1672)　五十四岁

春,门人张无斁寄书至,旋有答书。

本集卷二十九《与门人张无斁》:“壬子春半,有从长汀寄尺素,发之,则足下札也。……令祖先生起居何似?足下朝夕侍侧,咳唾亲承,抑搔不违,以顺孙而兼子职,亦人伦所难得,可以争美古人。近来学艺若何?……闽南虽佳山水,仆心事烦剧,无暇观玩。且又在幕中,亦不能为闲猿野鹤也……陆冰老近来何所?其高情胜致,当复不减昔时耶!”

有书寄纪映钟。

本集卷二十九《与纪伯紫》。

辑《灵隐寺志》八卷。

雍正《浙江通志》卷二百五十四:“《灵隐寺志》八卷,康熙壬子,仁和孙治宇台辑。”

灵隐寺志成,有诗示具和尚。

本集卷三十六《灵隐志成与具和尚》。

十二月五日,妻沈氏卒。

本集卷二十四《先室沈孺人行实》:“孺人死于壬子十有二月之五日。”

除夕,和丘培春韵。

本集卷三十七《壬子除夕,和丘培春韵》。

清圣祖康熙十二年癸丑(1673)　五十五岁

正月二十九日,闻妻讣。时滞泉未归。

本集卷二十四《先室沈孺人行实》:“孺人死于壬子十有二月之五日,而余之闻报也,则在癸丑正月之二十九日。依古奔丧之礼,即当遄归踊哭,而余以贫故,濡滞泉南。是余之负疚于心也。”

春,丘培春还常州,作诗送之。

本集卷三十七《送丘培春还毗陵》。

孙浣思六十,作诗寿之。

本集卷三十六《嘉客兄初度作》。

按,钱澄之《田间诗文集》诗集卷十九癸丑《颢亭索赠孙嘉客六十》,知孙浣思本年六十。

冬，从清源至三山，登高兆遗安草堂。

本集卷五《遗安草堂画卷序》："余与云客定交有年，癸丑冬，余从清源至三山，则登云客之堂，曰：是钟陵先生所谓遗安草堂也。"

在三山，喜遇顾祖禹。

本集卷三十七《至三山喜遇顾景范》。

沈兆连还里，以诗送之。

本集卷三十五《三山送沈器先登舟还里》。

腊月十一日，次子孝栴卒。三十日，从泉南起行。

本集卷二十四《先室沈孺人行实》："孺人死于壬子十有二月之五日，而余之闻报也，则在癸丑正月之二十九日。……岁且尽矣，忽于腊月十一日，闻少子孝栴之变，一恸欲绝，遂于三十日起行。"

吴山涛五十，作文寿之。

本集卷九《吴岱观五十寿序》："吴子产于新安，而习于山左，艮于武林，而举己卯孝廉，故为武林吴子。……今兹吴子初度，吾同人之执盏者请以是为辞，亦可以临风而大釂矣。"

按，据江庆柏《清代人物生卒年表》，吴山涛生于天启四年(1624)，推知本年五十。

清圣祖康熙十三年甲寅(1674)　五十六岁

正月二十九日，抵家。

本集卷二十四《先室沈孺人行实》："甲寅正月二十九日，抵家，遂以窃月十二日，同孝栴之柩权厝于南山。"

葬次子孝栴，为文哭之。

本集卷二十六《哭次儿孝栴文》。

为妻沈氏作状。

本集卷二十四《先室沈孺人行实》："哀哉，孺人之死也！孺人死于壬子十有二月之五日……尔病余不能视药饵，尔死余不能视饭含，是余负疚于心也。今略次生平行事一二，以慰尔魂魄焉。孺人父沈公云翼，母胡孺人。生于壬戌年十二月初九日酉时，卒于壬子年十二月初五日戌时。年十九，适余。……孺人行年五十一，从余三十三年，极人世之颠沛，历未有之艰辛，不能不为扼腕而告于大君子。"

初春，复至仙霞岭。

本集卷三十三《复至仙霞岭》，诗中有"昔从此岭归，摄提方破腊(甲寅春初)"句。

春，胡介遗集刻成，为作序。(康熙十八年)

本集卷四《胡彦远遗集序》:“彦远已殁,佛田山公收其所遗诗文属盐官陆子辛斋、山阳丘子季贞芟辑评订,汇成若干卷,孙子手遗集而序之。”

乾隆《杭州府志》卷九十四:“胡介,字彦远,钱塘人。……其诗文尝属陆嘉淑为芟薙之,介死后且十年,淮东黄之翰刊其集行世。”

三月,耿精忠据福建反清,遣兵攻掠浙江、江西,东南震动。闽、浙、赣诸地民众乘机起事者甚众。

从闽归后,友张文嘉慰劳之。

本集卷二十二《张君仲嘉墓志铭》:“甲寅春,吾从清源归,君慰劳如平生。”

秋,复至盐官,为千峰立禅师无隐庵碑题文。

本集卷二十一《千峰立禅师无隐庵碑》:“戊子,余避迹于盐官之修川,其时千峰立禅师则领教于此地之觉王寺也。……甲寅,余从清源返里,其秋,又至盐官。则张子于度以师书至,具言无隐庵颠末,且以宋学士景濂所题无隐碑额见示。……于是为之题其碑。”

清圣祖康熙十四年乙卯(1675)　五十七岁

春,韦人凤、固君见过。

本集卷二十二《张君仲嘉墓志铭》:“乙卯春,武康韦子六象、固君过我,吾约明日朝飧,而送六象登舟。至明日,六象独至。”

暮春,同张纲孙、王嗣槐、陆进、王晫泛舟西湖。

本集卷四十《乙卯春暮,同张祖望、王仲昭、陆荩思、王丹麓泛舟孤山至湖心亭二首》。

夏,至吴,谒徐树丕。值徐八十初度,为文贺寿。

本集卷九《吴门徐武子先生寿序》:“先生南国之耆旧,天下之逸民也。余向与先生子祯起、绥祉讲兄弟之好,今以长夏至吴门,谒先生于斋中。先生春秋高,相对饮酒,终日无倦容,尚作金针八分书,私心窃叹,以为世所未有也。乃壮月日,为先生八十初度,二子揖余而言曰:‘子可以无言乎?’余曰:‘是余心也。’”

按,据江庆柏《清代人物生卒年表》,徐树丕生于万历二十四年(1596),推知本年八十。

徐晟兄弟过狮林,招孙治饮宴。

本集卷三十五《祯起、绥祉过狮林,招余饮宴二首》。

吴门遇郭襄图,作诗赠之。

本集卷四十《为郭皋旭解嘲二首》。

为袁骏《负母看花图》题诗。

本集卷四十《题吴门袁重其负母看花图二首》。

夏，施闰章游吴，以新集见赠。

本集卷三十五《施愚山以新集见示》。

尤侗《西堂杂组》卷四《施愚山薄游草序》："乙卯六月，施愚山先生自宛陵至吴门。"

释宗渭赴昆山茧园，作诗送之。

本集卷三十五《筠上人往茧园》。

按，毛奇龄《西河合集·绀上人赴昆山叶太史茧园，请席联句，时宛陵施少参、临安丁礼部、邗上吴刺史、吴门钱明府、尤司理、蔡茂才俱有和诗》，毛诗作于康熙十四年，孙诗亦当作于此时。

七月下浣，徐乾学母顾氏六十初度，作文贺寿。

本集卷九《昆山徐太夫人寿序》："东江徐子三人，天下之骏雄，君子大儒也，而实产于一母顾太夫人。……岁乙卯，为太夫人设帨之辰。……念与三徐子夙皆旧好，其安辞之？"

徐乾学《憺园文集》卷三十三《先妣顾太夫人行述》："吾母生于明万历丙辰七月二十八日未时，终于康熙丙辰十一月初七日辰时，享年六十有一。"知徐母本年六十。

十月二十五日，姊王夫人六十寿辰，作文祝寿。

本集卷九《女兄王夫人寿序》："自余为东西南北之人，而亲戚姊妹多至旷年不相见。昨岁从清源抵里门，弟在燕未归，只二妹在家相劳苦。未及见陆、王两姊氏也。已觐陛，姊年已六十，而发始苍艾。后至栖水见王姊，则发类银丝，无复有青黑间者。何吾姊之年未老而至是耶？今旃蒙之十月二十五日，为吾姊设帨之辰。"

范骧卒，为文祭之。

本集卷二十六《祭范文白文》。

清圣祖康熙十五年丙辰(1676)　五十八岁

元夜，与毛际可、方象瑛、张适、张纲孙饮杨与百教忠堂。

张纲孙《张秦亭诗集》卷九《元夜，毛会侯、方渭仁、张我持、孙宇台诸子饮杨与百教忠堂，分得南字》。

按，方象瑛《健松斋集》卷二十三《大集教忠堂观灯分得十一真》。时毛际可、方象瑛以避乱寓杭。

正月，姚弘任母六十寿辰，作文祝寿。

本集卷九《姚太君寿序》："姚子弘任从吾友应嗣寅、沈甸华两先生游……今已称入室弟子矣……仆二子孝桢、孝栴皆同学于应先生者也。孝栴殁后，弘任念旧不忘，予尤心感不置。丙辰孟陬，为太君周甲之辰，诸君子属有赠言，余安得默然而已也,用略识数语为姚子举北堂之觞。”

复过高兆,为高兆遗安草堂画卷作序。

本集卷五《遗安草堂画卷序》:“越三年丙辰,复过云客。”

夏,与许全可戏棋。

本集卷三十三《喜海昌许欲尔过舍》有“犹忆丙辰夏,流汗戏枯棋”句。

为徐釚诗作序。

本集卷五《吴门徐电发诗序》:“徐子电发天下才也,其来钱唐梁使君幕……而徐子在吾地,搜奇揽胜,动辄成,因以叹姑苏之蹇滞于余而西湖之见荣于徐子也,非偶然矣。徐子固改亭之大弟子也,余于改亭方悲宿草,而浏览是编,又增师友今昔之感。”

按,文中有“余于改亭方悲宿草”语,计东号改亭,卒于康熙十五年,孙文当作于此时。

秋,门人诸匡鼎之楚,作诗送之。

本集卷三十七《送门人诸虎男之楚》。

按,诸匡鼎《说诗堂集·橘园文抄》卷五《黄鹤楼记》:“丙辰仲秋,余就楚抚张公玉如之聘,遂泛棹汉江。”

清圣祖康熙十六年丁巳(1677)　五十九岁

李渔编纂《一家言》二集,致书孙治与毛先舒,乞为削正。

李渔《笠翁文集》卷三《与孙宇台、毛稚黄二好友》。

邵远平见招,未赴。

本集卷二十九《与邵戒三》:“丁巳,承见招,不弃故人。”

将之福州,曹溶作诗送行。

曹溶《静惕堂诗集》卷八《送孙宇台之福州》。

本集卷二十四《先考文学复庵府君行实》:“后又至温麻两载。”

沈昀卒。

本集卷十五《亡友柴汪陈沈四先生合传》:“沈兰先,字甸华,后改名昀,字朗思,人称朗思先生。……丁巳,年六十,病死。”

寄书曹溶,告沈昀卒信。

曹溶《静惕堂诗集》卷二十三《久淹闽中,杂书记事三十首》注曰:“得孙宇台福宁寄札,知沈甸华病死信。”

清圣祖康熙十七年戊午(1678)　六十岁

仲春,姊陆夫人卒。夏,自闽中归,为姊作传。

本集卷十五《先伯姊陆夫人传》:“戊午,余归自温麻,在长夏之九日,而姊已殁于仲春之四日矣。”

夏五，父八十初度，自闽归里。

本集卷七《沈采臣诗序》："今戊午夏五，余自闽中归里。"同书卷二十二《张君仲嘉墓志铭》："今年夏，吾从长溪归里。"同书卷二十四《先考文学复庵府君行实》："戊午，府君八十初度，夏五，遄归里门。六月诞日，不孝兄弟与二妹暨中外诸孙咸依膝下，而诸公之登堂者，趾相错也。"

秋杪，为沈采臣诗作序。

本集卷七《沈采臣诗序》："今戊午夏五，余自闽中归里……秋杪，则采臣手持一篇晤余。余读之终篇，慨然泣下。"

秋，为林璐集作序。

本集卷四《林玉逵集序》："戊午夏，余从温麻归里。及秋，则林子玉逵还自江右。两人各相慰劳，已林子出其文若干、诗若干属余为序。"

秋，葬莲居本金法师，为作诔文。

本集卷二十《莲居本金法师诔》："岁阴在巳夏五，莲居本金法师示寂。改岁戊午秋季，嗣法弟子成度等卜塔于皋亭黄鹤山之阳。"

许全可过舍，喜而赋诗。

本集卷三十三《喜海昌许欲尔过舍》。

秋，吴任臣、徐林鸿应鸿博北上，作诗送之。

本集卷三十七《吴志伊北上》、同书同卷《徐大文北上》。

张文嘉卒，为志墓。

本集卷二十二《张君仲嘉墓志铭》："岁戊午秋九月十九日，吾友张君仲嘉卒于里第。……逾月，其子廷瑞遵遗命将卜葬于南山之新茔，匍匐谒余，而请曰乞先生铭其藏。吾与君及君弟开之为兄弟之好者三十年矣。……君讳文嘉，字仲嘉。……君生万历辛亥闰三月，殁今戊午九月。"

冬十月，至金华，访杨岵云，晤其从兄龙见，应其所请，为龙见父母志墓。

本集卷二十二《高邮杨邻素处士暨元配赵孺人改葬墓志铭》："戊午冬十月，余持杖至金华之武邑，访故人岵云明府，因晤其从兄际飞先生。际飞名龙见，盖诸生祭酒而长者也。能诗，好围棋，棋居第二品。与余交善，且莫逆。……一旦肃容而请曰：'愿有所匄，明年，将改葬先子与先孺人于某原，乞先生志其藏。'"

臧眉锡父母合葬，为志墓。

本集卷二十二《长兴臧铁崖公暨元配周孺人合葬墓志铭》："岁戊午，臧进士鲁山令眉锡匍匐谒余为文，以志其先府君铁崖公与周孺人合葬之圹，而并属以铭。按状，公讳岸，字究儒，别号铁崖。……今合葬于五峰之西原有日矣，遂为铭。"

姚廉母沈氏卒，为志墓。

本集卷二十三《姚节母沈孺人墓志铭》:“姚君死,孺人为未亡人,年三十四,贫乏愈甚。子廉年十四岁,廞九岁,庸六岁。……孺人生丙申十二月十日,卒戊午八月二十九日,距其君子见背之年五十年矣。”

严沆卒,为文祭之。

本集卷二十五《祭严颢亭文》:“于乎!孰谓颢亭而长逝耶?颢亭死,天下无不哭颢亭。……治也求如少时之研笔砚而不得也,治也求如燕京之时时辈劳而不得也。已矣乎,复何望哉?”

清圣祖康熙十八年己未(1679) 六十一岁

春,裁定陈廷会文集,并作序。

本集卷四《陈际叔文集序》:“己未春,程子骏发以其师际叔陈先生之命,赍文集数百篇属余裁定。念与际叔缔交四十三年矣……因囊其书至西山精舍,阅七日而毕,登其赋若干篇、论若干篇、序若干篇、志铭传诔若干篇。……余少与际叔读书南北山中,即肆志古文辞,今其班班成家、颉颃古作者如此。余于论定之下,益不免有夸父逐日之叹也夫!”

春,陆寅重加装整其父陆圻诸札,孙治题文其后。

本集卷二十八《题陆丽京集殉节诸公卷后》:“去年春,吾姊又奄然长逝矣。及今春,又小祥矣。甥寅年少有父风,能世其家学。以父母之手泽存焉,重加装整,并以父少时《行乐图》及出家后处分诸札悉载。余览之出涕不止,感夫死者之不可复生,而长往者之不能即归也。……景宣事亲孝,与弟友,交朋友信。为诗赋古文辞,卓然杰出于汉魏之上,真吾鄙之三君也。即其处分诸札,恳款情理,无有儿女子态,岂不为大丈夫哉?”

暮春二日,友闻淡明及其妻合葬,为文记之。

本集卷十三《闻元亮葬记》:“康熙己未春三月有二日,同人为闻子元亮暨其元配杨氏合葬于祖墓之旁,而其友人孙治为之记。”

夏,翁仪武建张仙阁于灵隐之紫竹林,为文记之。

本集卷十三《建张仙阁记》:“翕子仪武与其友某某,皆俊伟君子也,以艰于得子,为壬子会,并欲建张仙阁于灵隐之紫竹林。……己未夏日,仪武索余文为疏,余即因以为记而并为诸君子之前券也如此。”

七月既望,作《栖水普同塔记》。

本集卷十三《栖水普同塔记》:“连武林而西曰栖水,地当南北会河之孔道,于浙江实为雄镇矣。……是役也,起于己未之春,告竣于七月之既望,适届中元,遂为之书其事以勒石。”

秋七月,陈廷会卒。

本集卷十五《亡友柴汪陈沈四先生合传》:“己未春,余适在家,使其门人程骏发裹其书稽首而前，属予评定，予曰：‘诺。’遂为删定若干卷，因为之序。其秋七月死。”

十月十五日，毛先舒六十初度，其门人喜其病起，请孙治制文以举觞。

本集卷九《赠毛稚黄序》：“初，稚黄艰于子，年过三四十，连育三子，子又才且贤。春秋未衰，可以有为之时，而忽婴重疾。夏月冒絮数重，草蕼隆丈许，闭户绝客，如是数年。今者忽然而愈，精神过于其旧，此又天之予以不测者也。……今年秋，稚黄门下士喜稚黄之疾起，而又当初度之辰，属余制文以举觞。”

按，毛奇龄《西河合集·毛稚黄墓志铭》：“君初名先舒，字稚黄，钱唐人。既而名骙，为仁和诸生，更字驰黄，君生于泰昌元年十月十五日寅时，卒于康熙二十七年十月初五日子时，享年六十有九。”知本年毛先舒六十。

陆堦六十初度，作文贺寿。

本集卷九《陆梯霞六十寿序》：“余友自庚申生者凡三人，曰陆子梯霞、王子仲昭、毛子驰黄。……余自束发与诸公谛交，而梯霞与仲昭、驰黄以年皆得弟畜，然其过余者且百倍矣……故余于其初度而即次以为序。”

按，文中言陆堦“庚申生”，庚申为万历四十八年(1620)，推知本年六十。

张纲孙山居，过访之。

张纲孙《张秦亭诗集》卷十《山居喜孙宇台过》。

为黄帏志墓。

本集卷二十二《黄君维韫暨元配鲍孺人墓志铭》：“异时癸未，则君之兄维含过予定交。甲申，则余出北郭交君。盖知二黄子之于家学则斌斌矣。其后君母顾夫人设帨之辰，索余文以上寿，而因得登堂拜母。……昨从温麻归里，知维含之死久已宿草，君固无恙也。未几，忽闻君死。明年秋，子扉俑匐谒余而请铭。……按状，君讳帏，字维韫，号彤侯，杭之钱塘人。……君生于甲寅年三月六日，卒于戊午年九月九日。元配鲍氏生于丁巳年二月十六日，卒于戊子年五月九日，距君之死三十余年。子三人：长简，郡诸生，君死后没于燕京；次即扉，邑诸生，皆鲍出。次好修，徐氏出。……扉以遗命将合葬于东山之阳，而为之铭。”

为亡友柴绍炳、汪沨、沈昀、陈廷会作传，并寄书邵远平，乞表彰四友。

本集卷十五《亡友柴、汪、陈、沈四先生合传》：“四先生者，皆钱塘节志士也。遭世之末流，甘贫贱，不厌死而后已。其志洁，其行方……时移执易，多所论著，成一家言。所作诗歌，皆与古作者颉颃。悲夫！自甲申以后，或闭迹空山，或合门教授。死之日，大节炳然，咸可观也。余结发同游，华颠无间，惧其著述斐然，而子孙壁立，不能付锲梓，以传于后。此亦后死者之责也，于是为之传其大概云尔。"

本集卷二十九《与邵戒三》:"戊午,返里,吾兄有博学宏辞之命,是以不趋江右,至为耿耿。今者吾兄秉笔史馆,扬芳阐幽,真千载一时。……又弟作亡友四君传,四君秉节没世,文采、志节皆可不朽,乞吾兄激扬表彰,真盛事也。"

应山东曹南县知县臧眉锡之请赴曹南。

本集卷二十四《先考文学复庵府君行实》:"又应山左曹南之聘,忽忽年余。……在山左年余,即欲归养,而先府君又见背也。"

寄书朱东观。时朱客京。

本集卷二十九《寄朱全古》:"相别来计有三十余载,同好之间阔,岂有弟与兄哉?舍弟宙合自京都往还,尝悉动定。比来诸事胜常,著作之富,想复等身。又闻贤子高才……窃念弟与吾兄形迹虽疏,然交情之缱绻、臭味之绸缪,固数十春秋如一日也。自颢亭长逝,长安寂寥;魏美、虎臣、淇上、胤倩、甸华、际叔辈,前后俱为异物,每一念至,酸怆百端。吾兄如鲁灵光,而弟以草木之质,形体仅存。……乃吾兄倚梧燕京,而弟穷年作客在外,伤哉贫也!使吾辈之行藏如此,恐亦昔贤所未有也。吾兄亦为然耶,否耶?顷,□曹县仰首燕峤,连结不解,端有此寄。"

清圣祖康熙十九年庚申(1680)　六十二岁

正月,李渔病卒于杭州,年七十。

九月十五,与友臧廷鉴谒孔林。

本集卷二十四《先考文学复庵府君行实》:"先是九月望日,同友人臧受澄往谒孔林。"

九月二十五日,还邑,病。

本集卷二十四《先考文学复庵府君行实》:"九月二十五日,还邑,魂魄丧夺,志意惊剧,遂致剧病。"

十月初一,父患病。

本集卷二十四《先考文学复庵府君行实》:"孰知府君即于十月朔日得病。"

十月十日,父卒。

本集卷十二四《先考文学复庵府君行实》:"先府君生于万历己亥年六月二十九日未时,卒于康熙庚申年十月十日巳时。"

清圣祖康熙二十年辛酉(1681)　六十三岁

正月五日,接父凶讣。九日,踉跄归里。二月五日,至家。

本集卷十二四《先考文学复庵府君行实》:"乃月正五日,曹邑衙役自枕运曹,始接凶讣。……月正九日,即戴星南奔。……徒跣出邑门,车行六日,始至彭城。闻宿迁一路筑坝,于是假豆船,下徐河,复买小舟,从别路泛清江,未至二十里。河浅难行，于是肩行李，疾走浦口，渡淮安，越三日，至维扬。于二月五日，始得到家，抚棺一恸，欲绝万死，岂足赎罪哉？”

为父撰行实。

本集卷十二四《先考文学复庵府君行实》：“府君讳锡，字明先，号复庵。……年十九，娶先妣沈孺人。……己未，生不孝治。又二年辛酉，生弟洽。……年三十余，始补博士弟子，受业郑月庵先生尚友之门。……先府君生于万历己亥年六月二十九日未时，卒于康熙庚申年十月十日巳时，先妣沈孺人生于戊戌年五月十日未时，卒于戊申年五月七日戌时，先先府君死又十三年矣。有子二：长即不孝治，娶沈公子培女。次洽，后弘先伯父，娶鲁公侵甫女，继娶许公卜年女。女二：长归沈硎丹象藻，次归胡仪天鸿运。”

五月，启程赴晋城。

纪映钟卒。

清圣祖康熙二十一年壬戌(1682)　六十四岁

在晋城。

清圣祖康熙二十二年癸亥(1683)　六十五岁

二月，卒于晋城。

孙孝桢《先考文学鉴庵府君行实》：“殁于康熙癸亥年二月初九日戌时，享年六十有五。”

按，陆嘉淑《孙宇台先生遗集序》：“癸亥之秋，而我宇台亦捐馆舍于泽州之旅寓矣。”“秋”当为“春”之误。

张纲孙作诗哭之。

张纲孙《张秦亭诗集》卷十三《哭孙宇台四首》。

康熙二十三年，子孝桢梓父遗文行世，顾祖禹、陆嘉淑、毛先舒、张纲孙为作序。

（作者简介：胡春丽，女，河南社旗人。复旦大学历史系博士。现为复旦大学出版社副编审。研究方向为中国经学史、中国古代思想文化史、清代学术史。）

参考文献：

[1]孙治：《孙宇台集》，清康熙二十三年孙孝桢刻本

[2]陆圻：《威凤堂文集》，清康熙刻本

[3]柴绍炳：《柴省轩先生文钞》，复旦大学图书馆藏清康熙刻本

[4]毛先舒：《东苑诗文钞》，清康熙刻思古堂十四种书本

[5]毛先舒：《潠书》，清康熙刻思古堂十四种书本

[6]毛先舒：《思古堂文集》，清康熙刻思古堂十四种书本

[7]沈谦:《东江集钞》,《四库全书存目丛书》本
[8]张纲孙:《张秦亭诗集》,清康熙石甑山房刻本
[9]胡介:《旅堂诗文集》,清康熙刻本
[10]丁澎:《扶荔堂诗选》,《清代诗文集汇编》本
[11]曹溶:《静惕堂诗集》,清雍正刻本
[12]陆进:《巢青阁集》,清康熙刘愫等刻本
[13]毛奇龄:《西河合集》,康熙书留草堂刻本
[14]屈大均:《翁山诗外》,清康熙刻凌凤翔补修本
[15]施闰章:《学余堂集》,清《文渊阁四库全书》本
[16]徐釚:《南州草堂集》,清康熙三十四年刻本
[17]王嗣槐:《桂山堂诗文选》》,清康熙青筠阁刻本
[18]王岱:《了庵诗文集》,清乾隆刻本
[19]诸匡鼎:《说诗堂集》,《四库全书存目丛书》本
[20]王晫:《今世说》,清康熙二十二年霞举堂刻本
[21]董含:《三冈识略》,清钞本
[22]叶梦珠撰,来新夏点校:《阅世编》,中华书局,2007
[23]阮元:《两浙輶轩录》,清嘉庆刻本
[24]阮元:《两浙輶轩录补遗》清嘉庆刻本
[25]潘衍桐:《两浙輶轩续录》,清光绪刻本
[26]吴灏:《国朝杭郡诗辑》,清同治刻本
[27]《康熙起居注》,中华书局,1984
[28]清国史馆编:《清史列传》,王钟翰点校,《清代传记丛刊》本,中华书局,1987
[29]吴骞:《陈乾初先生年谱》卷上,民国刻雪堂丛刻本
[30]雍正《浙江通志》,清《文渊阁四库全书》本
[31]民国《杭州府志》,民国十一年刻本
[32]谷辉之:《毛先舒年谱》,载上海图书馆历史文献研究所编《历史文献》第三辑,上海科学技术文献出版社,2000
[33]王简可编:《陆辛斋先生年谱拟稿》,《北京图书馆藏珍本年谱丛刊》第75册,北京图书馆出版社,1999
[34]江庆柏编著:《清代人物生卒年表》,人民文学出版社,2005
[35]张慧剑编:《明清江苏文人年表》,上海古籍出版社,1986
[36]朱保炯、谢沛霖编:《明清进士题名碑录》,上海古籍出版社,1998
[37]钱实甫编:《清代职官年表》,中华书局,1980

魏禧集外佚文

朱泽宝

魏禧(1624—1681),字冰叔,一字叔子,号裕斋,世称勺庭先生,江西宁都人。在明时为诸生,明亡后,以遗民自居,以讲学著述为事。与兄魏祥、弟魏礼皆以文章著名,世称宁都三魏。三魏因曾与彭士望、邱维屏、林时益、曾灿、李腾蛟、彭任等隐居翠微山,于其中筑室讲《易》,故又有"易堂九子"之称,而魏禧实为九子中的领袖人物。魏禧为一代古文大家,清初文坛巨擘宋荦编选《国朝三家文钞》,将魏禧与侯方域、汪琬并列。他在序文中这样评价魏禧的古文:"文必有为而作,踔厉森峭而指事精切,凿凿乎如药石可以伐病,魏氏之文也。"时遂有古文三大家之名。当时有人曾云:"自魏叔子先生殁,而文章几乎熄。"[①]魏禧的文集在清代有两次刊刻,俱以《宁都三魏全集》本传世。初次刊刻于康熙年间,由林时益主持,这个版本后遭禁毁,传本甚少。道光二十五年,绂园书塾重刻《宁都三魏全集》,此版与初刻本在版式、字体等方面俱无二致,当属同一版本系统,但错讹较多。此外还有多种《魏叔子文钞》这样的选本传世。2003年,胡守仁等人以康熙版《宁都三魏全集》为底本,参校各种选本,整理出《魏叔子文集》,由中华书局出版。此书校勘精密,网络散佚,可见魏禧一生的文章事业。因魏禧生前交游广泛,与当世文人多有文字往来,其中为其文集未收者当不少。笔者在翻阅古籍时,检得魏禧集外佚文若干,遂辑录成文,略加考释,以飨同好。所识者浅,冀博雅君子匡所不逮。

艾陵文钞序

《艾陵文钞》十六卷,泾阳雷伯顩先生遗集也。先生以古文名天下垂四十年,既没,其子毅钞其文之可行世者,请序于宁都易堂魏禧。禧癸卯岁获交先生及筑夫王先生,尝读先生文,详而有法,质朴醇厚,一依于礼义。自少年未诸生,即慨然有当世之志,往往好论天下事。所论事文工拙之故,颇类曾南丰,既自放废,益肆力于古。说经术、考礼制、传记、碑版所述,其工者,虽南丰得意之文,何以过焉?今天下古文大兴,其卓然能名一家者不少人。独先生为之于举世不为之日,先生倡之,筑夫和之,数十年,天下言古文者,江淮之间必以雷、王为归。呜呼,岂虚也哉?天下国家之坏,不患于无文,患于世无真气,而其文日趋于浮伪。虚辞以掩意,饾饤掇拾以为文,

① 王源《怀葛堂集序》,《豫章丛书·集部十》,江西教育出版社2007年版,第571页。

此浮文之易见者也。言依道德,语关天下国家之故,廉节则伯夷不让,经济则贾谊、晁错之徒无以过,而退考其实,殆与世之市侩瞀儒无毫发有异,此伪文之不易见者也。伪之为害,破国亡君,而其祸方未有以止,其端阴成于学术而显发于文章。是故文无真气,虽出入左、史、两汉、唐、宋大家之文,率皆谓之浮伪。而本身而发言乎真气者,虽不必尽合古人之矩度,固已无不可传矣。先生于古人之法,既铢两悉合,而为文一本于真气,其为近代作者无疑也。方先生与筑夫访刘氏园,曰:曾见子叙李镜月《懿德录》而好之。予报谒先生亦出气所缮写文集相示。时予学古文方十六七年,后此为文数变。再过扬州,欲以就正先生,而先生死矣,至今仅得叙先生集。呜呼!先生死,犹幸筑夫之老且康健,为文日益工。先生之文,其必有以论定也矣。康熙丁巳冬十月宁都魏禧撰。

此文见于《艾陵文钞》卷首。《艾陵文钞》现有清康熙莘乐草堂刻本,卷首除魏禧的序,还有王岩的《清处士雷君伯籲墓志铭》和周斯的《论雷伯籲先生文行七卷》。雷士俊(1611—1669),字伯籲,先世居陕西泾阳,后迁于江苏江都。明亡不仕,隐居艾陵湖上。有《艾陵诗钞》《艾陵文钞》等存世。雷氏少攻古文,精于经史百家,明于古今治乱得失之故,其诗文好论政事。乾隆时以其文中有"悖谩"之语,遂将其书禁毁。康熙癸卯(1663),魏禧两度漫游扬州、高邮等地,雷士俊与王岩或于此时和魏禧会面。此文中对雷士俊文章的评价,如"详而有法""肆力于古""好论天下事"等,遂移之于叔子本人文集,亦可谓宜。应该说,雷士俊的出处际遇、文章旨趣及甚至身后文集的命运都与魏禧极其相似,故魏禧视其为文章同道,称"欲就正先生",当不是虚言。这篇序文也不是泛泛酬应之文可比,魏禧在其中大力阐述其独到的文论,如"文无真气,虽出入左、史、两汉、唐、宋大家之文,率皆谓之浮伪。而本身而发言乎真气者,虽不必尽合古人之矩度,固已无不可传矣",皆与其平常的主张相呼应而更为鲜明、透彻。魏禧的《任王谷文集序》及《复沈甸华》也都相继谈到真气对文章创作的重要性,比如说"天下文章,最苦无真气"①。尚未将真气与学者通常重视的法度相比较,恰恰正是在这篇文章中指出"真气"是可以凌驾于"矩度"之上的。这样的观点,放到整个中国文学批评史上,也不算多见。后人在编辑魏禧文集时删除此文,不知是否是碍于此主张与习见相违太过以致力有违中和之道。殊不知,唯有此才能表现易堂酣畅淋漓之"真气",也更能彰显魏禧的文论个性。

① 魏禧《复沈甸华》,《魏叔子文集》,中华书局2003年版,第351页。

懿行编序

余幼读《左传》，爱其言善恶利害如烛照。数计稍长，览《感应篇》《迪吉录》诸书，以谓夫人自大贤而下，莫不待于劝惩。“正谊不谋利，明道不计功”之说，此学者所为自尽，非能使天下之人相为尽也。兴化李子镜石辑《懿行类编》一书，取古今嘉言善行，分类编次。纪事之后，间为论断，独不一言及于福利。癸卯夏，予游秦邮，与李子相友善。出其书，读所自叙，未及半而疑之，意其言太高，非中人以下所能为。及卒读，而始叹古今之善言福利者莫过李子。李子之言曰：为善而必得福，则人劝为善而或不得福，则人疑。为善者疑不得福则为恶者信其不得祸，而天下凶德乱义之徒求为不善以自便其私者，必将操夫不必然之说以难吾必然之说，而劝而为善之人疑而沮者必将十人而九。今夫疾走者生影，息影者不走而已矣，善辨者生息者不辨而已矣。吾言为善必得福，则既有以为善得祸难我者，吾不言；为善之得福则彼既无以相难。而吾曰忠孝，彼必不敢曰当奸逆也。吾曰廉洁，彼必不敢曰当贪污也。然则为善得福之说可以辨穷，而为善之说不可以辨穷。且夫说之不可以辨穷者，其辨将久而自穷而能使其疑之者反而之信。今试求之，是编之人，其事则皆为善之事也。问其人，不寿考则富贵矣。更仆而问之，则或子若孙蕃昌，或临患难而免，或生有荣名、没而俎豆矣。世所谓厚利显名祷祠颂祝，李子所不言者耳。读是书者，类可以言。外而遇之，由是天下之疑而沮者信其得福而勇于为善也，则又已十人而九。昔孔子作《春秋》记灾异而不著事应说者，以为天道远人道迩，君子知天，所以谴告，恐惧修省而已。若推其事，应而不合，则将使君子怠焉，以为偶然而不惧。吾故曰善言福利者莫过李子也。李子曰：是书也，子诚善之，则为之叙之。余不敢辞而发挥其意，以告世之读是书者。康熙六年秋月，宁都同学弟魏禧拜题于西湖之南楼。

此文见于李滢编《懿行编》卷首。《懿德编》有清康熙十二年刻本，《四库全书存目丛书》据此本影印。《懿德编》将古人的嘉言懿行加以分类，全书共八卷，每卷有三至五个小类。如卷一为“帝王”“后妃”“大臣”类，卷四为“廉介”“将帅”“尽忠”“笃义”类，卷八为“敬慎”“恬退”“远色”“俭约”“隐逸”类等。教化民众是晚明以来知识分子普遍关心的话题，明清之际的遗民们更是如此，并没有因江山易主放弃这种责任。正如顾炎武所说：“民吾同胞。今日之民，吾与达而在上位者之所共也。救民以事，此达而在上位者之责也。救民以言，此亦穷而在下位者之责也。"[1]魏禧也曾在《日录》中也谈到劝导民众为善时所遇到的为善不得福的质疑,进而给出这样的结论:"祸福寿夭,有一定命数,为恶得福,断非因其为恶,天故将此福与之……为善得祸,断非因其为恶,天故将此福与之。"[2]将祸福的来由归之于宿命,更不能唤醒民众行善之心。而李滢不以"为善必得福"之理来说教世人,而是将历史上"为善得福"之事萃为一编,以此来激励世人的善行,似更为可行,因而赞叹"善言福利者莫过李子也"。编者李滢(1618—1682),字镜石,李滢为人,"绝意仕进,遍游名山大川。晚尤粹于经学,博采古来圣君、贤臣、懿士、淑媛之事,附以论断……著有《敦好堂诗文集》三十卷、《懿行编》八卷、《经济考》八卷、《庐山志》十五卷"[3]。李滢深服魏禧文行,两人交情颇笃,还曾请魏禧为其亡女作碣文。魏禧《夏节妇碣文》:"节妇姓李氏,扬州兴化镜石君女也……既适夏文学玉书,自太姑以下皆得其欢心……某年月,夏翁将合葬节妇于文学之墓。镜石哀其女之志而例不及旌,请余为文以传之。"[4]李滢出生于兴化李氏世家,为隆庆首辅李春芳裔孙,与明清之际史学家李清为同族兄弟。魏禧游历江淮时,与兴化李氏多有往来。除此两文外,涉及兴化李氏一族的文章还有《南北史合注序》《李映碧先生七十寿序》等。

答邵子湘

近于天石兄所见足下论文札子及所撰贺公墓表,甚服。海内文章,家弟夙推朝宗、西铭,今得足下,便为过之也。薄暮使者至,挑灯读来教。上下古今,穷源竟委,非数十年深心斯道,安得言之,如数家珍,如谈布帛菽粟耶!承示疑向者论文语,独于源本未发,诚然。然非有所秘啬也,以拙集中与文士论文言之,已备,故不复见再见。如尊论且详矣。然亦末中之本,非本中之本也。本中之本,则来书所谓读书养气者,尚不足以尽之。所谓穷经者,亦不专于经求之,盖以经视经,犹以文视文而已。但思圣人所以作经者何意,吾之所以读经者何意;推之古人所以作史者何意,吾之所以读史者何意,则本源本乃出。此又非钩深索隐,极之于罔象之谓也。百尺之松,干霄拂云,而其根丽于土。凌虚之观,承露之台,崔嵬百仞而其基始于地也。此则古圣贤著述之大凡,而非后世文人之所以为文也。倘足下不弃愚陋,当悉竭所藏以就正,譬如人逢扁跗,辄自疑其有疾,不敢不宣露肺腑以求药石耳。又论《五真记》,恐拙笔不足传阿堵之妙。然尊札已是一篇绝妙记

① 顾炎武著,黄汝成集释《日知录集释》,上海古籍出版社2006年版,第1084页。
② 魏禧《日录》,《魏叔子文集》,中华书局2003年版,第1074页。
③ 阿克当阿修《(嘉庆)重修扬州府志》,扬州府署刻本。
④ 魏禧《夏节妇碣文》,《魏叔子文集》,中华书局2003年版,第912页。

矣。家兄深切向往,几望握手。弟苦应酬,深夜乃得作复。惟足下略其辞而察其意以教之。壬子正月日。

按,此文见于《国朝三家文钞·魏叔子文钞》卷四,笔者所见书为清康熙三十三年刻本。邵子湘即清初著名文人邵长蘅。邵长蘅(1637—1704),字子湘,号青门山人,江苏武进人。其古文成就在清初与侯方域、魏禧齐名,有《青门稿》存世。《清史稿·文苑传》称其"工诗,尤致力古文辞,陶炼雅正"。邵长蘅对魏禧古文特色赞赏备至,对其揄扬不遗余力,可谓魏禧的当世知己。邵长蘅曾参与《国朝三家文钞》的编选,将魏禧清初散文大家的地位以选本的形式固定下来,并为此书作序,称赞魏禧的文章"以力胜";曾作《侯方域魏禧传》,将侯、魏两大古文家并列,称赞魏禧"为文主识议,凌厉雄健,不屑屑橅拟如世之貌似大家者。遇忠孝节烈事,则益感慨激昂,摹画淋漓"①,重点表现其文风如人品的特色;而《魏叔子文集序》称其经世致用之效:"每至谈说经济,议天下之变,率凿凿副名实,不为无用之言。"②二人最早相识于康熙十年冬,魏禧客武进时,邵长蘅曾记道:"客冬,叔子来毗陵,余识之寓楼,握手语移时,恨相知晚。"③此文中提到的《五真记》,即载于《魏叔子文集》卷十六《邵子湘五真记图》的,是魏禧为邵长蘅小像作的画像记。邵长蘅曾作《与魏叔子乞记书》详道其经过:"去冬梁溪朱生为仆写五真图……顷已装成册子,乞先生作一记,用楷书书其前。"④魏禧在《邵子湘五真记》记道:"邵子高才,工文章,有用世之志,为遗世之想;以读书始,而将以逃禅终。"⑤此文中提到的"本中之本",魏禧在《与蔡生书》中也曾提到,但未如此处有详尽的阐释。对于魏禧乃至清初文论的研究者来说,魏禧的这篇佚文更不能轻易放过。

复顾茂伦

奉手书,甚慰。弟以病后,元气未复,砚田之获不足以资旅病者,悉谢不为。兹以大命,而万答不远百里。诚孝可感,是以不敢辞也。然荒文无状,恐不足以塞主人之意耳。尊选《纪事诗》,极妙,此天地间公事,弟应捉笔,且待附骥尾以不朽,幸甚。兹亦草成,即录于册首。先生更一政定,方可登木,勿使弟为荆公所诮。弟已流览其半,似有一二可删者。此等诗以

① 邵长蘅《侯方域魏禧传》,《青门剩稿》卷八,清康熙刻本。
② 邵长蘅《魏叔子文集序》,《青门剩稿》卷七,清康熙刻本。
③ 同上。
④ 邵长蘅《与魏叔子乞记书》,《青门剩稿》卷十六,清康熙刻本。
⑤ 魏禧《邵子湘五真记图》,《魏叔子文集》,中华书局 2003 年版,第 730 页。

古质厚朴为第一也,唯更酌之。躬庵近刻二帙,在箧中附呈。弟古诗中颇多纪事之作,今为门人刻于金陵,旦晚可至,当以全本寄呈也。积想如渴,乃屈访不值,恨甚。不尽言。

此文见于《尺牍兰言》卷九,其后附有魏禧所作的《纪事诗钞跋》[①]顾茂伦即顾有孝。顾有孝(1619—1689),字茂伦,号雪滩钓叟,江苏吴江人。贫而豪客,以编选古今诗文为业。《(乾隆)吴江县志》:"(顾有孝)一以唐音为宗,遂选刻《唐诗英华》,盛行于时,诗体为之一变。继有《五朝诗英华》《明文英华》诸选,远近争购,由是有孝名益著。"[②]实际上,顾有孝生平编选之集,远不止此数,魏禧就说其"所论定古今人诗为类亦数十"[③],今日尚存着,除以上诸书,还有《百名家英华》《江左三大家诗钞》《明七子诗》《丽泽集》《台阁集》《丘樊集》《骊珍集》《闲情集》《名家绝句钞》等。据学者考证,《纪事诗钞》今仅存残抄本,庋藏于浙江图书馆[④]。该书卷首收有魏禧所作《纪事诗钞序》,题款为庚申冬至,此文亦当作于庚申冬至之后不久,此时据魏禧亡故之时不足一月。文中言"病后元气未复",当就是年七月苏州光福寺大病而言,如《寄儿子世侃书》中说道:"七月光福一病,仅存皮骨,揽镜自照,陡然心惊。"[⑤]从此文中可见魏禧晚年病况及卖文之状,殊为难得。同时提到的由门人刻于金陵的古诗选本,未见学者提及,不知尚存于天地之间否。明清之际,时人的纪事诗的讨论多集中于"补史之缺"和"传心外之史"等功能方面,魏禧这里提出了"古质厚朴"的风格要求,言人之所未及,而纵观仅存《纪事诗钞》,所选诗歌也大抵都具"古质厚朴"之风格。

跋广成侯先生书程孟阳、李长蘅画卷

禧少好吴下夏彝仲、陈卧子、黄蕴生三先生文,而受知于广成侯先生,其后三先生皆殉义死。侯先生尤烈,阖室自焚。初予尝自恨试文不工,他日欲录平生文,贽见先生于里门,不数年而变作。近客吴门又不及拜先生墓,然有自嘉定来者,必敬询先生亲属,求先生笔墨之迹,终无从得。莱阳姜子实节,年少好书法,敬名节之贤,偶见先生所书程孟阳、李长蘅画跋,市而藏之,凡一百四十五字,以禧门下士属题其后。往先生拔士吾乡,禧兄弟

① 按:此"《纪事诗钞跋》"节选自《魏叔子文集》卷十《纪事诗钞序》,相关文字完全雷同。因此文开篇有"顾子茂伦以诗学名天下数十年……属予为之叙"之语,可断定此文为序,非跋。

② 陈纕《(乾隆)吴江县志·人物志》,清刻本。

③ 魏禧《纪事诗钞序》,《魏叔子文集》,中华书局2003年版,第539页。

④ 见朱则杰、黄丽勤《两种稀见清诗总集考辨》,《浙江大学学报(人文社会科学版)》,2008年第5期。

⑤ 魏禧《寄儿子世侃书》,《魏叔子文集》,中华书局2003年版,第297页。

姻娅，能文者莫不受知先生，而最爱吾姊壻丘维屏、家伯子际瑞，并为书扇。禧颇习先生书，故知此卷为真迹也。先生大节足追颜鲁公，禧曾见鲁公手书于嘉兴曹侍郎许，凡四十五字，有闽人余思复读之，得四十七字，侍郎抚掌大笑，曰："又多二字矣。"呜呼！是岂独以善书贵。吾知千年后，贵先生书当如是。独先生死，为日星在天，而禧视息草土如蠓蠛之不足有无，为愧先生也。卷首画已无存，跋中所称四先生者，其二唐叔达、娄子柔也。壬子仲冬朔日，宁都魏禧敬书。

此文见于中国嘉德2014春季拍卖会，为十二开水墨纸本。楷书。题目为笔者自拟。文首钤有"勺庭"印，文后钤"魏禧""叔子"印。此卷应为流散在外，《魏叔子文集》编刻者所未及收者。按诸魏禧现存他稿，可定此文为魏禧手迹，文中所记之事，也可与《魏叔子文集》中的若干记载相互印证。广成侯先生即为侯峒曾。侯峒曾（1591—1645），字豫瞻，号广成，嘉定人，明清之际与侯淳耀率嘉定民众抗清，城破身亡。崇祯年间，侯氏曾任江西提学参议。魏禧《邱维屏传》："邦士年二十三，补弟子员第一，督学侯公峒曾奇赏其文。"[①]魏禧在谈到其少时习八股文时的趣好时，说"窃比近贤，谓当出入夏彝仲、陈卧子、黄蕴生之间"[②]，皆与文中所言一致，更可断定此文确为魏禧所作。文中提到的曹侍郎，为清初户部侍郎曹溶，浙江嘉兴人，魏禧于这年的前一年游历嘉兴一带时，与曹溶交游密切，曾为其作《曹氏金石表序》。《曹氏金石表序》所透露出的弦外之意，与本文寄寓之意，恰好完全暗和。为曹溶作序时，魏禧在文终道："吾愿公所好止此，不复更措意，而取欧阳子所谓得于有力之强者，合并用于好士，则必有奇伟特达如古之士者归于公，当不止如今日所得。"似针对曹溶的贰臣身份而言，劝其止可悠游金石，言外之意可想而知。此文由题跋出发，将自己与侯峒曾对比，发出"日星在天，而禧视息草土如蠓蠛之不足有无"的感慨，是出于遗民未死者对抗清殉节者常见的抱愧心理。两文皆由金石书画谈起，最终归于个人的遗民情结，也堪称是魏禧行文的一贯风格。

（作者简介：朱泽宝，复旦大学中国古代文学研究中心博士研究生。）

① 魏禧《邱邦士传》，《魏叔子文集》，中华书局2003年版，第870页。

② 魏禧《与温伯芳》，《魏叔子文集》，中华书局2003年版，第302页。

《全元文》郑渊佚文辑补五十四篇

陈开林

《四库全书总目》卷194“总集类存目四”著录“《义门郑氏奕叶集》十卷”，称“国朝郑尔垣编。尔垣既续郑㬚之书为七卷，又编次遗文得十五种。曰元郑大和《贞和集》，曰元郑钦《青梿居士文》，曰元郑涛《药房集》，曰元郑泳《半轩集》，曰明郑渊《遂初斋集》，曰明郑榦《恕斋集》，曰明郑楷《凤鸣集》，曰明郑棠《道山集》，曰明郑柏进《德斋稿》”①。有康熙五十四年祠堂刻本，今收入《四库全书存目丛书》集部第410册。集中所载郑大和、郑钦、郑涛、郑泳诸人之文，《全元文》均据之录入第57册。而第58册据清乾隆四十四年《浦江县志》录郑渊文三篇，未曾检及《遂初斋集》②。

《全元文》小传云：“郑渊，浦江(今属浙江)人。至正时在世。”所言颇为简略。郑渊曾师事宋濂。卒后，宋濂为撰《郑仲涵墓志铭》(《銮坡后集》卷九③)，称“义则师友，情如父子”。并载其“生于元泰定丙寅九月十三日，卒于今洪武癸丑正月十一日，寿四十八”，则其存世时间为泰定三年(1326)④至洪武六年(1373)。其后焦竑《国朝献征录》卷一一二《孝子》、徐象贤《两浙名贤录》卷六孝友、张萱《西园闻见录》卷一《孝顺前》、邓元锡《皇明书》卷四〇、清代张岱《石匮书》卷二〇三、查继佐《罪惟录》卷二二等书并有其传。宋濂文长不录，兹录《罪惟录》传文如下：

> 郑渊，字仲涵，浙江浦江人。师宋潜溪，潜溪称渊颇闻道。侍母病疽，跪而进药，膝为生胝。母复病渴，以不得西瓜死，遂终身不食瓜。颇走人患难。元季荐为书院山长，不就。国初求贤，有司敦请，以瞶辞。⑤

① 永瑢《四库总目提要》，中华书局1965年版，第1775页。

② 按：《全元文》在编纂中，忽略作家别集，而据其他文献搜罗其部分文章，郑渊即为一例。此外，胡一桂《双湖先生文集》、朱右《白云稿》、林右《天台林公辅先生文集》、涂几《涂子类稿》均留存至今，而《全元文》均失之参考。参笔者博士论文《〈全元文〉编纂考索》，华中师范大学2015年。

③ 宋濂著，罗月霞主编《宋濂全集》，浙江古籍出版社1999年版，第748—751页。

④ 按：郑渊《亡室周氏墓铭》(见本文第三十三篇)载其夫人“生于元泰定甲子九月二十日”，并言“其生与吾同月而长二岁”，泰定甲子为泰定元年(1324)，则其生年为泰定丙寅年(1326)九月，亦可作佐证。

⑤ 查继佐《罪惟录》(第4册)，浙江古籍出版社1986年版，第2456页。(按：此传中云“母复病渴，以不得西瓜死，遂终身不食瓜”，与宋濂《墓志铭》记载不同。宋濂载：“夫人病革，思食西域瓜，既食而卒。仲涵见瓜，终身弗忍食。”)

其著作，宋濂《郑仲涵墓志铭》载“所著书有《遂初斋稿》十卷、《续文类》五十卷藏于家”[1]。黄虞稷《千顷堂书目》据此，于卷十七著录“郑渊《遂初斋稿》十卷”，注云：“浦江义门郑氏，有孝行，宋濂谥之贞孝处士。”于卷三十一著录“郑渊《续文类》五十卷”，注云：“一作七十卷。字仲涵，浦江义门处士。宋濂谥之曰贞孝。”[2]

《遂初斋集》乃《义门郑氏奕叶集》卷三，共录文56篇，除去重复的二篇[3]，尚有54篇为《全元文》失收。兹加以整理，迻录如下。文字漫漶无法识别之处，则代以“□”。

一、孝节堂铭[4]

乌伤朱夫人胡氏，事舅姑以孝，夫死又以节著闻。君子嘉焉，遂以孝节明其堂。文献黄公既为之记，士大夫复从而歌咏之。浦阳郑渊敢申其义而为之铭。铭曰：

人子之孝，曰天之经。流行不吸，一根于诚。实自中启，初非舛形。妇于舅姑，其义□□。况事所天，一醮弗更。尔节尔孝，世所鲜能。有□□□，□□□□。□□□辞，不播其馨。卓哉朱母，有闻□□。□□□□，□□□□。□□□一，琴瑟和鸣。鲜□□□，□□□□。□□□□，□□□□。□□□□，□□遐龄。天之报施，弗□□□。鹤发□□，□□□□。□□□堂，乃游干庭。子孙雁行，笾豆维盈。钟鼓□□，□□之平。□□□衎，其倩则亨。昔焉霜露，机杼弗宁。将谋将食，□□众婴。今也□语，有酒如渑。匪德之淑，福何以并。勖哉后昆，务尔令名。勿忝母贤，以继以承，以底于成。以视此勒铭。

---

① 《宋濂全集》，第750页。

② 黄虞稷撰，瞿凤起、潘景郑整理《千顷堂书目》，上海古籍出版社2001年版，第462、757页。（按：《续文类》实为七十卷，郑渊自序言之甚明，详见本文第十六篇《续文类序》。）

③ 《全元文》所收三篇文章为《康侯山九日纪游序》《登高山九日纪游序》《南桥隄记》。前两篇见收于《遂初斋集》，其中第二篇题为《九日登高山纪游诗序》。

④ 郑尔垣所编《义门郑氏奕叶集》，《四库全书存目丛书》集部第410册，齐鲁书社1997年版，第49页。

二、贞顺堂铭[①]

余友传君伯长于华川上筑堂三楹,间以奉母楼夫人。夫人年十五而嫁,三十有三而寡。既生二子,长曰士权,次即伯长。家单计落,四壁萧然,无有生意。姻族怜其年少而早寡,将劝之再适。夫人涕泣,断发自誓曰:“寿夭富贫,皆天之分,非人之所能也。我命苟啬,虽富亦贫,不如顺以守之,乃吾分也。苟有异心,则与禽兽奚择焉?”言讫,泪下如雨,姻族不敢强。夫人家甚贫,米盐之给,一皆资于纺绩。杀衣缩食,以葬其夫。又有伯长,至年长从乡先生文献黄公游,以文辞知名。伯长痛恨不获事其父,犹得奉夫人至于上寿。故有斯堂之筑,而文献公以贞顺颜之。宋太史公既为之记,伯长复来征铭于余。因念向时往来华川上,与伯长交最密。既不获奉卮酒以寿夫人,今夫人亦已殁矣,又不获铭其堂,则于义也亏矣。然夫人贞顺之行,可以为法者,千载犹一日也,又何以死生而有间哉?乃为之铭曰:

贞之为言,以顺为正。正以处之,乃全吾性。苟非其正,于顺曷名?夫妇之道,地义天经。一与之醮,终身弗改。夫也不幸,矢死无悔。华川之上,有母楼氏。年盛嫠居,洁如秋水。譬比春葩,《终风》作仇。鸾凤朝飞,夕陨其俦。寒缸(当作“釭”)夜明,形单影独。稚子在前,其何能目。绮縠虽□,膏粱虽甘,我节一失,弗死何堪。昔焉劳只,以机以杼。今焉休只,以燕以处。崇堂逐筵,有子有妇。子妇在前,我心载宁。白璧无瑕,卒全我贞。为世程度,千载仪刑。子孙黾黾,尚征我铭。

三、尚拙斋铭[②]

大钧播物,坱圠无垠。我人得之,赋形则均。禀气清浊,善恶以分。所以颜子,如愚称仁。愚可藏拙,巧或夺真。欲胜则流,从之则昏。驰如骏马,欻如飙轮。竟致颠□,自罹艰屯。曷守我全,曷保我纯。畅达四支,内精外醇。彼之所疏,我之所亲。彼之所卑,我之所尊。一日之短,百世之存。有美君子,薛氏闻孙。尚拙名斋,是养是驯。动静语默,气闲色温。匪能修之,曷有诸身。勒铭座隅,以代书绅。

---

① 《义门郑氏奕叶集》,第49页。
② 《义门郑氏奕叶集》,第49—50页。

四、奉谖堂铭[①]

金华马德懋氏治堂一区，与兄弟朝夕以养其母。母孀居三十余年，鞠育其子，至于成人。兄弟念慈母之恩不能忘也，欲得其心，休休焉无所事，自非和协于兄弟，则不能得其欢也。世言忘忧之草莫如谖，遂植谖于堂之北，以志无忧之义。太史先生朱公扁之曰奉谖堂，士大夫诗之，君子记之，亦云至矣。德懋不以为足，复命其子来谒余铭。因不得辞，遂为之铭曰：

有芃者谖，言树之背。曷以志之，百忧是溃。崇堂一区，有母宁只。嫠居三十，有子迎只。我奉我觞，尔陈尔豆。兄弟偕来，子□先后。我歌我诗，尔鸣尔琴。兄弟既翕，爰乐母心。岂无三牲，可以为养？岂无斗粟，可以为饷？苟不协和，兄弟相雠。欲乐母心，尔将焉求？懿哉马氏，有贤弟昆。善养其亲，熙如春温。堂筵之上，有序有□。雍雍愉愉，而笑而语。愿言我亲，既寿日□。□□儿齿，自天降祥。我铭我词，告尔令方。孝友之道，永世□光。

五、郑子美先生赞[②]

先生讳玉，字子美，歙人也。性质刚介，虽富贵利□，曾不少动于中。至正丙申，天子闻其贤，以翰林侍制起于其家。先生辞不赴，使者请之益力，乃至浙江。又疾作而返，遂过浦江，渊因得一见之，先生且勖渊曰："士君子所学，必以忠义为先。若区区泥于文字，得不名浮其实乎？"渊既受先生之教，识之不敢忘。越明年，国兵下歙，大将召先生，欲奏官之。先生沐浴正衣裳，自经而死。呜呼！先生忠义之勇，见于一心，视死如归，高风凛然，千载之下，可慕可仰。考诸昔日勖于渊者，盖无愧矣。今观画像，谨再拜而为之赞。赞曰：

歙山孕灵，挺生贤豪。峻节岩岩，与山齐高。元运既否，国郊多垒。公履其危，誓夫以死。我身可杀，恩不可忘。我颈可缢，义不可降。忠精皦然，可贯天日。名教之师，民俗之则。泰山有颓，黄河有竭。英名耿如，万古不灭。

① 《义门郑氏奕叶集》，第50页。
② 《义门郑氏奕叶集》，第50页。

六、题戴能轩像赞[1]

皞皞温温如三春暎,是公德容之腴;炳炳彪彪如泰山芝,是公文藻之辉。此固足见其著外之美,而不知其中自得之妙,殆将追孔孟而为师。是以操七寸之觚以开蒙蔀于学苑,破万卷之书而猎精华于道机。盖不屑于词人艺士之为,而直欲由伊洛而溯泗沂也。

七、宋慎加冠祝辞[2]

金华宋君仲珪,其子慎既加元服于首,字之曰子畏。乃来拜渊麟溪上,愿闻一言,以为终身勉。渊窃念丱岁即受教而祖太史公,于仲珪则为老家昆弟,宜慎之来请也。自顾不才,弗能上承公教而愧于中者多矣。然慎之所请,则于义有不得辞者,敢诵所闻于公者,衍其辞以告之。辞曰:

立身之道,以慎自持。慎在于独,尤罔敢违。正幽者实,神明所司。俨乎前驱,可不畏诸?不见而彰,不动而施。所以君子,慎于忽微。慎则知畏,肆则自欺。心为天君,孰敢玷亏。一言之出,荣辱所□。轻躁捷疾,驷马弗追。匪独言焉,行亦如之。言行所□,□□□□。必警必戒,庶免阽危。明明者天,恒日□斯。□□□□,□□□□。□焉变化,不可测知。载存载省,载恭载祇。天之降□,□曰民彝。敢不夙夜,战兢克治。圣人有作,立矩示规。六经行世,日星昭垂。明烛我心,洞见是非。有悖古训,是干天威。慎年长矣,加弁著綦。带裳幅舄,肃尔容仪。易名□□,□□□□。子畏为字,配义则宜。尔家太史,道隆德腴。□□□□,□□春熙。立言垂远,流誉于时。尔慎勖哉,曷知所师。□□礼武,弗替音徽。将恐将惧,寤寐是思。陷人惟欲,察于毫丝。如蹈虎尾,如履险巇。一或弗畏,小人攸归。上慎旃哉,毋忝我辞。

① 《义门郑氏奕叶集》,第50—51页。
② 《义门郑氏奕叶集》,第51页。

八、榆女存祺祝辞[①]

《洪范》五福，寿居其先。孝弟仁恕，乃可永年。少而服劳，老享恬静。收之桑榆，保之晚景。而祺得名，其义若斯。征诸于《诗》，“寿考维祺”。用以配名，存祺为字。责尔成人，弃尔幼志。女有四德，言行工容。和柔贞洁，勤谨温恭。毋事华靡，以消己福。当事俭素，以来后禄。古有孟光，荆钗布裙。糗饭藜羹，以奉其身。妇道称贤，千载令望。夙夜勉旃，尔则尔仿。榆其敬哉，眉寿永昌。福禄绵绵，享之无疆。

九、拥翠楼记[②]

东阳号名山水，而玉山相传为尤胜。故老相传。以山有白气属天，凿之得美玉，故名，即今之大小封山是也。封山之东南为孟苍山，山绵亘数十余里，有峰峙其中，为覆舟山。其余若白竹、马鞍、昆仑诸山，或腾或趋，或疾而驰，或回环而旁驻，或屹然独立，若万夫之雄，或绰约如女子，要难以一二定。余友蒋君文用性酷好山，因作楼于众山之中，名之曰拥翠。当夫淑气正□宿□□□□□□□□飞动户牖。文用与客登楼而望，拊几而叹曰：“□哉！山色一至此乎？何斌斌而棼棼也。”既而顾瞻客衣，空翠下揖，皆成碧色，更浮互灭，若有若无，复辗然笑曰：“空寥乎！沉寘乎！又何其挹之而不成掬也。”于是文用日爱之，不知手舞而足蹈之。既请陈先生君采为之记，复过余白麟溪上，揖而言曰：“吾无乃荒于山乎？虽挟琴书客于百里之外，而家山历历在眼，常恍若登楼时。其恋嫪已甚，子将何术以释吾囚乎？”余解之曰：“山色之娱人，与艳色之移人，虽所趋不同，及其至则一也。古之人有许孜者以孝名，有滕茂实者以忠显。之二人者，皆生子之乡。骨虽已朽，其声光贯乎穹壤，若日月之昡而无不照也，若雷霆之发而无不闻也。子何不移所爱山色者爱之乎？”文用曰：“伟哉！斯言吾未之前闻，请书之楼上，庶几不以山视山，而以人视山，则吾学益进矣。”他日文用还乡，复与登楼见山色苍翠可爱，拭目瞠视，恍然如接许、滕二子仪刑云。

---

① 《义门郑氏奕叶集》，第51页。

② 《义门郑氏奕叶集》，第51—52页。

十、青藜轩记①

乌伤刘君笃志于学,辟轩三楹,寘图书于两壁下,养浩日挟册讽咏其间。乃取刘向太乙青藜故事,命其轩曰青藜,岂非以向为刘氏而慕其学者欤?世之学者,舍向何以先之?向在汉室,历事三朝,忠言谠论,虽死弗避。故其学问辞章传于天下,光于后世,炳然如日月,粲然如云霞,湛然沛然如膏露甘雨,万物无不被其泽者也。吾子不即向而求之,乃取于太乙。夜临而措心于虚无茫昧之间,不其惑矣乎?曰非是之谓也。养浩惧夫己之气有时而昏也,志有时而怠也,学不可以不勉也。乃借太乙青藜之事,神而明之,冀得如向之所遇,则其学将速成而其业将速就。非笃志于学者,焉能与于斯?虽然,太史公休养于家已三年矣,养浩已复执经于函丈矣。从之之久,岂无所异闻者乎?吾想夫秋高气清,孤灯夜悬,公独据巍坐,开陈性命道德之秘、内圣外王之道、度数名物之故。养浩俯而听之,听之或不完,复裂帛画而记之。观者听者莫不惊视,有不知公之为太乙、养浩之为向也,可不谓之盛欤?呜呼!知所待者必有时而遂,知所慕者必有时而获。不以先时而得,不以后时而失。吾子学业之成,宜必有时焉。养浩慕之于昔,必当获之于今。名轩之义固当在此而不在彼也。余亦在公之弟子,于养浩有同门之义。恐后之人或有所疑,不得不尽心以告,遂为记,而书诸轩。

十一、听学舟记②

宣城刘尚贤于燕休之室,幕其梁柱之上,如舟之制,不假以丹青□缕之饰,周回上下,涂以白垩,素色皎然,映乎几席,如晴雪下覆,闪闪溢人目可玩。尚贤日于其间,饮水赋诗以自娱,且扁之曰听雪舟,来征余言以为记。论者咸曰:凡物之可听者,不过五音相宣,清浊高下无相夺伦而已。殊不知天下之物,林林焉,总总焉,其有声来吾耳者,宜无不可听。而其所听,顾在其人取舍之间耳。今尚贤一切舍之,而独取乎雪,惧雪为众人之所夺,则又取其声。雪之有声也,其初潇飒而已,尔淅沥而已,尔固若可听。及其散漫凝聚,万里一色,徒见其迹之在吾目,欲求其声已不可得。矧此舟又托之以非雪之雪,虽素色皎然,是将何以为吾之听耶?求声于有声者,物也;求声于无声,则我也。惟其有声,索之于

① 《义门郑氏奕叶集》,第52页。

② 《义门郑氏奕叶集》,第52—53页。

无声；惟其可听，求之于无可听，斯为得之。是故欲取众人之所同，宁若取我之不同，恶知我之不与众人同者，浑然有大同者哉？苟区区泥于声迹之间，不其惑也乎？春陵之于庭草，爱之而不芟也，而自家意思在焉，何与于春陵乎？生意周流，自有合焉。尚贤好学之君子，于其所至，求其所未至，圣贤之域可践也。顾余寡陋无识，恶足以知名室之义。故疏其臆说者如此，不知果有合于贤否乎？

十二、继善堂记[①]

暨阳白门大姓方氏世居焉，其字叔曙者，与二兄建堂三楹，间以养其父原道先生。先生因以继善名堂，远近之士，莫不咏歌。而未有纪其实者，乃来属渊为之记。初，先生父兼翁府君笃学励行，尤寸心于爱物，岁祲且疫，民不能生。府君倾资易粟以活饥饿，市药修剂以济危艰。犹以为未足，又营义庄以给宗族，建义塾以训多士。元统初，乡先生渊颖吴公尝据塾之讲席，渊之诸兄仲几、仲舒适往就学，得与先生劘切学问。至于学成而归，登名仕版，皆府君淑芟之也。先生雅致恬淡，不屑于进取，抱其遗经，训迪诸子。近遭兵难，居室荡焚，庄与塾亦皆就毁。今叔曙始建斯堂，以致其养。先生不以身之既安者为可喜，乃以前人之业未复者为可忧，特以继善名堂，期望之意则甚深也。叔曙苟能于斯致力，夙夜以思，前人之业固未坠，行将复之；前人之德固未衰，行将兴之。吾知斯堂之建，实为之兆与？其或宴安之念兴，绍述之功怠，是岂先生之所望哉。嗟乎！为善必有后，天之报施，其理不诬也。兵燹之余，大家右族能获全一身，非为善者或不能，况乎叔曙能保一族而复兴其家业，斯非府君为善之报乎？先生复以继善名堂，则知方氏善善之泽，盖未有艾也。渊故历举府君懿德善行，以明天之报施，告于叔曙。叔曙兄弟尚致思焉。若夫《大易》《中庸》所谓继善者，诸君子已言，兹不复云。

十三、云心亭记[②]

草庵道人隐居仙华山下，日玩白云，出于翠巘间，冥然心与云会。一日客至，遂同游焉。山有仙坛，可坐数十人。灵苗药草生其傍，俗谓之药壶。云坛上多古松怪木，低枝下覆，偃蹇盘结，杂以宛童兔丝，绿荫蔽□，仰不见天日。人择

---

① 《义门郑氏奕叶集》，第53—54页。
② 《义门郑氏奕叶集》，第54页。

其四三对植者,稍约其柯干,因以成亭,筑土为榻,联茅为席,与客同坐。呼酒对酌,徘徊啸傲,清响应答于空谷中。道人心甚适,取陶元亮"云无心出岫"之语,名曰云心。客怪而问焉,云以无心而出,亭以有心而成,心之有无曷为而然哉?道人应之曰:天下之事,何怪于有心无心乎?夫云之出没,变化无常。忽然而有,忽然而无,固不可以心言之也。而吾之心适与云会,借其所似,喻其所存,又果可以心言之乎?当云之兴也,生于肤寸,轮囷郁勃,黯黯其色,烨烨其容。瞬目之顷,散漫六合。膏泽下降,德润群生,似若有心者。至于雷收雨霁,神功□□莫□依依,自往自来,散无所止,敛无所归,又若无心之为者。云固不可得以心言之,而吾亭之成,又安知其为有心也耶?不过因自然以成之耳。且元亮于云则曰无心,味其辞旨,似谓昔者何心而出,今也何心而归。其有心耶?则不干于五斗之禄。其无心耶?又何悟往者之非。元亮以绝人之识,超出乎万物之表,故又曰"寓心宇内复几时""曷不委心任去留",盖言身若浮云之寄,任意去留,无有所系,况身外之物乎?虽然,吾亭之成,不假雕斫,因其自然。白云之出没,亦任其自然。今日与客游于斯,息于斯,亦不过适于自然而然,则吾命名之意得矣,又何怪乎?客与道人失笑,相顾剧饮大醉。醉醒,客乃操笔而为之记。道人姓某,名某。客,浦江郑渊云。

十四、无尘阁记[1]

太虚冥冥,果有尘乎?抑无尘乎?后土茫茫,果有尘乎?抑无尘乎?万物骈罗于两间之中,自生自化,自形自色,又果其尘乎?抑无其尘乎?天地万物,吾固不可知其□□□□尘矣。独于无学,勒公之阁,名之为无尘,吾不知其何如也。固常徘徊而遐思,恨不能一至其处以问焉。秋八月□□大渊献,公适来,叩予门,出其所谓《无尘阁序》示予,予□□□其大概。阁临瀔水上□三洞之胜古龙丘九峰之□□云□翠□飞舞于杳冥苍蔼间。当其淡月清飔,往来不息。凭栏而望之,曾无毫发凝积于吾阁之中,下视尘世,了无自碍。是物与我悠然而相忘于斯,所谓无尘之义矣乎。予冥思其言有理,返而究焉,亦有所未安者,不得不与公言之也。天果无尘乎?日月星辰循环于昼夜,寒暑温凉相推于岁时,风雷以鼓之,霜雪以威之,雨露以滋之,□雾以障之。谓其无尘,得乎?谓其为有尘乎?则苍苍然莫穷其迹,昊昊然莫知其极,空空乎,玄玄乎,曾无有所滞碍。谓其有尘,得乎?地之所载,草木之繁植,昆虫之类生,荡之而为江河,矗之而为山

---

① 《义门郑氏奕叶集》,第54—55页。

岳者，果可谓之无尘乎？洞然之色不能穷其深，坎然之容不能尽其源，求之愈深而愈广，测之无内而无外，浑然不知其端，浩乎不知其际，又果可谓之有尘乎？天之所覆，地之所载，其可见也，可谓之有尘。其不可测也，亦可谓之无尘。天地未尝自谓有无也，人故强言之而。人身参乎天地之中，六根日萌，六尘日染，千条万绪，纷纷纭纭。昼夜沉埋，欲扫而欲积，欲除而欲翳。昏盲颠倒，错乱丛杂。郁塞而不能□，□惑而不能究，恐惧而不能息。或凝如层冰，或热如烈火，□□于□□，□□于尘罟。使其斯须之间能自消释者，盖寡焉矣。惟上等之资则不然也。勒公尝致力于三□之间，空空□□□毫□而况于一阁之中乎？然吾本然之阁，当□天地间，其大内无不包，外无不有，虚明洞彻，无以凝滞，不以生而俱存，不以死而俱绝，无古无今，无上无下，一体自然，何有一尘之可染哉。今勒公舍其内而修诸外，乃流连于景物之间，谈有无于登临之顷，欲求其无，反以为有，其不汩没于斯者几希矣。不知大渊之与勒公也亦尝讲斯否乎？他日有客披无为衣，戴了空冠，过兹阁者，烦有以问之。

十五、潜溪集识[①]

渊于丱角之岁，即洒扫潜溪先生之门，迨今二十余年。而所受教者，固非一日矣。第以才气下劣，不足以承培造之功，朝夕惴惴，罔敢失坠。每于先生著述之余，辄录之于编，以为标准。然又不敢私有于其躬，将欲以传天下后世。渊乃言曰：先生禀光岳英灵之气，钟秀拔冲粹之质，年甫六岁，即能歌咏。在乡校间，日记经史数千言，众以神童称之。若见侪类，稍有所长，必力与之角，务欲深思以期远到。既长，受业于待制柳公、文献黄公、渊颖吴公。三公皆知其为伟器，悉以所学授焉。及三公相继沦谢，乡邦之评，咸推先生，足继其后而无愧。盖先生之学，博极天下群书，凡天文地理之要，礼乐刑政之详，治乱沿革之变，草木虫鱼之细，与夫百家众伎之说，靡不究心。故先生之文，滃然而云雷兴，沛然而河海流，郁然而蛟龙升，彪然而虎豹腾，煦然而百卉滋，秾丽之极，固若未易涯涘。及其造乎平淡渊微，则又若太羹玄酒，不假调胹，而至味自足也。由先生以六经为本根，《史》《汉》为波澜，故其所涉者广，而所挥者也精；所养者充，而所就也大。其能昭著一世，传之方来，不亦宜乎！如渊不敏，亲承教言之久，近以疾废，学不加修，尚未能窥其万分之一，何敢以序作者之意？姑述其师传之有自者，著之末简云。门人浦江义门郑渊谨序。

---

① 《义门郑氏奕叶集》，第55—56页。此文亦载《宋濂全集》，题为《潜溪后集跋》，第2493页。

十六、续文类序[①]

有元混一区夏,车书会同,盖百年于兹。故其当代文章之事,若台阁之宗工、山林之髦俊,莫不吐其英华,著为文辞,垂丽于当世,彬彬乎其盛哉。自中统、至元以至元贞、大德,其文雄伟而畅茂。迨夫延祐、天历之间,益加丰腴充莹,有如象齿南金森布骈列,烨然与日星争明,天下学者莫不宗焉。接武而兴,后先相望。音节律吕之高下,气象采章之炳焕,脉络首尾之流通,抑扬进退,俯仰翕张,固咸归于矩度之中、变化之神。然而人之才有不同,夸者喜靡,轻者喜浮,沉者喜深,简者喜严,敷而腴者喜详,□而淳者喜雅,丽而秾者喜华,或如风云之聚散,雷霆之铿訇,或如春华之炫目,秋叶之陨霜,或如笙镛琴瑟奏于虞廷之中,或如鱼龙蛟蜃变幻于沧溟之上。如此者,其类盖不一而足也。渊自幼性颇好文,秦汉以来诸大家,莫不遐观而博览之。前代之文见于编次者,若《文选》《文粹》《文鉴》之属,往往有其人焉。今文治日隆,人才日盛,能言之士,布列中外,上而明廷,则有典册诰命之文;下而宰臣,则有纳诲启沃之文。台察有谏诤之文,军师有征讨之文。黼黻王业,阐明教化,则又有敷布之文。内焉元勋之功业、名德之操行,外焉岛夷之归命、氐羌之顺令。至若飞潜动植,洪纤高下,则又有铺张之文。所以辞则畅之,风则动之,功则扬之,德则象之,味之、歌之、记之、载之,无幽而不显,无滞而不宣,浩浩乎不可以穷也。苟或涣焉,无统不管,束于一书,何以明我元大同之文乎?赵郡苏公伯修有见于此,编次《文类》,为七十卷。迨今若干年,于兹曾未有续而类之者。渊生也虽晚,东西奔走,幸得与海内之士交,或得之闻人所述简编,皆收拾无遗。闻其名而不获见者,必采之于四方往来之士。故于公之未类者,续而增之,又得七十余卷,将锓文梓以传。嗟乎!文章囿于气化,而开于治道者也!气之所昌,治之所昭也。气昌则治,气散则乱,理之常也。气与理一,理与天通,是以言出而成文,文成而道立。历代资之以为教化之本,使民于变,时雍以成,文德之治者,胥此焉出,岂可易视之哉。国家龙兴朔方,风气浑雄浃洽,四海九州之内,作兴士民,咸有忠厚之风,所以宣播于文章之间,淳正而详明,于以见百年文物之盛,使天下后世家传而人诵之,尚或可征昭代之弥文也欤?

① 《义门郑氏奕叶集》,第56—57页。

十七、事类提纲序①

昌黎韩子有云:“纪事者必提其要。”夫韩子,唐之大儒也,天下诸书靡不周览。顾乃为是言,何哉?盖自载籍以来,纂述日盛,卷帙之浩繁如烟海,纵强记如应奉,五行以下未必能久忆而不忘。此韩子有感而为斯言也与?韩子尚然,况下此且十百者乎,未之儒先。翁椿年有取于斯,乃取胡明仲作叙古千文法,搜采诸史子集,自成一家之言,名之曰《事类提纲》,分为一十九门,凡万余言。四言成句,二句成韵,以便初学。其子梦涛又能补其未备,增成二万言。天文地理之要,草木鸟兽之名,礼乐器数之文,古今人事之纪,粲然无不备载。呜呼!何其博而知要者哉。昔之君子,以一物不知为耻,故于成童之时,每各有所撰述以教之。若李瀚《蒙求》、徐坚《初学记》、王应麟《小学绀珠》之类,殆未易以尽数。此无他,博学洽闻,然后可以谓之士矣。其始学也,宁不有以导之耶?要不可以记诵之学而遽略之也。独怪迩年以来,学者以游谈相高,凡历代事变及名物度数之详,一切指为不急之务,噤口莫议。虽以三史之所录,诸子之所述,古人恒集而勿废者,今亦漫不省为何物。《易》之所谓“君子以多识前言往行以蓄其德”者,于斯人尚何望焉。此皆见弃于韩子者也。椿年之为是书,其欲导之以入于博物洽闻者乎?虽然,童子之学,要在涵养其德性,变化其气质,苟专以记诵之学为事,不几于玩物丧志也乎,又在于教者酌乎文质之中而已矣。椿年字元老,久从晦庵朱文公游。是书之作,盖必有所受云。

十八、童中州和陶诗序②

自赓歌之词兴于唐虞之时,后世始有唱和之言。至于唐之元微之、白乐天复出新意,以和韵为美,而赓歌之辞微矣。自时厥后,不特和其韵而已,又复次其韵焉,则于和韵之辞又复微矣。迨乎宋之苏子瞻、黄鲁直之流,或一唱十和,犹以为不足。杂以诽谐诋笑之言,非特辞之微而于诗道亦微矣。此无他,辞愈工而情愈失也。赓歌之辞,既坏于元白,又坏于苏黄。诗者,或牵强于声韵,或驰骋于言词,或巧趋于对偶,眩杂附合,逞鲜闻秾,五彩焕然□□□□□之道,盖愈微矣。欲求其性情之正者,何少哉。惟晋之□□□□□超卓迈于千古,于其

① 《义门郑氏奕叶集》,第57页。

② 《义门郑氏奕叶集》,第57—58页。

平居暇日肆口成诗,淡而质□□□诗之道尚或有存者焉。寥寥千载之多,拟渊明之作者虽有焉,曾未有和其韵者。子瞻兄弟始一和焉,暨今又二三百余年矣,而吾童君中州又和之。子瞻在当时摈斥岭南,其平生英伟特达之气一旦扫尽,而为夷旷雅变之言,故自谓曰:“吾于诗人无所甚好,独好渊明诗,而和之岂好其诗,于其为人实有感焉。”今中州既处山林之间,而有琴书之乐,何为亦复和之耶?岂亦有感于渊明,不欲屈于下吏,即赋《归去来辞》。子瞻累遭摈斥,始更恬淡之行。若中州曩者身遭兵难,其情则甚冲淡也。然与渊明子瞻之事虽不同,而其情则无不同矣。情既同矣,其言之雅淡温淳,岂有不类者乎?故其为诗,一遵渊明之韵,以畅己情。混而观之,不知其为渊明乎?其为子瞻乎?予故于中州之作,一感诗道之多变,一喜诗道之复古。所谓“乐而不淫,哀而不伤”者,中州之诗,殆将有焉。

十九、赵氏合食诗序①

金华赵君叔友买田筑室双溪上,与其兄弟同室以居,同釜以食,雍雍于于,蔼然思义以相孚,秩然礼文以相接,一时贤士大夫咏歌其事。盖叔友自少失怙,家日以落,兄弟凡三人。长曰伯明,次即叔友,幼曰叔诚。逮遭兵难,兄弟散处,东西者十有余年,以谋衣食。叔友日卖药市中,得其羡余,铢积寸累,久而至于□饶。一旦尽复先人旧业,益思有以充拓之,遂得与兄弟室焉而居,田焉而食,且又合窆其未葬之丧二十棺。非杰然自立者,故不能为是也。己酉春正月,叔友走麟溪上,揖余而问曰:“君家自冲素处士合食至今,且二百余年。初则起于兄弟,蕃而衍之,已及三千余指。传家之远,垂乎十世,是岂一朝夕之故哉。必有其法齐之,以致乎远且蕃也。”余应之曰:“法诚有焉,立之志非难,守之者为难也。然必礼义有以范防焉,恩情有以维系焉,而无有所间之可也。余祖冲素处士示我后人者,其法至简且严,惟不听妇言而已。妇言之不听,斯其为至难也。”叔友曰:“韪哉言乎!将归以告吾兄弟。虽然,不可不为我终言之。”

吾闻《斯干》之诗有曰“兄及弟矣,式相好矣,无相犹矣”,言兄弟当相好而无相谋也。故为兄者必当尽其爱,为弟者必当尽其敬。兄虽爱之,弟或悖之,此则在弟,己何预哉,吾但知爱弟而已。弟虽敬之,兄或虐之,此则在兄,己何预哉,吾但知敬兄而已。兄弟之间,各尽其道,则家岂有不和者乎?世之人不能尽乎是道,所以妻其妻而子其子,始由一发之微,渐而至于波翻而澜倾,莫知攸济。

① 《义门郑氏奕叶集》,第58—59页。

故相犹日滋，相好日泯，岂不惑于妇言也与？盖妇人者，聚异姓以为亲，贤愚善恶岂能尽美，故当防之以礼，制之以义，然后恩可久而情弗怠。非杰然自立者，能如是乎？叔友□戒其所未然，见其所未兆，斯为得矣。呜呼！三亩之宅，十亩之原，兄耕于前，弟□于后。一室盎然，联筵共食，和气蒸蒸，溢乎堂序之上，岂不可乐也与？自今伊始，相好之情日亲于一日，子子孙孙则而象之。百世之远，未可量也。而况于吾十世矣乎？今日之叔友，又岂不为异日之冲素乎？若使七尺之躯酣养于柔言，自屈其刚肠，则非余之所知也。余故敢诵《斯干》之诗以终叔友之志，叔友勉之哉。

二十、南浔稿序[①]

余闻江宁杨公志行，父子俱以文学鸣于时，恨不能见其人。尝求其所为文章，则公之文勒于金石，焜燿当世者，在在有焉。既又得其冢子文举之文曰《珮玉集》观焉。壬寅之冬，又与其仲子文开先生定交麟溪上，出所谓《南浔稿》者，读之，叹曰："甚矣哉！文不可无家传之懿、研磨之功也。虽不获见先生父兄仪刑之盛，今尚幸见先生焉。"因复请其平生述作之富，宜必具存。苟获观之，亦足以慰吾生之愿也。先生太息曰："吾壮学文，迨今三十余年之久，所述者多矣。兵兴以来，家室离散，奔走东西，以谋朝夕。故凡所述，一皆散失无几。幸而存者，正此焉耳。吾子幸为我序之以传。"

余复叹曰：夫言不必多，要其言之近乎道。道不必求于远，惟在心之本乎仁。又何患乎言之不传哉。苟非其道，虽工且多，不传也。善乎欧阳子之言："其人文章丽矣，言语工矣，□□□□□（按：出自欧阳修《送徐无党南归序》，阙字原作'岂无草木荣'）华之飘风，鸟兽好音之过耳。"然究其所指，言不□□□则为空言而已矣。先生尝主教南□学宫，口之所言，身之所行，无非天理民彝之正，修己治人之方，皆出于圣经贤传而不悖者，岂徒为空言哉。古之人一言可以传万世，又何在于多耶？先生可以无憾矣。先生之文温而淳，雅而质，视世浮华绮靡之辞尽皆斥去，非近乎道者不足以致斯也。此可见其父兄研磨之功、家传之懿，盖有所自来，固不必有藉于余言也。世之君子欲求杨氏一门之文者，又当于斯有考焉。

---

① 《义门郑氏奕叶集》，第59页。

二十一、义乌张明府均役诗序[1]

皇朝之制,精择县令,以任斯民之寄,所以厚风俗、成治功也,然以四海九州之广,固不能知其行。贤近而易知者,若南昌张侯来□义乌,廉敏明断,民戴之爱之,斯其所以为贤也与。侯方下车之初,会役法新定,籍其户民,月按其地而岁役之,民不胜其病。侯乃叹曰:“法之未良,民固不得不为之病也。”乃进诸侯父老于庭,而谕之曰:“法弊当更,理固然也。尔民岁病于役,略无休息之时。然有田则有赋,有赋则有役。何可不尽其均平之道哉!”父老咸叩头,再拜而谢曰:“心之所怀,口欲言而未能。侯今为我先言之,敢不唯侯之命是听?”侯乃下令,令民自实田,田虽有远近之□□□从所居而籍于一。务使县之赋额不亏而官事长给也。县所□者,二十有八都,都立一长,以稽民赋之优劣。都分为十保,保立一长,以验民丁之多寡,使户民咸责其实,以闻于侯,侯乃印署于籍以防其欺隐,乃始定役一都之间。自百石至于四斗之户,俾尽克于役□三岁而一更,月立一长,以上中下之户分配于三十又七月,以闰系焉。赋优者或连月以任之,劣者不过一月而止。复以下户补其每月优劣之数,失之均平焉。赋不及于四斗者,则任为役之征。苟或此都之田为彼都所有,而此都役户不足,则拨彼之有田者以任此之役,彼则不复预焉。咸令各相推逊,允协至公。而后闻于侯,侯复如前印署于籍。凡有征徭,小则岁输其月以办之,大则立甲乙丙丁四籍以分任之,则自百石至于二十石籍于甲,十九石至于一十石籍于乙,九石至于一石籍于丙,九斗至于四斗籍于丁。□□计其征徭之费于各□□□□□□□□□□□□□□□□□又若坊郭之长则役在都之□□□□□□□□□□□□□之具法,亦如都民以□岁月仍□□□□□□□□□□□□□□□□之劳余则□□□同役也。至于□□之□□□三年为役者,给以县符具一,□□目于前,分大小之户,联书于后,以授月长。税赋既入于官,得其仓券,仍令月长躬诣侯前,以销除之,不使吏胥有所侵渔,此其大略也。予居浦阳江上,与义乌实为邻,□□□侯之政事,而予友传君伯长复以书来谂于予□□□□□□之贤士大夫莫不诗之。非惟士大夫为然,至于释子道统亦莫不咏之歌之也。吾子乐道人之善者,顾许以序之,余因君之言,而述侯之均役者如此。举其一,则夫庶政之修,不言而可知。虽曰古之循吏,又何过焉。四海九州县令长之贤,咸如侯之尽心,则斯民于变时雍之盛,其不难矣乎?

---

① 《义门郑氏奕叶集》,第59—60页。

二十二、赠吴明府辞禄养亲诗序[1]

《南陔》《白华》之诗，所以原孝子之情也与。序诗者，则《南陔》，“孝子相戒以养也”；《白华》，“孝子之絜白也”。有其义而无其辞，岂义微而情深，不可以语言形容，故□□声音以宣之者与？□非是之谓也。燕礼工歌，《鹿鸣》等篇而后，笙入于县，中奏《南陔》《白华》，不过具其音声之节。夫音声之感人也深矣，而况于有言乎。苟不见之于言，则其于事也□□□□而□□存其□者□□□□深知也。古之人不可作矣，幸今有焉。君子恶得不嗟叹而咏歌之哉。吉水吴君道弘为永康县大夫，盖二年于兹矣。亲年八十，尝欲纳禄以归养而有□所未遂者，昼夜以思，愀然不宁，或窃风长□□□□□缙绅闻君之为，莫不感动太息以成咏歌，乃俾□□仁氏谒予序之。予谓县大夫之职，绾铜章，垂墨绶，化行于百里间，所以及民者至近也。自其一言之出，一令之行，即如雨露沾濡。顷刻之际，无不浃洽于封土之内，百物皆被其泽，故其为治甚速、为化甚易也。孝为百行之原，治之所当先者也。县大夫以孝行乎上而民岂有不效于下者乎？君每起而叹曰：自承康抵吉水，相去几二千余里。吾亲温凊之间，久矣疏矣。甘旨之奉，久矣缺矣。□□□于□年，而情则无忘于一时矣。虽食万钟之禄，不若负米之乐。此吾所以汲汲焉以图归养也。呜呼！君之感化于民者，何其深也哉！则民岂有不相戒以养其亲者乎？今君既能以孝临乎其民，有能以廉洁自持，如贞白之玉，莹然无瑕，斯其所以为孝之至也。自古求忠臣必于孝子之门，移孝于忠，理之常也。能孝于亲，苟谓其不能忠，吾未之信也。圣天子以孝治天下，闻君所请，必将恻然而从之者矣。于以见《南陔》《白华》之诗复形于今日，岂徒存其义而已哉。

二十三、青阳先生文集序[2]

文章之在宇宙间，日月不可以掩其光，太华不可以逾其高，黄河不可以测其深，常与天地同为无穷者，其故何哉？由其言可以垂询于万世，由其德可以泽被于生民，由其功可以化行于天下。古之圣人所以著明于教化，以底于治平之道者，胥此焉出。六经为载道之文，后世则之，以为教化之本，以明人伦之道。于

① 《义门郑氏奕叶集》，第60页。
② 《义门郑氏奕叶集》，第60—61页。

不可以不知孝,臣不可以不知忠,是故圣人以是为教,学者以是为学。其道行乎日用之间,君子由之而道著,小人反之而道乖。去圣逾远,风俗偷薄,然圣人之言终未泯者,具存诸经。经也者,万世常行之道也。道非文则不可以宣之也。学者根乎六经之言,而发为有本之文。文不本于经,则为寓言而已矣。世之学者根之于身心,措之于论议,裁之为文章,自其一话一言之出,皆欲与圣人合德而同功。或著之于简册,或见之于事业,皆欲与天地并行而不相悖。故其立志之卓然,不徒为寓言而已。所以亘万古而不朽者,其此之谓与。青阳先生于国家治平之日,出于天子求贤之时,对策大廷,磊磊千数白言之多,极论时弊而无所□□□□□□□然之士矣。及其践扬中外,振肃风纪,摧奸击贪,□□□□□□□赫奕,光昭往古。至于中原俶扰,先生宣慰淮西,抗节死守,与城相与俱亡。大节凛然,可敬可仰。而其平生述作之富,散失无几。幸而存者,其忠贞秉亮之气、英伟剀切之辞,真有不可得而泯焉者。自非先生根乎六经之言,而发为有本之文者,能之乎?于以见先生存之于心者,正见之于志者卓,不特文章可以立名于当世,其峻行诚可垂耀于无穷。语其烛理之明,虽日月不可以掩其光;语其立节之峻,虽太华不可以逾其高;语其学问之宏,虽黄河不可以测其深者,其此之谓与?

二十四、理废稿小序[①]

《理废稿》者,渊何为而作也,盖发不理则废栉,丝不理则废工,学不理则废业。发之不理必至于童秃而已耳,丝之不理必至于棼杼而已。丝发尚然,况吾一己之学乎?此《理废稿》之所作,将以缉方来之新功也。渊自幼□□读书,深有慕于古之作者。兵火相因,连七八年,奔驰于患难之间,偷生于垂亡之顷,为况盖可知矣。近者稍宁于家,而人事纷杂,朝暮不知信息,书册在前,邈然若不相识。至于字画讹舛,亦大有可笑者。此渊所以重感于斯也。于是温习旧书,凡得所为诗若文,遂命子楷辑录于编,不分美恶,存之□□□有以验新功之渐也。嗟乎!已往者不可复,将来者不可乘。渊之视息,苟存于百年之间,少壮之龄已往,大半则衰老之至,盖有自矣。苟不于斯而加勉焉,其将何以卒所学乎?渊之斯序所以不可不作也。或有览于此者,宁不为□□□□□□。

① 《义门郑氏奕叶集》,第62—63页。

二十五、朱伯清应聘序[①]

金华为浙东大郡，文辞之士如景星庆云，五色绚烂，四方之人莫不挹其光华而仰其明润。故前代如待制柳公、文献黄公、礼部吴公、修撰张公，皆以雄深至大之学，黼黻皇猷，铺张帝绩以昭宣于竹帛之间。凡生其乡者，皆自思奋励，将欲踵迹于群公，垂名于来世。暨乎群公相继物化，惟文献岿然独存。当其闲居之日，常与门弟子讲道华川之上，若吾潜溪先生、存仁许君、子克王君、伯清朱君，每一至则流连旬月，辨析义理之精微，品裁名物之高下，常至夜分不休。而伯清于其间，又反覆诘论之不厌。公遇饮酒微酡，辄欣然曰："凡吾之述作，不过如春花秋□，随时以历其变耳。求吾实学，当于吾言论间索之。"居无何，而亦已物故。能踵乎群公之后，实在四君子而已。而四君子又皆出文献之门，足以验金华之多士，代不乏人者矣。方今朝廷清明，治效大著，网罗俊彦，孜孜不倦。虽至岩穴之士，亦登进命。郡守岁贡儒士以为著令，数年之间，潜溪首兴儒台，存仁、子克亦相继而起，或记言于左史，或祭酒于成均，遂与群公相照□于昔时。今伯清又应聘入朝，远近之士莫不欣赞国家得贤之□也。盖伯清之才，深探乎典籍之玄奥，以会乎文辞之□。大而宇宙之遐远、山川之流峙，小而昆虫之细微、草木之繁衍，莫不撷其英华，发为议论，行将光耀于时，则五采绚烂，岂不如景星庆云也与。若渊者学陋且僻，而耳聩无所闻，竟以疾废。然伯清之亲且友也，庸敢述其学业之所自者，以为之序云。

二十六、赠王天锡诗序[②]

渊闻缙绅先生言，近世以循吏知名者，莫严陵王公寀堂若也。公以廉平之政近民，怀之以恩，畏之以威。凡被其泽者，莫不去而思之，祠而祝之。因窃疾去暴官残民，而深有慕于公之善政。惜乎九原已不可作，徒慨想之而不可得。苟得其贤子嗣而见之，亦可以偿愿慕之私也。辛丑秋，得与公之仲子天锡游。而天锡方以文章学问垂誉于时，公侯大臣多贤其才且屈节礼之，来游麟溪者将旬日。渊之诸弟相率作为诗章以赡之，复请渊序其首。渊尝叹乎宦游之家，知贡举而不知教，绮绣被乎其身，粱肉充乎其口，安知有礼义诗书之□□为防范之

① 《义门郑氏奕叶集》，第63页。
② 《义门郑氏奕叶集》，第63—64页。

具乎？故其骄傲佚游，耽于荒惰，往往□□□□家者有矣。今以案堂观之，不徒治民有其道，而教子益有其方，何其贤哉。案堂既启之于前，而天锡能绍之于后。父子之间，声誉光华，照映上下。士君子谈世泽之美者，今于王氏一门见之。呜呼！又何其贤哉！昔忠宪□公有德以临民，而又善于教子，君子知其后必大，故其诸子皆以文学政事显于当时。嗟乎！施于前者，必报于其后；作于始者，必绍于其终，此理之所必然。案堂德泽流衍之深，宜必有待于后。试以忠宪之事媲之，异日天锡兄弟安知不以文学政事显荣哉。今天锡既抱其才，而不售，譬犹玉在山而耀自吐，珠藏渊而光自媚，渊何能以测其涯涘乎。于其行也，不敢以浮靡之辞为言，故识其父子之懿者，疏之于首云。

二十七、送楼友仁游浙西序①

始余同六七友生读书东明山中，乌伤楼君友仁亦束书来共学，因喜学之得朋也，相与讲习焉。余性好强记，诵书数过辄掩几上，又习他文辞，若不自爱惜者。友仁昼夜诵不休，漏下四三刻，隔窗犹闻书声，又喜其朋之勉已也。或于暇日抱拳竹林中，置石上，鼓一再行，敛槲叶，汲梅花泉，瀹新茗饮之。或挟册松径间，且笑且诵，声琅琅然。鸟猿白鹤亦唱吟相答，和意甚适也。余曰："人生行乐尔，须富贵何时。"友仁答曰："富贵固非儒者之素志，行乐岂可荒耶？"余畅然自省，又喜其朋之励已也。久之，友仁一旦别予去，且言："君子有恒业，则能存恒心。吾家世读书而知医，家君又得丹溪先生彦修之指授，留心最专。吾苟废其业，□非所以承家也。予虽以失朋为可忧，私又以其承家为可喜也。"自是友仁取《灵枢》《素问》诸书读之，参以诸家之说，验以家学之传，研穷讲习，造于精微，声闻藉藉，起缙绅间。每与之议论，愈可敬。疾者谒之，多取奇验，非徒能承家而已，则其业之精者尤可喜也。自时厥后，兵火相因，不复见友仁。余亦东西奔走，寓金华山中，病痁者□岁，更三数医辄不验，思得如吾友仁者□，计必能愈。而友仁行藏亦无定踪，邈不可得。或者谓天方严寒，人身腠理皆闭，俟春汗而愈。予以其言之有理也，一切药尽却去，惟顺以处之，至时果愈。返归故山，松竹皆失其旧。猿鹤见人，亦猜疑避去，追思欲求友仁，愈不可得。且余又以聋聩残疾废不用，将老于家，犹或时时常宣于文辞间，以消俗韵。友仁不见者亦十余年矣。今年秋八月既望，□□忽过余于麟溪上，且问且劳，喜不自胜，恍如一梦之方觉也。一宿友仁即言去，余惊而问曰："君行何如是之速耶？与君别既

① 《义门郑氏奕叶集》，第64—65页。

久,宁不为我流连乎?”友仁曰:“吾之所以来者,欲求子一言为吴松游。苟不吝,敢留以俟。”余大喜而谓曰:夫学所以致夫用也。志之所存,用之体也。志以求仁,行以得义,苟非仁义,何以学为?医为九流之一,比之行道救民□□□小大之不同,求其所存则一也。人当疾痛呻吟之际,□□有如饥渴,一药而起,如醍醐膏露之入口,沉痾顿痊,非仁义之所施,曷至于此。《传》曰:“医不三世,不服其药。”释者谓能慎物□读三世之书。若吾友仁,岂非读三世之书者乎?则其药也,岂不谓精乎?故于其行历述聚散离合之情,并言其所志在乎仁义,足以承传家学也。喜而书之,且以识别。

二十八、送杨彦正归江西序[①]

昔杨文节以文学行义著称于时,时江西学士莫不沾被其德化。而其大节凛然,可敬可仰,若秋霜烈日之不可犯。去公已二百余年矣,吉之人至今言之,非惟吉之人为然,天下之士皆然也。公之子孙有能以长才奥学著闻,岂非欲绍述先业而振扬家声者乎?然而吉安为江西大郡,吉水为上州,其学校视他郡为尤盛。非文学之优于众者,则不足以应其训道之职。有若文节公之诸孙彦正,蔚为良士,观其德则有若玉润而金精也,语文则有若水涌而山出也。由是士论归之,聘致学宫,口训饬生徒,使其业精行成以,效用于世。部使者闻彦正之名素著,乃举于朝,将小试以事,使之提领金华税课司,谙练甚精,防范至密,市货流通商赋给足。虽当□□纷纭之中,应接不暇。而彦正方以□□为□无少厌怠之意。又因其余闲,与贤士大夫相□□雍容于文史之间,故士咸乐与之游。今其去也,皆爱恋而不忍释,相率为诗辞以赠,李君克明乃来属余序。余窃慕文杰公文行之懿,方欲与之执鞭而不可得,而况闻其子孙以长才著闻者乎?矧吾彦正既知名于时,虽小试其能,已有可观者如此,苟能进而往焉,必将大用他日,扬振文杰公家声于不坠者,又岂不于彦正是望乎?彦正勉之哉。若夫贤士大夫爱恋之情□已见于诗矣。余虽不识彦正,而克明之言有足征者,故特其家世之美,序之于首简云。

---

① 《义门郑氏奕叶集》,第65页。

二十九、杨伯敬字序①

勾无抑斋杨先生有子曰畏,年逾二十,先生不许之冠,乡之老相率登先生之门,请加巾于其首,然犹不命以字。今年春二月始遣畏来拜渊麟溪上,请渊字之由。自降是东阶,揖畏以入西序,与之成礼,而字之曰伯敬。畏复再拜而前,曰:"敬闻命矣,愿有教焉。"渊乃言曰:畏年长矣,先生犹不许以冠,疑若过焉者。殊不知先生责成于畏者,其期望则甚深也,望之深则思其成之难,成之难则其命字于畏者,又岂不难其人乎?况当加巾之时,岂无可以命之者,又必俟于渊而后发之,则先生之所托益,尤甚于畏者矣。纵渊不敏,其何敢辞。古者二十而冠,为其父兄者必择有德有位有年之士以为宾,告之于庙,冠之于家,命之以字,礼甚重也。世降俗堕,礼废久矣。虽未髫龀之童,亦加巾帽,恶能知夫责成之道□□□有总角二十年之久者乎?今先生之于畏也,虽不能尽与古合,其□子之道则过于古焉。何可不为先生一言之乎?人之有身,承其祀父;一气之流,通自厥初。生民至于今日,不知其阅几世几年,转迁绝续之不齐,疾病兵革之所厄,幸而得存其身者,可不思绍千载之坠绪乎?保之畏之,宜何如哉。知其畏则知所以敬其身者,盖甚不易也。敬其身乃所以敬其亲。非但敬亲而已,敬其厥初生民之祖也。又非特敬夫厥初生民之祖而已,敬其天之□予于我者,则甚昭昭也。盖心与理一,理与天通,一言不谨则悖天,一事不能则欺天。心即天也,心既欺矣,恶知所谓□□□□□□□□以之事视则孝,以之事君则忠,以之处夫妇以顺,以之事兄弟、接朋友则上下之情孚。交信之道著,心为一身之主宰,敬为万事之根本。凡能有于我而参于天者,何莫而非□□□今□虽无所似,固有添于德位年齿之士,其言实有得于圣经贤传之旨,则先生之见属于渊者,宁不有所默契矣乎。畏也苟闻斯言,终身不违。渊之所教,庶足以承先生之所深望也。畏其勉之哉!畏其勉之哉!

三十、浙东行中书省参知政事胡公勋德碑②

惟天以万世帝王之业畀我皇上,以靖邦国,以安万民,必有貔貅之士、虎贲之雄共遏乱略,恢弘治功,有若浙东行中书省参知政事胡公德济则其人也。初,

① 《义门郑氏奕叶集》,第65—66页。

② 《义门郑氏奕叶集》,第67—68页。

公尝侍其父越国公扈从南征，既取江表，复定浙东，功简帝心，荣膺宠赉。庚子之岁，始授命以掌兵符。辛丑五月，陈友谅遣伪将李明道挠我信州。时公有诸暨枫桥之役，越国即命公讨平其乱，昼夜兼行，鼓□而前，焚其营寨，剪其荼毒。明道俯首就擒，军声大振，憸臣谢再典镇守诸暨。癸卯六月，阴与姑苏张寇通，遂以城判，将大举以袭我不备。盖其地上接金华，下临会稽，而浦江义乌实居邻壤。讹言沸腾，不谋朝夕。皇上重念生灵将罹涂炭，时公签书行枢密院事，即命公于诸暨五指山下，去州旧治七十里。建城治隍，营设官署，凡仓库门闬之属，无不严备。勤其兵农，以成一方保障。复屯兵险要之地，以防狐豖冲突。甲辰之冬，遂升今官，宠受印章，分署省事。乙巳二月，再兴复纠张寇十余万，直犯新城。公时出战，以挫其锋。且乞师于左丞李公，复坚壁以俟。左丞统大军以击其外，公自号突出以应其内。内外势合，呼声振天地。旌旗蔽空，荡摇川谷，寇乃倒戈不能战，蒲伏就戮，暴尸原野，积如山丘。铠甲辎重，蹂践于地，不可置足。获其马若干匹，糗粮若干石，擒其伪将韩谦、萧某之属若干人。寇复怙恶不悛，作砦栅于城东斗子岩以瞰我师，公每指而言曰：不去是，不足以安吾民。丙午之冬，夜捣岩下，纵火上焚，烟焰蔽天，世卒冲冒矢石，相呼以登。寇莫知其所为，率皆遁去，复尽获其器械刍粮。命将追袭，以克州之旧治。寇闻公威，即来款附，境内悉平。远近之民以为四三年间，日夜股粟不宁，一旦得高枕安寝者，皆公之德也。是故生我者父母，再生者则公也。今公去镇未久，民之戴公虽食饮之不暂忘。苟不镌德于贞石，非所以告方来者。敢述战功之大略，以寓邦人之思，且系之以诗。诗曰：

于赫我皇，受天明命。黄钺一挥，四海底定。时乘六龙，驾驭群雄。风□雷轰，电扫云从。逦骏有声，震惊河岳。奸□朋淫，自罹锋锷。英英胡公，扈从南征。虎贲龙骧，以讨不庭。横槊上马，克歼大憝。建尔伐功，绥尔宠赉。签书枢密，参预浙东。赫如烈日，和如春风。相彼叛臣，统兵诸暨。狐狸跳踉，狗豕奔窜。纠其元恶，反噬我师。敢抗皇威，卒形天诛。爰命我公，爰整其旅。桓桓于征，维疆百里。浦汭之东，夫概之西。有山矗立，五指森如。乃开深濠，如虹环起。乃建坚城，如山崇峙。凿之冲冲，筑之隆隆。民相以功，以修我边戎。居则有庐，□则有灶。积其□粮，以养将校。□我胄甲，砺我戈矛。练我士马，以策以筹。批亢捣虚，在我胜算。设奇取胜，明我谋断。俟时而动，鬼愕神惊。出其不意，功用乃成。州城东隅，岩覆若斗。寇来倚之，侦瞰我有。衔枚夜捣，如雷破山。烈烈轰轰，寇胆先寒。豖突而驰，□死靡暇。已而来归，俯伏百拜。公曰噫嘻，尔勿我疑。我施我仁，尔毋尔迷。我皇有命，不戮降者。尔恶虽淫，我终尔舍。民乐而歌，欢声载途。匪公生我，曷成良图。我田我畊，我室我止。我蚕我丝，我笑我语。公我慈母，公我父兄。皇灵上宣，仁泽下零。自冬自西，自南自北。声化所被,罔不臣妾。皇业之昌,公德之彰。我武用扬,载烈载光。图名云台,铭助乐石。用歌圣功,以昭罔极。

三十一、杨文炳墓志铭[①]

彭城杨文炳以某年月日客死于浦江。文炳之友张孟兼与其交游相与□□□□□□□□□葬于某山之阡。孟兼犹惧文炳埋没无闻于□也,乃状其事,役余文以志墓。予因作而叹曰:丧乱迭罹,骨肉且不能保。能以死生托于朋友者,百不一见焉。今孟兼之于文炳,不惟有以周其生,又且有以恤其殁,厚之至也。□□□□文炳少而颖悟,六岁能歌诗。既长,乃从□□□□□□游,以卒其所学。生平无他嗜,独慕古君子之风,惟以端谨笃□自持。春融渊沉,不见有圭角。与人交,终始不变其节。至正间,中原俶扰,文炳之家毁于兵。乃挈妻子逃难,后先相失,单影道途,惸惸然可念。由是自淮入浙,来寓浦江,鞅鞅不得志。然虽客居无憀,尤不敢忘其先。遇节序,则以饭一盂、酒一觞列于馆中,长跪东向号恸而祭。人以此怜之,年仅三十有六而卒。呜呼!其可悲也夫。然自常情视文炳,则甚有可悲;以文炳自顾言之,则几可无憾矣。是何也?当此戈甲纷丛,不幸死于道路为乌鸢蝼蚁所食,其得藏手足行者寡矣。幸或藏之,其能备棺敛之礼者又寡矣。棺敛苟备,其能假文辞以白其行者尤寡矣。今文炳既获以礼归于泉壤,而孟兼又汲汲焉图不朽于金石间,文炳苟有知,又何憾焉。孟兼然矣,余虽不敏,尚何忍而不铭文炳乎。文炳名宣,其三代与妻子名氏不能知,不书。铭曰:

呜呼文炳,孰舒其翘,孰遏其华。岂修短之有数,而好善者亦造物之所靳耶?遭世艰虞,死不以家。幸有君子。尔联尔埋,有过斯封。宁不为之叹嗟?

三十二、跋张孟兼白石山房诗卷[②]

古人未尝欲隐也,其忠不行,然后放情肆志于烟霞泉石间,盖不得已也。同邑张君孟兼筑室白石山中,为读书之地,其志岂欲隐哉。盖欲养其所学,以适当世之用耳。方今明良相逢,千载一时,孟兼负其所学幡然而起,亦既施教成均、主事祠曹。幼学壮行之志,将于是而展焉。行见道德文章,衣被后学,上承圣天

① 《义门郑氏奕叶集》,第68页。
② 《义门郑氏奕叶集》,第68—69页。(按:此文亦载于四库全书本张孟兼《白石山房诗卷》书后。)

子之宠光，是则白石山房将借之而有余荣。其视指终南为捷径者，皆见弃于吾孟兼。孰得孰失，当必有辨之者矣。

三十三、亡室周氏墓铭①

呜呼！室人之亡，吾尚忍铭之耶？室人与吾为外昆弟，今又夫妇。其生与吾同月而长二岁，又先吾以死，得年四十有六耳。呜呼！吾尚忍铭之耶？然而无以显白于世，则生者之悲、死者之憾，皆无所于泄。或谓妇人无□无仪，又何藉于铭？夫铭以泄吾哀。苟舍之弗图，岂怨之哉。室人讳隽字如瓔，姓历氏，浦江人。周郑世为婚姻。其父松泉翁祖训学诗于乡丈人方公凤之门，得其遗意。吾幼往来外家，翁见吾嗜书，乃以室人来归，时年二十有一。归四年，而姑卒。甫五月，即□蓐中。人以其气血耗，非肉食无以养，强之，乃涕泣曰："姑为我父兄弟，又为我姑，正以不逮事为痛，何可以此废礼？"遂掩泣而卧，终不食。吾壮岁习学于外，或□寒暑弗返。室人处阃中，未尝有难色，亦未尝以事□□□□□□□□而寘之不敢言。性温雅而端重，不喜□人言语，闻若□不闻。同居三百口，妯娌二十五人。津津之色，恒见于眉宇间。来归二十五年，足迹不妄逾中门。岁时或招之宴游，亦弗往□隶莫识其面。戊戌之春，大军下严城，将压境，始与出避勾无山中。未几，哨闻□至浦江，翁与妻陈走山谷中，尽弃囊橐以脱性命，室人知之，泣不食。使人迹其实，治衣衾而往遗焉，乃始食。及乱平，间关道路以归。或冲冒兵伍，中心怦怦，自是得惊疾。滨于死者四三，而先君又捐馆舍，痛苦相仍，仅释哀服而冥然长逝矣。呜呼悲夫！生于元泰定甲子九月二十日，殁于今洪武己酉②三月九日，以十一月二十九日葬于左溪之瑶坞。室人居病四三年，妯娌之来问安者无虚日，及死而敛，敛而葬，葬而虞，莫不泣下沾襟，至于媵女之繁，亦呜呜然痛哭不已。呜呼！孰从致之，吾恶得而不哀铭之耶？子男一，曰楷。女子二，曰櫓，适永康吕堂；曰榆，尚幼。孙男曰燿，孙女曰然。铭曰：

伉俪百年兮，人道之常。岂天者不可齐兮，抑命之有短与长。彼淑其质兮，于粲其英。胡先我而物化兮，竟摧折其中肠。哀靡草之夏枯兮，悼春葩之罹霜。孰司其权兮，俾受此殃。夜漫漫其不旦兮，情郁郁其难忘。有知无知兮，莫可测量。魂如有知兮，宁体□于玄堂。

---

① 《义门郑氏奕叶集》，第69页。

② 按：原作"乙酉"，今据文意而改。洪武无乙酉年。洪武己酉乃洪武二年(1369)。文称"得年四十有六"，自其生年"泰定甲子"(1324)起算，至其卒年"洪武己酉"，恰为46岁。

三十四、纪先人遗衣[1]

惟我先母之亡,年止五十。先君之亡,则六十有七。痛念生死,先后靡常,而其平居笑语皆与俱化,有不可得而见。然于心之所触,终有未遽泯者。每有所感,辄凄然泣下,至于仰天恸哭者有之,故于先君之行、先母之襟,既请当世立言君子著于铭文。其勤俭可以为训子孙者,亦不可不详纪其实,以告方来。渊其为童时,常见先君□一□□老而不更。四十余年之间,绽纫裂补,盖不知其几矣。人谓其敝,可以易矣。曰:"吾岂不知新□□而敝为恶也。吾性□□俭顺。吾俭者,乃所以养吾性也。"先母岁常治丝,择其精良者成缣帛,以赋公上□舛不治者则敛而积之,每于寒灯深夜,缉而理之。又手运而足输之。指爪之间为丝所蚀削,裁如锯齿。其辛且勤也,不亦艰乎?幸而至于成丈匹,亦不过二三。尝制一衣,为先君服之。又为一大衾,使渊兄弟共之。自先母之亡,迨今二十年矣,积而藏之有弗忍御。今又合先君□袍储焉,于以见先君先母其俭其勤,皆可以法于后裔。苟使□然不传,则不肖孤之罪也大矣。古之人过杯棬则思其亲,其所以思之者,口泽之气存焉耳。然以衣与衾而较之,岂不尤其于杯棬□乎?盖我先君先母身之所亲,手之所就,实在于是。即而观之,其动容周旋,无不具著于斯,何可一日而少忘哉。此不肖孤所以泣而识之也。渊之后裔为人父、为人母者,盖亦取法于是乎?呜呼悲夫!

三十五、临安虎[2]

临安有虎,夜入人家,衔其妇而去。夫老子弱不能救,惟号泣尔。越翼日,妇夜归叩门,夫知妇实死于虎,弗听。迨明,果妇也。惊问其故,妇谓先衔入穴中,纵之,少苏,张掌而视者四三,妇熟视之,为拔去一楔,虎德之不食,遂听归。后三日,虎复夜至,投一野豕于门而去。呜呼!孰谓贪虐不仁之兽反有仁心乎!虎而人矣,人而虎者,则又何耶?

---

① 《义门郑氏奕叶集》,第70页。

② 《义门郑氏奕叶集》,第70页。

三十六、释人兽[1]

人之所以异于兽者，以有仁义忠信也。今有人焉，食人之食，服人之服，而所行反不若兽之为。其何故耶？是灭绝乎仁义忠信也。故兽之仁者莫若麟，足不践生草，角不伤□类；义者莫如犬，饱则警盗而号，饥不厌主而去。至于獬之守庭，见邪必触，岂非忠乎？鸡之司晨，风雨不爽，岂非信乎？其名虽兽，其行则人也。奈何为司牧者则不然。竭民之力，括民之财，敲朴鞭笞略不顾恤，不知其仁能如麟乎？受主之恩，反背主而去，灭人之惠祸□于人，不知其义能如犬乎？以憸邪而忌端贞之士，以□诈而忌□□之交，不知其忠如獬、其信如鸡乎？其名虽人，其行则兽也。兽且有夫仁义忠信而人反弃之，使其人不知则已尽夜口谈之，而其行乃若是，非人中之兽而何？吾忿之，因释其故，曰人兽。

三十七、题樗散生传后[2]

呜呼！天下之木众矣，果孰为散乎？果孰为不散乎？然材之小大，在用之者为何如耳，又安知不散之非用而散者之堪用乎？庄周所谓樗以材散而不用，吾岂能征之乎？夫自拱把而至于十围，樗固樗矣，其清阴蔽乎人，人使烦襟濯而灵怀畅者，盖与□被万物者同，孰敢言其为无用乎？许君存礼以樗散自号，其然乎？否乎？噫！若周者，其为寓言矣乎。

三十八、书无闻生传后[3]

古之作史者各以其类而传，或因事之偶同辄附传后，此无他，其法当尔也。宛丘隐者陈源虽以聋废而精于艺能，南郭先生为其聋也，作《无闻先生传》，至于数百言之多，传诸四方。先生谓生之无闻，吾知其有闻也必矣。今吾亦以聋废，自视甚有类于生。虽不若生之多艺能，先生或以吾之聋类同而附焉。其有不可者乎？他日，史官因先生之言传于隐逸，吾之名得借是并存者，非先生之惠□？

---

① 《义门郑氏奕叶集》，第 70—71 页。

② 《义门郑氏奕叶集》，第 71 页。

③ 《义门郑氏奕叶集》，第 71 页。

三十九、题远山堂后[1]

古之君子垂训后人者,不近取诸身,则远取诸物而已。今远山翁河南田君,既以远山自号,又以远山垂训。后人盖言山之高且大,而后可致人之远望,人之有志也亦然。苟以势不以德,虽高且大,不足望也。翁既以德施于一乡,一乡之人望之,固若山之高且大矣。今翁之子田侯某出知诸暨县事,使民畏而怀之,亦何愧于翁之训哉?虽然,此特其小者耳。自其大者言之,当不止此而已。侯诚能进而勉焉,入则谕政庙堂,出则甸□藩服,又岂止于一邑之望而已哉!翁之所望者,宜在此而不在彼也。

四十、答客言[2]

客有治园一区,杂植卉木其中,日命园丁灌溉拥护甚至,乃因其柯干纵横颠倒盘结,列之为屏障。浮图洞户麟凤之属无不可玩。遇嘉宾至,则挟壶觞娱乐,酣饮于中。人或尤之者曰:“卉木乃有情之物,自拱把而干云霄,则栋梁之才成。何乃拘牵抑压以害其生,以为目睫之奇玩哉?”客曰:“非然也。人之情,犹木之情也。苟使之放肆而不知检束,则不知为人之道矣。吾故以木而喻人,非有他道也,欲自戒也。”嗟乎!人之言固善矣,客之言则著之传者也,余则又有一说焉。夫礼义廉耻,圣人所以设无形之防范也。诗书根于心,礼乐著于体,讲之于言语,行之于事业。是以揖让、升降、动容、周旋,措之于身心,见之践履,将以变化其气质,涵养其德性,彬彬然君子之所由归。羁械桎梏,圣人不得已,制有形之法律也。然而行或玷于身言,或乖于口得,罪于乡党州闾,甚至于欺君罔上,自陷于刑辟,自罹于罪。罟木缧绁、机械禁锢,以拘挛其手足,使之自悔而知过,惩恶而为善,此则小人之所由归也。木何罪哉,而乃禁囚之乎?然其非有言语可以谄之也,非有容貌可以接之也,非有威仪可以振之也。今乃交结束缚以成其器,其为器也,果进于用乎?为之台榭则不足以占气候,为之洞户则不足以蔽风雨,为之屏□则不足以居堂署,为之七级浮图则不足以合佛氏之制度。然是器也,果为有用之材乎?抑无用之材乎?谓其材之也,则桐梓可以为琴瑟,楩楠可以为栋梁。抑皆生于深山大泽之中。牛羊弗践履,斧斤弗伤残,故能成其材,

① 《义门郑氏奕叶集》,第71页。

② 《义门郑氏奕叶集》,第71—72页。

以为人之用。今客园中之植,非不杂然而苍翠也,非不渥然而芳润也,当其三伏□□九野如烧,膏雨不降,土毛皆焦。于斯时也,苟不资人力灌溉之功,则槁死无遗矣。岂能如深山大泽久有其生乎?则其不足以材之者明矣。今客不以无形之防范教人,乃欲以有形之法律教于人,可乎哉?可乎哉?既念小人不幸,遭夫囹圄之辱,君子弗忍见焉,欲与之解□舒械之不暇,岂肯与之同笑语而饮食之乎?其所以甚不得已而为之者,则狱吏而已。客今迸惊园中之植,日与之处而不以为非,又从事于壶觞之乐,何啻狱吏与囚者居而饮食之乎。客以为乐,余以为忧;客以为荣,余以为辱,何其不仁之甚也哉!客曰:"子言过矣!子言过矣!古之人有种树者矣,有爱植花草者矣。"曰:"余闻古之人所爱者则与君有异也。柳子非不爱种植乎?其与郭橐驼立传者,谓其能顺物性而得种树之道,柳子因之以得养人之术。周元公爱莲而作《说》,谓'莲出于泥而不染,濯清涟而不夭',岂不以物理融会于元公,而元公为是说乎?庭草之在前,又爱之而不芟,则谓自家意思在焉。草之繁乱,人所共尤,芟而去之,岂不见'人欲净尽,天理流行'?芟之者,不过损乎物之性者耳,何足以明天理人欲之喻哉?客之云云,不其然乎。信如是,则杞柳桎梏之谓,宁独□于告子之言,孟子所以辞而辟之者,盖有以也。"夫客闻余言,不觉敛衽而□。

四十一、问张彦晖幻色凤花书[①]

去秋谒馆下,见庭中幻色凤花之美,白质而绛文,遂拾其子以归。今春而布之,封培灌溃,惟恐不至。郁郁菁菁,亦有可观者。及秋而花尽变成白,顾瞻错愕久之,岂吾地之灵不欲其幻乎?抑是花之灵不敢幻吾目乎?欲荷锄而去之。人有告之曰:子何惑之甚也!世之人见幻而不见正。娇颜媚容则好之,而不知正色有不可干;秾言巧语则爱之,而不知正言有不可犯。子乃不以正色为可好,而以幻色为可喜,得无惑乎?古之人有爱花者矣,荷以取其洁,梅以取其操。今子无取于是,乃取于色,又何惑乎。

嗟夫!世方好幻,吾乃白之,人知幻之可矣,而不知白之可贵也。以吾地之灵,尚不使之幻,而吾又岂好幻者哉?非花灵于吾土,而吾土灵于花也。天然之白,莹然于吾心,奚能□夫幻与公。若假吾以幻,尚当□于来秋,公苟不好幻哉。以庭中者验之,愿公有以见复,庶以解吾之惑也。

---

① 《义门郑氏奕叶集》,第72—73页。

四十二、吴氏谱引[①]

嗟乎！宗法明,然后孝节之道立,礼逊之风兴,廉耻之行著,忠厚之德成矣。大宗之法,百世不迁,今既不可复。其所存者,惟小宗之法耳。小宗之法不□,止于五世。五世而迁,君子不以为薄;百世而不迁,君子不以为厚。此无他,其法宜尔也。至于宗分而派别,各系其所出,各详其所亲,不敢以其多而忽之也。盖自受□定氏以来,所历非一世,而所传非一人。中更迁徙之不□,苟或有所不谨,必至夫莠之乱苗也。莠之乱苗,则衣冠之裔泯焉而无闻,其可悲也夫。故君子深有所惧焉,是以循宗接络,如丝之不绝,继续而有所承也,此谱系所以不可不作也。大而世家之系表,小而士夫之谱图,自魏晋以来,为事甚重,每置郎令史专司其职。于以明嫡庶,于以别贵贱,于以辨同异,兴起廉让之风,著明孝弟之实者,良有以也。至于习俗之偷薄,而不知身之所自出者有矣。幸而大家右族,能谨之而不废,是□□忠厚之德有所未湮而然与？诸暨吴君钺尝著谱图一卷,则自少邽府君于唐咸通时迁居以来,至于钺之子,凡二十世,皆历历可考。远而不可稽者,固在所不论也。岂不由宗之亲且近者得以加详乎哉。彼其泯焉无所闻者,其视钺为何如也。为钺之子若孙,又乌可不致其谨焉。谨而传之,将见吴氏衣冠之裔不泯。于来世者,于此盖可征矣。书既成,太史宋公既为序之,钺复来属渊为之文,因系其说于末简云。

四十三、书吴氏孝感[②]

呜呼！犬之为物至卑也,其性至恶也。其行乃超乎等伦,岂不由行义之士有所感化也与。勾吴吴君长卿义居者,五世孝弟,孝弟之行□如也。家有犬生二子,母为物所压,舂废不能□,子乃悲鸣左右。日衔食哺之,因得不死。士大夫闻其事,形于咏歌,则于长卿之行义信有足征者焉。余闻孝弟之道通于神明,况于异类耶？呜呼！犬且能尔,又况于人也耶！

---

① 《义门郑氏奕叶集》,第73页。

② 《义门郑氏奕叶集》,第73—74页。

四十四、书陈嘉静翁墓铭后[①]

义乌陈君文礼携其父嘉静翁墓铭，索余题。翁之行事，太史先生言之详矣，余复何辞。然翁以义教子孙无分居，此则余之所其拳拳也。余家自丱素处士合族，至今且九世，铭文所谓大和者则渊伯祖，贞和，君讳也，尝著《家训》五十有八条，以尽齐家之道。子孙闻謦欬，则肃容敛手，步履不敢肆，犹为翁之所敬慕。今文礼又能是继是承，宜翁之所以有望于后人也。然岂徒一才一□之精也耶?

四十五、三友堂诗卷后题[②]

世言松竹梅三者可喻岁寒不衰之义，果有是乎哉？君子不过取其贞白劲立，以励士者之行耳。松竹与梅同足论乎？盖君子之所存，有诸中则见诸外，而不物其物，以物而喻心者浅矣。以心而喻物，乃所以见其真也。徐君兄弟三人皆能尽夫友恭之义，故时假此三者以名其堂曰三友，非徒励其行，而又保其义于悠久。然物有时而衰，惟友恭之义行之，虽终身不衰也。斯堂之建，迨今三十年矣。虽遭兵燹患难之余，其堂尚存。昆弟三人苍颜白发，上友下恭，其义蔼然，自非本然之真有所发见，何以及此？松云乎哉？竹梅云乎哉？

四十六、哀宗先生仲实辞[③]

曩时谒文献黄公于绣湖上，长得与乡之群士会。若公之同里宗君仲实、金君德源、朱君一中、王君子克、传君伯长、若东阳蒋君季高、李君师曾、及师曾之姪齐贤，每一会，间或激扬文辞，或驰骤论议，或遇明月之夜，沉舟湖中，酒酣气豪，杂以诙嘲笑谑。诸君自以为年壮志得，乐其相从之盛，以极其欢。而吾仲实□其中，端重简静。当其谈辨锋起，则张口大笑以相视，曾不一□辞，余心甚敬焉。及其燕居之际，叩其经史疑难及当时世务，则亹亹谈不休，其君子人也哉。十余年中，季高年最少，最先死。未几，而师曾、齐贤相继死，文献公复死。不四

---

① 《义门郑氏奕叶集》，第74页。

② 《义门郑氏奕叶集》，第74页。

③ 《义门郑氏奕叶集》，第74—75页。

三年,仲实、一中,又复先后死焉。呜呼!孰谓师友之间,死生零落,乃至于是乎!既念天下无事时,文献公肖然老于绣湖上,四方贤俊往来无虚日,而吾乡之人皆得以问道考德,非徒会合之欢而已。公既长逝,至于朋游死者亦已过半,而获存者仅二三人。加以兵火之相因,不散处东西,则老且病。欲如昔日相从之盛,相得之欢,恶可得哉?俯仰今昔,不惟哀仲实之死,虽余亦有哀矣。系之辞曰:

有鸟于飞兮,言集于垌。有□其鸣兮,以求友生。求之既得兮,式和且平。求之弗得兮,将过我情。交朋有道兮,天叙之经,死生启合兮,卒难以并。缅昔绣湖兮,士弁交缨。今焉散亡兮,稀如晨星。郁离情之恍惚兮,将梦愕而神惊。仰宗君之粹质兮,至性本乎天成。怀懿德之良贞兮,玉韫美而含英。既和顺之积中兮,宜光华之外形。曾不假夫设施兮,耐反□于泉扃。哀友道之凋零兮,顾来者之曷征。会合宁复几时兮,何敢恃夫百年之修龄。物而有作兮,徒愦憓以填膺。月淡淡兮,流水泠泠。瞻白云之护□兮,使我怦怦。

四十七、丹溪先生彦修哀辞①

思先生之曷往兮,神怆怳而交驰。命巫咸而具占兮,谓魂气已无不之。缅音容之如在兮,终不亲夫履綦。念贞和之齐其家兮,借先生以挚持。忘寒暑之疲劳兮,岂惮往返于路歧。一匡之以至中兮,进退不失于毫厘。忆坠言之殷勤兮,何啻乎啖蔗之与含饴。薰椒兰之芳馨兮,吸沆瀣之灵腴。烦襟涤其清爽兮,灵府泽其华脂。炼交情于金石兮,至弥久而弗渝。雪霜贸贸于松柏兮,贞操苍然而含发。笑春华之夕陨兮,鄙秋叶之早萎。弗与□□□□□□□隐世而变移。彼驰马与试剑兮,逞豪侠于九衢。□□□而□歌兮,剧谈谑于一时。胡朝依而夕畔兮,竟燠附而凉违。苟利害之相形兮,遂布阱而设机。征先生之忠诚兮,白璧贞莹而无疵。彼何人斯兮,宁不颡泚而忸怩。天何不假以永年兮,斯文遂失其著龟。慨承颜于早岁兮,乏仰止于耄期。纵悼言之孔多兮,岂能泄余之深悲。凉飙兮凄其寒云兮,澹而(按:此处疑有脱文)。言有限而情莫极兮,望明月而遐思。

① 《义门郑氏奕叶集》,第75页。

四十八、哀蒋季高辞①

至正庚寅秋，余与蒋君季高会于钱塘之上，时东南贤士大夫试艺有司者无虑二千余。时季高于其间年最少，眉目疏秀，□论英发，欲与诸老生相颉颃。余遂得与季高友。既而言皆不合于有司，季高退归东阳，余亦归浦阳之麟溪浦江，与东阳相去不百里。越期年，而季高访余麟溪上，言谈不减于昔。予因谓季高曰：科举之文，乌足以累吾子。吾子当驰骋秦汉诸文章家，非独与今之贤士大夫相颉颃，当与古之儒者角而弗箴也。季高闻余言，欣然有会于心，长揖别去。游侍讲学士黄公之门，肆志于学，以造其所未至。予亦时往公门，两会季高于□湖上。即出其所为诗文，读之皆洒落雄俊，多可传诵。时秋月方□□□□予绣湖上，谈笑赋诗，剧饮大醉。季高歌古篇章，余击壶为节以和之。别未几，括寇起，缙云百里之间，危言震惊，自是不复与季高会。丁酉春三月，寇平。夏五月，季高遗书来，索予赋平寇诗。予适以事未遑，而季高复贻书促之，曾未一月而季高死矣。呜呼悲哉！季高年未三十而名誉已流于人。人意其必致夫远大，胡为竟止于斯耶？因叹往时与季高游，始会于钱塘，再会于麟溪，两会于绣湖之上。忽忽六七年间，所会者不过三四度尔。孰料少壮之交不能以长久，而遽为永世之别耶？呜呼！悲夫季高之死，人咸悼其夭而不得显荣于时。余独以为季高之死犹不死也。使季高无以著于时，无以昭于后，死不以年，城可悲也。季高虽不使登诸仕版，而声名已传于荐绅。季高虽未获淑诸人，而文章亦可昭于方来，尚何悲乎？独念交游之中，如季高者无几。今季高先作土中人，虽欲不悲，乌得而不悲，申之以辞。辞曰：

神骏之权奇兮，产漏洼之水中。其行曾不千里兮，岂刍菽之不克。将潜美以俟时兮，庶一游于奇逢。奈何未出皂枥兮，竟赍志而长终。呜呼哀哉兮，物理有不可以穷。鹓雏死野兮，老鸱为之长雄。三秀见摧兮，张林林之艾蓬。自古莫不然兮，又何形于怨恫。呜呼哀哉兮，竟歇灭其音容。有善孰相予兮，而有恶之□攻。每□□□□兮深有激于余衷。缅华川之泛游兮，忆虎林之□从。余感今而怀旧兮，致梦愕而神翀。疏辞以相哀兮，□□□于西风。

① 《义门郑氏奕叶集》，第75—76页。

四十九、诔田母辞①

余生二十二年,母氏亡。复十八年,而先君又亡。痛念重罹罪□日夜悲魂,消形毁恨,不相从于九泉之下,时余方斩焉衰绖之中。甫及一期,永康田奂德阳亦被衰踌于门,辈而告曰:“奂也不幸,不获事母。至于耆艾,仅得年五十有五而遽罹大故,奂固不敢望夫生,然犹苟存视息有家君在也。尝结庐先□以泄其终天之哀。当悲风振林,寒云蔽月,涕泪涟涟,不觉如雨。然吾母之行,日往月来,苟使泯焉,不闻于世,罪莫大焉。纵死何以自赎。曾已具谱行事,镌于志石。倘不求君子之言,扬之显之,将何以白于世,此奂之所深惧也。愿吾子少纾所辈,为奂一言之。”余亦悲而答曰:“人子之痛于□□事虽或异,其情则同也。情既同矣,其哀有不同者乎?余□□父丧,语言尚不能成伦,又何能述子母妇人之事乎?苟或不死,俟终哀当为子书之也,又何敢不以己之亲而视人之亲者乎?”德阳乃泣别而去,殆今已三年。而德阳复来,求文以成前所言。

盖夫人讳安,字至安,姓徐氏,婺之永康人。年十六归于德阳之父贞,事舅姑如事父母。姑舅早世,抚其夫之二幼弟,一尽于礼。既□名女以为配,恩义相洽,宗族贤之。能顺事于夫,至于家裕,教子以学,使之负笈从师,颇底于成。夫人之行之懿,非可以一二言之。故掇其大者书焉,以塞德阳之请。慨余自念幼时,母常教之于学。鸡初鸣,则谓日尔可学矣,学当不负人。至晚而归,又必问所业。非惟戒之于童,幼之年,抑且督之既冠之日。会有司贡余于乡,母氏喜溢于颜,曰譬犹吾治丝,旬经月累乃可成缣帛之用尔,学亦如之,尔其勉哉。每念及斯,辄泫然流涕,不知德阳之母教子亦如是乎?余母亡之年仅五十耳,以德阳之母较之,尚逾其五。使德杨(按:当作“阳”)如斯,则其哀又将何如也,而况于余乎?德阳有其父,可以致其菽水之欢,余欲如德阳之为,不可及矣。自哀且不暇,其又忍为德阳摅其哀乎?然夫人之懿行,既请胡先生仲申以铭其圹,又有贤士大夫播其德,固不俟于余言也。今余特一言之者,非徒为德阳发之,抑且以自悼云尔。系之以辞曰:

皇天降衷兮,赋形则均。寿夭不齐兮,哀乐乃分。人孰无亲兮,□□欣欣。我亲胡为兮,去昭就昏。死生先后兮难具陈,摧绝我心兮泪纷纷。形骸消毁兮,无□生存。号天不知兮,叩地无闻。恨不相随兮,徒劳□魂。斑衣未成兮,衰绖已纫。老莱有亲兮,彼独何人。吁嗟我生兮,胡不辰?朝亲倚庐兮,暮孰倚门。

① 《义门郑氏奕叶集》,第76—77页。

今我亲兮闭玄窀。日复日兮春复春。黄河可塞兮恨莫堙。田氏有子兮念母勤，劬劳教育兮如同我亲。身亲负土兮筑新坟。曷以报此兮罔极恩。悲风萧萧兮益酸辛。夜漫兮水粼粼。天高无极兮地无垠。我与子情兮何日申。雪余涕兮告苍旻，矢哀辞兮勒坚珉。

五十、哀从弟仲泽辞[1]

呜呼！人孰不有死哉。死有寿与不寿也。寿考以终，理之常也；夭折以殁，理难推也。余从弟仲泽年仅三十，竟以夭死，是何生之艰而促之易耶。人之在世，譬犹草木发其英华，而后敛之以实乃已。仲泽曾无一子以继其后，独有二女送其终，抑又何耶？仲泽生能损食，以活人之子，今乃弗克享其上寿。天之报施，此理亦或息耶？呜呼哀哉！余不可□□□□已著之于篇。

五十一、祭筠西丈吴公文[2]

惟公赋姿纯英□□□□□□□□□□□焉而友朋。外焉而闳里，内焉而家庭，真□□乎交□之□□夫雍睦之诚，是足为小子之模式，后学之□□。□也不敏，世契相仍，盖自贞和叔祖辞□容承与公相好，如弟事兄，谓吾门之规范，合前古之准绳，百里而至取为法程，是以肃然而家教立，秩然而□□成。逮乎季父贞素、清容之交谊愈敦愈厚，实无减于旧盟。戊戌之春，严陵被兵，浦阳将压，气势掀腾，扶老挈幼，欲谒门屏公，戒舟车且载且迎，居我以室庐，食我以稻秔，或徜徉乎涧谷，或宴乐于轩亭。公善洞箫，音韵尤清，固非耽我于酣饮，实欲解我之忧萦。□□聚于岁余，复诸暨之失宁，我还浦汭，公遂来并。于时兵燹荒秽，道里榛荆，虽故庐幸存其四壁，而饘粥不具于铛门。以公待我之素，至我之报施，万不及一，岂不颡泚而面赪？甫及两月，公即成行，未几而山獠作衅，复迎公于抢攘，曾未几何，复将言归，遂不获视于几杖，而听论议之崇□。岁时往问，诲言烝烝，知公康强而寿考，每喜慰而曷胜。念贞和之去世，贞素、清容亦相继逝，倾幸公尚存。岿然尊容，何苍天之□□□□□□□□□冥。呜呼哀哉！以公树善之厚，蓄德之弘□□□□□□□□□□之义声，此天迎之昭报，信可验而可□□□□以无□。而我之念公怀公，恒积忧而填膺。洒□泪之如河，□□思之如城，虽日

[1] 《义门郑氏奕叶集》，第 77 页。
[2] 《义门郑氏奕叶集》，第 77—78 页。

月之逾迈,将何时而可平。呜呼哀哉！有酒在尊,有牲在铏。言有尽而意无穷,尚昭鉴于厥情。呜呼哀哉！尚飨。

五十二、仙华山志①

浦阳江上有仙华山焉,人迹罕至。至其上多名药,缘粉绛叠可□□□有鲦鱼时时出没于中,可钓。沃壤数十亩,白云冉冉,恒□其上,可耕。山多巨石,面正平可坐、可弈、可列豆觞而饮。时事缤纷,终老是山可矣。

五十三、浦阳江堤记②

浦阳江出县西六□□深袤山之南,经县治之南门,东流入海。朱工部尚书录公通尝作桥于江,以通行者。桥害于水,江堤遂决,沿江之田皆漂毁不存,民往往病之。至正三年,江西那海公为县长,官不数月,有治声。每过南门,辄念斯桥之坏,而民多病涉。明年,役复治桥,桥成,乃筑土堤广若干尺,高若干尺,而杀其上,甃以石。阅三时乃成,名曰浦阳堤,又垦田若干亩有奇。公之惠及于民者,不其至哉！县民感公之德,不能忘,乃谋伐石,请予记。予窃闻之,滕侯子京治岳阳时,因洞庭水之险,乃自岳阳门西距金鸡之右,筑堤千余尺以利民,名之曰偃虹。欧阳子实序而记之,谓其以百步之堤御天下至险不测之患。欧阳子岂过论者哉？今公之治浦江政,既无不修,又能以其余力兴数十年之废,其于滕侯之治岳阳,予恐无以异也。世尝谓古之人为民兴利而今之人无以继之者,观公斯举,其何愧乎？乌可以浅心而遽量兹世之人也。是堤之筑,其惠及吾民者甚弘,可无记以告来者？遂书刻于江滨。

五十四、书郭贞妇卷③

呜呼！子之于母,妇之于夫,人伦之大者。方其安于无事之时,上下一心,情盖雍如也。及其身遭患难,子死于孝,妇死于义,抑何鲜能哉！由见理之不明

---

① 《义门郑氏奕叶集》,第78页。

② 《义门郑氏奕叶集》,第78—79页。

③ 《义门郑氏奕叶集》,第79页。

故也。请暨郭贞妇薛氏不幸猝罹于难,母子共死于一井之中,可谓得其死者矣。盖千百人中,仅一见焉。君子恶得不感动太息也与?自非如精金之坚,白璧之贞,何能与于此哉?其夫廷瑞力求荐绅家,传其事于不朽,是亦可谓交尽其义者矣,至哉!天理人伦其终可泯也耶?

(作者简介:陈开林,男,文学博士,盐城师范学院讲师。)

阮刻嘉庆本《尔雅注疏》勘误

沈相辉

目前阮元《十三经注疏》的通行版本,主要有两种,一种是中华书局1980年影印的上海世界书局缩印本,该本以清道光重刊本为底本,本文称之为"道光本";一种是中华书局2009年影印清嘉庆原刊本,该本于清嘉庆二十至二十二年[①]由江西南昌府学刊刻,本文称之为"嘉庆本"。据魏庆彬统计,"目前所知称名阮刻十三经的版本并不多,它们都与这两个本子有多多少少的关联"[②]。中华书局影印嘉庆本《十三经注疏》的《影印说明》中称此本"是迄今为止最好的本子",然而此言有待商榷。今仅以嘉庆本《尔雅注疏》为例,可发现其中讹字、衍文、脱字、倒序等错误数出,而这些错误在道光本中都得到了改正。兹就读书所见,一一条列于下,以就大方。凡《注疏》中有误而后附之《校勘记》已改正者,悉皆不录;《校勘记》亦有误者,则改正之;明知有误而难以定论者皆条列而存疑。

历来《尔雅》研究著作浩如烟海,今人朱祖延先生主编之《尔雅诂林》"汇《尔雅》众注于一秩"[③],嘉惠学林。本文所参考之文献,多从《尔雅诂林》中引用,其版本据《尔雅诂林》之《引书目录》列之于下,后文中不再重复出注。

郭璞《尔雅注》,影覆宋蜀大字本,本文简称《尔雅注》;邢昺《尔雅疏》,光绪四年吴兴陆氏十万卷楼仿宋刻本,本文简称《尔雅疏》;郑樵《尔雅注》,学津讨原本,本文称郑樵《尔雅注》,以区别于郭璞《尔雅注》;董桂新《尔雅古注合存》,

---

① 《十三经注疏》刊刻完成的时间,阮元《重刻宋版注疏总目录》中称"二十一年秋刻板初成",胡稷《重刊宋本十三经注疏后记》亦称完成于"嘉庆二十有一年秋八月",据阮、胡二人所说则完成于嘉庆二十一年;而朱临华《重校宋本十三经注疏跋》中称是书"嘉庆丙子仲春开雕,阅十有九月,至丁丑中仲秋版成",则完成于嘉庆二十二年;据汪绍楹先生考证,是书当如朱说,完成于嘉庆二十二年,本文从其说。详见汪绍楹《阮氏重刻宋本十三经注疏考》,《文史》第三辑第27—28页。

② 据魏庆彬所制统计表知,目前所知称名阮刻十三经的版本,按时间分如下:嘉庆一,江西南昌府学刻本(1815);道光一,江西南昌府学刻本(1826);同治五,分别是长沙尊经阁本(1871)、广东书局本(1871)、广东菊坡精舍本(1871)、江西书局本(1873)、湖南书局本(1874);光绪八,分别是1875年本(出版地未知,书目来源古籍善本网)、上海脉望仙馆本(1887)、上海点石斋本(1897)、袖海山房本(1887)、湖南宝庆务本书局本(1892)、上海点石斋本(1897)、苏州官书坊本(1898)、上海同文升记本(1904);民国四,分别是上海扫叶山房本(1924)、上海锦章图书局本(1932)、上海锦章图书局本(1935)、上海世界书局本(1935)。以上十九种中,同治十年(1871)广东书局本、长沙尊经阁本、同治十三年(1874)湖南书局本属于"似是而非的阮刻十三经注疏本"。详见魏庆彬《阮刻十三经注疏版本初探》,《文教资料》2012年9月号中旬刊,第163页。

③ 匡亚明先生题朱祖延先生《尔雅诂林》语,见《尔雅诂林》题字,湖北教育出版1996年版。

稿本，本文简称《古注合存》；严可均《尔雅一切注音》，木犀轩丛书本，本文简称《一切注音》；邵晋涵《尔雅正义》，咸丰戊申余姚邵氏家塾本，本文简称《正义》；郝懿行《尔雅义疏》，咸丰六年刊本，本文简称《义疏》；王闿运《尔雅集解》，湘绮楼全书本，本文简称《集解》。

以上书籍，凡引用时皆在其后括号中注出《尔雅诂林》中具体页码，以便覆检，如"《尔雅疏》(《诂林》上 71a)"，即所引《尔雅疏》中原文见于《尔雅诂林》上册 71 页上栏。嘉庆本《十三经注疏》中郭璞注简称"郭注"，以区别于影覆宋蜀大字本《尔雅注》中之郭注，邢昺疏简称"邢疏"，以区别于光绪四年吴兴陆氏十万卷楼仿宋刻本《尔雅疏》中邢疏。又道光本《十三经注疏》系每面三栏，故以 a、b、c 代上中下，如"道光本(2568c)"，即道光本第 2568 页第三栏。

卷一《释诂上》

1.第五五八四页下"迄、臻、极、到、赴、来、弔、艐、格、戾、怀、摧、詹，至也"条下，邢疏云："《诗》曰先祖于摧者，《大雅·云汉》书。""书"字当作"文"字。道光本(2568c)、北大本[①](12)、《尔雅疏》(《诂林》上 71a)皆作"文"，不误。

卷二《释诂下》

2.第五六〇四页下"毖、神、溢，慎也"条下，郭注："神未详，余见《诗》《书》。"邢疏云：

> 释曰：谓谨慎也。毖者，《周官·洛诰》云："夙夜毖祀。"溢者，舍人曰："溢，行之慎。"《周颂·维天之命》云："假以溢我。"故注云"见《诗》《书》"。

按，郭注明言见于《诗》《书》，未及《周官》也；且"夙夜毖祀"一句，出《尚书·周书·洛诰》，《周官》一书无《洛诰》一篇也。故此处"周官"二字系"周书"二字之误。道光本(2577a)蹈袭其误，《尔雅疏》(《诂林》上 758a)无此误，北大本(50)改正之，有注。又郭注云"余见《诗》《书》"，邢疏径作"见《诗》《书》"，脱一"余"字。

3.第五六〇五页上"纵、缩，乱也"条下，郭注云："纵放掣缩皆乱法也。"邢疏引作"放纵掣缩皆乱法也"。《尔雅注》作"纵放掣缩皆乱法也"(《诂林》上 787b)，与嘉庆本同。《尔雅疏》作"纵放掣缩皆乱法也"(《诂林》上 788a)。按，《尔雅》经文"纵"在"缩"后，故郭注遵循此先后顺序。"放"字乃注"纵"字，

① 《十三经注疏》整理委员会整理、李学勤主编《十三经注疏·尔雅注疏》，北京大学出版社 1999 年版。本文所称北大本，皆为此版本，后文中不另出脚注，只在北大本后括号中注明页码，以便复查。

“掣”字乃注“缩”字,故此处郭注当作“纵,放;缩,掣。皆乱法也”。同理,按照顺序,邢疏当作“纵,放;缩,掣。皆乱法也”。嘉庆本颠倒顺序,道光本(2577b)踵袭其误,而探本穷源,《尔雅注》已将“缩掣”二字误倒为“掣缩”,《尔雅疏》中亦如此。而北大本(51)乃据道光本整理,有此误,不足为奇。

卷三《释言第二》

4.第五六一四页下“观,指示也”条下,邢疏:

> 注“《国语》曰:且观之兵”者,案《周语》:穆三将征犬戎,祭公谋父谏曰:“不可!先王耀德不观兵。犬戎氏以其职来王,天子曰:‘予必以不享征之,且观之兵。’无乃废先王之训而王几顿乎!”是也。《论语》曰:“指其掌。”谓举当以示人也。

“穆三”之“三”当作“王”,“举当”之“当”系“掌”字之误,应正之。道光本(2581b)、《尔雅疏》(《诂林》上891a)无此误。且覆查今《国语》卷一《周语上》可知,邢疏所引《国语》文,“无乃废先王之训而王几顿乎”一句“无”字前脱一“其”字,又“先王耀德不观兵”下,略字凡五百单五字①。

5.第五六一九页下“俴,浅也”条下,郭注:“《诗》曰:‘小戎俴。’”邢疏:“注《诗》曰小戎浅收者,《秦风·小戎》文也。”可知郭注中脱一“收”字。今道光本(2583c)、《尔雅注》(《诂林》上1184b)皆不脱。

6.第五六二一页上“阋,恨也”条下,郭注“相怨狠”之“狠”字,邢疏中“阋,炅也”之“炅”字,道光本皆作“恨”字(2584b)。按嘉庆本中邢疏又有“释曰郭云相怨恨……”之语,足见作“恨”为是。《尔雅注》(《诂林》上1280a)、《尔雅疏》(《诂林》上1280a)皆作“恨”。

7.第五六二二页下“启,跪也”条下,郭注云:“小跪。”邢疏有“郭云小跽”之

① 所省文字为:“夫兵戢而时动,动则威,观则玩,玩则无震。是故周文公之颂曰:‘载戢干戈,载櫜弓矢。我求懿德,肆于时夏,允王保之。’先王之于民也,懋正其德而厚其性,阜其财求而利其器用,明利害之乡,以文修之,使务利而避害,怀德而畏威,故能保世以滋大。昔我先王世后稷,以服事虞、夏。及夏之衰也,弃稷不务,我先王不窋用失其官,而自窜于戎、翟之间,不敢怠业,时序其德,纂修其绪,修其训典,朝夕恪勤,守以敦笃,奉以忠信,奕世载德,不忝前人。至于武王,昭前之光明而加之以慈和,事神保民,莫不欣喜。商王帝辛,大恶于民。庶民弗忍,欣戴武王,以致戎于商牧。是先王非务武也,勤恤民隐而除其害也。夫先王之制,邦内甸服,邦外侯服,侯、卫宾服,蛮、夷要服,戎、狄荒服。甸服者祭,侯服者祀,宾服者享,要服者贡,荒服者王。日祭、月祀、时享、岁贡、终王,先王之训也。有不祭则修意,有不祀则修言,有不享则修文,有不贡则修名,有不王则修德,序成而有不至则修刑。于是乎有刑不祭,伐不祀,征不享,让不贡,告不王。于是乎有刑罚之辟,有攻伐之兵,有征讨之备,有威让之令,有文告之辞。布令陈辞而又不至,则增修于德而无勤民于远,是以近无不听,远无不服。今自大毕、伯士之终也。”

语,今道光本(2585a)、《尔雅注》(《诂林》上1336a)皆作"小跽"。故嘉庆本误"跽"为"跪"明矣。

8.第五六二二页下至五六二三页上"芼,搴也"条下,邢疏有"《周南·关雎》云'参差荇菜,左右笔之'……""笔"字显系"芼"字之误。道光本(2585a)、《尔雅疏》(《诂林》上1355b)无此误。

卷四《释训第三》

9.第五六三三页上"坎坎、蹲蹲,喜也"条下,邢疏有"郑《笺》云'为我击鼓坎坎然,为我兴舞蹲蹲然',谓以乐己也也,墫蹲音义同"。此处衍一"也"字。道光本(2590a)、《尔雅疏》(《诂林》上1461a)无此误。

10.第五六三三页下"版版、荡荡,僻也"条下,今邢疏中有"李巡曰:'版版,失道之僻也;荡荡者,思之僻也。'"此句"荡荡者"之下,"思之僻也"之上空一字。据《四库全书》文渊阁本所收清人顾栋高《毛诗类释》续编卷下亦引李巡此话,作"版版,失道之僻也;荡荡,弗思之僻也"。故今本《尔雅注疏》中所缺之字当为"弗"字,即当作"版版,失道之僻也;荡荡者,弗思之僻也"。今查道光本(2590a),正是。

11.第五六三五页下"懽懽愮愮,忧无告也"条下,邢疏有"《三风》云:'中心摇摇……'"按,"中心摇摇",语出《诗经·王风·黍离》,且《诗经》中无"三风"篇之说,故"三风"当作"王风"明矣。道光本(2591a)、《尔雅疏》(《诂林》上1562a)无此误。

12.第五六三七页下"猗嗟名兮,目上为名"条下,郭注云:"眉眼之间。"邢疏末云"郭云眉捷之间"。按,道光本(2592a)、《尔雅疏》(《诂林》上1631b)中邢昺疏皆作"郭云眉眼之间"。是嘉庆本误"捷"为"眼"也。

13.第五六三七页下"冯河,徒涉也"条下,邢疏云:"释曰:'《小雅·一旻》云不敢冯河……'"按,"不敢冯河"语出《诗经·小雅·小旻》,且《诗经》中无《一旻》篇,故此处误"小旻"为"一旻"也。道光本(2592a)、《尔雅疏》(《诂林》上1642a)无此误。

卷四《释亲第四》

14.第五六三八页下"父为考,母为妣"条下,郭注云:"《书》曰'嫔于虞',《书》曰'聿嫔于京'……"按,邢疏中对应该句的解释是:"云《书》曰嫔于京者,《尧典》文也;云《诗》曰聿嫔于京者,《大雅·大明》篇文也。"今察《尚书》,无"聿嫔于京"一句,而《诗经·大雅·大明》中有之,则郭注中所谓"《书》曰聿嫔于京"一句误,当作"《诗》曰聿嫔于京",今误"诗"字为"书"字者,盖因好事者见“诗”字之前有“虞”字,误将“虞”字下读,故改“诗”字为“书”字,以为《尚书》中《虞书》也。查道光本(2592b)、《尔雅注》(《诂林》上 1376a)无此误。

卷五《释宫第五》

15.第五六四九上“宫谓之室,室谓之宫”条下,邢疏引《礼记》“由士命以上,父子皆异宫”一句,道光本(2597a)、《尔雅疏》(《诂林》上 1758a)皆作“由命士以上,父子皆异宫”。又查《礼记注疏》,其卷一《曲礼上》作:“由命士以上,父子皆异宫。”卷二十七《内则》亦同。则嘉庆本引文有误明矣。

16.第五六四九页上“宫谓之室,室谓之宫”条下,第八行邢疏有“又曰‘人此室处’,是也”一句,“人”字当作“入”字,此《诗经·豳风·七月》诗也。此处误“入”字为“人”字之原因,盖因该行右有“言人物实满于其中也”一句,该句中“人”字恰与“入此室处”之“入”字并列,故错简而有此误。今道光本(2597a)无此误。

卷五《释乐第七》

17.第五六五九页“大篪谓之沂”条下,郭注云:‘篪以竹为之,长尺四寸,围三寸,一孔上出一寸三分,名翘,横吹之。小者尺二寸。’《广雅》云:‘八孔。’”邢疏云:“……郭云:‘篪以竹为之,长尺四寸,围三寸,一孔上出寸三分,名翘,横吹之。小者尺二寸。’《广雅》云:‘八孔。’……”

其中郭注“一孔上出”下,“寸三分”上衍一“一”字。道光本(2601c)、北大本(157)同。《尔雅注》(《诂林》上 2160b)不衍,郑樵《尔雅注》(《诂林》上 2162a)、《古注合存》(《诂林》上 2162a)、《正义》(《诂林》上 2162b)、《义疏》(《诂林》上 2162b)所引郭注不误,《一切注音》(《诂林》上 2161b)、《集解》(《诂林》上 2163a)所引郭注衍一“一”字。

卷六《释天第八》

18.第五六七三页“十月为阳”条下,郭璞注:“纯阳用事,嫌于无阳,故以名云。”按,同页邢疏云“注纯阴至名云”,是“纯阳用事”应作“纯阴用事”。且邢疏又云:“释曰:‘纯阴用事,嫌于无阳,故以名云者,以《易》言之五月一阴生,十月纯坤[1]用事,故曰纯阴用事也。’”由此观之,“纯阳用事”作“纯阴用事”无疑。道光本(2608b)、北大本(170)、《尔雅注》(《诂林》上 2294b)皆无此误。

19.第五六七四页下邢疏有“《说文》云:‘霓,屈虹,青赤,或白色。’”嘉庆本

---

① 邢疏中之“坤”字,阮元《校勘记》云:“闽本、监本、毛本‘坤’改‘阴’,旧本‘阴’误‘阳’。”

“文”字误作“又”字。道光本(2608)、北大本(174)皆不误。

20.第五六七五页上“天驷,房也”条下,郭注云“龙为天马,故房四星谓之天驷。”邢疏云:“郭云:‘龙为天马,故房驷星谓之天驷。’……”知郭作“房四星”,邢作“房驷星”。今道光本(2609a)、北大本(177—177)皆作“房四星”,《尔雅注》(《诂林》上2360b)中原文、《尔雅疏》(《诂林》上2360b)中所引郭注皆作“房四星”。故嘉庆本邢疏中作“房驷星”乃误刻无疑。

卷七《释地第九》

21.第五六八八页下“陵莫大於加陵”条下,邢疏云:“‘陵莫大於加陵’……言‘陵无大於加陵’者,谓加陵最大也。今所在未闻。”按,此条郭注谓“今所在未闻”,而经文作“陵莫大於加陵”,是经文与注文皆无“无大於”之“无”字,而邢疏言“‘陵无大於加陵’者”中作“无”,不知其所出。邢疏引原文时作“陵莫大於加陵”,则后之“无”字当是讹字。今道光本(2615b)、北大本(193)、《尔雅疏》(《诂林》上2557a)“莫”皆作“无”,皆误。

卷七《释丘第十》

22.第五六九一页下“再成锐上为融丘”条下,邢昺疏在“释曰”之上有“再成锐上为融”六字,显系重复之经文,然脱一“丘”字。今道光本(2616c)、北大本(202)、《尔雅疏》(《诂林》上2651a)皆不脱。

23.第五六九二页上“如覆敦者敦丘”条下,邢疏有“郭氏言敦盂”之语,按郭注云“敦,盂也”,则邢疏中“盂”字显系“盂”字之误。道光本(2617a)、《尔雅疏》(《诂林》上2685b)无此误,皆作“盂”。

卷八《释草第十三》

24.第五七一一页下“葥,王蔧”条下,郭注云:“王帚也,似藜,其树可以为埽蔧。江东呼之曰藜帚。”邢疏云:“此即藜之科,大为树,可以作埽蔧者,一名葥,一名王蔧,一名王帚,江东呼落帚。”

《注》中“埽蔧”二字及邢疏中“即”字已出校勘记,其一云:“《释文》‘埽,素报反’,下同,单疏本亦作‘埽蔧’,雪窗本、注疏本作‘掃’,俗字,按‘蔧’当作‘慧’。”其二云:“注疏本则作即,‘埽蔧’,元本同闽本作‘掃慧’,盖本毛本作‘掃慧’。”按,《注》云“江东呼之曰藜帚”,邢疏云“江东呼落帚”,道光本(2625c)中皆作“落帚”,又《尔雅注》(《诂林》下2984b)中郭注,及《尔雅疏》(《诂林》下2984b)、《一切注音》(《诂林》下2985a)、《正义》(《诂林》下2985a)、《义疏》(《诂林》下2985b)、《集解》(《诂林》下2985b)等所引郭注亦皆作“落帚”,嘉庆本误,明矣。

25.第五七一五页上“蕲茝蘪芜”条下,邢疏云:案《淮南子·泥论》篇云:“夫物之相类者,世人之所乱惑也。嫌疑肖像者,众人所眩耀也。故狠者类知而非知也,愚者类君子而非君子也,赣者类勇而非勇也。使人相去也,若玉之与石也,葵之与苋也,则论人易矣。夫乱人者,若芎䓖之与藁本,蛇床之与蘪芜者。”

按,今本《淮南子》中无《泥论》篇,而有《氾论》篇。查阅道光本,作《氾论》篇,则此处“泥”字显系“氾”字之误。又邢疏所引《淮南子》原文,今文渊阁四库全书本《淮南鸿烈解》卷十三《氾论训》作:“夫物之相类者,世人之所乱惑也。嫌疑肖像者,众人所眩耀。故狠者类知而非知,愚者类仁而非仁,赣者类勇而非勇。使人相去也,若玉之与石也,美之与恶,则论人易矣。夫乱人者,若芎䓖之与藁本,蛇床之与蘪芜也,此皆相似者。”

又《喻林》卷六十六引此作:“夫物之相类者,世主之所乱惑也,嫌疑肖象者,众人之所耀也。故狠者类知而非知,愚者类仁而非仁,戆者类勇而非勇。使人之相去也,若玉之与石,美之与恶,则论人易矣。夫乱人者,芎䓖之与藁本也,蛇牀之与麋芜也,此皆相似。”

三者大同而小异,然《淮南鸿烈解》为汉高诱之注,而邢昺为宋初之人,《喻林》为明人徐元太所撰。以常理而言,邢昺当能见高氏之书,徐氏当能见高、邢二人之书,然则三人所引何以互有差异。盖《淮南子》一书,自汉以来,颇多流变,虽同名而字句稍异。《四库提要》称“是在宋已鲜完本”,足见该书自汉以来所遭劫难矣。今不复见《淮南子》古本,故未知三者孰是孰非,姑且并存之。

卷九《释木第十四》

26.第五七三五页上“杜甘棠”条下,邢疏有“《诗·召南》云‘蔽芾日棠’”之句,“日”字显系“甘”字之误。道光本(2636c)、北大本(270)皆无此误。

卷九《释虫第十五》

27.第五七三九页上“蜉蝣,渠略”条下,郭注云:“似蛣蜣,身狭而长,有角,黄黑色。丛生粪土中,朝生暮死。猪好啖之。”

邢疏云:“释曰:舍人曰:‘蜉蝣,一名渠略。南阳以东曰蜉蝣,梁、宋之间曰渠略。’似蛣蜣,身狭而长,有角,黄色。丛生粪土中,朝生暮死。猪好啖之。”

道光本(2638c)、《尔雅疏》(《诂林》下 3751a)皆同。据《校勘记》,“似蛣蜣”上脱“郭曰”二字,则自“似蛣蜣”至“猪好啖之”皆郭注。将邢疏所引与郭注相校,知邢疏脱一“黑”字。今北大本(283)据注改疏,是也。

卷九《释鱼第十六》

28.第五七四四页上“鲼,小而椭”条下,郭注云:“即上贝小。椭谓狭而长,此皆说贝之形容。”而邢疏有“释曰:云‘即上小贝’”句。按《尔雅注》(《诂林》下4033a)中作“即上小贝”,《尔雅正义》(《诂林》下4038b)、《尔雅义疏》(《诂林》下4039b)、《尔雅集解》(《诂林》下4040a)所引郭注皆作“即上小贝”。则嘉庆本郭注“即上贝小”四字当作“即上小贝”,查道光本(2641a)、北大本(300)皆无此误。

卷十《释鸟第十七》

29.第五七六〇页下“鹈,鴮鸅”条下,郭注云:“今之鹈鹕也。好群飞,沉水食鱼,故名洿泽。俗呼之为淘河。”

邢疏云:“郭云:‘今之鹈鹕也。好群飞,沉水食鱼,一名洿泽。俗呼之为淘河。’”

道光本(2648b)、北大本(307)俱同。将邢疏所引郭注与郭注原文相比较,知郭注“故名洿泽”,邢疏作“一名洿泽”,邢疏误“故”为“一”。然嘉庆本中所引郭注与《尔雅注》(《诂林》下4128b)同,邢疏与《尔雅疏》(《诂林》下4128b)同,则此误由来已久矣。

30.第五七六一页下“鶠凤其雌皇”条下,邢疏有“郭云:‘瑞应鸟,鸡头,蛇颈,燕颔,龟背,鱼尾,五彩巳。高六尺许。’”与前列郭注两相对比,除“巳”作“色”之外,其外皆同。故“巳”字为“色”字之误明矣。道光本无此误。

31.第五六七三页上“皇,黄鸟”条下,郭注云:“俗呼黄离留,亦名搏黍。”邢疏云:“郭云:‘俗呼黄离留,一名搏黍。’”道光本(2649b)、北大本(314)俱同。然两相比较,知郭注“亦名搏黍”之“亦”,邢疏作“一”。今查《尔雅疏》(《诂林》下4138a),知邢疏原亦作“亦”。故嘉庆本中邢疏作“一”,误矣。

《释兽第十八》

32.第五七六六页上“貘,白豹”条下,郭注云:“似熊,小头庳脚,黑白驳,能舐食铜铁及竹骨。骨节强直。中实少髓,皮辟湿,或曰豹白色者别名貘。”

邢疏云:“郭云:‘熊,小头庳脚,黑白驳,能舐食铜铁及竹骨。骨节强直。中实少髓,皮辟湿,或曰豹白色者别名貘。’”

道光本(2651a)、北大本(324)皆同。按,据郭注可知邢疏中脱一“似”字。《尔雅注》(《诂林》下4373b)中郭注与嘉庆本、道光本同,则郭注不误。而《尔雅疏》(《诂林》下4373b)中邢疏所引郭注较嘉庆本、道光本中邢疏多一“似”

字,与郭注原文同,是以可以断定邢疏脱“似”字。

第五七六六页上“虪白虎”条下,郭注云:“汉宣帝时,南郡获白虎,兽其皮、骨、爪牙。”邢疏云:“释曰:白虎一名虪。汉宣帝时,南郡获白虎,献其皮、骨、爪牙。”两相比较,郭注中“兽”字乃“献”字之误明矣。查阅道光本(2651a)、北大本(324)皆无此误。

33.第五七六六页下“貀,无前足”条下,郭注云:“晋太康七年,召陵扶夷县槛得一兽,似狗,豹文,有角,两足,即此种类也。或说貀似虎而黑,无前两足。”

邢疏云:“郭云:‘晋大康七年,召陵扶夷县槛得一兽,似狗,豹文,有角,两脚,即此种类也。或说貀似虎而黑,无前两足。’”

比较可知,“有角”下“两足”二字,郭注作“两足”,邢疏引作“两脚”。道光本(2651a)、北大本(324)皆同。《尔雅注》(《诂林》下4380b)中郭注作“两脚”,《尔雅疏》(《诂林》下4380b)中邢疏所引郭注亦作“两脚”。则邢疏所引不误,嘉庆本、道光本及北大本中郭注原文误“两脚”为“两足”。

《释畜第十九》

34.第五七六九页上“释畜第十九”条下,邢疏有“故此篇唯唯论马、牛、羊、彘、犬、鸡”之句,其中衍一“唯”字。道光本(2652b)、北大本(333)皆不衍。

35.第五七七一页下“未成羊,羜”条下,郭注云:“俗呼五月羔为羜。”邢疏云:“郭云:‘俗呼五月羊为羜。’”道光本(2653b)、北大本(342)同。《尔雅注》(《诂林》下4658b)中郭注,及《正义》(《诂林》下4659a)、《义疏》(《诂林》下4659a)、《一切注音》(《诂林》下4659a)等引郭注俱作“俗呼五月羔为羜”,然则《尔雅疏》(《诂林》下4660b)中邢疏所引郭注作“俗呼五月羊为羜”,则邢疏误“羔”为“羊”由来已久。

以上共勘正嘉庆本《尔雅注疏》三十五则,而这些讹误在道光本中都得到了改正。因而,单纯的从这个角度而言,嘉庆本并非迄今为止最好的本子,最起码道光本在讹误方面就要明显少于它。今日《十三经注疏》的整理本层出不穷,然所用底本或为嘉庆本,或为道光本。从减少讹误的角度来说,当以道光本为优。

(作者简介:沈相辉,中国人民大学文学院。)

《艺风老人日记》标点整理本指瑕

魏小虎

一代鸿儒缪荃孙所撰《艺风老人日记》,时间跨度三十余年,其史料价值尚多有未经发掘者。虽然影印本早已出版,却因字体偏小且略显潦草,检读稍感不便。自听闻凤凰出版社将出版包括日记在内的《缪荃孙全集》,笔者一直翘首以待。

近日终得查阅此标点整理本,确实可助笔者解决一些疑难问题。可惜不知整理者是否因迫于进度期限,未得精益求精,时见辨识、断句之误。现仅于第三册宣统己酉(1909)一年中略举数例,加以讨论,并就教于方家。

一、人名之误

第12页第13行,二月十六日丙寅,一人名作“傅绍生”。

按应为“傅苕生”,即辑刻《国朝金陵丛书》之傅春官,同页第14行、20行作“傅苕生”不误。

同页第19、20行,二月十七日丁卯,“沈佑颜招饮,程乐庵、贾占永、朱桂卿、贾子永、傅苕生、钱晋生同席”。

按原文有贾占永无贾子永。推测系整理初稿未确定为“占”、为“子”,故两存之,而定稿时出于疏忽一并收入。

第21页第13行,三月十二日丁酉,“其七侄名祖春号冬生森”。

按此人在《日记》后文中多次提及,一作“吴东森”,或作“吴冬生”“吴冬森”“吴东生”,则冬生、冬森皆可用。此处标点径作“冬生森”不妥,应出脚注说明,或标作“冬生、〔冬〕森”。

第27页首行,四月十九日丁酉,一人名作“雷憂”。

按应为“雷夏”,王宗炎字雷夏,其时正于南京任学堂监督。影印本《艺风老人日记》“人名索引”卷不误。整理本第5页、9页等处亦作“王雷夏”。

同页倒数第7行,四月廿三日辛丑,一人名作“黄子贴”。

按应为“费子贻”,即费念慈之子费毓桂。影印本“人名索引”卷不误。整理本第12页亦作“费子贻”。

第32页第15行,五月廿二日庚午,一人名作“吴剑永”。

按应为"吴剑泉",即吴学廉,时任淮扬海兵备道。影印本"人名索引"卷不误,整理者似对前人这一重要成果未加参考。

第37页倒数第9行,六月廿五日壬辰,"介子弟自扬州来"。

按应为"介可弟",第36页末行、39页第5行均作"介可"不误。

第46页倒数第9行,八月廿七日癸卯,"王旭庄孝禹"。

按王旭庄即王仁东,孝禹乃王瓘字,漏加一顿号。

二、书名号之误

第7页第8行,正月十三日甲午,"再摩宋《宣和王孝竭碑》"。

按此碑应指江阴《泛海观音记》碑,王孝竭撰并书,似不宜加书名号。

第9页第14行,正月廿七日丙申,"景祐《六壬神》定经",又第10页倒数第8行,二月五日乙卯,"景祐六《壬神》。定经。"

按应作《景祐六壬神定经》。

第10页第15行,二月四日甲寅,"沈石翁《临禊叙》《书谱》"。

按沈用熙《石翁临禊叙书谱合册》,系刘泽源收集整理成书,马其昶、缪荃孙、李祥等名家题跋,有民国十一年石印本易见。

同页第22、23行,二月五日乙卯,"还学堂《德律风》十五元。留丘三《颜氏家训》、汤伯和《麟后山房丛书》《出塞集》《养一斋集》景祐六《壬神》。定经。"

按德律风即telephone音译,非书名。丘三、汤伯和皆为书商名。则应作"还学堂德律风。十五元留丘三《颜氏家训》,汤伯和《麟后山房丛书》《出塞集》《养一斋集》《景祐六壬神定经》。"

第14页倒数第4行,二月卅日庚辰,"子良出视八唐人集何义门校"。

按明杨文骢辑《八唐人集》,毛氏汲古阁刻本,应即所指,须加书名号。

三、其他句读之误

第8页第17行,正月廿二日辛卯,"发湖南洪家井、叶奂彬信"。

按"洪家井"即长沙叶德辉居所地址,加顿号似误以"洪家井"为人名。

第15页第16行,闰月四日庚申,"樊山有诗来和二诗"。

按应作“樊山有诗来,和二诗”。即缪氏读樊增祥诗后,自作二首,和其中二首之韵。

第18页第5、6行,闰月廿一日丁丑,“厚余、辛孟来,送《消夏录》四十卷,《吴渔山》一卷。新印《鹤铭》朱墨本四十八册,送署录《李艾山文集》”。

按缪氏为时任两江总督端方编撰《壬寅消夏录》一年有余,即将告竣,前两日日记有“重订《消夏录》”“补《消夏录》跋”之语。十九日日记有“湖北寄八十四部《鹤铭考补》”之语,即光绪三十四年己酉湮阳端方刊红印本《瘗鹤铭考补》。“送署”即将重订完毕之《壬寅消夏录》稿本与部分新印《瘗鹤铭考补》成品呈送督署。

故此段应作“厚余、辛孟来。送《消夏录》四十卷、吴渔山一卷、新印《鹤铭》朱墨本四十八册,送署。录《李艾山文集》”。前一“送”字或系衍文。

第24页倒数第5、6行,四月六日甲申,“徐翰卿专人来送来一敦、一卣、一石、曼卿字一、徐幼文册一、吴渔山山水两、《鹤铭》卷一郢爰,即复之。”

按“郢爰”乃楚国金币,而徐翰卿显系一古玩商,缪氏为其买家(或系替端方掌眼)。如上断句,则“郢爰”似代指金钱,其文意变为买家徐氏差专人支付古董字画所值银两给卖家缪氏。又石曼卿即宋人石延年。应断作“徐翰卿专人来,送来一敦、一卣、一石曼卿字、一徐幼文册、一吴渔山山水、两《鹤铭》卷、一郢爰,即复之”。第30页15至17行,五月十日戊午,“专王升至苏州,送回一敦、一卣、《鹤铭》双卷一册一、石曼卿卷一、李息斋卷、黄石斋双卷、渔山一轴,共十事。致郁逸《小丛书》一部、翰卿信乙件。郢爰价二百二十元。”

应断作“专王升至苏州,送回一敦、一卣、《鹤铭》双卷、一册、一石曼卿卷、一李息斋卷、黄石斋双卷、渔山一轴,共十事。致郁逸《小丛书》一部、翰卿信乙件。郢爰价二百二十元”。“一册”前或有缺文,如此总计方为十事,系挑选后退还卖家之目。郢爰则出价二百二十元购得。

四、别字、漏字之误

第5页倒数第5行,正月五日丙戌,“钱玉鱼山水花卉为最”,“为”上脱一“册”字。

第11页倒数第5行,二月十二日壬戌,“书屏自江阴来”,原文作“书屏自江阴回”。

第22页第14行,三月廿日己巳,“瞿斋支六元去”,原文作“瞿宅”。

第34页第2行,六月一日戊寅,“送诗及石曼卿手绢赠别”,原文作“手卷”。

此类因打字输入不慎所致失误,审校者在付印前亦未能检出,尤其应负至少一半责任。

(作者简介:魏小虎,上海博物馆敏求图书馆副研究馆员,主要研究方向古典文献、碑帖学。)

《历代日记丛钞提要》辨正二十三则

任 荣

《历代日记丛钞》由俞冰先生主编，于2006年出版。全书共收录宋元至民国年间抄本、稿本、刻本、铅印本等版本日记五百余种。《丛钞》之出版嘉惠士林甚多，部分珍稀稿钞本日记更是首次披露。在编纂丛书的同时，俞冰先生还组织学者撰写了《历代日记丛钞提要》。《提要》对日记的作者及其生平仕履、版本、主要内容、史料价值等皆有所考述。但是由于成书时间仓促[①]，所以《提要》留下的疏失之处甚多。自2006年出版以来，陆续有学者撰文对《提要》的部分观点进行辨证。笔者在翻阅《提要》的过程中亦发现提要的部分观点需要做进一步之考辨，故不揣谫陋，将札记文字录于下。

1.《杨子日记》

《提要》云："民国三十年(1941)据康熙稿本抄本。""本书不著撰人，起于康熙四十六年(1707)正月，迄于同年十二月。根据日记内容，作者应是清康熙年间福建佚名高级地方官员的幕僚。"

按：《杨子日记》实则与《杨大瓢日记》为同一部日记，作者皆为杨宾。据张小庄考证，《杨子日记》系杨宾之手稿本，而《杨大瓢日记》乃周作人于民国三十年(1941)抄。《杨大瓢日记》仅"首页为周氏手迹，其余皆系倩人抄写者"。《杨子日记》系杨宾康熙四十六年(1707)之日记。是年初，杨宾入福建巡抚巡抚李斯义幕中，李于正月二十四日卒，杨离幕回苏州[②]。

2.《南征日记》

《提要》云："本书不著撰人。……根据日记内容，并考《贵州通志》有关记载，作者疑为湖南九溪协副将李椅。"

按：《提要》考证作者为李椅，但未能下定论。今《从〈南征日记〉看雍乾之际"新疆六厅"的社会状况》一文认为作者为李椅，然未作考证[③]。《续黔南丛书》收入《南征日记》并认定作为李椅[④]。

3.《有正味斋日记》

---

① 《提要·后记》介绍，2005年8月开始《提要》之撰写工作，2006年2月即宣告完工，前后时间不过半年，足见其成书之匆忙。参见俞冰主编《历代日记丛钞提要》，学苑出版社2006年版，第6页。

② 张小庄《清代笔记、日记中的书法史料整理与研究》，中国美术学院出版社2012年版，第89—90页。

③ 杨德芳：《从〈南征日记〉看雍乾之际"新疆六厅"的社会状况》，《贵州文史丛刊》2012年第1期。

④ 《续黔南丛书》第七辑，贵州人民出版社2012年版。

《提要》云:"吴锡麒撰,清光绪中申报馆铅印本……原为两册。共六卷。分别为《还京日记》上中下三卷,《澄怀园日记》一卷及《南归日记》上下卷。"

按:《历代日记丛钞》中另收入有《还京日记》一部,作为亦为吴锡麒。此《还京日记》版本为《小方壶斋舆地丛钞》本。两部日记内容一致,当是同一日记之不同版本。

4.《己酉日记》

《提要》云:"佚名撰,清道光道光二十九年(1849)稿本……日记起自民国某年九月初九日,迄于当年十一月十六日。"

按:既为道光二十九年稿本,绝无可能起于民国某年,想来当系《提要》撰写错误。

5.《咸丰十年到十一年日记》《咸丰八年至九年日记》《王钟霖日记》

《提要》云:"《咸丰十年到十一年日记》,清佚名撰,清末民初间抄本。本书不著撰人,也无确切书名,现根据日记时限拟名为《咸丰十年到十一年日记》。从日记内容来看,作者当为清朝咸丰年间的中央要员。"

按:据周生杰《〈咸丰八年至九年日记〉作者考》考证,《咸丰十年到十一年日记》《咸丰八年至九年日记》实则各为《王钟霖日记》之一半,因编纂时误将《王钟霖日记》割裂成两部日记,并分别命名。王钟霖,字雨生,山东历城人,生于1816年,道光二十四年(1844)甲辰科山东乡试举人,咸丰八年(1858)赴京任兵部车驾司郎中,同治元年(1862)改任天津长芦盐运使。该日记系其子寿恩所抄录,故为钞本[①]。

6.《悔初日记》《弥寿日记》

《提要》:"《悔初日记》,清佚名撰,清同治间稿本。本书不著撰人。日记中曾提及其'先伯'所著著作,有《古微堂文集》及《诗集》《明代兵食二政录》等,系魏源之作,则可推知著者应为魏源子侄辈。从所记载的时间来看,起于同治元年(1862)十月十八日,止于次年(1863)十一月十四日。""《弥寿日记》,清佚名撰,清同治间稿本。本书不著撰人,记载时间自清同治四年(1865)六月初一日起,至同年十月十四日止。从日记中可以推断,作者居江宁,身世贫寒,为官府小吏。"

按:王建平《〈悔初日记〉作者考》一文发现《悔初日记》作者与赵烈文多有交往。将《悔初日记》与《能静居日记》对比可知道作者字槃仲。又作者称魏源为"先伯",故为魏源子侄辈。由此可考作者为魏源弟魏濬之幼子魏彦[②]。考魏彦之生平,《中国近现代人物名号大辞典》载:"魏彦(1834—1893),河南邵阳

① 周生杰《〈咸丰八年至九年〉作者考》,《文献》2014年第6期。

② 王建平《〈悔初日记〉作者考》,《江海学刊》2008年第4期。

人,字槃仲,有《重刊宋绍熙公羊传注音本校记》(《十三经读本》之一)。"[①]《中国历史人物生卒年表》考其卒年为光绪十九年(1893),其生年不详[②]。《中国美术家人名辞典》载:"魏彦,字盘仲,耆弟,官江苏知县,书法北魏。民国《楹联墨迹大观》收有其书法作品。(《清乐堂随笔》)"[③]又《李鸿章全集》收录《魏彦丁忧在营起服片(同治七年二月二十九日)》云:"江苏遇缺即补知县魏彦,自同治四年十月十三日丁父忧,六年四月初五日,回湖南邵阳县原籍守制,百日后,饬调随办徐防营务,兼办粮台文案。"[④]《魏源师友记》载:"魏彦,字槃仲,默深之从子也。为人英俊又才学。默深寓居扬州时,彦常在侧。道光二十一年,彦甫八龄,龚定庵见而爱之,为说古今人物以相勉。《定庵年谱外纪》记其事。默深逝世杭州时,授遗嘱,彦年二十三,至流涕,且与金安清料理一切身后事,尤孝道之足多者。"[⑤]根据上述文献可知,魏彦,字槃仲,生于道光二十一年(1834),幼年曾师事龚自珍,后从伯父魏源学。咸同间曾国藩、李鸿章幕,候补江苏知县。卒于光绪十九年(1893)。

又《弥寿日记》据张剑《〈弥寿日记〉作者考略》考证,《弥寿日记》作者亦为魏彦,且国图另藏有魏彦《日记》稿本一册,起于同治三年(1864)元月,讫于同治四年(1865)闰五月,恰好与《弥寿日记》时间可以衔接[⑥]。

将《悔初日记》《弥寿日记》以及《魏彦日记》三种日记的时间进行排序可以清晰看出,三部日记是先后衔接的。《悔初日记》起于同治元年(1862)十月十八日,止于次年(1863)十一月十四日。《魏彦日记》起于同治三年(1864)元月,起于同治四年(1865)闰五月。《弥寿日记》起于同治四年(1865)六月初一日起,至同年十月十四日止。三部日记皆为稿本,系魏彦同治元年(1862)至同治四年(1865)四年之间的日记。

7.《行程日记》

《提要》云:"本书不著撰人,记载时间起自同治三年(1864)正月初一日,至同年八月二十日止。本书为作者自新疆叶尔羌出发,东行穿越新疆、蒙古至归化(呼和浩特旧城)的沿途日记。"

按:朱玉麒《〈行程日记〉作者及相关人事考》一文考证日记作为清人景廉。景廉(1824—1885),字秋坪,颜扎氏,满洲正黄旗人。咸丰二年(1852)进士。由

---

① 陈玉堂主编《中国近现代人物名号大辞典》,浙江古籍出版社200年版,第1346页。按:词条中魏彦籍贯作"河南邵阳"显系"湖南邵阳"之误。

② 吴海林、李延沛编《中国历史人物生卒年表》,黑龙江人民出版社1981年版,第479页。

③ 乔晓军编著《中国美术家人名辞典》(补遗),三秦出版社2007年版,第547页。

④ 顾廷龙、戴逸主编《李鸿章全集·奏议(三)》,安徽教育出版社2008年版,第215页。

⑤ 李柏荣著、陈新宪校点《魏源师友记》,岳麓书社1983年版,第13页。

⑥ 张剑《〈弥寿日记〉作者考略》,《文献》2007年第4期。

编修五迁内阁学士。八年,授伊犁参赞大臣。同治元年(1862)四月,迁叶尔羌参赞大臣。三年,以擅行离任革职,发往都兴阿军营效力。光绪元年(1875)内迁,历任工部尚书、军机大臣等。十一年(1885)卒于官①。

8.《余比部台湾日记》

《提要》云:"《余比部台湾提及》,余明震撰,清光绪二十一年(1895)稿本。"

按:《提要》中"余明震"显系"俞明震"之误。另据《〈俞比部台湾日记〉才是钞本》一文考证,国图所藏这部《俞比部台湾日记》有姚锡光题跋,根据《姚锡光江鄂日记》可以确定,国图本《俞比部台湾日记》系姚锡光钞本,而非俞明震手稿本②。

9.《灾赈日记》

《提要》云:"《灾赈日记》,十五卷,清邱柳堂撰,清光绪三十一年(1905)笔谏堂刻本。邱柳堂,生卒年不详,河南人,自称'中州古桐邱柳堂',号纯斋,曾任山东惠民县县令,颇有政声。此日记起自光绪二十四年(1898)六月二十三日,至光绪二十五年(1899)正月十二日止。"

按:王江源《晚清柳堂与〈灾赈日记〉》一文考证,"古桐邱"指扶沟,故作者为河南扶沟人,姓名为"柳堂"。柳堂(1844—1929),字纯斋,号勖庵,河南扶沟县人,祖籍陕西省朝邑县。同治元年(1862)院试补博士弟子,十二年(1873)癸酉科中举。光绪十六年(1890)庚寅恩科进士,签分山东,历任定陶、惠民、东平等地知县。《灾赈日记》为柳堂第一次任惠民县知县时作③。

10.《日记录要》《京师日记录要》

《提要》云:"《日记录要》,清佚名,清抄本。本书不著撰人,自序中提到有'子山'者,但其姓氏生平资料均有待考证。"

按:据拙文《〈日记录要〉作者考》④考证,《日记录要》中作者多次提及"吾滇""家书滇",由此可知作者乃云南人。又日记中多处提及恽毓鼎,将《恽毓鼎澄斋日记》与《日记录要》作比较可知"子山"乃云南人宋廷模,时任内阁中书。又《丛钞》中收录有宋廷模《京师日记录要》一部。将两部日记作比勘后可知,《日记录要》为庚子国变期间宋廷模日记之节录本,系抄本;《京师日记录要》系铅印本,内容与《日记录要》无异,但加入了部分奏折等公文。宋廷模之生平在《提要》之《京师日记录要》中有述。

11.《癸卯汴试日记》

---

① 朱玉麒《〈行程日记〉作者及相关人事考》,《文献》2008年第4期。

② 郭洁、孙建军《〈俞比部台湾日记〉才是抄本》,《大连近代史研究》2012年第9卷。

③ 参见王江源《晚清柳堂与〈灾赈日记〉》,《德州学院学报》2016年第6期。

④ 详见拙文《〈日记录要〉作者考》(未刊稿)

《提要》云:"《癸卯汴试日记》,澹庵撰,民国十五年(1926)铅印本。澹庵,生卒年不详,事迹阙考,从日记中可知,著者或为江苏人,生活于清末至民国期。"

按:贾琳《清末民初士人的一种生存模式》一文考证,澹庵乃孔昭晋。孔昭晋,苏州吴县人,生于同治四年(1865),廪生,1903 年癸卯会试中进士,签分礼部主事①。

12.《湘轺日记》

《提要》云:"吕珮芬,生卒年不详,安徽旌德人,同治十二年(1873)举人,光绪六年(1880)进士。"

按:《20 世纪中华人物名号辞典》载,吕珮芬生于咸丰五年(1855),卒于民国二年(1913),著有《东瀛参观学校记》《山海经分经表》《读汉书札记》《读晋书札记》《经言明喻》《通鉴喻言》等②。

13.《三岛血鸿》

《提要》云:"段献增,生卒年不详,事迹阙考,云南安宁人。"

按:孔颖《晚清游历官段献增事迹述略》一文考证,段献增,云南安宁,戊戌科(1898)进士。光绪二十九年(1903)燕北盐山知县。三十一年(1905)夏受直隶总督袁世凯委派赴日本考察三个月③。《三岛血鸿》为段献增赴日本考察之日记摘编。

14.《游历蒙古日记》

《提要》云:"余培森,生卒年不详,光绪间举人,官新疆迪化府知事。"

按:检《来安县志》第三十二章《人物志》载:"余培森,字嵩云(亦作崧筠),来安县城人。生年不详,卒于三十年代末。他自幼读书,聪明过人,青年时即考取举人。中举后不久,受任朔州知州,继之又任迪化府知府。"④

15.《孟宪彝日记》

《提要》云:"孟宪彝,生卒年不详,事迹阙考。本书为孟氏清宣统二年(1910)至民国十二年(1923)间的日记。"

按:《东北人物大辞典》载:"孟宪彝(1866—1924),字秉初,河北永清人。清末举人。历任铁岭知县,奉天知府,呼兰知府,吉林西南路兵备道。1913 年 1

---

① 贾琳《清末民初士人的一种生存模式——以〈癸卯汴试日记〉作者为个案的考察》,《北京师范大学学报》2015 年第 3 期。

② 周家珍编著《20 世纪中华人物名号辞典》,法律出版社 2000 年版,第 546 页。

③ 参见孔颖《晚清游历官段献增事迹述略》,中国中外关系史学会编《新视野下的中外关系史》,甘肃人民出版社 2010 年版,第 302—303 页。

④ 安徽省来安县地方志编纂委员会编纂《来安县志》,中国城市经济社会出版社 1990 年版,第 511 页。

月任吉林西南路观察使。1914 年 5 月至 7 月任吉长道尹。同年 7 月,任吉林巡按使,1915 年 8 月被弹劾免职。1917 年任永定河工事督办。1924 年 4 月病死于天津。”①

16.《贩书日记》

《提要》云:“本书不著撰人,年代不详,似应为民国年间,为该年正月初一日至八月十二日居家日记。”

按:王晓娟《〈贩书日记〉作者及记时考》考证,《贩书日记》作者为清末民初藏书家吴慈培。吴慈培,字佩伯,别字偶能,云南保山县人。生年不详,卒年大概为 1916 年。《贩书日记》为吴慈培 1915 年正月初一至八月十二日之日记。《历代日记丛钞》另藏有《吴慈培日记》一部。该日记所记为宣统元年(1909)十二月二十二日至宣统二年(1910)二月初三日日记②。

17.《民国元年五月率师至吐鲁番哈密镇抚途中日记》

《提要》云:“刘雨沛,生卒年不详,事迹阙考。”

按:据傅瑛《民国皖人文学书目》考证:“刘雨沛(1870—?),字尔霖,号炯公。桐城人。刘豁公长兄。早年入南洋将备学堂步兵科,后任广东第一标标统。清宣统间因部下倡举革命发配新疆。”③

18.《钝庵日记》

《提要》云:“陈炳华,生卒年不详,事迹阙考。”

按:国家图书馆藏有陈炳华之《钝庵廋词手稿及书札》,其中录有陈炳华档案一份,全文如下:“浙江霅水桥统捐征收局局长,前清江苏候补知府陈炳华,现年五十一岁,系京兆宛平县人,原籍浙江绍兴,由优行廪贡生考取国史馆誊录,议叙候选通判,改捐部寺司务归部候选光绪二十一年五月选授礼部司务,闰五月十四日到部任事,奉派稽查衙署三年试俸。期满题请实授。遵例捐免历俸,经礼部保送,堪以外用。二十四年十二月十四日,呈请离署,以截取同知分发省分补用遵例捐指南河。二十五年三月十四日,吏部带领引见奉旨看照例发往。五月十三日到工。二十六年十一月奉漕运总督松札,委帮办清淮军装库。二十七年四月奉漕运总督张札委调办育婴堂。十一月奉护理漕运总督沈札调办张家圩公田局。二十八年三月奉漕运总督陈札,委调办臧家马头厘局。是年八月,奉漕运总督陈饬知因光绪二十五六两年南河两届安澜出力,保俟补缺,后以知府用,经吏部议准覆奏。奉旨议九月奉漕运总督陈札委调办杨庄厘局,比较盈收,记功十二次。三十年三月,奉漕运总督陆札委调办子婴闸厘局,比较盈

① 《东北人物大辞典》编委会编《东北人物大辞典》,辽宁人民出版社 1992 年版,第 833 页。

② 王晓娟《〈贩书日记〉作者及记时考》,《文献》2011 年第 2 期。

③ 傅瑛《民国皖人文学书目》,中国社会科学出版社 2015 年版,第 6 页。

收,记功一次。四月奉漕运总督陆札,委调充警察局提调总巡。五月奉漕运总督陆札委兼行营营务处。六月奉淮扬道杨札委兼充道署发审员。七月奉督办清淮营务处(淮扬海道杨淮扬镇总兵马)札委兼充营务处发审员。三十一年五月奉江淮巡抚恩饬知因三十年办理冬防出力,记大功一次。是月奉江淮巡抚恩札委调办众兴厘局,比较盈收,记功一次。是年十一月奉江北提督刘饬知因光绪二十九三十两年南河两届安澜出力保俟归知府班,后加三品衔,经吏部议准覆奏。奉旨依遵例报捐离任过知府班指省江苏三十二年七月交卸众兴厘局,经江北提督刘给咨赴引。是年十一月十四日吏部带领引见。奉旨着例发往。十二月十四日道省。三十三年三月奉江苏巡抚陈札赴张家口外管理新军购马支放事务。是年十一月回省销差。三十四年五月遵应宪政编查馆新章考试,取得一等第三名。七月奉江苏巡抚陈札委江苏省禁烟公所提调。十一月奉江苏巡抚陈札委调充巡警总局坐办提调。宣统元年七月奉江苏巡抚瑞札委调充善后总局提调。八月奉江苏巡抚瑞札委调办镇江下游厘局,比较盈收,记大功一次,常功一次,拿获大宗偷漏记功六次。三年五月奉江苏布政使司陆札委充任度支公所筦榷科科长。六月奉江苏布政使司陆札委调充主计科科长仍暂兼筦榷科科长。中华民国二年八月,奉前浙江国税厅筹备处处长胡委任浙江海盐统捐征收局局长,比较盈收,记功一次。三年七月奉前浙江财政厅厅长张饬委调任浙江常开统捐征收局局长。四年三月一日奉前浙江财政厅厅长张饬知考核二年度比较考成前在海盐局盈收二成以上,记大功二次。四年六月二十一日,奉前浙江财政厅厅长张饬知考核三年度第二届比较考成,盈收二成以上,记大功一次。三年度全年考核,盈收贰万元以上。四年七月二十日奉前浙江财政厅厅长奖、烟酒公卖局筹备处主任汤饬委调充浙江第二区菸酒公卖分局委员兼征收局捐税事宜。五年四月因病辞职,于五月十一日交卸。五年九月一日奉浙江财政厅厅长莫委任霅水桥统捐征收局局长。于九月二十四日到局接办,现供今职须至履历者。"[①]根据这份档案可以知晓,陈炳华生于同治五年(1866),宛平人,廪贡生出身。

19.《赴日本调查实业教育日记》

《提要》云:"郝元溥,生卒年不详,事迹阙考。"

按:《河北农业大学校志 1902—2002》载:"郝元溥(浚川),男,直隶大城县抬头镇人。1914 至 1921 年任直隶公立农业专门学校校长。"[②]日记系郝担任校长期间赴日本考察之记录。

20.《海藏纪行》

---

① 陈炳华《钝庵廋词手稿及书札》,国家图书馆藏手稿本。

② 刘大群等主编《河北农业大学校志 1902—2002》,中国文史出版社 2002 年版,第 731 页。

《提要》云:“朱绣,生卒年不详,湟源人。”

按:《青海百科全书》载:“朱绣(1887—1928),青海地方名士,字锦屏,湟源县人。……1919 年,作为入藏特使赴藏与达赖喇嘛谈判,在西藏与上层各界人士广泛接触,求得西藏事态和平解决……”①日记乃朱绣赴西藏谈判途中所见之风情的记录。

21.《出巡日记》

《提要》云:“罗植乾,生卒年不详,事迹阙考。”

按:《湘人著述表》载:“罗植乾(1880—1950),又名侠,衡阳人。辛亥后于衡阳创办《大汉报》《汉民公报》,先后任溆浦、华容、桂阳、攸县、郴州、衡阳等县县长。”②

22.《海王村所见金石书画记》

《提要》云:“《海王村所见金石书画记》,王仁俊辑……包括《海王村所见金石书画记》及乾隆藏书家李文藻等所著《琉璃厂书肆记》《琉璃厂书铺表》《琉璃厂古玩铺表》及《京城游历日记》一部……《海王村所见金石书画记》著者不详……《琉璃厂书铺表》《琉璃厂古玩铺表》著者不详……《京城游历日记》未著撰者。”

按:拙文《〈海王村所见金石书画记〉考论》考证认为,《海王村所见金石书画记》《琉璃厂书铺表》《琉璃厂古玩铺表》及《京城游历日记》为王仁俊赴京师公干期间所撰,所以《海王村所见金石书画记》作者为王仁俊③。

23.《北行日记》

《提要》云:“孙璞,生卒年不详,中山人,字仲瑛,事迹阙考。”

按:林东海、宋红选注《南社诗选》:“孙璞(1883—1953),字仲瑛,号阿瑛,别号太璞,室名颐斋、兰苔室,广东中山人。学问渊博,南社诗人。曾任《广州民国日报》社长兼编辑主任,又任孙中山秘书、广东阳春县县长、广东省长秘书等职。”④

上文是笔者对《提要》中的 27 部日记的相关文字的辨证。尽管《提要》疏失之处甚多,但是笔者以为对俞冰先生等人依然要致以崇高敬意。理由有二:

第一,积极、真诚的学术热情。学术乃天下之公器一话虽然常被学术界提及,但是部分学术机构出于一己之私利,将珍贵资料隐匿起来,不外示人,故一般学者虽知晓收藏信息,却无缘一睹真容。凡有过此类遭遇之学者无不对此行

① 青海百科全书编纂委员会编《青海百科全书》,中国大百科全书出版社 1998 年版,第 925 页。

② 寻霖、龚笃清编著《湘人著述表》(二),岳麓书社 2010 年版,第 712 页。

③ 任荣《〈海王村所见金石书画记〉考论》,《文献》2016 年第 3 期。

④ 林东海、宋红选注《南社诗选》,人民文学出版社 2011 年版,第 385 页。

为极度愤慨。与之相比,俞冰、董和光、杨光辉等先生之行为无疑更加让人感动。众人不避暑热,积极奔走,将国图所珍藏之五百余种日记一一选录并影印出版。大批的日记因此重见天日,一般之读者亦不用入国图古籍室便可饱览历代日记之真容。如果不是《丛钞》的公开出版,那么上文中所提及的大量研究成果可能无缘问世。所以对于俞冰等先生之学术热情当给予褒扬。

第二,细致、周到的编纂理念。在编纂影印《丛钞》的同时,俞冰先生还邀请众多学者参与撰写《提要》。其实,《丛钞》编纂完毕后,即使不撰提要,亦不影响读者使用《丛钞》。但是面对数量庞大的《丛钞》,若无明确之目标,而是逐册翻阅,寻找有用之资料,那么肯定多有不便。所以《提要》对日记之作者、内容以及价值皆有介绍。翻阅完《提要》便可对《丛钞》中所收录之日记的内容价值有所了解。俞冰等人完全从读者角度考虑,将细致、周到的编纂理念贯彻到位,始终让读者感知到一种方便和快捷。这种编纂理念也值得今天的出版机构和相关学者所学习。

基本这二重原因,笔者以为在翻阅《丛钞》及《提要》时一方面要注意《提要》中疏失之处,不能被其误导;另一方面也要时刻铭记编纂者的辛勤付出和良苦用心。只有良性的互动和真诚的感恩,学术才能够真正成为天下之公器。

(作者简介:任荣,男,文学博士,淮北师范大学文学院副教授。本文系安徽省人文社科重大项目“民国皖籍剧评家戏曲理论研究”SK2015ZD22阶段性成果。)

《清白堂稿》标点献疑(二)

李汉丽

《清白堂稿》,明蔡献臣撰,厦门市图书馆校注,厦门大学出版社 2011 年出版。笔者在阅读《清白堂稿》时,在标点方面有不少不同之见,不揣浅陋,以求就正于方家。

1.《循职掌条旧例恳乞圣明特赐详夺以重明旨以存祖制疏》:“倘御史终上而不下,诸曹郎终下而不上,则是以常朝之礼而阴移于大贺,是皇上欲循行隆庆之故事,而诸臣犹创执今年万寿之新仪,名是实非,谓明旨何有? 如皇上诘问臣,臣职掌所关,安得逃罪?”(第 20 页)

改:倘御史终上而不下,诸曹郎终下而不上,则是以常朝之礼而阴移于大贺,是皇上欲循行隆庆之故事,而诸臣犹创执今年万寿之新仪,名是实非,谓明旨何? 有如皇上诘问臣,臣职掌所关,安得逃罪?

按:“谓……何”为固定结构,即“奈……何”。“有如”即如果,假如。

2.《浯州建料罗城及二铳城议》:“约一台居,平可分汛兵十名,急则倍之,亦制贼一策也。”(第 63 页)

改:约一台居平可分汛兵十名,急则倍之,亦制贼一策也。

按:“居平”犹居常,与“急”相对。

3.《行余姚孙月峰尚书乡贤碑》:“公坚不可夺之志,人惜未竟施之猷,居然前辈典刑卓矣。大臣风节,宜跻俎豆,以示楷模。”(第 99 页)

改:公坚不可夺之志,人惜未竟施之猷,居然前辈典刑,卓矣大臣风节,宜跻俎豆,以示楷模。

按:皆为对仗句。

4.《黄鳞伯侍御〈延露编〉序》:“立台未几,辄慷慨论天下事,若《倭奴》《修省》《效忠》《救时》诸疏,皆殚忠赤切,事情凿凿,可裨实用,有贾生、苏轼之遗风庶几哉! 孔门所谓达者欤!”(第 134 页)

改:立台未几,辄慷慨论天下事,若《倭奴》《修省》《效忠》《救时》诸疏,皆殚忠赤切,事情凿凿,可裨实用,有贾生、苏轼之遗风,庶几哉孔门所谓达者欤!

按:“庶几”是差不多、近似的意思。

5.《〈十三经通考〉序》:“分门别类,既富且精,犁然有当,于予则谓此学者碎金也,曷公诸?”(第 135 页)

改:分门别类,既富且精,犁然有当于予,则谓此学者碎金也,曷公诸?

按:“犁然”犹释然,自得貌。

6.《发吾兄〈百一斋制义〉序》:“虽然,当兄弱冠为诸生,举首雄词艳采,人人击节惊顾。”(第150页)

改:虽然,当兄弱冠为诸生举首,雄词艳采,人人击节惊顾。

按:“举首”的意思是科举考试的第一名。

7.《曹方城邑侯近稿叙》:“其征收则预为期,而数为徙,冀民自输将,无烦敲扑。而倪宽之课,反最其操褆,即饮水茹冰不啻也,于是邑人尽以为得神君晚。”(第157页)

改:其征收则预为期,而数为徙,冀民自输将,无烦敲扑,而倪宽之课反最;其操褆,即饮水茹冰不啻也,于是邑人尽以为得神君晚。

按:倪宽,汉人,征收赋税完成得最快最好。

8.《黄非骊孝廉〈复草〉序》:“然如君之文,其笔秀而锋颖,其旨远而词文,种种具美,其必为南宫之挺出无疑矣。书此以券草名‘复’者,亦反正之志也。”(第170页)

改:然如君之文,其笔秀而锋颖,其旨远而词文,种种具美,其必为南宫之挺出无疑矣,书此以券。草名“复”者,亦反正之志也。

按:“券”即“左券”,后《赠邑侯曾敬元台奖序》:“既不获辞,乃理其语,以为左券如此。”(第197页)

9.《送赵梅源邑侯移剧句容序》:“然吾闻之,句容之视同也,倍屣给事、御史之视句容也,什伯今庙堂之急。侯于句容也,甚于同,则异日之急侯于给事、御史也,当甚于句。”(第191页)

改:然吾闻之,句容之视同也倍屣,给事、御史之视句容也什伯,今庙堂之急侯于句容也,甚于同,则异日之急侯于给事、御史也,当甚于句。

按:“倍屣”谓数倍,“什伯”是谓超过十倍、百倍。

10.《少傅许颖阳老师七十寿序》:“当是时,首辅以私揭,为言者所攻,内自危,以休沐请。有后言公求去益力。始予告给,传不能有所备于廪隶道路费,公夷然念忤上意,固当以罪归,而冀恩赐为也。”(第204页)

改:当是时,首辅以私揭为言者所攻,内自危,以休沐请,有后言,公求去益力。始予告、给传,不能有所备于廪隶道路费,公夷然念忤上意,固当以罪归,而冀恩赐为也!

按:“后言”即背后訾议。“给传”指朝廷给予驿站车马。

11.《林道卿侍御暨袁孺人偕寿序》:“予谢不敏,则征南焉,《羔羊》以祝先生,节俭正直,宜标位著;《樛木》以祝夫人,乐只福履,天成之矣。进之,则麟趾乎!司理仁厚之所自也。”(第211页)

改:予谢不敏,则征《南》焉:《羔羊》以祝先生,节俭正直,宜标位著;《樛木》以祝夫人,乐只福履,天成之矣。进之,则《麟趾》乎! 司理仁厚之所自也。

按:《南》指《诗》之《周南》和《召南》,《羔羊》为《召南》篇,《麟趾》即《麟之趾》,与《樛木》为《周南》篇。

12.《表兄王瞻明廉宪寿序》:"于是陈子志华及诸亲朋授简予,图所以觞君者,予辞弗获,则惟进。退,人之权也,而天实为之;寿,天之权也,而人亦自为之。"(第 212 页)

改:于是陈子志华及诸亲朋授简予,图所以觞君者,予辞弗获,则惟进退,人之权也,而天实为之;寿,天之权也,而人亦自为之。

按:"进退"指出仕和退隐。

13.《署漳郡曹秋水节推公寿序》:"较阅且兴学造士,孰与片言折狱要人? 谓君识大体矣。"(第 219 页)

改:较阅且兴学造士,孰与片言折狱要? 人谓君识大体矣。

按:"孰与"表示比较,哪一个更重要。

14.《寿邑侯黄鲜明生序》:"故泽含生动,帝眷莫近乎令。"(第 221 页)

改:故泽含生、动帝眷莫近乎令。

按:"含生"是一切有生命者,这里指百姓。

15.《曹方城令公寿序》:"予则以侯于同,父母也,父母之寿数天也,予非季主君平,焉能知天?"(第 223 页)

改:予则以侯于同,父母也,父母之寿数,天也,予非季主、君平,焉能知天?

按:季主即汉司马季主,君平即汉严君平,二人均能卜筮。

16.《贺王师曾封君举曾孙序》:"属者侍御君之子鸣玉,盖迎新妇焉。百两烂四德,并王父母意,欢甚。"(第 237 页)

改:属者侍御君之子鸣玉盖迎新妇焉,百两烂,四德并,王父母意欢甚。

按:"百两"指结婚时所用的车辆,"四德"指妇德、妇言、妇功、妇容。

17.《池岳母傅宜人七十偕寿序》:"夫奉常公负经济才,具未尽施之朝,而半施之家,即纤悉委曲,综核必周,而宜人特受成焉。总其成为健。"(第 242 页)

改:夫奉常公负经济才具,未尽施之朝,而半施之家,即纤悉委曲,综核必周,而宜人特受成焉,总其成为健。

按:"才具"的意思是才能。

18.《与王瞻明司理表兄》:"御史所按部中事,司理无不得问,司理奉御史札,行部在所凛凛。"(第 327 页)

改:御史所按部中事,司理无不得问,司理奉御史札行部,在所凛凛。

按:"行部"是巡行所属部域,考核政绩。"在所"指所在地。

19.《与王瞻明司理表兄》:"弟驽质也,来秋之计,未有所出,如持漏舟凌阳侯心,摇摇如悬旌,吾兄得无振其苦海而登之彼岸乎?"(第327页)

改:弟驽质也,来秋之计未有所出,如持漏舟凌阳侯心,摇摇如悬旌,吾兄得无振其苦海而登之彼岸乎?

按:"凌"的宾语是"阳侯","阳侯"代指波涛。

20.《与王瞻明司理表兄(又)》:"再下百步许,则睹湖之水从石上澎湃而下,石危峭壁,立百余丈。"(第328页)

改:再下百步许,则睹湖之水从石上澎湃而下,石危峭,壁立百余丈。

按:"危峭"是高峻峭拔的意思,"壁立"是指像墙壁一样耸立。

21.《与王瞻明司理表兄(又)》:"鄙人目无大观,辄为足下诵,所睹记如此,第恐足下诧我天台、雁荡寥廓之游,弟且见上林而失云梦也。"(第328页)

改:鄙人目无大观,辄为足下诵所睹记如此,第恐足下诧我天台、雁荡寥廓之游,弟且见上林而失云梦也。

按:"诵"的宾语是"所睹记"。

22.《答李衷一解元》:"彭山人将至,云翰甚慰契阔。"(第338页)

改:彭山人将至云翰,甚慰契阔。

按:"将至"的宾语是"云翰"。"云翰"是对他人书信的美称。

23.《答汪登源副使》:"然今之言道德者有二,夫真修实践难而实是,谭空说悟易而实非,故宋儒学问出文章家,上世儒多出文章家下矣。"(第340页)

改:然今之言道德者有二,夫真修实践难而实是,谭空说悟易而实非,故宋儒学问出文章家上,世儒多出文章家下矣。

按:"世儒"与"宋儒"相对。

24.《答汪登源副使》:"鄙人何知,间谓立身有度,居官有法,与人有情,而要必自淡功名富贵,始只此是学而未之逮也。"(第341页)

改:鄙人何知,间谓立身有度,居官有法,与人有情,而要必自淡功名富贵始,只此是学而未之逮也。

按:"自……始"即从……开始。

25.《与邹南皋书二》:"韩定疆之父惟谟为贡转运,访问追引,定疆以数百金浼转运妹,倩王中宇为解。"(第347页)

改:韩定疆之父惟谟为贡转运访问追引,定疆以数百金浼转运妹倩王中宇为解。

按:"转运"为官名,该人姓贡,"妹倩"即妹夫。

26.《与邹南皋书五》:"两承惠书,深荷注存,倍道入都,具见台台,乃心王室之意。"(第349页)

改:两承惠书,深荷注存,倍道入都,具见台台乃心王室之意。

按:"见"的宾语是"台台乃心王室之意"。"台台"是对对方的尊称。"乃心王室"指尽忠于朝廷。

27.《与邹南皋总宪书六》:"冲主之简,在舆情之属望,必嗣有重畀焉。"(第349页)

改:冲主之简在,舆情之属望,必嗣有重畀焉。

按:"简在"即存在。

28.《与邹南皋总宪书六》:"窃谓海宇之故多矣,而患无着实做事之人,即有其人矣,又未免为门户方隅之所町畦。意见议论之所牵掣,枝节纷起,戈矛横生,而竟亦无济于天下之事。"(第349页)

改:窃谓海宇之故多矣,而患无着实做事之人,即有其人矣,又未免为门户方隅之所町畦、意见议论之所牵掣,枝节纷起,戈矛横生,而竟亦无济于天下之事。

按:"为……所"为被动句形式之一。

29.《与余汉城大参》:"又前书若以好友推毂为嫌者,此亦有辨友而匪人也,推毂而人以为私也,自匿可也。友而正人也,推毂而人以为公也,则何嫌之有?"(第352页)

改:又前书若以好友推毂为嫌者,此亦有辨:友而匪人也,推毂而人以为私也,自匿可也;友而正人也,推毂而人以为公也,则何嫌之有?

按:"友而匪人"与"友而正人""人以为私"与"人以为公"正反相对。

30.《与王弘阳少司空》:"今以杨疏引职为职罪案,顾议单事,职原据实以答,而憸人为杨代笔者,乃驾为闭门,不容入议之说以交构耳。"(第355页)

改:今以杨疏引职为职罪案,顾议单事,职原据实以答,而憸人为杨代笔者,乃驾为闭门不容入议之说以交构耳。

按:"驾"的宾语是"闭门不容入议之说"。

31.《上蔡见麓太宰》:"日闻圣明特简首、正铨席,缙绅之徒,欣欣色喜,而不肖不祥之人不得与诸僚寀旅贺台端,濒行又不敢面谒,口道谢状,良自悲伤,只有衔结。"(第356页)

改:日闻圣明特简,首正铨席,缙绅之徒,欣欣色喜,而不肖不祥之人不得与诸僚寀旅贺台端,濒行又不敢面谒口道谢状,良自悲伤,只有衔结。

按:"特简"指皇帝对官吏的破格选用。

32.《答蔡元履比部》:"文章家无大禅殿最,然非天授。既奇师匠复古徒足取快,目前未易标帜万代,太上则道德矣。"(第357页)

改:文章家无大禅殿最,然非天授既奇,师匠复古,徒足取快目前,未易标帜万代,太上则道德矣。

按:“取快目前”与“标帜万代”相对。

33.《答叶台山少宗伯书》:“里中两荷翰教铭刻,铭刻老先生玄德鼎望,朝野倾心,爰立之举行有命矣。”(第362页)

改:里中两荷翰教,铭刻铭刻!老先生玄德鼎望,朝野倾心,爰立之举行有命矣。

按:“铭刻”反复以示强调。

34.《答叶台山少宗伯书》:“刘膳部兄将至,手书捧读,周旋仰见,汪度虚怀,真足茹纳天下士。”(第362页)

改:刘膳部将至手书,捧读周旋,仰见汪度虚怀,真足茹纳天下士。

按:“将至”的宾语是“手书”,“周旋”的意思是辗转、反复。

35.《上叶台山阁老书》:“圣门有勇知方四字,在今日为第一义矣,不知谁人可以领此愚见?山海既设经略,必添巡抚,元履方伯倘亦其选乎?”(第365页)

改:圣门“有勇知方”四字,在今日为第一义矣,不知谁人可以领此?愚见:山海既设经略,必添巡抚,元履方伯倘亦其选乎?

按:“此”指“有勇知方”。

36.《与相知诸侍御启》:“前辈风猷,仆何敢附抑?所谓心所不安,必以吐也。”(第372页)

改:前辈风猷,仆何敢附?抑所谓心所不安,必以吐也。

按:“抑”为连词,表转折。

37.《与黄钟梅宫傅书》:“当今宸断独运,而柄疑于中,窃朝局一新,而祸类于党锢,往在神祖之末,固闷闷而伤厚。”(第375页)

改:当今宸断独运,而柄疑于中窃;朝局一新,而祸类于党锢。往在神祖之末,固闷闷而伤厚。

按:前为对仗句。

38.《与陈毓台右都》:“使者还,便草勒附布,恃在慈原。”(第377页)

改:使者还便,草勒附布,恃在慈原。

按:“便”指方便。

39.《与郑昆岩开府》:“草复并致,踊跃不宣。”(第378页)

改:草复并致踊跃,不宣。

按:“致”的宾语是“踊跃”。

40.《答毕松坡大司徒》:“令孙还,便草勒申谢,并布向往。”(第378页)

改:令孙还便,草勒申谢,并布向往。

按:同上38。

41.《上王荆石相公》:"然皇上虽默鉴元老之忠,而兼容言官之过,阁下第一切包荒置之不闻,此甚盛德事也。"(第395页)

改:然皇上虽默鉴元老之忠,而兼容言官之过阁下,第一切包荒置之不闻,此甚盛德事也。

按:"容"的宾语是"言官之过阁下"。

42.《与钟赞宇老师》:"因林负苍送役还,附布久阔,并致候,私便中,勿靳德音。"(第399页)

改:因林负苍送役还,附布久阔,并致候私,便中勿靳德音。

按:"致"的宾语是"候私"。

43.《与董见龙吏部》:"年来,侧闻台下所以拉拭而青黄之者,不啻欲加诸膝,特达相知,昔人所贵,臣何人,斯能得此于大君子哉?"(第408页)

改:年来,侧闻台下所以拉拭而青黄之者,不啻欲加诸膝,特达相知,昔人所贵,臣何人斯,能得此于大君子哉?

按:"斯"是语气词,用于句末。

44.《与马君常春元》:"近福唐公云:'岂以宅心平而持论公?两无附丽,遂两不见收耶?'"(第419页)

改:近福唐公云:"岂以宅心平而持论公,两无附丽,遂两不见收耶?"

按:"宅心平而持论公,两无附丽"是"两不见收"的原因。

45.《与陈果庵都谏》:"知之者曰:'夫夫也,中立人也,龃龉固宜,不知者且以为戮余也。台下辱在知己。'竟以不肖何如人乎?"(第420页)

改:知之者曰:夫夫也,中立人也,龃龉固宜,不知者且以为戮余也,台下辱在知己,竟以不肖何如人乎?

按:"台下"是对对方的敬称。

46.《与沈苍屿比部》:"借重白云之署几年矣,粹品宏猷,又得于令祖令、尊翁之家传者,自当以文章功业黼黻,我明称名臣,不第曰总宪、尚书是吾家物也。"(第431页)

改:借重白云之署几年矣,粹品宏猷,又得于令祖、令尊翁之家传者,自当以文章功业黼黻我明,称名臣,不第曰总宪、尚书是吾家物也。

按:"令尊翁"是对对方父亲的尊称,"黼黻"是辅佐的意思。

(作者简介:李汉丽,女,淮北师范大学文学院讲师。)

“仿聊斋派”小说出版目录索引

冀运鲁

1.《子不语》(又名《新齐谐》)和《续子不语》

清代文言短篇志怪小说集。又名《新齐谐》。二十四卷,续十卷。题“随园戏编”。《清朝续文献通考经籍考》著录。袁枚(1716—1797),字子才,号简斋、仓山居士、随园老人,钱塘人。成书于乾隆年间。

该书乃作者“广采游心骇耳之事,妄言妄听,记而存之”的自娱之作。作者本意并非笃信鬼神,而在于揶揄、嘲讽人世。文笔自然流畅,章法变化多端,是仿《聊斋》系列小说中的上乘之作。

初刊于乾隆五十三年,《续子不语》约刊于乾隆五十七年。

现存主要版本:

乾隆五十三年(1788)随园刊本;

嘉庆随园刊续集本;

1796年嘉庆年间《随园三十种》刻本,线装,正集24卷6册,续集10卷3册;

1892年(光绪十八年)上海图书集成印书局《随园三十八种》铅印本,线装,正集24卷4册,续集10卷2册;

嘉庆二十年(1815)美德堂刊本;

民国上海文明书局“清代笔记丛刊”石印本;

民国上海进步书局“笔记小说大观”石印本,藏上海辞书出版社;

莲溪书屋刊本;

1914年(民国三年)上海锦章书局石印本,正集5卷,续集3卷,线装8册,书签题绘图正续子不语;

1918年民国七年《随园全集》石印本,初集24卷6册,续集10卷2册,线装,藏国家图书馆;

1981年台北新兴书局《笔记小说大观》(二编第九册)本;

1985年11月岳麓书社朱纯点校《子不语》,以随园刻本为底本,校以他本,32开,印数27000,定价2.95元;

1985年浙江古籍出版社,陈铭选译;

1986 年,上海古籍出版社申孟、甘林整理本。

1986 年齐鲁书社《新齐谐》,崔国光校点本。

1988 年文化艺术出版社《子不语选注》,申孟选注。

1992 年辽宁民族出版社《白话子不语》,施亮如编译。

1992 年中国国际广播出版社,古晔等译。

1993 年江苏古籍出版社《袁枚全集》排印乾隆随园刊本及嘉庆随园刊续集本。

1995 年江苏广陵古籍刻印社《笔记小说大观》影印上海进步书局"笔记小说大观"石印本。

1995 年上海古籍出版社《白话全本子不语》,陆海明等译。

1996 年人民文学出版社"中国小说史料丛书"排印本,沈习康校点。

1996 年重庆出版社,"精品笔记小说丛书"本,杨名标点。

1997 年王德毅主编《丛书集成三编》第 75—76 册,精装影印本。

2000 年中国戏剧出版社"古本禁毁小说文库"《子不语》《骗经》合刊本,正编 24 卷,续编 10 卷,共 999 篇。

2001 年时代文艺出版社"中国禁毁小说 110 部 · 世情、市井卷"。

2001 年台北汉湘文化事业公司"中国文学精选"系列。

2004 年齐鲁书社"历代笔记小说丛书"本,崔国光校点。

2.《柳崖外编》(又名《真正后聊斋异》《聊斋续编》)

徐昆(1715—?),字后山,平山(一作平阳)人,生于清圣祖康熙五十四年,卒年不详。

乾隆五十七年(1792)刻本,16 卷,线装 8 册。

清乾隆五十八年(1793)贮书楼刻本,8 卷,线装 4 册;内封面镌"乾隆癸丑镌,柳崖外编,贮书楼存板"。藏北京师范大学图书馆,国家图书馆。

清乾隆五十八年(1793)书业堂刊,8 卷,线装 4 册。刻者、刻年据内封面,内封面镌"乾隆癸丑镌,柳崖外编,晋祁书业堂存板"。藏北京师范大学图书馆,国家图书馆。

1995 吉林大学出版社"明清稀见珍本小说名著丛书"杜维沫,薛洪校点。

2001 年北京:全国图书馆文献缩微中心《柳崖外编》缩微品,1 盘卷片。

3.《谐铎》

清代文言传奇小说集。12 卷,共 122 个故事。沈起凤(1741—?),字桐威,号滨渔、红心词客,江苏吴县人。28 岁中举,后应礼部试,却五荐不售,年未四十，便绝意科举，一生穷困潦倒，主要靠卖文和做幕、著书、授徒为业。卒年不详。成书于1783年。

本书借谈狐说鬼，描写世间众生相。其构思之奇幻，亦近乎《聊斋》，对当时的现实，有所揭露和批判。书名，明其寓劝诫于谐谑言谈之中的用意。故事情节虽荒诞离奇，而批判性较强，在较浓的传奇色彩中寓含戏剧意味。故事短小精悍，文字简练生动，深藏哲理。

乾隆五十六年(1791)藤花榭刊本，12卷，线装8册。

乾隆五十七年(1792)刻本，12卷，线装4册，藏国家图书馆。

1861年管庭芬编《花近楼丛书：74种》《续谐铎》，稿本，1卷，藏国家图书馆。

同治五年(1866)刻本，12卷，线装6册，藏国家图书馆。

光绪十七年(1891)上海广百宋斋铅印本，12卷，线装4册，内封面B镌“光绪辛卯上海广百宋斋校印”，下书口镌“上海广百宋斋校印”。藏北京师范大学图书馆。

光绪二十一年(1895)上海广百宋斋石印本，12卷，线装3册，藏国家图书馆。

光绪二十一年(1895)海上书局石印本，12卷，线装4册，内封面后镌“乙未九秋之月海上书局石印”。藏国家图书馆，北京师范大学图书馆。

民国元年(1912)上海文明书局“清代笔记丛刊：四十一种”石印本，12卷，线装，第39—40册。

民国元年(1912)上海进步书局“笔记小说大观”(第一辑)石印本，12卷，线装2册。

民国四年(1915)上海广益书局《新聊斋》石印本，12卷，线装4册。

民国十二年(1923)上海梁溪图书社本，231页，藏北京师范大学图书馆。

民国十九年(1930)上海正中书局，藏北京师范大学图书馆。

1933年上海广益书局“文学笔记丛书”，周梦蝶校勘，藏北京大学图书馆。

1933年上海启智书局本，1册。

1979年台北新文丰出版公司“零金碎玉集刊”(第51册)本，罗宝珩注。

1981年台北新兴书局《笔记小说大观》二编第十册。

1984年江苏广陵古籍刻印社《笔记小说大观》影印上海进步书局“笔记小说大观”石印本，第21册，平装。

1985年人民文学出版社“中国小说史料丛书”乔雨舟标点本，以藤花榭刊本为底本，并参考广存斋本和进步书局“笔记小说大观”本，32开，印数30000册，定价1.05元。

1986 年岳麓书社伍国庆标点本。

1994 年上海古籍出版社“古本小说集成”影印本,精装 1 册。

1995 年江苏广陵古籍刻印社《笔记小说大观》影印本,第 2 版。

1996 年重庆出版社“笔记小说精品丛书”《谐铎·埋忧集》合刊本,陈果标点,12 卷 122 则,以进步书局本为底本。

1997 年台北新文丰出版公司《丛书集成三编》影印本,精装 669 页。

1998 年陕西人民出版社“中国古代笔记小品丛书”排印本,12 卷 110 篇,刘颖慧注,以藤花榭刊本为底本,32 开,印数 8000 册,定价 10 元。

1999 年内蒙古人民出版社“中国古典文学名著丛书”《白话绣像全本》郭勉愈译。

2000 年北京出版社“中国文言小说百部经典”《子不语》《谐铎》《浮生六记》《淞隐漫录》合刊本。

2000 年中国戏剧出版社本。

2005 年重庆出版社“笔记小说精品丛书”《谐铎·埋忧集》合刊本,陈果标点。

2006 年人民文学出版社“明清稀见小说坊”本,第 2 版,乔雨舟标点。

4.《夜谈随录》

12 卷,141 篇。题“霁园主人闲斋氏着,葵园主人兰岩氏评阅”。成书于清乾隆年间。和邦额(1736—1795 以后),字闲斋,号霁园主人,蛾木斋主人,满洲镶黄旗人,著有《蛾木斋诗稿》等。约成书于乾隆四十四年(1779)。

主要版本有:

清乾隆四十四年(己亥年,1779)本衙刻本,12 卷,1988 上海古籍出版社以此为底本排印。

清乾隆五十四年(己酉年,1789)年衙刊本,12 卷,《贩书偶记续编》著录,进步书局“笔记小说大观”据此本。

乾隆五十六年(辛亥年,1791)年序刊本。

乾隆年圣经堂刊本,12 卷,现存 6 卷。

同治六年(1867)成都刊本;

光绪二年(1876)爱日堂刊本。(以上为 12 卷本足本,141 篇。)

光绪十三年(1887)鸿宝斋石印本。

1912 年上海进步书局“笔记小说大观”石印本,4 卷,线装 4 册,藏国家图书馆。

1912 年上海文明书局石印本,4 卷,线装 4 册,题“葵园主人兰岩氏评”,藏国家图书馆。

1913 年沈鹤记绘图加批本。

1913 年育文书局石印本。

1913 年上海商务印书馆刊本,4 卷,163 篇,32 开。

1913 年民国上海进步书局“笔记小说大观”石印本,4 卷,据乾隆五十四年(1789)衙刊本。

民国鸿章书局石印本,线装 32 开。

1915 年民国上海广益书局石印本。

1922 年上海文明书局石印本,4 卷,线装 4 册。

1924 年泰东书局标点本。

民国十五年(1926)上海梁溪图书馆沈小英序本,铅印。

民国二十年(1931)会文堂新记书局石印罗宝衍注本。

民国二十二年(1933)大达图书馆朱惟公序本。

1981 年台北新兴书局《笔记小说大观》二编第 10 册。

1986 年岳麓书社排印本。

1988 年上海古籍出版社排印清乾隆四十四年(1779)本衙刊本,王一工、方正耀点校。

1993 年中州古籍出版社王毅、盛瑞裕校点本,以清乾隆五十四年(1789)年衙刊本为底本 1995 年江苏广陵古籍刻印社《笔记小说大观》影印上海进步书局“笔记小说大观”石印本。

1996 年重庆出版社“笔记小说精品丛书”第一版,2005 年第二版,3 卷 141 篇。

1997 年黑龙江人民出版社排印本。

内容庞杂,多演述狐鬼妖异之事,文笔效法《聊斋》而时有新意。

5.《耳食录》

清代文言短篇传奇小说集,《八千楼书目》小说家类著录。初编 12 卷 120 篇,二编 8 卷 97 篇。题“临川乐钧著”。乐钧(1766—1817?),初名宫谱,字符淑,号莲裳,别署梦花楼主,江西临川人。嘉庆六年举人,然至四十,仍为一幕宾,遂心灰意懒.不得已将早年抱负收拾干净,进“操觚记所闻,亦妄言妄听耳。已则弗信.谓人信乎?”著有《青艺山馆诗文集》。《耳食录》初编有乾隆五十七年自序,二编 8 卷 97 篇,据乾隆壬子年(1792)自序知成书不晚于是年。

现存主要版本:

乾隆五十七年(1792)梦花楼初编刻本,12 卷,120 篇,线装 6 册,藏国家图书馆。

乾隆五十九年(1794)二编刻本,线装4册,藏国家图书馆。

1821年道光元年乐钧之子乐浚将青芝山馆两编合刊本,20卷,线装8册,藏国家图书馆。

1862年同治辛未味经堂刊本,线装6册,藏国家图书馆。

同治七年(1868)藏修堂刊本,初编12卷,二编8卷,线装8册,藏国家图书馆。

同治十年(1871)敦仁堂刊本。

同治十年(1871)味经堂刊本。

1912年上海文明书局辑"清代笔记丛刊"石印本;5卷,线装,藏国家图书馆。

1912年民国上海进步书局《笔记小说大观》(第一辑)石印本,5卷,线装2册,藏国家图书馆。

1922年文明书局石印单行本,5卷,线装1册,藏国家图书馆。

1976年台湾商务印书馆"人人文库"影印本,1册。

1981年台北新兴书局《笔记小说大观》一编第7册。

1984年江苏广陵古籍刻印社,影印民国上海进步书局笔记小说大观本,平装1册。

1986年岳麓书社《耳食录·耳邮》合刊本。

1987年时代文艺"聊斋志异丛书"排印本,石继昌校点,初编12卷,续编8卷,以同治敦仁堂本为底本,参以道光元年青芝山馆合刊本。

1991年齐鲁书社"清代笔记小说丛刊"本,辛照校点。

1995年江苏广陵古籍刻印社《笔记小说大观》影印上海进步书局"笔记小说大观"石印本。

1996年第1版,2005年第2版重庆人民出版社"笔记小说精品丛书"排印本,《耳食录》《三异笔谈》合刊本,范义臣校点,32开,印数5000册,定价13.30元。

1997年黑龙江人民出版社"聊斋系列小说集成"《夜谭随录》《耳食录》合刊本。

1997年台湾新文丰书局《丛书集成三编》。

2000年内蒙古人民出版社排印本,"中华藏典·名家藏书"第二辑《耳食录》春冰室野乘《幽梦影》合刊。

2000年中国戏剧出版社"名家藏书"第10卷,《希夷梦》《耳食录》合刊。

2004年齐鲁书社"历代笔记小说丛书",辛照校点,以同治味经堂刊本为底本。

2005年重庆出版社“笔记小说精品丛书”范义臣标点本。

该书共分两编，初编12卷，二编8卷，总计撰辑故事近二百篇。文中颇多大胆抨击黑暗时政。文笔优美而富于诗情，情节曲折生动，故事性强。

6.《萤窗异草》

清代短篇文言传奇小说集。一名《聊斋剩稿》。分为初编、二编、三编，各4卷，共12卷。题“长白浩歌子著，武林随园老人续评，关中柳桥居士重订”。作者当为满人，不知姓氏，或谓系尹六公子所撰。尹六公子，名庆兰（1735—1788），满洲镶黄旗人，事迹见《八旗通志》《盛京通志》等。成书于乾隆年间。此书成书年代存疑，戴不凡《小说见闻录》谓其抄本纸色，当不晚于乾隆。今从此说。

现存主要版本：

光绪二年（1876）新文化书社铅印本。

1877年光绪三年上海“申报馆丛书”铅印本，12卷，线装12册，藏上海辞书出版社、国家图书馆。

上海漱芳润斋本。

1912年民国上海进步书局“笔记小说大观”（第一辑）石印本，随园老人评，3编12卷，线装6册，藏国家图书馆。

1931年（民国二十年）七月《标点加评萤窗异草》，藏上海图书馆。

1935年（民国廿四年）十二月新文化书社，藏上海图书馆。

1936年上海通俗图书刊行社刊本，1册，藏北京师范大学图书馆。

1981年台北新兴书局《笔记小说大观》二编第三册。

1984年江苏广陵古籍刻印社“笔记小说大观”本，平装1册。

1985年齐鲁书社“清代笔记小说丛刊”本，刘连庚校点。

1986年浙江古籍出版社“中国历代笔记小说选译丛书”翻译本，杨一擎选译。

1986年中州古籍出版社排印本，孟庆锡点校。

1989年上海古籍出版社排印上海“申报馆丛书”排印本。

1990年人民文学出版社“中国小说史料丛书”排印本，冯伟民校点。

1995年江苏广陵古籍刻印社《笔记小说大观》影印上海进步书局“笔记小说大观”石印本。

1995年上海古籍出版社白话本，邬国平，刘明今，郑利华译。

1996年重庆出版社“笔记小说精品丛书”第1版，2005年第2版，陈果标点。

1997 年台北新文丰出版公司《丛书集成三编》本,影印本。

1999 年人民文学出版社排印本。

2000 年北京出版社"中国文言小说百部经典"本。

2004 年齐鲁书社"历代笔记小说丛书"本,刘连庚校点。

2005 年重庆出版社"笔记小说精品丛书"刊本,第二版。

2006 年人民文学出版社"明清稀见小说坊系列"冯伟民校点本。

该书模拟聊斋,无论题材、情节、结构,还是任务、语言、风格,都可以模拟聊斋。此书特点是"典而不俗,繁而多哦致,空中楼阁,平视侧看,唯恐其尽"(上海进步书局《萤窗异草》提要)。

本书是继《聊斋》之后的又一部较好的文言短篇小说集,全书 3 编 12 卷,共收作品 138 篇,原书署长白浩歌子撰,据今人考证,是清尹文端的六公子庆兰所撰。该书无论在内容上还是在艺术表现手法上,都刻意模仿《聊斋》,主人公多为神怪狐仙,情节曲折委婉,人物刻画形象生动,尤其是众多以婚姻爱情为题材的篇章,以及描写少数民族风土民情的记载,读来颇有兴味。

7.《小豆棚》

清代文言短篇传奇小说集。16 卷 209 篇。题"济宁曾衍东七如氏著,永嘉项震新东垣参校"。曾衍东(1751—1830),字青瞻,一字七如,号七道人,铁鞋道人,济宁嘉祥人。事迹见彭左海《曾衍东传》和光绪《嘉祥县志》。初稿完成于1795 年。

现存版本:

抄本系统:一种仅存四、五两卷 55 篇,篇后有题跋;一种存 6 卷 162 篇;二抄本第四、五卷篇目、文字相同,唯文后题跋为抄书人手笔,知二书属于同一个系统,均藏于温州图书馆。

光绪六年(1880)"申报馆丛书"仿聚珍版铅印本,有项震新叙。16 卷 203 篇,有 47 篇为抄本所无,线装 6 册,藏上海辞书出版社,北京师范大学图书馆,国家图书馆。

1935 年大达图书供应社"文学笔记丛书"铅印本,1 册,藏国家图书馆。

1986 年浙江古籍从出版社《小豆棚选》,徐正伦、陈铭以抄本系统为底本选注,83 篇。

1989 年荆楚书社南山点校本,以光绪六年(1880)"申报馆丛书"为底本。

1989 年中州古籍出版社杜贵晨校本,以光绪六年"申报馆丛书"本为底本,十六卷 209 篇。

1991 年齐鲁书社"清代笔记小说丛刊"排印本,盛伟校注。

1997 年黑龙江人民出版社"中国古典小说精粹·聊斋系列小说集成"《夜雨秋灯续录·小豆棚》合刊本。

2004 年齐鲁书社"历代笔记小说丛书"排印本,盛伟校注。

此书内容驳杂,包括忠孝、义勇、报应、祥瑞、艺文、仙狐、怪异等。其中以神怪小说最具特色。

8.《影谭》(又名《影谈》)

清代文言短篇志怪小说集。《光绪杭州志·艺文志》小说家类著录,4 卷 31 篇。题"清海昌管世灏月楣氏著"。管世灏,字月楣,浙江海宁人。据自序知成书于清嘉庆六年(1801)。

申报馆丛书本。

光绪二年(1876)申报馆仿聚珍版。

1912 年民国上海进步书局"笔记小说大观"石印本,4 卷,线装 1 册。

1914 年民国三年上海时务书馆铅印本《绘图影谭》,4 卷,线装 4 册。

台湾新兴书局"笔记小说大观"影印进步书局石印本。

1996 年河北教育出版社"历代笔记小说集成"影印本,16 开。

1997 年台北新文丰出版公司"丛书集成三编"影印本。

本书名"影谭",意即"影响符合之谈"(《自序》)。有意模仿《聊斋》,而寄托孤愤之情。

9.《挑灯新录》

清代文言短篇传奇小说集。6 卷 60 篇。题"荆园居士撰"。成书于嘉庆十六年(1811)。

现存主要版本:

咸丰十一年(1861)刻本,6 卷,60 篇,线装 2 册,藏国家图书馆。

同治二年(1863)重刊本,6 卷,60 篇,线装 4 册,藏国家图书馆。

同治九年(1870)年刻本,7 种 10 卷,线装 4 册,藏国家图书馆。

1935 年上海大达图书供应社铅印本,韦月侣标点,6 卷,60 篇,藏北京大学图书馆。

1992 年南海出版公司《续聊斋三种》(《挑灯新录》《遁窟谰言》《鹂砭轩质言》)排印本。

1995 年青海人民出版社《挑灯新录》《八美图》合刊本。

全书以市井传闻为主,文字浅近,情节安排巧妙,然远逊于《聊斋》。

10.《亦复如是》(又名《志异续编》《聊斋续编》)

清代志怪小说集。《八千楼书目》小说家类著录8卷,题永岳撰。宋永岳,字静斋,澧州人,号青城子。

抄本,线装,1册,藏国家图书馆。

清嘉庆十六年(1811)刊本,题"亦复如是",共8卷,署青城子。

道光十年(1830)钱塘洪氏秋声馆刻本,名《志异续编》,8卷,线装8册,藏国家图书馆。

光绪丁丑年"申报馆丛书"据"钱塘洪氏秋声馆刻本"铅印本,题"志异续编","丁丑季春申报馆印",8卷,线装4册,14行25字,白口,四周双边单鱼尾,藏国家图书馆。

上海中华图书馆本,题"青城子编,聊斋补遗,中华图书馆印行",8卷4册,出自申报馆本(见赖丽青《亦复如是考论》《明清小说研究》2004年第1期)。

1912年民国撷华书局铅印本,内封题"冰凝镜澈轩藏版本《亦复如是》,撷华书局摆印",4卷,线装4册,藏国家图书馆。

1912年民国上海会文书局石印本,线装6册,藏国家图书馆。

上海进步书局"笔记小说大观"本,题"清青城子著志异续编",4卷,出自申报馆本。

1981年台北新兴书局《笔记小说大观》一编第10册。

1984年第一版,1995年第二版江苏广陵古籍刻印社《笔记小说大观》影印上海进步书局"笔记小说大观"石印本。

1997年台北新文丰出版公司"丛书集成三编"影印本。

1999年5月第重庆出版社"笔记小说精品丛书",于志斌标点。

2000年中国戏剧出版社"名家藏书"第11卷,《雪月梅传·亦复如是·夜雨秋灯录》合订。

2000年内蒙古人民出版社排印本,和《咫闻录》合刊。

2005年重庆出版社"笔记小说精品丛书"第2版,于志斌标点。

全书偏重写实,大半直书耳闻目睹之事,颇多佳作。文笔流畅简洁,是一部具有欣赏价值和资料价值的笔记。

11.《蕉轩摭录》

俞国麟,号梦蕉、蕉轩、一笑道人,山阴(今浙江绍兴)人,生卒年无考,生活于乾隆、道光年间。出身仕宦之家,早年屡试不第,颠踣流离,气胸郁结。中年"读礼乡关",教授子侄。暇时,与诸友饮酒清谈,闲聊些"古今六合中琐言细事"(《自序》),信手拈来,集成《摭录》。成书于1815年。

嘉庆二十年(1815)刊本,有韩廷辉嘉庆二十年序。

道光元年(1821)刻本,12卷,线装6册,藏国家图书馆。

道光元年(1821)刻本,12卷,线装12册,藏国家图书馆。

道光十九年(1839)双桂楼本,内封B面镌"一笑道人俞梦蕉著,双桂楼藏板,咸丰壬子年刊",12卷,线装6册。藏北京师范大学图书馆。

1851年铅印本,12卷,线装4册。

光绪间(1875)上海申报馆丛书铅印本,线装12册。

光绪间(1876)申报馆仿袖珍本。

民国二十四年(1935)大达图书供应社,沈世荣标点,平装1册,藏上海师范大学图书馆。

12.《墨馀书异》

蒋知白,嘉庆拔贡。

嘉庆间三益堂刻本,8卷,线装1册,有嘉庆二十五年(1820)序。藏国家图书馆。

13.《埋忧集》

清代文言短篇传奇小说集。又名《珠村谈怪》,10卷,续集2卷。题"成上红雪山庄外史著"。作者朱翊清〔作者生卒年铺有争议,见纯缨《埋忧集作者的生卒年》(载于《社会科学战线》1988年第1期)和1985年岳麓书社《埋忧集》出版说明〕,字梅叔,别号红雪山庄外史,归安人。屡试不中,绝意仕进。据同治十三年(1874)年作者自序知成书不晚于是年。

主要版本:

同治十三年(1874)杭州文元堂刊本,正集10卷,续集2卷,线装6册,藏国家图书馆、辽宁图书馆。

清光绪元年(1875)刻本,正集10卷,续集2卷,线装4册,藏国家图书馆。

1912年民国上海文明书局"清代笔记丛刊"石印本,正集10卷,续集2卷,线装,14行32字,黑口,四周双边单鱼尾,藏国家图书馆。

1912年民国上海进步书局"笔记小说大观"(第一辑)石印本,正集10卷2册,续集2卷1册,线装3册,藏国家图书馆。

1914年上海扫叶山房石印本。

1921年广益书局本,汪少云重编,4册,正编10卷,续编2卷,32开,藏复旦大学图书馆,国家图书馆,北京大学哲学系。

1936 年上海大达图书供应社排印本,藏南京大学图书馆。

1978 年台北新文丰出版公司“零玉碎金集刊”,1 册,藏北大图书馆。

1979 年台湾商务印书馆“人人文库”影印本。

1981 年台北新兴书局《笔记小说大观》一编第 4 册。

1984 年江苏广陵古籍刻印社《笔记小说大观》影印上海进步书局“笔记小说大观”石印本,平装 1 册。

1985 年岳麓书社排印本,全书 10 卷,续集 2 卷,熊治祁以杭州文元堂刊本为底本校点。

1991 年上海文艺出版社“中国笔记小说文库”《清人稗录》影印 1936 年上海大达图书供应社排印本。

1995 年江苏广陵古籍刻印社《笔记小说大观》影印上海进步书局“笔记小说大观”石印本。

1996 年重庆出版社“笔记小说精品丛书”陈果标点本,以进步书局本为底本。

1997 年台湾台北新文丰出版公司《丛书集成三编》精装影印本。

2000 年内蒙古人民出版社《传习录、埋忧集》合刊本。

2005 年重庆出版社“笔记小说精品丛书”陈果标点本。

该书内容丰富,举凡笔记小说之杂录、丛谈、辨订、志怪、记轶,无所不包。其中写神怪故事作品受《聊斋》影响,是敏感时事政治的强烈反映,忧国忧民的真情流露,爱国主义的激情之作。其内容丰富,思想驳杂,在笔记小说中,颇具特色。

14.《蝶阶外史》

清代文言短篇杂俎小说集。正编 4 卷 129 则,续编 2 卷。作者高继衍(1797—1854 后),字寄泉,宝坻人。1818 年举于乡,后屡试不第。曾为教官、盐官一类微职,有《培根堂全稿》。事迹见《大清畿辅先哲传》卷二十五、光绪《顺天府志》卷一〇三等。据自序知成书于咸丰四年(1854)。

现存主要版本:

《培根堂全稿》本。

清咸丰十年(1860)刻本,线装,正集 4 卷 2 册,续集 2 卷 1 册。

咸丰四年(1885)因缘室刻本。

1912 年广益书局石印本,4 卷,线装 1 册。

1912 年民国上海进步书局“笔记小说大观”石印本,4 卷,线装 1 册。

1913 年广益书局《增图蝶阶外史》石印本,4 卷,线装 2 册。

1920 年上海广益书局石印本,《绘图蝶阶外史》4 卷,《蝶阶外史续集》2 卷,线装 3 册,再版,藏上海辞书出版社、国家图书馆。

1935 年上海大达图书供应社铅印本。

1984 年江苏广陵古籍刻印社《笔记小说大观》影印上海进步书局“笔记小说大观”本。

1991 年上海文艺出版社“中国笔记小说文库”《清人稗录》影印 1935 年上海大达图书供应社铅印本。

1995 年江苏广陵古籍刻印社《笔记小说大观》影印上海进步书局“笔记小说大观”石印本。

1997 年台湾台北新文丰出版公司《丛书集成三编》精装影印本。

是书搜集颇广,除神仙鬼怪、奇闻轶事外,还有历史琐闻类笔记,但就其全集而言,小说为主。本书仿《聊斋》和《阅微草堂笔记》,思想内容和艺术创新上虽未达到二书的成就,但较之清中叶后大量的笔记,自有其独到之处。

15.《道听途说》

清代文言短篇传奇小说集。12 卷 110 篇。此书约成于咸丰五年(1855)前后,光绪元年(1875)《申报馆丛书》本有筠坪老人序,成书当不晚于此年。潘纶恩(1802—1857)(参加陆林《清代文言小说家生卒定考》,《明清小说研究》2002 年第 4 期),字炜玉,又字苇渔,号箨园,室号箨月山房,安徽泾县人。光绪十年版《荥阳潘氏统宗谱》有小传。成书于咸丰三年(1853)。

光绪元年(1875)上海“申报馆丛书”排印本,12 卷,线装。

1996 年黄山书社“笔记小说名著精刊”排印本。

1998 年黄山书社“安徽古籍丛书.第二十四辑”陆林校点本。

书中所写故事以当时的市井传闻为主,描写吏治、民风和人伦种种不堪之状,多数是行凶、奸杀、行骗等社会畸形之态。全书古树结构完整,语言半文半白,曲尽委婉。

16.《益智录》(又名《烟雨楼续聊斋志异》)

11 卷 130 篇,第 11 卷有卷而无目。光绪年间《山东通志 · 艺文志》著录。《益智录》,清解鉴撰。解鉴,字子镜,号虚白道人,济南历城人。咸丰、同治年间成书。

残稿本,民国三十二年周菊伍得《益智录》残稿本,全书目录,共 11 卷,但第 11 卷有卷而无目,仅存卷一、二、三、五、七、八,共 6 卷。

民国宋翘楚删定本,删定 11 卷为 8 卷,87 篇。

1999年人民文学出版社“中国小说史料丛书”11卷,王恒柱、张宗茹校;311页。

2006年第2版,人民文学出版社“明清稀见小说坊”,11卷,王恒柱、张宗茹校。

本书是新发现的《聊斋志异》续书,该书无论布局谋篇,还是遣词运笔,都逼似《聊斋》。书中塑造了一系列性格鲜明的花妖狐魅和鬼魂精怪形象,往往显得恢谐幽默,生动逼真,具有浓郁的生活气息。其内容主要包括崇道劝善、婚姻恋爱、家庭故事、人生遇合、奇闻异事等五个方面,故事曲折、文笔优美,有很强的可读性。

17.《墨馀录》

清代文言短篇杂俎小说集。一名“对山书屋墨馀录”,又名“对山馀墨”。16卷229则。题“对山书屋原著”。毛祥麟(1815—?),字瑞文,号对山,嘉庆十七年(1812)生于上海,监生。曾宦游越中,官浙江候补盐大使,未几以疾归。后因他感时多故,屡经兵燹,数迁其家,仕志渐灰,遂行医为业,隐居著述。《上海县续志》称他“生平著述甚富”。成书于1870年。

现存主要版本:

同治庚午(1870)湖州醉六堂吴氏《对山书屋墨馀录》刻本,简称庚午本,16卷,线装6册,藏北京师范大学图书馆,国家图书馆。有同治九年朱作霖序以及毛祥麟自序。

同治十年(1871)年杭州文元堂刊本,款式、卷数同庚午本,藏国家图书馆。

同治十三年(1874)年毛氏亦可居甲戌定本,简称甲戌本,款式、卷数同庚午本,但篇目经毛氏删易有变动。

宣统元年至三年(1909—1911)国学扶轮社“香艳丛书”排印本,书名《对山馀墨》,一卷系节选本,19篇。

1913上海中华文艺社排印本,4卷4册,为庚午本的节选本,选篇约占原书的五分之四,简称4卷节选本。

民国上海进步书局“笔记小说大观”石印本,4卷,线装3册,翻印自4卷节选本。

1917年上海振民编辑社铅印本,4卷,线装4册,翻印自4卷节选本。

1922年上海文明书局石印本,翻印自4卷节选本,线装3册。

1984年江苏广陵古籍刻印社《笔记小说大观》影印上海进步书局“笔记小说大观”石印本。

1985年上海古籍出版社“明清笔记丛书”排印毛氏亦可居甲戌定本,毕万忱点校,16卷238篇;印数14000,定价1.15元。

1995年江苏广陵古籍刻印社《笔记小说大观》重新影印进步书局“笔记小说大观”石印本。

本书包括历史琐闻与各类小说两部分。对苏松地区的有关政治、经济、文化、教育、社会风俗各方面的情况,对当时中国社会的变化多所反映。

18.《遁窟谰言》

清代文言短篇传奇小说集。又名《遁叟奇谈》,12卷161则。题“甫里王韬紫诠撰”。王韬(1828—1897),原名畹,字利宾,号兰卿。成书于光绪元年(1875)。

现存主要版本:

光绪元年(1875)“申报馆丛书”铅印本,12卷,线装3册,牌记题乙亥春正月申报馆仿聚珍版印行,藏国家图书馆。

1875年申报馆铅印本,12卷,线装4册,藏国家图书馆。

光绪六年上海木活字本,12卷。

光绪六年“弢园丛书”(1880)铅印本,12卷,线装4册,内封面镌“庚辰仲夏重校以活字版印行”。藏上海辞书出版社,北京师范大学图书馆,国家图书馆。

1890年翠筠山房刻本,内封B面镌“外史氏着翠筠山房”;12卷,线装6册。

光绪二十六年(1900)南京江南书局铅印本,12卷,线装6册,内封B面镌“光绪庚子夏江南书局印”。藏北京师范大学图书馆。

1913年民国二年惜阴书屋石印本,12卷,线装6册。

1935年上海大达图书供应社排印本。

1986年台北广文书局《中国现代小说史料续编》本。

1991年南海人民出版社排印上海大文书局石印本。

1991年河北人民出版社“后聊斋”系列本。

1992年南海出版公司《续聊斋三种》排印本。

1994年人民文学出版社“香艳丛书”本。

19.《鹂砭轩质言》

戴连芬著,清代志怪小说集。《中国丛书综录》著录。据光绪五年作者自序知成书于1879年。

1879年光绪五年上海申报馆铅印本,4卷,线装2册,藏国家图书馆。

1912年民国上海进步书局“笔记小说大观”石印本,4卷,线装1册,藏国家图书馆。

1935 年大达图书供应社“文学笔记丛书”铅印本,不分卷,藏上海图书馆。

1936 年大达图书供应社“角智文学说部”本,再版,周去病标点,藏北京大学图书馆。

1981 年台北新兴书局《笔记小说大观》二编第 3 册。

1996 年河北教育出版社“历代小说集成清代笔记小说”影印本。

1992 年南海出版公司《续聊斋三种》本(包括《挑灯新录》《遁窟谰言》和《鹂砭轩质言》)。

1992 年上海文艺出版社《清说七种》影印本。书收《梦厂杂著》《留仙外史》《庸闲斋笔记》《三异笔谈》《后聊斋志异》《瓮牖余谈》《鹂砭轩质言》。

1997 年台北新文丰出版公司“丛书集成三编”影印本。

20.《夜雨秋灯录》

清代文言短篇传奇小说集,《八千楼书目》小说家类著录。又名《聊斋志奇》,分正录、续录 2 集,各 8 卷。题“天长宣鼎廋梅甫著”。宣鼎(1832—1880?),字子九、素梅,号廋梅,香雪道人、云山到处僧、邋遢书生、金石书画丐、铎痴、虎口逋客等,安徽天长人,清末小说家,兼工书画,做过幕低留寓沪卖画为生。著有《粉锋图咏》《迟魂香传奇》等,以《夜雨秋灯录》流传最广。正集成书于光绪三年(1877),见光绪三年“申报馆丛书”本作者自序,续集成书于光绪六年。

《笔记小说大观》提要谓“共宗旨不外劝善惩淫,绮而不妖,质而不理,趣味浓郁,辞事新鲜,洵可上匹柳泉,近挤遁叟”。蔡尔康序说它“书奇韵可愕可惊,志畸行则如泣如诉,论世故则若嘲若讽,摹艳情则不即不离。是盖合说部之众长,而作写怀之别调”。

现存主要版本:

光绪三年(1877)上海“申报馆丛书”八卷正录本,有作者当年自序和蔡尔康序,线装,藏上海辞书出版社,国家图书馆。

光绪六年(1880)上海“申报馆丛书”八卷续录本,155 篇,有蔡尔康序,藏中国科学院图书馆、上海辞书出版社。

宣鼎八卷本《聊斋志奇》,藏国家图书馆。

1912 年民国上海进步书局“笔记小说大观”石印本,初集、续集、三集各 4 卷 2 册,共 12 卷 8 册 113 篇,藏香港中文大学图书馆,国家图书馆。

1912 年上海文明书局“清代笔记丛刊”石印本,113 篇,藏台湾大学文学院图书馆,国家图书馆。

1900 年商务印书馆铅印本,收 170 篇。

1915 年上海锦章书局石印本，初集、续集、三集各 4 卷，线装 6 册。

1924 年上海沈鹤记书局石印本。

1924 年上海泰东书局本。

1933 年（民国二十二年）上海新文化书社第 4 版，上下 2 册。

1935 年（民国二十四年）上海大达图书供应社“笔记文学说部”再版，许慕义标点，214 页。

民国上海启智书局铅印本。

1981 年 12 月台湾新兴书局《笔记小说大观》（二十九编第 7 册）本。

1984 年江苏广陵古籍刻印社《笔记小说大观》影印上海进步书局“笔记小说大观”石印本。

1985 年岳麓书社排印本，张志浩校，12 卷 113 篇；32 开，定价 1.6 元。

1986 年黄山书社排印本，12 卷 113 篇。

1986 年 5 月齐鲁书社“清代笔记小说丛刊”本，香一点校点，以民国上海文明书局“清代笔记丛刊”本为底本，正集四卷，续集四卷，三集 4 卷，共 113 篇。

1987 年上海古籍出版社排印本，以上海“申报馆丛书”本为底本，恒鹤点校，上下 2 册。

1987 年时代文艺出版社“聊斋志异丛书”排印民国上海进步书局“笔记小说大观”石印本，正续上下 2 册，宋欣校点。

1995 年江苏广陵古籍刻印社《笔记小说大观》影印上海进步书局“笔记小说大观”石印本。

1996 年重庆出版社“笔记小说精品丛书”陶勇标点本，与《夜谭随录》合刊；32 开，定价 20.90 元。

1997 年台北新文丰出版公司“丛书集成三编”影印本，精装，672 页。

1999 年黄山书社“安徽古籍丛书”，项纯文校点。

2000 年中国戏剧出版社“名家藏书第 11 卷”，与《雪月梅传》《亦复如是》合刊。

2000 年北京出版社“中国文言小说百部经典”本，2 册。

2004 年齐鲁书社“历代笔记小说丛书”本，香一点校点。

2005 年重庆出版社“笔记小说精品丛书”与《夜谈随录》合刊本。

21.《此中人语》

程趾祥（1869—?）著。据姚印诠光绪八年序知成书不晚于 1882 年。

光绪十年（1884）上海申报馆铅印本，6 卷，线装 1 册。

1912 年民国上海进步书局“笔记小说大观”（第二辑）石印本，6 卷，线装 1

册,藏国家图书馆。

1980 年台北广文书局《中国近代史小说史料汇编》(26)影印本,精装 1 册,与《石头记索引》《断鸿零雁记》《上海黑幕一千种》《古今妖怪大观》合订。

1981 年台北新兴书局《笔记小说大观》(第一编)本。

1984 年第一版,1995 年第 2 版,江苏广陵古籍刻印社,影印民国上海进步书局"笔记小说大观"本,平装 1 册。

1988 年荷兰高罗佩收藏本,该本的缩微品藏国家图书馆。

1997 年台北新文丰出版公司《丛书集成三编》影印本,精装 1 册。

22.《淞隐漫录》

清代文言短篇传奇小说集。又名"后聊斋志异",12 卷。作者王韬(1828—1897),字仲弢,号天南遁叟,长洲人。成书于光绪十年(1884),见人民文学出版社标点本作者光绪十年自序。

现存主要版本:

1884 年上海点石斋结集出版,石印本。

清光绪十三年(1887)大同书局《后聊斋志异图说》石印本,12 卷,线装 4 册,16 行 40 字,白口,四周单边,版框高 16.1cm,宽 9.4cm,藏北京师范大学图书馆。

光绪十七年(1891)上海鸿文书局《后聊斋志异图说》石印本,12 卷,线装 8 册,内封 B 面镌"光绪辛卯夏五,上海鸿文书局二次石印,上海三洋泾桥纬文阁发兑"。藏上海辞书出版社,北京师范大学图书馆。

光绪二十二年(1896)上海积山书局《后聊斋志异图说》石印本,12 卷,线装 8 册。

民国十年(1921)上海广华书局《绘图后聊斋志异》石印本,线装 6 册,12 卷。

1936 年上海大达图书供应社铅印本。

1976 年台北广文书局。

1983 年人民文学出版社"中国小说史料丛书"排印本。

1987 年甘肃人民出版社《后聊斋志异》排印本,张宏渊校。

1988 年黑龙江人民出版社《后聊斋志异全译详注》本,上中下 3 册。

1991 年巴蜀书社"中国神怪小说大系"排印上海鸿文书局石印本,陈力校点。

1992 年上海文艺出版社"中国笔记小说文库"《清说七种》影印大达图书供应社铅印本。

1992年北京燕山出版社,朱世滋等点校。

1993年版,1994年印,大连出版社《足本绘图白话后聊斋》以光绪十三年(1887)大同书局石印本为底本,光绪二十二年(1896)上海积书局石印本为校本,2册。

1995年上海古籍出版社"十大文言短篇小说今译丛书"《白话全本后聊斋志异》,曹庆霖等译。

1996年三秦出版社《白话后聊斋志异》,精装,李晓明等译。

1997年黑龙江人民出版社"中国古典小说精粹·聊斋系列小说集成"本。

1998年内蒙古大学出版社"补书真本集成"本,郑福田等校点,精装4册。

1998年中国检察出版社"中国古典名著续书集成》本,4册,余悦校点。

2003年大众文艺出版社"清代志怪小说观止"《后聊斋志异:全新清代绘图珍藏本》。

2006年人民文学出版社"明清稀见小说坊系列",王思宇校点本。

此书系作者晚年定居上海时之作,"追忆三十年来所见所闻可惊可愕之事"(《自序》),聊作一时之消遣,而借以抒平日之牢骚郁结。所写故事有的为作者亲历亲见,有些乃得之于传闻,还有一些敷衍历史传说,还有一些是改编利用前人小说而成。书的内容相当广泛,笔致全学《聊斋》,故事情节委婉曲折,描写生动细腻,字里行间,常带感情,读来娓娓动人。

23.《淞滨琐话》

清代文言短篇传奇小说集。12卷68篇,题"长洲王韬仲弢甫著",成书于光绪十三年(1887)。

现存主要版本:

1887年上海商务印书馆刊本,68篇,1册。

光绪十九年(1893)淞隐庐铅印本,12卷,线装4册。

1910年上海国学扶轮社《香艳丛书》铅印绘图本。

宣统三年(1911)年上海著易堂《绘图淞滨琐话》石印本。

1912年上海进步书局《笔记小说大观》石印本,12卷,线装4册。

1914年上海国学扶轮社《香艳丛书》铅印本,第2版。

1934年上海新文化书社印本,1册,藏北京师范大学图书馆,国家图书馆。

1991年河北人民出版社"后聊斋"排印淞隐庐排印本。

1984年江苏广陵古籍刻印社《笔记小说大观》影印上海进步书局石印本,平装1册。

1985年台北新兴书局本。

1986 年齐鲁书社"清代笔记小说丛刊"刘文忠校点本,据淞隐庐本排印,12 卷,59 篇。

1987 年岳麓书社排印本。

1989 年台北新文丰出版公司《丛书集成续编》影印本。

1995 年江苏广陵古籍刻印社《笔记小说大观》影印上海进步书局"笔记小说大观"石印本。

1996 年重庆出版社"笔记小说精品丛书"本,第一版,寇德江标点,收 59 篇,以广陵古籍刻印社《笔记小说大观》本为底本,删掉 6 篇。

2004 年齐鲁书社"历代笔记小说丛书"本,12 卷,59 篇,刘文忠校点。

2005 年重庆出版社"笔记小说精品丛书"本,第 2 版,寇德江标点,收 59 篇。

此书为继《淞隐漫录》而作,着意效仿《聊斋》,主要记神怪鬼狐故事,多为男女艳情的内容,也有借以抨击时政、影射现实者。借"奇景幻遇"暴露黑暗的社会现实,以狐鬼仙妖抒写作者的真情是本书的特点之一。作品虽模仿《聊斋》,但又能常常出新。

24.《醉茶志怪》

清代文言短篇志怪小说集。又名《奇奇怪怪》。4 卷 356 则,题"津门李庆辰筱筠戏著"。

李庆辰(?—1897),字筱筠,号醉茶子,天津人,事迹见《天津县新志》卷二三。据光绪壬自序知成书不晚于 1892 年。

现存主要版本:

光绪十八年冬(1892)津门刻本,4 卷,线装 4 册,内封面后镌"光绪壬辰冬月刊于津门",藏北京师范大学图书馆,国家图书馆。

光绪二十年(1894)上海书局石印本,出版时名为《奇奇怪怪》,4 卷,线装 4 册,内封 B 面镌"光绪甲午九秋上海书局石印"。藏北京师范大学图书馆、国家图书馆。

民国大达图书供应社赵琴石评点本。

1988 年齐鲁书社"清代笔记小说丛刊"排印津门刊本,金东校点。

1988 年河北人民出版社高洪钧、王淑艳点校本。

1990 年天津古籍出版社影印津门刊本。

1996 年河北人民出版社"历代笔记小说集成"影印本,精装。

2003 年大众文艺出版社"清代志怪小说观止"全新清代绘图珍藏本。

2004 年齐鲁书社"历代笔记小说丛书",金东校点本。

《醉茶志怪》一书,是李庆辰试图折衷《聊斋》和《阅微草堂笔记》的体例而编成的一部笔记小说。内容多为记述天津及河北省一些地方的奇闻异事:或听自二三朋友阁谈,或忆及个人昔年游历。为他作序的杨光仪说:"蒲留仙志异,文达公五种,是盖合二书之体例而为之。"但模仿仅是形似,难称上乘作品。

25.《女聊斋志异》

清代文言传奇小说集。4卷,89篇。贾茗著,成书于光绪年间(薛洪《〈女聊斋志异〉书后补》,见《社会科学战线》1986年第2期)是清末民初之际成书的一部历代文言小说专题选集。它侧重于"异样女子"的故事。

1912年中华图书馆石印本,4卷,线装3册,藏国家图书馆。

1913年中华图书馆石印本,4卷,线装4册,藏国家图书馆。

上海春明书店铅印本。

1985年齐鲁书社排印本,廖东校点。

1987年黑龙江人民出版社《华夏奇女魂》(即《女聊斋志异》)夏麟书,王笑云校注。

1998年青海人民出版社"中国历代禁毁珍版小说集成"本。

2000年中国戏剧出版社《中国秘本小说大系》,《女聊斋志异》与《金石缘》合订本。

2001年北京印刷工业出版社《中华秘本》丛书本《女聊斋志异》。

2002年辽宁出版集团电子本。

2003年大众文艺出版社"清代志怪小说观止"绘图本。

2004年齐鲁书社"历代笔记小说丛书"排印本,廖东校点。

26.《改良新聊斋》(又名《改良绘图新聊斋》)

文言笔记小说集,茂苑省非子著,1908年上海振亚书局发行,宣统元年(1909)刊本。

上海章福记书局,石印,甲乙集。

27.汉魂《新聊斋·黄生》

载于1906年《复报》的第一期。文言笔记小说。

28.《新聊斋》

治世之逸民,宣统元年(1909)刊本。

29.《新聊斋三编》

小说进步社,宣统元年(1909)刊本。

30.1903 年徐枕亚的文言短篇小说

《新小说》的《新聊斋》栏目《黄山遇仙记》。

31.饮香室主人编的文言短篇小说集《新新聊斋》

32.《畏庐漫录》

文言短篇小说集。作品曾于民初陆续在《平报》上发表,并曾在 1913 年、1916 年结集发行。林纾(1852—1924)原名群玉、秉辉,字琴南,号畏庐、畏庐居士,别署冷红生。晚称蠡叟、践卓翁、六桥补柳翁、春觉斋主人。福建闽县(今福州)人。

1922 年上海商务印书馆铅印本,平装 4 册。

1925 年上海商务印书馆第 3 版,4 册。

1927 年上海商务印书馆第 4 版,4 册。

上海文艺出版社 1993 年版,《近代笔记大观》本。

33.《粤东新聊斋》

梁纪佩(约 1879—1920),原名梁祖修,又改名梁颂虞,晚号醉眠山人。南海人。民国十六年(1917),《粤东新聊斋》初集刊行,次年又出二集,搜集轶闻掌故颇多,全用白话写作。

民国七年(1918)广州科学书局石印本,线装 1 册,藏国家图书馆、上海图书馆。

34.《反聊斋》

主要记述书生的爱情故事,但批判封建迷信。吴绮缘(1899—1948),原名惜,晚署起原,1899 年出生于常州,1948 年在上海逝世,是民国时期的小说家,时号“才子”,《常州市志》有传。

1918 年上海清华书局铝印第 1 版。

1920 年上海清华书局再版,12 篇,藏国家图书馆。

1992 年百花文艺出版社排印本,力群整理,伊人注释,以上海清华书局 1918 年铝印本为底本。

35.《反聊斋》

载《新小说》杂志第 12、15 号,署名破迷。主要记述神怪故事,但作者写神怪的目的在于戳穿神怪的外衣，进行科学的解释。

36.《聊斋志异外集》

留仙后人著，8 卷 116 篇。

民国三年（1914）平江瀛园居士序本。

1930 年大达图书供应社刊行本，前有赵琴石序。

1935 年大达图书供应社第 2 版。

以下为遗失的聊斋仿作。

37.《聊斋遗志》

清代志怪小说。无名氏撰、未见著录及传本。张昀《琐事闲隶》续编卷下引此书佚文，为怪异杂事。知有此书。姑列在张昀之前。

38.《聊斋外集》

清代志怪小说集。段永源撰，未见著录及传本。段永源《信徵前集》自序，称其曾辑《聊斋外集》四卷。

（作者简介：冀运鲁，文学博士，淮北师范大学文学院副教授。）

文学文献研究

王之道《相山集》初探

郭全芝

王之道(1093—1169),字彦猷,号相山居士,宋代无为县濡须(今属安徽无为)人。他是南宋著名良吏,也是有成就的文学家。

其生平事迹,南宋尤袤《赠故太师王公神道碑》(见王之道《相山集》卷三〇附《故太师王公神道碑》)载之较早也最为可信,《四库全书总目》早有论评:"袤碑乃据其子家状所书,似当得其实也。"[①]又略见于南宋李心传《建炎以来系年要录》、清陆心源《宋史翼》、清《江南通志》及无为地方志等。今人宛敏灏撰有《相山居士王之道传》(载民国二十六年《学风》七卷第三期),述之尤详。

据尤袤碑文记载[②],王之道与其兄之义、弟之深于宋徽宗宣和六年(1124)同登进士第,一时传为美谈,"搢绅荣之,榜其所居堂曰'三桂'"。自此,王之道步入仕途。但在北宋,其为官之径并不平顺,因为在对策时主论联金伐辽之非,与当政者看法不合而被抑置下列。后调任历阳丞。南渡后累官至湖南转运判官,最后以朝奉大夫致仕。年七十七,终于家。他身后荣显:在其子王蔺担任枢密使时,之道被追赠为太师。

王之道为人"质直刚劲",临大事,其处理常出人意料。"遭时多故",于是多次上书慨然指陈利害,"忠义激烈,听者竦然"。曾在胡铨上封事之前,就提出与金人"九不可和"之说。因而《四库总目》谓其"足与胡铨相匹,气节尤不可及"(见《四库总目》之《相山集》提要)。尤袤碑又记其曾以书策大忤丞相秦桧等权贵,遭受打击报复,以至于绝意仕途二十年。其时隐居相山,常以诗酒自娱。当其为官之时,则常为百姓造福。如担任历阳县丞,遭逢圩田失修、积雨将败,当时圩"皆豪家所占",但这些豪强不愿出资出力,于是逼迫官家修圩。王之道此时正好奉命监管修复之事,他义正辞严地训斥豪强:"尔圩尔修,将责之者谁!"并采取严厉措施,令豪家自出人丁,最终聚集起数千人顺利完成了工程。当年,全县即获丰收,"全岁乃大熟"。他还曾经在金兵攻陷无为军、守臣朝散大

---

① 本文所引《四库全书提要》,均见上海古籍出版社1987年文渊阁《四库全书》集部《相山集》提要。

② 本文所引南宋尤袤《赠故太师王公神道碑》,皆为《四库全书》所载王之道《相山集》卷三〇附文。

夫李知幾率众南逃之时，保乡民据山寨而守，使一方百姓免遭涂炭。又曾在地方势力李伸兵患之时，挺身而出，一人独对十余万军，晓之以理，最终保全百姓，王之道自己也用计全身而出。由于一心为民，敢于担当，王之道深受百姓拥戴。多年后，王之道逝世，百姓“扶老携幼，遮哭于道，丧车至不得前”。

王之道喜好交游，如周紫芝、方云翼、魏良臣等都是其好友；在政治、军事、文学诸多领域则都表现出出众的才华，但另一方面又热爱农村田园生活。这些在王之道诗文中都得到了反映。

王之道诗文结集为《相山集》。

《相山集》概况：

王之道著述，文献载录不同。《四库全书总目》简约做过介绍：“《宋史·艺文志》作二十五卷。《（直斋）书录解题》作二十六卷。《宝祐濡须志》及《濡须续志》俱作四十卷。尤袤碑文作三十卷。”其集在明代仍有存留，《永乐大典》编撰时还予以分散著录。至清代而亡佚。四库馆臣于是“就《永乐大典》各韵中搜辑编次，仍可得三十卷。疑明初纂修诸臣，重其为人，全部收入。故虽偶有脱遗，而去原数不远矣”（《四库全书总目》）。现存《相山集》三十卷，一为《四库全书》钞本，一为清翰林院钞本（此本被《四库全书珍本初集》收录，又被《宋集珍本丛刊》影印）。2006 年，北京图书馆出版社所出沈怀玉、凌波点校本，主据《四库全书》本，又参酌《全宋词》《古今图书集成》《彊村丛书》《函海》及方志等文献整理而成，因之也成为收集王之道著述最多的本子。点校本保留三十卷次，将增加的词按词牌归入各类，内容相同而词牌不一致的，取《四库全书》本词牌。是书并对一些字词进行解释，对文化及人文地理等方面的内容解释尤详。

王之道文学成就较为突出。作者能诗善词，还有不少散文作品。《相山集》一至十五卷为诗歌体式①，包括五古、七古、五律、七律、七绝；十六至十八卷为词，自十九卷至二十九卷为制、表、札子等各式文章；第三十卷系尤袤为其所撰《神道碑》。诗文具有时代性，体现出对现实的关注，对国情、民情的重视与关怀，也体现出个人真挚的性情，语言明白晓畅。

王之道的诗歌数量较多，现存尚有八百多首。题材涉及范围亦较为广泛，计有赠酬应答、羁旅行役、山水物咏、时令节序等，而以第一类作品为多。诗歌内容表现出关注现实的特点。有的是关心农事、体恤下层，而因立足于实际见闻，内容又往往深切自然，如《苏台悯农》诗有云：“榴田高下欲分畦，积潦弥茫隔寸堤。天意未收连夜雨，农功良苦半身泥。”有的是担忧国事、直接描述金人侵犯带来的灾难，如《秋日野步，和王觉民十六首》末两句：“伤心故国迷烟草，秋日

① 本文所引王之道《相山集》，皆为沈怀玉、凌波点校本，北京图书馆出版社 2006 年版。

荒凉处处村。”也有的是借古讽今,抒发心中愤慨,如《天宝歌和魏定公文次韵》一诗借唐朝之事抒写软弱、腐朽的当朝现实。还有的是写景叙事以抒写隐逸生活情态,等等。内容淳正,情感真挚。他的诗在艺术上受到江西诗派的影响,但也注意新变,既学杜甫与黄庭坚,也师法陶渊明与苏轼。风格或清丽流畅,或沉郁厚重,总体特点是真朴有致(《四库全书总目》评云:“韵语虽非所长,而抒写性情,具有真朴之致。”)、自然清新,但有的诗也存在“意境窘狭”的问题①。

王之道词现存186首,有单行本,题“相山居士词”。他的词与诗在题材上较为一致,例如多酬赠唱和,也有抒写爱国情怀的作品,说明作者具有打通诗词藩篱的意愿,但总体上看内容偏重于抒写交友、隐逸、赏物的闲情逸致。词风温婉,受婉约词影响较深。如小令《桃园忆故人》其一:“逢人借问春归处,遥指芜城烟树。收尽柳梢残雨,月闯西南户。游丝不解留伊住,漫惹闲愁无数。燕子为谁来去,似说江头路。”“问春归处”看似无理,却借此写出春光不在、词人叹惋春逝的心绪。“收尽柳梢残雨,月闯西南户。游丝不解留伊住,漫惹闲愁无数”是春光已逝的眼前之景,且用拟人手法写出了惆怅。“遥指芜城烟树”“似说江头路”两句道出春归江南和词人的向往。王之道的词一般还具有将写景和叙事结合起来以抒写情感的特点,因此较为含蓄深沉。

王之道的文章以制、表、奏议、札子、书、启、记等为主,偏于应用体,内容上多反映其政治和军事见解,所提措施具体而便于操作,故《四库全书总目》指出:“(王之道)其他论事诸札子,亦多明白晓畅,可以见诸施行。”如《上江东宣抚李端明书》,就当时豪强王彦充聚众占据寿春(今安徽寿县)一事分析其严重性,指出王彦充之志“恐不在寿春而在合肥”,而合肥、寿春、建康三地皆在江淮,“其势犹唇齿股肱,不可相无也”,因此其最终还有占据建康的可能。因此,要得建康之安,必得“保有寿春、合肥”。他还为怎样保有寿春、合肥提供了具体建议和措施,例如:“移军河阳,北阻择潞”,且应“攻其不备,出其不意”,迅速解决问题。王之道的文章在风格上除了明白晓畅的特点之外,在论述有关国家存亡的大事之时,还体现出壮怀激烈的爱国情怀。如《四库全书总目》所列举的“所与矼、统二书”(指《绍兴八年六月十二日上侍郎魏矼书》和《绍兴九年五月二十二日上谏议曾统书》)中“所论九不可和之说,慷慨激烈,足与胡铨封事相匹,气节尤不可及”。此外,其记述类文字还间有生动的描述。如《无为军淮西道院记》提出针对当地的民情,为政者若能“因其俗,以布政施教而不扰焉”,则“家家可使和协辑睦,人人可使敦庞纯固,而乖争凌犯之诉不至于庭”,下又描述其想象中的民欢官乐情景:“得以暇日,啸咏梅湖山之胜,从容宾僚之乐,把酒赋诗,围棋鼓

① 参见孔凡礼《宋代文史论丛·王之道与〈相山集〉》。

琴,以度朝夕,而民惟恐其去。”因此王之道的这类文字虽然多属应用文,但也具有文学性。

（作者简介:郭全芝,淮北师范大学文学院教授、安徽文献整理与研究中心兼职研究员。）

张令仪著作叙录

邱瑰华

有清一代,桐城文章名冠天下。受地域文化和家学门风之影响,桐城女性雅好文史、长于文墨者众多,尤以方氏、张氏、姚氏等家族女性为著。以文端公张英家族为例,张英二姐张氏(张秉彝女),著有《履雪阁诗集》;堂妹张莹(张秉贞女),著有《友阁集》[①];妻子姚含章,著有《含章阁偶然草》;三女张令仪,著有《蠹窗诗集》《蠹窗二集》等;孙女张若娴(张廷琢女)和张似谊(张廷玉女),分别著有《缃素阁遗草》和《保艾阁集》[②];曾孙媳姚卿华(张元端室),著有《霞晖阁吟草》,等等。另外,其外孙女姚仲芝(张令仪长姊二女),著有《畹香阁诗集》;曾外孙女姚德耀和姚德承(张令仪子姚孔钢女),分别著有《清香阁诗钞》和《退安斋集》。其中,张令仪可称皖江女性作家之翘楚。

张令仪(1668—1752)[③],字柔嘉。大学士文端公张英与姚含章女,少詹事张廷瓒妹,大学士文和公张廷玉、礼部侍郎张廷璐、工部侍郎张廷瑑姊。夫姚士封(1670—1720),字玉笥,号湘门,陕西阶州知州姚文熊第三子,清康熙六年(1667)进士,博涉经史,兼善古文词,年五十卒,道光《桐城续修县志·人物志·文苑》有传。令仪学问博赡,识见渊通,长于诗词文赋,亦能写戏曲文本,著有《蠹窗诗集》《蠹窗二集》《蠹窗诗馀》《蠹窗文集》《锦囊冰鉴》及剧作《乾坤圈》《梦觉关》等。本文对其著作的书名、卷数、刊刻时间、序跋、主要内容、文献著录及收藏、影印、整理情况等作一介绍,以窥张令仪著作之大概及皖江女性文学成就之一斑。

---

① 《友阁集》,亦作《友阁遗稿》。而《历代妇女著作考·清代八》著录为"《友兰阁遗稿》一卷",并曰:"《正始集》作《兰阁诗集》,《皖雅》作《友阁集》,《撷芳集》作《友阁诗集》。"(见胡文楷编著、张宏生等增订《历代妇女著作考》,上海古籍出版社2008年版,第528页。)《龙眠风雅续集》卷十九曰:"(张莹)所著有《友阁诗》,合山请邑侯阳信王公及其兄宗伯藻青公为之序以行世,而予为采其什五,以光管彤,不忍没其诗,不忍没其人也。"(见清潘江辑、彭君华主编《龙眠风雅全编》,黄山书社2013年版,第3994页。)当取《龙眠风雅续集》说。

② 有关张莹和张似谊二人的身份说法不同:胡文楷认为张莹是"兵部尚书张秉贞女,方中履妻",有《友兰阁遗稿》一卷,"其从兄张英为作序";而张似谊则是"兵部尚书僖和公张廷玉女,主事姚文燕妻",有《保艾阁诗草》(分别见胡文楷编著、张宏生等增订《历代妇女著作考》,上海古籍出版社2008年版,第528页、第511页)。光大中关于二人的籍贯、丈夫名姓、著述记述等与胡书相同,但认为二人为姐妹,皆兵部尚书张秉贞女(分别见《安徽名媛诗词征略》,黄山书社1986年版,第38页、第40页)。俟考。

③ 张令仪生卒年有多种说法,此据邓丹《三位清代女剧作家生平资料新证》一文中的考证,见《中国戏曲学院学报》2007年第3期,第51—53页。

《乾坤圈》

《乾坤圈》一剧,《历代妇女著作考》清代八据《蠹窗文集》著录①。未见。

《蠹窗文集》录有张令仪于清康熙五十六年(1717)所作的《乾坤圈题辞》,可见其编写此剧之缘由:"造物忌才,由来久矣。自古才人沦落不偶者,可胜言哉?至若闺阁涂鸦,雕虫小技,又何足道?必至穷困以老,甚而轗轲失意,颠沛流离,岂非造物不仁之甚与?故东坡诗云:'但愿我儿愚且鲁,无灾无难到公卿。'盖深于阅世者之言也。蠹窗主人偶于长夏翻阅唐诗,因感黄崇嘏之事。崇嘏以一弱女子以诗谒蜀相周庠,庠甚称美,荐摄府掾,政事明敏,吏胥畏服。庠爱其才,欲妻以女,乃献诗云云。庠得诗大惊,始知为黄使君之女,原未从人,与老妪同居,因叹崇嘏具如此聪明才智。终未竟其业,卒返初服宁,复调朱弄粉,重执巾栉,向人乞怜乎?故托以神仙,作闲云高鸟,不受乾坤之拘缚。乃演成一剧,名曰'乾坤圈',使雅俗共赏,亦足蛾眉生色,岂不快哉!时丁酉仲秋,蠹窗主人书于严陵官署。"②

《梦觉关》

《梦觉关》一剧,《历代妇女著作考》清代八据《蠹窗文集》著录③。未见。

《蠹窗文集》录有张令仪《梦觉关题辞》一文,可观其编写此剧之缘由:"乾坤一大梦场也。自混沌初分,至于今日,篡杀争夺,恩仇不爽,无往而非梦。试问汉寝谁存,秦灰安在?岂必鹿藏蕉叶,饭熟黄粱,而始谓之梦哉?盖梦生于情,人孰无情,岂能无梦?惟老莱子、严子陵辈,如醒客之对醉人,如医家之处病者,虽不能拯其沉溺,犹能脱略自如,虽在梦中,不为梦所苦耳。其间颠颠倒倒,困杀多少英雄,空陷百世之迷途,谁识三生之觉路?良可悲夫!予偶阅稗官家所谓《归莲梦》者,见其痴情幻境,宛转缠绵,几欲随紫玉成烟,白花飞蝶,忽而明镜尘空,澄潭心彻。借老僧之棒喝,挽倩女之离魂,得证无上菩提,登彼觉岸。于是芟其芜秽,编为剧本,名之曰'梦觉关'。吾愿世之读者,要当知梦幻泡影,水月空花,本来无著。佛经有云:'无我相,无众生相,无受者相。'四大本空,情生何处?编是剧者,亦本我佛慈悲之意云尔。"④

《锦囊冰鉴》二卷

《锦囊冰鉴》二卷,《历代妇女著作考》清代八据《桐城县志》著录⑤。未见。

《蠹窗文集》录有张令仪《锦囊冰鉴序》一文,可观其编辑此书之缘由:"予

---

① 胡文楷编著、张宏生等增订《历代妇女著作考》,上海古籍出版社2008年版,第509页。

② 张令仪《蠹窗诗集十二卷诗馀一卷文集一卷》,中国国家图书馆藏清雍正二年(1724)刻本。

③ 胡文楷编著、张宏生等增订《历代妇女著作考》,上海古籍出版社2008年版,第509页。

④ 张令仪《蠹窗诗集十二卷诗馀一卷文集一卷》,中国国家图书馆藏清雍正二年(1724)刻本。

⑤ 胡文楷编著、张宏生等增订《历代妇女著作考》,上海古籍出版社2008年版,第508页。

幼随先文端公宦京师,时诸弟犹在襁褓。先公家素寒俭,不能以弱女延塾师,间从先太夫人,授《论语》《毛诗》。稍长,太夫人曰:‘女子工织纴、事酒浆,诗书非所务,知其大义可也。’是后予既归吴兴,两尊人犹宦京华,弟兄天末,不能无离群索居之感,间托诗章以舒积抱,亦不以示人也。既而先舅翁捐馆,清白相贻,家徒壁立,夫子怀珠在椟,糊口四方。予终岁食贫,黾勉齑盐,皆仰给于十指。而夜窗机杼,晓镜飞蓬;贫病相因,流光易掷,忽忽不知老之将至。而今之困苦轗轲,有甚于昔也。针黹之余,稍涉书史,以为古人嘉言懿行,可备取资者不少,吾桐杨古度先生著有《龙文鞭影》一书,窃谓尚多遗落,不揣固陋,以暇时所见,编次成书,名曰《锦囊冰鉴》。昔人云:‘鉴古可知兴替。’又李贺每出游,必使奚僮背一古锦囊,有所得辄投其中。是集亦可为锦囊中之一鉴云。予学惭韦母,才愧班姬;加以尘务经心,识见非广;聊凭臆度,丛杂无章。或篝灯绩火,风雨晦明,听稚子琅琅诵读一过,如晤对古人,庶几愁苦稍释耳。诸弟见之,谬加奖与,请付梓人,公诸同好。嗟乎!谢道韫之解围,无其高朗;李易安之赌茗,乏此清闲。仅同王霸之妻,为农而没世;大似老莱之妇,偕隐以灌园。身既隐矣,何用名哉!盖欲以劝诱童蒙,非敢质诸当世也。”①

按:从张令仪序推测,《锦囊冰鉴》编辑时间应在清康熙五十九年(1720)前,此时其夫姚士封当尚在世。

《蠹窗诗集》十二卷

《蠹窗诗集》十二卷,与《蠹窗诗馀》一卷、《蠹窗文集》一卷合刻,共成十四卷,清雍正二年(1724)刻本,中国国家图书馆藏。此本每半页十行,每行十九字,小字双行不等;黑口,四周单边,单鱼尾。前有张英《蠹窗学诗题辞》、方正玉《蠹窗诗集序》、张廷玉《蠹窗诗文集序》及张令仪《自序》,并附张令仪子姚孔銮、姚孔鋐编次的《目录》。在卷一之首题“龙眠张令仪柔嘉氏著,侄女姚仲芝嗣徽校字,表兄马凤翥恒斋选,同怀弟廷璐约斋、廷玉砚斋、廷瑑思斋订”字样。内录诗十二卷,计一千零二十五首,其中卷一收古体诗六十一首,卷二收古体诗三十七首,卷三收近体诗八十七首,卷四收近体诗一百十九首,卷五收近体诗九十四首,卷六收近体诗八十六首,卷七收近体诗八十五首,卷八收近体诗九十五首,卷九收近体诗一百二十九首,卷十收近体诗七十四首,卷十一收近体诗八十九首,卷十二收近体诗六十九首。此本卷六《梅花诗三十首》偶有圈点、注释、评点,如第七首末句:“欲向生绡临小影,霜毫须是起倪迂。”“迂”字圈,并于页眉注解云:“元倪瓒,字云林,性迂,善画,用笔高古,不同流俗。”第十二首末句“冻合小桥溪上路,晚鸦飞破雪纷纷”,逐字圈,并于页眉批云:“收句直追盛唐。”

① 张令仪《蠹窗诗集十二卷诗馀一卷文集一卷》,中国国家图书馆藏清雍正二年(1724)刻本。

张英《蠹窗学诗题辞》曰："余第三女未尝学诗，幼从余宦京华，随其母夫人授句读，能诵《论语》《毛诗》，粗解其大义。稍长，窃取唐人之诗读之。诗卷纷披，杂罗于针管彩绣之间，穷昼夜寝食不辍，余不知之，而其母夫人亦不识也。既而稍出其所作诗以示兄弟，皆奕奕然老成，讲求声律，比偶起结，皆有法度。余在京师，间见其一二作诗贻之，所谓'蕉窗对镜图书满，纸阁拈针笔扎随'，意深喜其不学而能。且论古有识，用典故精当，笔力清颖，时出新意。此盖其出于天性然也。余乞休园居，衰老谢宾客，与麋鹿渔樵为伍。每与子孙征引掌故，背诵古人诗篇，以相娱乐。而三女辄能举其事与词，亦由其记诵之多，而攻苦之力也，昔者谢道韫止传柳絮之句，而余不多见。由今观之，岂得谓古今人不相及耶？由蠹窗学诗而益加精进，足以与彤管女史互相辉映矣。圃翁大清康熙四十七年岁次戊子三月望日书于双溪草堂。"

张廷玉《蠹窗诗文集序》曰："自古著述之见于名媛者，其人类皆博赡之学，渊通之识，又多生长公卿阀阅家，书籍繁富，足以备搜求而扩见闻。且其处芬芳盛丽之中，独有盐淡泊之致，而奇纨金玉，无足以概其心，故妇功之余，得以抒其志意于文章，若惠姬之汉史、宣文君之周官音义、徐淑之骈词、宋昭华之经学，其尤著者也。三姊蠹窗夫人，其踵前贤而兴者欤？三姊生而聪慧，工织纫组紃，性嗜学，少侍太夫人读书京邸，简帙盈案，无不披览。先公退食时，常试以奥事，应对了然。所为诗文，辄衷前人法度，论古有识，用典故精当。先公甚异之。及笄，归吴兴，与姊夫湘门先生，闺门相属和。湘门世家清宦，室靡长物，吾姊总持内政，湘门得以殚心于帖括之学。忆吾姊居棠花馆时，余得与诸弟先后受室。归里门，常与湘门斗题角艺，吾姊亦时时出其所为诗歌、古文辞。每酒阑灯灺，辨晰古今，事不少休。弹指十数年内，吾姊裨益于诸弟者良多。及先公予告，偕太夫人南还，棠花咫尺，吾姊时亲色笑，问起居。而先公暇日，与子孙征引掌故，背诵古人诗篇，吾姊援笔歌赋，动辄数十言，所以娱先公于衰年者，尤为曲至也。嗟呼！曾岁月之几何，两大人音容已不及见。予与三弟系官于朝，回念当时团聚之欢，邈不可得。而湘门中年多病，又永归道山矣。今幸两甥成立，家业不堕，吾姊犹得以藉余闲，斟定其生平未竟之业，迹其所得，虽惠姬、宣文君之属，何以加于此哉？然使吾姊处芬芳盛丽之中，而无啬盐淡泊之致，则田园仓廥，不无挠其心而撄其虑，亦未必其学之博赡而识之渊通如此也。顷邮寄其诗赋古文辞若干篇，命序于予，将以授之剞劂，爰撮其梗概而书之，并以志先公、太夫人之遗教于不衰云。二弟廷玉拜撰。"

张令仪《蠹窗诗文集自序》曰："诗所以道性情也。凡人有所忧思，郁结不能自去于怀，每托诗与词以道之。无论《孤愤》《离骚》，昔贤不免；即采蓝、采绿之什，风雅犹采择焉。予自弱龄，于归吴兴，先太傅、太夫人作宦京师，弟兄皆随侍,而予独留故国,瞻望燕云,寄声北雁,情难当已,涕泪因之。先舅翁阶州公为清白吏,壁立萧然,夫子湘门怀才不偶,糊其口于四方者,几四十载。予索居穷巷,形影相依。草曛风暖,夏箪冬缸,触事兴怀,间发之于长章短句,信口吟成,工拙难计。乃昊天不吊,夫子以屡蹶锁闱,赍志而殁。儿子銮、铉衣食于奔走,予寂寞孤帷,风雨之悲,门闾之望,无可抒发,或歌以当哭,或诗以代书,丛杂无章,尤不自修饰,岂得自附于风人之末哉! 侄女仲芝乃长姊次女也,高怀散朗,具林下风。素工吟咏,著有《畹香阁诗集》成帙。性癖嗜痂,怜予衰老多病,恐一旦溘然,先草木湮没无闻,乃为收拾残篇,捐资付灾梨枣。予愧不克当,亦不能却也。古人有言:得一知己,死可不恨。谢景初类次梅圣俞诗十卷,欧阳永叔犹称之。今仲芝于予诗,为藏弆之,并为剞劂之,较之古人,不几几过之耶? 自念生平淹蹇困塞,无可比数,乃犹有恐予之湮没无闻,而欲彰之者,知己之感,岂可多得。览者略予之鄙陋,而传仲芝之高义可也。蠹窗主人书于澄碧楼。大清雍正二年岁次甲辰,清和月朔三日。”

按:此本卷六、卷七收《澄碧楼集》二卷,录五七言近体诗一百七十一首;卷八、卷九、卷十收《静斋集》三卷,计录五七言近体诗二百九十八首;卷十一、卷十二收《冷鹃吟》二卷,计录五七言近体诗一百五十八首。从《冷鹃吟》集名及其第一首《哭夫子二十章》来推测,此集当为张令仪夫姚士封卒(即康熙五十九年)后所作,《澄碧楼集》和《静斋集》当早于《冷鹃吟》作。

又按:肖亚男主编《清代闺秀集丛刊》收入《蠹窗诗集》十二卷、《蠹窗诗馀》一卷、《蠹窗文集》一卷,即据此本影印①。

《蠹窗诗馀》一卷

《蠹窗诗馀》一卷,与《蠹窗诗集》十二卷、《蠹窗文集》一卷合刻,共成十四卷,清雍正二年(1724)刻本,中国国家图书馆藏。版本描述见前《蠹窗诗集》十二卷。此本收入“卷之十三”中,计录词八十九首。令仪词体制兼备,短章如《望江南·元夕》三首、《渔父·夏夜》四首、《如梦令·步梅村先生韵》四首,长调如《沁园春·东皋》《意难忘·纳凉有感》《疏帘淡月·秋夜》《新雁过妆楼·对月》等,皆音律谐婉,情深意重。从内容上看,多描写春、夏、秋、冬四季景物、节令情事,以及日常触景感怀、思夫忆儿之作,如《踏莎行》八首各题为“金盆沐发”“月奁匀面”“玉颊啼痕”“黛眉颦色”“芳尘春迹”“云窗秋梦”“绣床凝思”“金钱卜欢”。

按:《蠹窗诗馀》一卷,亦收入南陵徐乃昌于清光绪二十一至二十二年(1895—1896)所刻《小檀栾室汇刻闺秀词》第三集中。

---

① 肖亚男主编《清代闺秀集丛刊》(第5册),国家图书馆出版社2014年版。

《蠹窗文集》一卷

《蠹窗文集》一卷，与《蠹窗诗集》十二卷、《蠹窗诗馀》一卷合刻，共成十四卷，清雍正二年(1724)刻本，中国国家图书馆藏。版本描述见前《蠹窗诗集》十二卷。此本收入“卷之十四”中，总《目录》中题“古文杂述”。内录文十二篇。末附《蠹窗文集续刻》，仅录《寓居澄怀园记》一文。

《蠹窗二集》六卷

《蠹窗二集》六卷，清乾隆八年(1743)刻本。孙殿起《贩书偶记》卷十八有著录：“《蠹窗诗集》十四卷、《蠹窗二集》六卷，龙眠女史张令仪撰，康熙间刊，乾隆间续补刊。”①

笔者所见为中国国家图书馆藏乾隆八年(1743)刻本。此本每半页十行，每行十九字，小字双行不等；黑口，四周单边，单鱼尾。前有三弟廷璐于乾隆七年(1742)和二弟张廷玉于乾隆八年(1743)所作的序。内录诗四百余首，多为张令仪晚年所作，如《北游草》二卷即其就养京师时所作，是了解她晚年生活和心境的重要依据。

张廷玉《序》云：“先太傅以六艺教于家，一门之内，时以翰墨为娱。三姊于诸昆弟中最为颖异，幼承太夫人之训，组紃之外，兼课以诗。即景命题，藻思绮合，先太傅绝爱怜之。时余兄弟方治举子业，无暇肆力于诗，姊则用志既专，学殖益富，诗以骎骎日上。每花晨月夕，群从咸在，阄韵赋诗，两大人顾而乐焉，虽谢庭咏絮之雅，不是过也。姊夫湘门以名家子负俊上才，纸阁芦帘，唱酬无间。甲辰之岁，曾裒其前后所作，都为一集，名曰‘蠹窗诗集’，一时思亲念弟、流连光景之词皆在焉。余为序而授之梓。识者谓其清真古雅，直可参作者之林，不徒于闺秀间置一席也。后余兄弟俱宦游京师，余复谬蒙三朝知遇，洊历清班，入参机务，退食少暇，诗学久荒。姊亦中年，牵于婚嫁之累，米盐琐屑，不废吟咏，邮筒往复，必侑以诗。诗格愈苍，诗律愈细，余每得一篇，辄为叹服不置。盖其天分既高，而记问之博又足以达之，宜其诗之与年俱进而未有已也。雍正六年，次甥鋐蒙恩授通州判官，迎姊氏于官舍，便道过都门。余赐居戚里旧园，白头姊弟，相聚一堂，上述君恩，下思庭训，泛澄波，登广榭，一花一木，悉入品题。写恬适之高怀，极天伦之乐事。今年春，姊氏颐养里门，子侄请读其全集，因发其未刻之作数千余篇，嘱方君贞观及亲串中善诗者严加别择，得若干首，厘为六卷。其中《北游草》二卷，则就养京师之所作也。大抵姊氏之诗，发抒性情，陶铸经籍，而出之以冲容秀洁，盖两大人不敢遽作退休计。回忆家庭聚首之欢，恍如昔梦，执笔书此，盖不能无感于中云。乾隆八年岁次癸亥仲夏月二弟廷玉拜撰。”

---

① 孙殿起《贩书偶记》，上海古籍出版社 1982 年版，第 504 页。

《齏窗诗集》一卷

《齏窗诗集》一卷,收入清道光二十四年(1844)嫏嬛别馆刊蔡殿齐《国朝闺阁诗钞》第二册中。此本每半页八行,每行十八字,黑口,四周双边。内录《西颢》《玄冥》《不寐》《乌栖曲》《秋夜长》《采莲曲》《斗草》《晚春坐春晖亭》《北郭寻秋》《小院残春》《早秋夜坐》《咏十姊妹花》《齏窗》等十三首诗。

按:《续修四库全书》本《国朝闺阁诗钞》,据此本影印①。

(作者简介:邱瑰华,淮北师范大学图书馆、安徽文献整理与研究中心教授。本文为“2016年安徽省哲学社会科学规划后期资助项目《皖籍女性著作叙录》”的阶段成果。)

① 蔡殿齐辑《国朝闺阁诗钞》,《续修四库全书》(第1626册),上海古籍出版社2002年版。

钱澄之《田间诗学》中的遗民情愫

周挺启

一、钱澄之及其时代

钱澄之生于明万历四十年(1612),卒于清康熙三十二年(1693),原名秉镫,字幼光,明亡后改名澄之,字饮光,一度为僧,僧名幻光,号西顽,晚年自号田间,江南桐城(其乡今属安徽枞阳)人。钱澄之为明末诸生,青年时代以名节自励,喜好谈论经世济民之略,常思冒危难以立功名。钱氏崇尚名节,最有名的有两件事,一是弱冠时,有曾名列阉党的御史巡抚至皖城,拜谒孔子庙,众人皆迎迓,独钱氏高声揭露其秽行,钱氏由此声名大震。一是阉党阮大铖闲居南京,图谋复起,复社成员吴应箕、陈贞慧等起草《留都防乱公揭》,揭露其丑行。署名者有黄宗羲、沈士柱等一百四十余人,阮大铖自此闭门谢客。钱氏虽未署名《公揭》,但阮大铖以为钱氏是幕后操控者,后南明弘光朝阮氏当权,大肆搜捕党人,钱氏亦名列其中。年未三十,受时任右佥都御使、巡抚湖广的方孔炤赏识,并以兄长之礼事方以智,二人同游东南各地,结交天下俊杰。曾参与组织桐城当地的诗社——龙眠诗社,后与松江陈子龙等组织的云间社结盟,成立云龙社。钱氏少年时就曾随其父习《易》《诗》,后与方以智、左国棅等共同治学,与陈子龙、夏允彝、魏学渠交情友善,并曾问《易》于黄道周。清顺治二年(1645)清兵南渡时,钱氏先在浙江嘉善加入吏部文选司郎中钱棅组织的义兵,战乱中妻方氏、幼子、幼女投水死。兵败后,赶赴唐王所建立的南明隆武朝廷,受时任吏部兼兵部尚书、武英殿大学士黄道周举荐,任延平府推官,后改漳州府推官。清顺治三年(1646),隆武朝覆亡,赴桂王所建立的南明永历朝廷,授礼部精膳司主事。顺治六年(1649)经廷试,被授翰林院庶吉士,兼管诰敕。在永历朝吴党、楚党的党争中,为朝廷为国家着想,钱氏极力化解矛盾,救助受刑濒死的金堡等人。因为亲身经历,故钱氏更认识到党争的危害。对云南孙可望挟势要求永历朝封“秦王”一事,钱氏亦表现出务实态度和实干才能。惜朝廷举棋不定,终于将孙可望推向清廷一方。钱氏还曾屡次上书建言中兴大计,皆未获采纳。

顺治七年(1650)十一月,清兵攻陷桂林,永历帝逃往南宁,钱氏辗转奔波,备尝艰辛,于次年(1651)以僧装潜行,返回故乡桐城。清康熙七年(1668),曾经与其一起经历鼎革之变的长子法祖(字孝则)被入室劫匪所杀,官府不能秉公执法,冤屈久不得伸,这对钱氏打击至巨。晚年结庐于先人墓旁,潜心于著述,但为生计所迫和刻书所需,间有远游,曾两至京师,与仕清旧友亦有交集。为拜望故交旧朋,他还走访福建、浙江、江西、广西、广东等当年行历之地。

以顺治八年(1651)归乡隐居为界,钱澄之一生可以分为两个重要时段:前期积极入世,以东晋名将陶侃为榜样,渴望有所作为,故不顾安危参加抗清复明运动。迫不得已归乡隐居,效法陶渊明诗酒生涯,但其忠于明朝的遗民气节依然留存。顾炎武有诗《燕中赠钱编修秉镫》,末二句说:“相逢不见金台侣,但说荆轲是酒人。”[①]晚年的钱澄之如荆轲一般,满腔抱负无处施展,只得隐于酒中,几多心酸无奈。诚如钱氏自述:“予少时慷慨有大志,颇欲为陶士行之所为。生非其时,患难颠沛,乃慕君曾孙靖节先生栗里之隐,以诗酒终其余生。”[②]何其沉痛!钱氏早年行事见其子㧑禄所撰之《钱君饮光府君年谱》,惜年谱只记载至康熙十一年钱氏61岁时(1672)[③]。钱氏所撰《所知录》对自己亲历的永历朝政事有详细记载。《清史稿·遗逸》《清史列传·儒林传》《皖志列传稿》等史志书籍及多种《遗民录》,对钱氏均有相关记载。

钱澄之所生活的明末清初,是一个“天崩地坼”的时代。自明万历四十年(1612)至明崇祯十七年(1644),于明朝是一步步走向覆亡,是阶级矛盾、民族矛盾、统治集团内部矛盾极为尖锐的时期;于是后金渐渐崛起,最终问鼎中原,建立清朝。明朝自万历帝中期消极怠政始,明朝政局急剧恶化,朝廷中枢瘫痪,党争不已,国库拮据,军务废弛,尤其辽东形势大坏,女真族乘机崛起。天启朝,魏忠贤阉党专权,大肆屠戮清流。崇祯执政,遏制阉党势力,但崇祯刚愎多疑,朝廷党争不断,政治极度腐败,虽勤政,可惜施政措施多不得法,当政十七年,就撤换五十个大学士、十四个兵部尚书。《明史·庄烈帝本纪》载崇祯自到前御书衣襟,说:“朕凉德藐躬,上干天咎,然皆诸臣误朕。”[④]临死尚不醒悟,将亡国的责任都推卸到臣子身上。后金政权在短短的三十多年中,日益壮大,雄踞关外,进逼京畿,成为明政权的心腹大患。由于边患吃紧,朝廷加征田赋。导致民困加剧,官逼民反,最终酿成全国范围的农民大起义,直至毁灭明王朝。这一时期,钱氏主要在家乡生活、学习。自清顺治元年(1644)至康熙元年(1662),是清廷剿灭南明政权、镇压抗清力量最为惨烈的时期。清军入关后,即挥师南下,南明

① 顾炎武著,王蘧常辑注,吴丕绩标校《顾亭林诗集汇注》,上海古籍出版社2006年新1版,第1052—1053页。

② 《北山楼记》,钱澄之撰,彭君华点校《田间文集》,黄山书社1998年版,第174—175页。

③ 林红硕士学位论文《钱澄之〈田间诗学〉研究——以王夫之、孙承泽为参照视野》有附录《钱澄之年谱》,较齐全,有助于读者深入了解钱氏生平。惜论文疏于考证诸人的姓名字号。

④ 张廷玉《明史》,中华书局1974年版,第335页。

弘光、隆武及鲁监国政权相继灭亡,历时最久的永历政权也在苦苦支撑十六年(1647—1661)后以失败告终。至此,除台湾外(郑经奉明朔至康熙二十二年),南北全境都已纳入清朝版图。这一时期,钱氏参加了南明政权的抗清斗争,失败后回乡。康熙元年(1662)至康熙三十二年(1693),这一时期虽然发生了三藩之乱(1673—1682)等重大事件,但清政权日益巩固,社会已趋于稳定并显示出良好的发展态势。此间,钱氏读书治学,间有远游。

在这场生与死、贵与贱等严峻而长期的考验中,钱澄之始终表现了强烈的民族气节和崇高的知识分子操守。钱氏甘于贫贱,不应科举,不仕新朝。其对故国的情思,对兴亡的感慨,对友人的怀想,时时流露于笔端。

《田间诗学》始撰于清康熙十四年(1675),于康熙二十八年(1689)刊刻成书,其间明亡已四十余年,永历朝覆亡亦二十余年,清廷统治已日益巩固。晚年的钱澄之主要精力全在撰写《田间易学》《田间诗学》二书,其一生学术及满腔情怀也遂之融入二书之中。钱澄之在明遗民中年龄甚长(刻成《田间诗学》时已77岁),行辈亦高,其一生反阉党,抗清军,任职隆武、永历,鼎革后麻鞋变服,历尽艰危。或慷慨悲歌,或九死酸辛,但故国情怀始终未改。其遗民情愫不仅在诗文集(《藏山阁集》《田间诗集》《田间文集》《所知录》)中时有表现,在学术著作(《田间易学》《田间诗学》《庄屈合诂》)中亦不乏流露,这也是《田间诗学》不同于其他《诗》学论著的一个重要特色。

《田间诗学》中蕴蓄的遗民情愫主要分为两类,这可以用他自己的两句诗来概括:“沧海变余吾道在,青山别后旧交贫。”①即缅怀故国和纪念友人。对故国的怀念之情表现在解《诗》时联系到南明时局,这种表述有些可以与其诗文相印证,相对比较明显。对友人的怀念之情较隐讳,主要记录鼎革死难者及遗民有关《诗经》的片言只语,有时虽然这些片言只语对于解《诗》无甚新意,看似亦无甚故国情思,但钱氏依然将其记载下来,类似文献征存录。

二、沧海变余吾道在——怀念故明

钱氏于《田间诗学》中对亡明的深切情感,主要表现为:对故国的怀念和对兴亡的反思。

---

① 《访沈惕菴村居》,钱澄之撰,诸伟奇点校《田间诗集》,黄山书社1998年版,第9页。沈士柱(?—1659)字昆铜,号惕菴,安徽芜湖人。曾入复社,反阉党阮大铖,名列《南都防乱公揭》。明亡后秘密反清,并蓄发不剃,古冠大服,以示不忘明朝,后被清廷逮捕,英勇就义。有《土窨集》。钱氏另有赠诗《读锡惕再晬诗》《寄怀惕菴五十》,《田间诗集》第41、55页。

(一)对故国的怀念

《田间诗学》对某些诗篇的解读,作者或引用他人之言,或夫子自道,在表达着对故国的深深怀念。

1.或别作《诗》解,或利用谢枋得《诗》说,以表达故国之思。

《〈秦风·晨风〉序》说:"刺康公也。忘穆公之业,始弃其贤臣焉。"钱氏进一步引申诗说:

> 此诗与《蒹葭》篇,皆是苦秦思周之作。谓平王东迁,遂忘我周人而不顾也。晨风之抟击,北林之阴幽,皆以比秦礅惨肃杀之气。栎与棣土产也,种种丛生。今至于栎皮斑驳,樾而成树,则历年久矣。皆周时移植也,王弃之如遗。睹树思周,正以见苦秦之虐也。①

钱氏指明此遭弃之贤臣为周之遗民,实无坚实依据,不一定符合此诗的本意,不过为钱氏遗民心境的真实写照而已。树木尚且不堪忍受秦之暴政,何况新纳入秦国版图的周之遗民,钱澄之撰写《田间诗学》时处于清朝统治下的明遗民应有类似处境。钱氏对故国的怀念之情寓于字里行间。

解《秦风·无衣》,钱氏引南宋遗民谢枋得说:"读《文侯之命》,知诸侯无复仇之志矣。独《无衣》一篇,犹见人心焉。"②此《诗序》以为刺秦人亟亟用兵,好征战。钱氏不取《小序》,而是借谢氏之说,言此诗表达的是上下团结一心复仇之作,隐约表露其对抗清复明的希望。对比钱氏所说,谢枋得《诗传注疏》原文说:

> 幽王没于骊山,此中国之大耻,周家万世不可忘之大仇也。读《文侯之命》,可以知诸侯无复仇之志矣。读《无衣》一篇,毅然以天下大义为己任,其心忠而诚,其气刚而大,其词壮而直。吾知岐、丰之地被文王、周公之化最深,虽世降俗末,人心天理不可泯灭者,尚异于列国也。秦国何人所作,千载而下闻,其风莫不兴起,况亲炙其人乎?③

钱氏称引略有删节,略去原文中的有关天理人欲的论述,重点突出政治的得失,王朝的盛衰。

解《秦风·权舆》,钱氏再引谢枋得语:

---

① 钱澄之撰,朱一清点校《田间诗学》,黄山书社2005年版,第312页。

② 《田间诗学》,第314页。

③ 谢枋得撰,吴长元辑《诗传注疏》,《续修四库全书》,上海古籍出版社2003年版,第244页。

秦本戎俗,不得齿中国之会盟。春秋夷之邑于岐、丰,其民犹有文、武、成、康之旧俗,而秦以法驭之,故其发为诗辞者,类多尊君亲上之义,趋事赴公之敏。季札听其乐而曰:"此之谓夏声。夫能夏则大,大之至也,其周之旧乎?"忧其将有中国矣。①

秦国本处于西南边陲,杂染夷狄之俗,与中原诸国稍有往来,后来渐渐发展起来,直至灭六国并天下。正如女真民族本是僻处东北的少数民族,只是受明朝政府节制的地方政权,不料最后竟然入主中原。夷夏之大防历来是古代知识分子心之所系,国破家亡之际更是念兹在兹。钱氏的解说中也透露了对清人入主中原的不甘和无奈。对比钱氏所说,谢枋得《诗传注疏》原文说:

中国而纯乎人欲,则化为夷狄;夷狄而知有天理,则化为中国。秦本夷狄,不得齿中国之会盟,春秋夷之邑于岐、丰,用文、武、成、康之遗民,习文、武、成、康之旧俗,一旦恶人欲而崇天理,其发于诗者有尊君亲上之义,有趋事赴功之勇。故季札听其乐曰:"是谓能夏,能夏始大。"忧其将有中国矣。②

类似于上段引述,钱氏略去天理人欲的表述,重点突出夷夏之防。

2.批评清廷的举措。

《孝经·开宗明义》说:"身体发肤,受之父母,不敢毁伤。"③对由明朝过来的汉族士人而言,清廷的薙发政策尤其难以接受。在他们的观念中,从来都是以夏变夷,而今却要遵从野蛮民族的礼制,故诱发江南地区最激烈的抗清斗争,导致清廷大肆镇压,从而给遗民带来不可言状的痛苦和至死不灭的哀愤。

《大雅·文王》:"殷士肤敏,祼将于京。厥作祼将,常服黼冔。"郑《笺》说:"殷之臣壮美而敏,来助周祭。其助祭自服殷之服,明文王以德不以强。"④钱氏说:

熊禾云:"此见周家忠厚之至,一代之兴,改正朔,易服色,以示维新之政。"然考之即《诗》《书》,则一代之礼乐,固未尝废也。常服黼冔,犹用商

① 《田间诗学》,第317页。

② 谢枋得《诗传注疏》,第244页。

③ 李隆基注,邢昺疏《孝经注疏》,阮元等刻《十三经注疏》,中华书局1980年版,第2545页。

④ 毛亨传,郑玄笺,孔颖达等正义《毛诗正义》,《十三经注疏》,第505页。

之衣冠也。王访于箕子,称十有三祀,奔走臣我,监称五祀,犹用商之纪年也。一则曰"商王士",再则曰"殷多士",何尝敢有鄙夷之心!其视后世,亡人之国,则绝人之祀,毁弃先代之衣冠礼乐,相去远矣。①

对比二说,郑《笺》重在正面赞美文王以德服人,钱氏引熊氏之说除此之外,还批评后来的新政权对待胜国遗民的残忍粗暴做法:亡人之国,绝人之祀,毁弃其先代之衣冠礼乐。钱氏不引郑《笺》,而只引熊氏之说,意图当更在于批评清廷的薙发令。

3.抒发后死者的感伤。

钱氏在解读《大雅·瞻卬》"哲夫成城,哲妇倾城"时说:

所谓哲夫,指召虎、仲山甫、皇父、休父辈而言也。以诸臣经营数十年而定,以褒姒一笑灭之而有余,凡伯不幸有期颐之寿,亲见其兴亡,故言之痛切如此!凡伯身历任数世,亲与诸公共事王朝,独逢其败,而痛惜诸公之早亡,此亦老人不早死而伤心之至情也!②

此段解读可视作钱氏的夫子自道心曲。钱氏本人在遗民中属于长寿者,亲历明朝灭亡,参与抗清斗争,任职南明朝廷,后返乡隐居,终身诗文不辍,其于诗文中常回忆当年血与火的斗争,感叹明朝的覆亡,怀念鼎革之际的遇难者和早于自己亡世的老友,悲痛之情溢于言表。其诗文与《易学》《诗学》《庄屈合诂》诸书虽形式不同,然故国之思始终如一。

(二)对兴亡的反思

经历了明清鼎革之变的遗民阶层,在创痛之余,禁不住对"天崩地解"的现实乃至历史的兴亡原因作一番痛苦而深切的思考。黄宗羲写《明夷待访录》,唐甄写《潜书》,王夫之写《读通鉴论》,钱澄之撰写《易学》《诗学》诸书,其中都渗透了这种反思的笔触。在《田间诗学》中,钱澄之以史解《诗》,并以之影射暗示南明小朝廷昏庸腐朽,不足以担当起复兴明朝的重任。

1.批评晚明延续至南明的党争。

解读《鄘风·载驰》"许人尤之,众稚且狂",钱氏说:"无知少年之辈,乃群起争之,举国若狂,斯所为不平耳。从来国事本易挽回,以少年喜事者争之过激,遂成不可回之势,皆狂稚为之害也。"③联系南明历史和钱氏的经历,读者当

① 《田间诗学》,第670页。
② 《田间诗学》,第851页。
③ 《田间诗学》,第133页。

能体味钱氏对历史的深刻反省。钱氏本人就曾因弘光党祸出亡浙、闽，对党争给当事人给朝廷政事带来的危害深有体会。崇祯死后，前明遗臣在拥戴新帝问题上出现分歧，结果给小人可趁之机，马士英等为打击复社与争抢拥戴之功，拥立福王朱由崧，倾向复社的史可法本不赞成，但迫于形势无奈接受，以致福王称帝后，史可法领导的抗清大业处处受制，最终弘光一朝支撑短短半年即被清廷剿杀。后来的永历政权亦是稍稍稳定，即陷入党争，阉寺及依附阉寺之流与较正直朝臣之间的党争，加上一些纯粹的意气之争，内耗严重，无暇应对清军，遑论复明大业？

2.批评统治者贪图享乐。

解读《鄘风·定之方中》，钱氏说：

> 卫文公国都甫建，即汲汲务农养马，收拾荧泽之余烬，以急为富强之图，盖未尝一日忘狄难也。《左传》："鲁僖公十二年春，诸侯城卫楚丘之郛，惧狄难也。"明年春，狄侵卫，则卫国有备矣。后世迁国者，去敌稍远，即忘其寇仇。不务实事，而专欲粉饰太平者何与？①

"粉饰太平"，似意有所指，批评弘光帝。与卫文公痛定思痛，全身心投入复国大业相比，弘光帝稍一坐稳龙椅，即忙于修宫殿，选秀女，其本性便暴露无遗。弘光帝还好酒贪杯，并命礼部尚书王铎写一对联，挂于内庭：万事不如杯在手，百年几见月当头。其后的隆武、永历并不比弘光好多少。故钱氏在《陈涉论》中有言："古今创业中兴之主，皆身经百战，冒矢石，蹈死亡，未有不躬履行间而能坐议庙堂以成功者。"②统治者贪图安逸享乐，不问政事，处于风雨飘摇中的南明政权焉有不亡之理？

3.批评朝廷滥赏及武将贪冒军功。

解读《小雅·采芑》："蠢尔蛮荆，大邦为仇。方叔元老，克壮其犹。方叔率止，执讯获丑。戎车啴啴，啴啴焞焞，如霆如雷。显允方叔，征伐猃狁，蛮荆来威。"钱氏说："篇末忽出'征伐猃狁'一句，则知北伐之役，方叔佐吉甫以成功。而《六月》之诗，但美吉甫，略不叙及方叔，至此因南征之功而始并及之。于此见古人将权之一，而诸将不争功之美。"③这里，钱氏当不是仅仅就诗言诗，应该有言外之意。古代将领不争功的美德，正反衬现实中的丑陋面，如钱氏亲见南明将领的腐化堕落，打不过敌人，就杀戮平民以冒充军功，而朝廷也明知其实际情

① 《田间诗学》，第125—126页。

② 《田间文集》，第13页。

③ 《田间诗学》，第457页。

况,但无力节制,照样予以赏赐。姚廷遴在《历年记》中记载:"弘光即位南京,无一善政。用马士英为相,卖官鬻爵,贿赂公行。民间传诵京中有《西江月》词一阕云:'弓箭不如私荐,人材怎比钱财?吏兵两部挂招牌,文武官员出卖。四镇按兵不举,东奴西寇齐来。虚传阁部过江淮,天子烧刀醉坏。'"①对比古代将领的一心为公事,南明政权文臣武将多只顾一己私利,朝廷几无一建树。

解读《大雅·江汉》,钱氏说:

> 厉王之乱,宣王匿召公之见,公以子代王死,与周公行政,号曰"共和"。厉王死,乃共立宣王,是公于周有再造之功,于王有更生之德。爰立之勋,犹其后也,王立而不闻封赏以酬之。直至江汉之役,式辟四方,乃锡山土田,加之宠命。视后之因时拥戴辄徼封爵者何如耶?汉丙吉决口不言"曾孙"事,犹少有古意耳。②

《汉书·丙吉传》载,武帝巫蛊之祸时,丙吉冒死护卫武帝曾孙、戾太子刘据孙、后来的汉宣帝刘询,并最终和霍光辅佐刘询登上皇位,但曾不提及自己的功劳。丙吉死后被封为定侯。钱氏感叹后世臣下一旦有拥戴新皇帝之功,动辄邀功请赏,上演一幕幕丑剧。如马士英、阮大铖等拥戴资质平庸的福王为帝,执掌大权,对复社人士打击报复,为所欲为。黄得功等武将,也为了封官加爵,拥戴福王,致使政局一发不可收拾。

三、青山别后旧交贫——征存文献

《田间诗学》与钱氏诗文形式虽殊,但其中蕴藏的怀念故国旧友的情感却是一致的。二者只是显或不显,寄托的方式不同而已。同为遗民的王夫之就认为,遗民的不可替代的生存意义,即在于保存故国文献:"士生礼崩乐圮之世,而处偏远之乡,珍重遗文以须求旧之代,不于其身,必于其徒,非有爽也。"③《田间诗学》中所提及的"先死"诸友,其中不少是生死之交。他们的友情是在血与火的反阉党、抗清军的斗争中建立起来的。岁月不磨,如山高如水长;而征文考献,保存逝者的心血,也是后死者的责任。故而钱澄之在《诗学》中尽可能地采录他们关于《诗经》的文字,纵然这些人少有《诗》学专著,但片言只语,哪怕对

① 姚廷遴《历年记》,上海市文物保管委员会编,1962年版,第19页。

② 《田间诗学》,第834页。

③ 王夫之《宋论》,中华书局1964年版,第61页。

解《诗》无甚新意，亦广泛载录。以文存人，使斯人斯文不致沦亡。

粗略统计，《诗学》所采入的钱氏当时人《诗》论者有34人，明清之际的死难者，有黄道周（1585—1646）、范景文（1587—1644）、吴德操、孙临（1611—1645）、钱棅（1619—1645）；入清不仕者，有徐孚远（1599—1665）、钱邦芑（1602—1673）、刘若宜、钱继章（1605—1674后）、汪蛟（1601—1684后）、钱棻、周岐、张遗（1608—1695）、方以智（1611—1671）、方文（612—1669）、陆圻（1613—?）、左国棅（1616—1685）、潘江（1619—1702）、左国材（1620—?）、胡长庚（？—1683）、曾灿（1625—1688）、方授（1627—1653）。钱氏引据上述诸人所论，涉及综论《诗序》，整体《诗》学观念，考释《诗》中的本事，辨明《诗》中的礼制，训诂词语，解释名物等。这些大多数有助《田间诗学》的解《诗》。然少数引据并无多少新见，甚至有不确之处，钱氏照样吸收无他，权当是文献征存录。如论述《诗序》的，钱氏先称引《〈卫风·伯兮〉序》说："刺时也。言君子行役，为王前驱，过时而不反焉。"然后引周岐说："此即繻葛之役。"①最后钱氏感叹：

> 周之东迁，晋、郑焉倚？郑有大功于王室，桓王以小忿兴师，师先曲矣。郑庄公忍于誓母，宁不敢于抗王，王师必败，妇人女子解知之。卒之祝聃射中王肩，而三国之师俎奔。此执殳之伯，存亡不可知矣。②

周桓王与郑庄公之间的繻葛之战，见《左传·桓公五年》记载。说《伯兮》所写就是繻葛之战，实在没有坚实的证据作支撑。还是《小序》比较合理，《伯兮》只是在泛说，表达征役无度，人民苦不堪言。

有关词语训诂的，如误引孙临、潘江的论说，初看颇为新颖，但经不起细细推敲。钱澄之有时疏于判辨，盲目引用新解以致误释词义。方，《召南·鹊巢》"维鸠方之"，钱氏引毛《传》说："方，有之也。"③再引潘江说："方，并也。二鸠并栖息，以比夫人与君同居。"④有之，即占有。首章"维鸠居之"，二章"维鸠方之"，三章"维鸠盈之"。综合起来看，毛《传》之训优于潘江之训。潘江之训不可从，钱氏不必引。其实潘江所训，罗愿《尔雅翼》已说过："始则一鸠'居之'而已，寻则呼其偶并居焉。"⑤胡承珙就指出："《尔雅翼》以'方'为'并'，谓'始则一鸠居之而已，寻则呼其耦并居焉'。"⑥胡承珙认同毛《传》所释，并指明"有之"

① 《田间诗学》，第155页。
② 《田间诗学》，第157页。
③ 《毛诗正义》，《十三经注疏》，第284页。
④ 《田间诗学》，第31页。
⑤ 罗愿撰，石云孙点校《尔雅翼》，黄山书社1991年版，第141页。
⑥ 胡承珙撰，郭全芝点校《毛诗后笺》，黄山书社1999年版，第65页。

之“之”因为涉《诗序》“夫人起家而居有之”之“之”而衍。王引之《经义述闻》说:

> 《召南·鹊巢》篇“维鹊有巢,维鸠方之”,毛《传》曰:“方,有之也。”戴氏东原《诗考正》读方为房,云:“房之,犹居之也。”引之谨案:鸟巢不得言房,方当读为放。分冈切。《天官·食医》:“凡君子之食恒放焉。”《论语·里仁》篇“放于利而行”,郑、孔注并曰:“放,依也。”《墨子·法仪》篇“放依以从事”,放亦依也。放依之放通作方,犹放命之放通作方也。《尧典》“方命圮族”,《今文尚书》方作放,说见段氏《古文尚书撰异》。字或作旁,蒲浪切。《庄子·齐物论》篇“旁日月,挟宇宙”,《释文》引司马彪注曰:“旁,依也。”“维鹊有巢,维鸠方之”者,维鹊有巢,维鸠依之也。古字多假借,后人失其读耳。①

王引之遍引《周礼》《论语》《墨子》《庄子》等,论证方为放的假借字,或写作旁,义训为依,比毛《传》更合理。

仍,《大雅·常武》“仍执丑虏”,毛《传》说:“仍,就。”②钱氏引述毛《传》后,再引孙临说:“仍,与频同。盖虎臣更番迭出,频执其众而囚系之。”③马瑞辰《毛诗传笺通释》因《释文》“仍本或作扔”,论定“仍与扔音义并同”,释义从毛《传》④。陈奂说:“《尔雅》:‘仍,因也。’《说文》:‘因,就也。’仍、因皆可训就。”⑤此二说皆申毛《传》,“就执丑虏”,文义晦涩,故皆不可从。孙临训仍为频,将诗义理解为屡次擒获俘虏,义虽可通,但于事理不合,故其论亦不可从。林义光先生《诗经通解》说:“仍,读为《老子》‘则攘臂而扔之’之扔。扔,引也。其正字当作乃,象曳引之行说见《文源》乃字条。作扔者后出字。《诗》作仍者,乃假借字。”⑥义较合理。

如有关名物的,《周颂·有瞽》“箫管备举”,钱氏引潘江说:“《风俗通》谓:‘箫,参差像凤翼。’十管,长二尺。其制与笙制略同,但管长不列于匏中耳。此管,谓为箫之管亦可。”⑦潘江所释概括说明箫、管的特征。《豳风·七月》“五月

① 王引之《经义述闻》,江苏古籍出版社2000年版,第120页。

② 《毛诗正义》,《十三经注疏》,第396页。朱子《诗集传》第716页亦同毛《传》,《田间诗学》,第843页直接引述的是朱注,因为是夹在串解之中,故未单独言明“仍,就也”出自毛《传》。

③ 《田间诗学》,第843页。

④ 马瑞辰撰,陈金生点校《毛诗传笺通释》,中华书局1989年版,第1028页。

⑤ 陈奂《诗毛氏传疏》,商务印书馆1934年版,第六分册第82页。

⑥ 林义光《诗经通解》,台湾中华书局1986年版,第246页。

⑦ 《田间诗学》,第894页。

斯螽动股，六月莎鸡振羽。七月在野，八月在宇，九月在户，十月蟋蟀入我床下。穹窒熏鼠，塞向墐户。嗟我妇子，曰为改岁，入此室处”，钱氏引钱继章说：“三虫（斯螽、莎鸡、蟋蟀）皆相类，而蟋蟀为殿。自蟋蟀吟罢，而虫绝响矣。”[①]此解实在不能说有多少实质信息：斯螽、莎鸡、蟋蟀区别何在，有相似点没有，不得而知。唯一说明的是蟋蟀的活动时限比其他二种长。

（作者简介：周挺启，安徽桐城人，文学博士。现为黄山书社古籍整理编辑室编辑。）

① 《田间诗学》，第363页。

对《画仙春秋》中李鱓故居与墓地的质疑
——与扬州大学黄俶成先生商榷

任祖镛

李鱓字宗扬,号复堂,是扬州八怪之开山者,世人谓“字要板桥,画要复堂”,可见他的画在八怪中的地位非同一般。黄俶成先生的大作《画仙春秋·李鱓传》①中谈到李鱓的“家”(故居)和葬所,笔者拜读后感到值得商榷与订正。今年是李鱓诞辰330周年,作为李鱓家乡人,我们如果对他的故居和墓地在何处都不知道,对他的别墅情况也一知半解,实是愧对乡贤了。

说到李鱓的“家”,从现有情况看,仅存一块嵌在原兴化市昭阳中学教工宿舍围墙中的“李鱓故居遗址”石碑,随着学校扩建为“第一中学”,教工宿舍拆掉,石碑又移至学校西围墙内。那么李鱓的故居究竟在何处?

一、故居不在“兴化城内海子池西岸”,而在上元巷北端

黄先生在《画仙春秋·李鱓传》中说:“李鱓的家在兴化城内海子池西岸。海子池在县署之后、北城之南,是兴化城内最深的一个水池,占地约百亩,水碧柳绿,风光优美,今划入人民公园。从明至清,李氏家族在海子池南岸、西岸筑了若干园林,如枣园、曼园、漪园、鸾啸堂等。”②这一说法值得商榷。

兴化李氏家族在海子池南岸、西岸筑了若干园林,这是事实,问题是其中并无李鱓家的园林;如果真有的话,他也不必后来在升仙荡东侧建浮沤馆了。而且李氏家族在海池边建的园林属于别墅,并非祖宅。比如枣园“明邑人李思诚筑,其孙清隐于此,在海子池南”③,可见枣园是李清的祖父李思诚所建。李思诚是明嘉靖状元、宰辅李春芳第二个儿子李茂材次子,明万历二十六年进士,天启六年升任礼部尚书,并加太子太保,位至三公。李思诚府第并不在枣园,而在兴化长安桥南堍,长安街西侧,门楼比两层楼还高,有横匾“尚书府”(青底金字),大门两边的石鼓有一人高。

我家住长安街东侧任家大门内,与尚书府相距十米,小时候到尚书府爬石

---

① 黄俶成《画仙春秋·李鱓传》,上海人民出版社2001年版。

② 黄俶成《画仙春秋·李鱓传》,上海人民出版社2001年版,第15—16页。

③ 咸丰《重修兴化县志》卷一《古迹十·枣园》。

鼓子,是我和邻居家小孩经常玩的游戏。新中国成立后,尚书府里仍住着两户李思诚后裔,一户是我父亲的把兄李籁(他曾留学日本,家在尚书府二门内小天井北侧),另一户李岳是安丰中学物理老师(他家在二门内小天井西侧,都各有门进出)。李岳的儿子李维平是我的学生,所以这两家我都去过多次,1958 年"大跃进"兴化拓宽城内东西大街为今牌楼路,尚书府才被拆掉。

李清是李春芳五世孙,年少时其父李长祺去世,由祖父李思诚抚养成人。李清于崇祯四年中进士,在崇祯及以后的南明弘光朝廷任职,历任刑、吏、工科给事中、大理寺丞等职,明朝灭亡后隐居兴化枣园。他不住尚书府而住枣园,是因为枣园内有水明楼、杏花楼、土窟楼、补亭、澹宁斋等园林建筑,比尚书府内仅有几进平房更适合长期隐居。如果我们要探究李清的家(故居)在何处,我们首先应该说是"尚书府",而不应只说"枣园",因为故居与别墅毕竟是有区别的。但是,如果说"李鱓的家在兴化城内海子池西岸",不仅缺少证据,即使作为推测,也不准确。

因为不仅"枣园"是李茂材次子李思诚所建,"曼园"则是李茂材长子李思敬之子李长倩所筑,李长倩曾任南明隆武帝的右都御史,服毒殉国后被追赠户部尚书、太子太保。后来其子李淦隐居曼园。"漪园"(咸丰《重修兴化县志》为"猗园")也是李思诚所建,后属吴氏;鸾啸堂即河干草堂,是李茂材的第三子李思明之孙李沂与友人唱和处。可见这四处园林都是李春芳的次子李茂材一房三个儿子后代的别墅,李清居于枣园方便与都是明代遗老的堂房兄弟联系,当是原因之一。而李鱓是李春芳第四子李茂功五世孙,他与李茂材的后代已出了"五服"(五服指高祖、曾祖、祖、父、子五代。在兴化,同一族人如是同一个高祖,都在五服之内,称为"本家",有红白喜事都要来往走动;如出了五服,只是"同宗",即使有红白喜事,一般都不来往),所以"兴化李氏家族在海子池南岸、西岸筑了若干园林"都是李春芳次子李茂材一房的,与李春芳第四子李茂功的五世孙李鱓毫无关系。说李鱓"家在兴化城内海子池西岸"显然没有依据。

那么李鱓的家(故居)在何处呢?李鱓故居在兴化牌楼西路北侧上元巷北端,大门坐东朝西。上元巷的位置在牌楼西路北侧,今贵宾楼与人防工程(地下停车场)之间的小巷。沿小巷向北,与东西向的府前街交叉,今已被建筑物阻断。他的故居就在府前街南侧、上元巷东侧,是一排五进朝南古宅。最北边一进是我的老师蔡培居住,中间两进是另一户人家,前两进仍为李姓所居。听蔡老师说,这都是李鱓家的房子,后面三进卖了,所以前后隔断,在西面围墙各自开门进出,成为三家。天井都不大,地势较低,有些潮湿。

因此,黄先生又说"海子池畔,李家的新生一代正健康成长"(第 16 页)用以说李鱓"健康成长"显然不准确,应把"海子池畔"改为"上元巷内",才符合事实。

二、李鱓“浮沤馆”和板桥“拥绿园”中间隔吴家祠堂巷，二者并非连在一起

我们现在常提到的李鱓故居浮沤馆实是李鱓别墅，在郑板桥别墅拥绿园西南面，中间隔着吴家祠堂巷(官巷)。县志云：“浮沤馆，顺天翁方纲记云：‘是园在兴化南城内升仙里，元柴默庵飞升故地也，沟渠映带，竹树阴森。李复堂鱓因其地之幽僻，曾构楼阁数椽，缀以花草，以为退休之所，赋诗作画，日与诸名士啸傲其间，号曰浮沤馆。’”①从“李复堂鱓因其地之幽僻，曾构楼阁数椽，缀以花草，以为退休之所”从这句话可看出，这是李鱓退休前几年才建的，并非他的祖宅。李鱓去世后，浮沤馆为二甲第一名进士(亦称“金殿传胪”)、陕西道监察御史任大椿所购。他取杜甫诗“养亲惟小园”句意，题其楣为“小园”②，并在浮鸥馆内东边砌了“金殿传胪楼”。任大椿去世后，家人生活艰难，把浮沤馆卖给商人开茶馆，馆中花木荒芜。

至于“拥绿园”，“国朝邑人郑燮别业，近浮沤馆。浮沤馆后归于任侍御大椿，未久颓废，几为丛葬所，今并拥绿园旧址归于板桥从孙銮。植竹数区，颜其门曰篆(指小竹子)园，芍田梅岭，略复旧观。于浮沤馆仅存之地树柳、种蔬、栽荷、艺(种植)菊，草亭翼然于其上，萧疏远致，过者犹想见当年名胜云。”③

以上引文可见，浮沤馆和拥绿园靠得“近”，浮沤馆后来为任大椿所购，改名“小园”，不久荒废。到咸丰年间，郑板桥堂房侄孙郑銮买下浮沤馆和拥绿园，在“拥绿园旧址”种竹，栽芍药、梅花，略复旧观，改名为“篆园”；在浮沤馆“仅存之地”植柳树，种蔬菜，栽荷花、菊花，建草亭。用“仅存之地”也很准确，因为任氏在浮沤馆内东边建的“金殿传胪楼”并没有卖，只卖了楼西浮沤馆的“仅存之地”。可见咸丰《重修兴化县志》对两园变迁的记载是准确的。

对于浮沤馆和拥绿园的变迁，黄先生在他的《画仙春秋·李鱓传》却有以下说法，值得商榷。

1.黄先生认为浮沤馆内还有郑板桥别墅“拥绿园”。

《画仙春秋·李鱓传》中是这样写的：“李鱓对板桥说：‘这几间屋子加上北面这个小花园，你就长期住下去吧。就算愚兄送给老弟的。’”“李鱓在北面这几

① 见于清咸丰《重修兴化县志》卷一《古迹十二·浮沤馆、拥绿园》。
② 见于清咸丰《重修兴化县志》卷一《古迹十二·浮沤馆、拥绿园》。
③ 见于清咸丰《重修兴化县志》卷一《古迹十二·浮沤馆、拥绿园》。

间屋与梦天楼之间砌了一道墙隔开,板桥另开了一个园门朝西。这样也就成了一个独门独院的人家。""于是板桥也住到了升仙荡。他的继室郭氏还住在古板桥老宅,侧室饶氏、嗣子郑田随板桥住到升仙荡来。"原文对李鱓之所以要送浮沤馆内的几间房子给板桥住,还写明理由:"郑板桥家穷,穷得只剩下古板桥的茅屋三间",郑板桥"做官十一年,全部积蓄只有三头毛驴,一日三餐尚难以为继,从何谈起购地建房"①。

以上说法完全违背事实!可以想见,如果这两处园林连在一起,郑銮只需拆掉墙就行,没有必要分为两处修缮。吴家祠堂巷是官巷,巷口北面是吴家祠堂,南面是纪念兴化抗倭知县胡顺华的"胡公生祠"。拥绿园在巷北面吴家祠堂西侧,而浮沤馆在巷南面胡公生祠西侧。二者虽靠近,但它们中间隔着吴家祠堂巷,这是连接儒学街,通往升仙荡的官巷,二者不可能连在一起。

"拥绿园"旧址我曾去看过。拥绿园的门在吴家祠堂北侧10多米的郑家花园巷内。吴家祠堂是明末辅臣吴甡家祠,新中国成立后为兴化中学学生宿舍,后来又先后为城西小学、文林小学。拥绿园在郑家花园巷内西端坐南朝北门内。门很小,无门楼,我怀疑这是拥绿园后门,大门可能在吴家祠堂巷内。

1959年8月,我到昭阳中学任教,经常路过郑家花园巷口,也曾进去看过:三间朝南瓦屋,五架梁,天井不大,显得逼仄,但天井南面还有三间七架梁,为袁姓居住。因系学生袁锦祥家,我家访去过,天井较大,还有一间较大的厨房。这两进瓦房有砖墙隔开,西侧有一方空地,东西宽约30米,南北长约50米。空地西边是吴姓两进住房。听房主吴奶奶说,这方空地原本荒芜无主,被他家砌墙圈了进来,并在空地上栽了桃树,我也曾去桃园看过。现在想来,此处空地当年应与东边的两进瓦房连在一起,是拥绿园的花园。也就是说,原来的拥绿园在吴家祠堂西侧,园内东面是两进瓦屋,西面是长方形花园,内种竹数丛、栽有芍药、梅花。拥绿园西面是升仙荡,拥绿园南面隔吴家祠堂巷是李鱓浮沤馆。

至于黄先生说"郑板桥家穷,穷得只剩下古板桥的茅屋三间","一日三餐尚难以为继,从何谈起购地建房"更是有违事实。因为郑板桥在《板桥自序》中说他的一生经历了"初极贫,后亦稍稍富贵,富贵后亦稍稍贫"三个阶段。在他中进士做知县这"稍稍富贵"阶段,兴化城东南古城墙外郑家巷九号故居,旧称"郑家大堂屋",原为板桥之父郑立庵家居课徒之处,也是板桥出生和青少年时代生活、读书之处。原为草屋两间,板桥任县令后改建为瓦屋。瓦屋为坐北朝南正屋三间,东西两边各有三间披屋,大门在郑家巷内坐西朝东,门楼上方原有进士第匾额。门内为一方小院,小院南面有长方形古花坛,花坛内长着篁竹数丛。

---

① 黄俶成《画仙春秋·李鱓传》,上海人民出版社2001年版,第192—193页。

上世纪70年代,我的学生郑月秋是板桥一支后裔,就住在故居内,我几次家访,听她的父亲讲过此事。后来我写了《室雅何须大花香不在多》一文发表在北京《旅游》(1982年第4期)、《郑板桥故居巡礼》发表在美国《国际日报·国际副刊》(1983年2月21日),所记与1983年10月重修开放的今板桥故居有所不同:今故居把原有披屋拆掉,建了小书斋;还拆迁南边邻居的房子,增建了朝北下屋,大门也由朝东改为朝南。因此,板桥做知县后根本不存在"郑板桥家穷,穷得只剩下古板桥的茅屋三间"的问题,而且板桥弟弟郑墨还在英武桥南买了一座宅子。

板桥《范县署中寄舍弟墨第二书》中谈到他对郑墨所买宅第看法:"严紧密栗,处家最宜,只是天井太小,见天不大。愚兄心思旷远,不乐居耳。"板桥还谈了自己也要在鹦鹉桥南买地建房:"是宅北至鹦鹉桥不过百步,鹦鹉桥至杏花楼不过三十步,其左右颇多隙地。幼时饮酒其旁,见一片荒城,半堤衰柳,断桥流水,破屋丛花,心窃乐之。若得制钱五十千,便可买地一大段,他日结茅有在矣。"据《潍县志》卷三记载:"国朝知县,秩正七品,俸四十五两,养廉一千四百两。"板桥50岁(乾隆七年春)为范县令,54岁调署潍县,至61岁(乾隆十八年春)离开潍县,为官先后12载,其中在潍县7年余,仅养廉银就超过9800两,而在鹦鹉桥附近买地只要50贯制钱(约50两),相对于板桥的收入而言,只是小菜一碟,所以后来这一愿望成为现实并不奇怪。

再看板桥《范县署中寄舍弟墨第四书》:"十月二十六日的家书,知新置田获秋稼五百斛,甚喜……吾家业地虽有三百亩,总是典产,不可持久。将来须买田二百亩,予兄弟二人,各得百亩足矣。"当时板桥任范县令,范县是"下县"(清代按人口与赋税把县分为上中下三等),养廉银必然少于上等县潍县。他在第二书中已谈到弟弟在鹦鹉桥买了房子,但嫌天井小,自己"不乐居",要另买地建房。在这第四书谈到已"获秋稼五百斛(一斛五斗,即二百五十担稻谷)",已典了三百亩土地,还要买二百亩。这两封信都是板桥五十二岁在范县任知县的第三年写给弟弟的,除自己的俸银与养廉银外,家里每年已有二百五十担稻谷的田租收入,以后再加上任潍县令的收入,尽管他是清官,"稍稍富贵"是毫无疑问的,决非黄先生所说郑板桥"做官十一年,全部积蓄只有三头毛驴,一日三餐尚难以为继,从何谈起购地建房",而且他在鹦鹉桥也确实购地建了住房。

1986年初我在县政协开会,中途休息与时任政协副主席的魏平孙中医师聊天。他知道我在研究郑板桥,就说:"我家南边曾是郑板桥的住宅。1943年'二皇'伪22师的营长买了这所房子,他们入住前曾把房子收拾一下,把挂在堂屋里的横匾'潭林堂'拿了下来。我去亲眼看到的,字是郑板桥题写,下款为'克柔书'。'二皇'营长不知道这匾上写的是什么意思,就卸下来做搁板用,实在可惜。”后来魏老还曾查问过此匾下落，得悉被毁，叹息不已。魏老的住宅在英武桥北面20多米，郑板桥的住宅在英武桥北侧，紧靠魏府。为此我还向魏老了解板桥这一住宅的状况。魏老说：“大门坐东朝西，内有照壁，向南有二门，入内为上下屋，各五间瓦屋，大天井，比郑板桥老宅要宽敞得多。”为此我写了一篇《郑板桥与潭林堂》刊于当年3月24日《兴化报》。

板桥堂屋的匾题为“潭林堂”含有深意。据笔者研究，这是出自唐代诗人綦毋潜五言古体诗《春泛若耶溪》的七八两句：“潭烟飞溶溶，林月低向后。”綦毋潜是唐开元年间进士，著名诗人，终官著作郎。其诗风格类王维，代表作《春泛若耶溪》选入《唐诗三百首》。若耶溪相传为西施浣纱处，风景秀丽。这首五言古诗当写于綦毋潜归隐之后，诗人春天月夜泛舟溪上，“潭烟飞溶溶，林月低向后”，是描摹泛舟所见月夜景象。“潭烟”，指若耶溪上的朦胧水汽；“溶溶”，写水汽在月下升腾之状，而一个“飞”字，把舟行时溪水上空流动的雾气写活；“林月低向后”，写夜深月沉，舟前行，岸边树木中的月亮悄悄退向身后。这一景象既幽美静谧，又灵动朦胧，使人浮想联翩。最后两句“生事且弥漫，愿为持竿叟”，把人生世事难料和溪水上缥缈迷茫的烟雾联系在一起，表现要远离世俗，做若耶溪边持竿垂钓隐者之愿。

郑板桥在潍县因“忤大吏”而掷去乌纱帽，这一宅第可能是他离开潍县前所置，以供回来居住与待客之用。宅南有穿英武桥而过的市河。明嘉靖年间整治市河，集三关之水汇于英武桥东海子池内。海子池一带有“半堤衰柳，断桥流水，破屋丛花”，“五六月间无暑气，二三更后有渔歌”。这里也是李春芳的第二子李茂材的子孙所建园林之地。从英武桥下的市河泛舟到海子池，如在春夜，也能领略到若耶溪“潭烟飞溶溶，林月低向后”的风光，而板桥当时的心境又与退隐的綦毋潜相近。因此，取名“潭林堂”，作为他从官场退隐后的“娱老之资”，远离弥漫的“生事”，应是板桥取名的用意。这一宅子的不足是没有花园。

由此可见，板桥兄弟二人除古板桥故居外，在英武桥还各有一所住宅，根本不存在板桥回兴化“一日三餐尚难以为继，从何谈起购地建房”的问题，后来在靠近“浮沤馆”的升仙荡东侧建“拥绿园”，凭他的财力完全可能，李鱓砌了浮沤馆，他也砌了拥绿园，是很正常的事。而在《画仙春秋·李鱓传》的第七章之“一聊借一枝栖”（190页）中，黄先生据别人所说，曾见到浮沤馆内有板桥题写的“聊借一枝栖”匾额，就认为郑板桥从山东潍县离任回兴化后无屋可住，李鱓就将浮沤馆内的一部分“砌了一道墙隔开，板桥另开了一个园门朝西。这样也就成了一个独门独院的人家”，成为拥绿园，实属推测想象。因为咸丰《重修兴化县志》上已说得很清楚：“拥绿园，国朝邑人郑燮别业，近浮沤馆。”写明是郑板桥别墅，靠近浮沤馆，而不是在浮沤馆内或毗连浮沤馆，更没有说是李鱓所赠。如果当年“拥绿园”真是李鱓赠给板桥的话,对于这一文坛佳话,县志焉有不载之理?

何况,即使板桥写了“聊借一枝栖”匾额,也不能证明板桥借李鱓别墅居住。“聊”是姑且、暂且之意,“一枝”代房屋,“栖”本指鸟类停息、歇宿,泛指停留、居住。如果板桥真的暂时借住浮沤馆,也不需要写个匾表明这是自己的借住之所。李白在《春夜宴诸从弟桃李园序》中曾云“夫天地者,万物之逆旅;光阴者,百代之过客”,可见在天地这万物的旅馆里,难有百年寿的众生更是匆匆过客,中国古代文人雅士往往有这类感受见诸笔端。因此,在板桥看来,李鱓建浮沤馆居住,就如同鸟在天地中借树的一枝停息,所表达的不仅有人生短暂的感喟,更有不为物所累的豁达。事实亦然,李鱓去世后,浮沤馆为任大椿所购,任大椿去世后为茶肆,又为郑銮所购……其中哲理,不言而喻。因此这块匾当是李鱓请板桥为浮沤馆题写,决非板桥因借住而写,因为郑家的三处住房足够他和弟弟全家居住。

可能黄先生因匾中有“一枝栖”,就认为李鱓借给板桥的房屋只有少数几间,郑家人住不下,“于是板桥也住到了升仙荡。他的继室郭氏还住在古板桥老宅,侧室饶氏、嗣子郑田随板桥住到升仙荡来”。便想当然地把板桥的继室与侧室分两处居住,而板桥家里还有弟弟、弟媳,还有仆人,仆人还有子女,人数并不少。《潍县署中与舍弟墨第二书》中板桥曾要他弟弟管教自己的儿子,善待“家人(仆人)子女”:“不可使吾儿凌虐他。凡鱼飧果饼,宜均分散给,大家欢嬉跳跃。”请问,这些人该住在何处呢?如果他家没有几处宅子,这岂不真成了难题?

2.黄先生认为任大椿不仅买了“浮沤馆”,还买了“拥绿园”。

他的这一说法依据是:“咸丰《重修兴化县志》云:‘拥绿园,国朝邑人郑燮别业,近浮沤馆,后归任御史大椿。’”①

这更不符合事实。咸丰《重修兴化县志》的原文是这样写的:“拥绿园,国朝邑人郑燮别业,近浮沤馆。浮沤馆后归任御史大椿,未久颓废,几为丛葬所。”黄先生在“近浮沤馆”的后面不知何故省去下句主语“浮沤馆”三字,从而成为“拥绿园”也归任大椿的证据。事实情况是,任大椿只买了浮沤馆,在浮沤馆内东边砌了“金殿传胪楼”,都在吴家祠堂巷的南边,与在巷北侧的“拥绿园”毫无关系。

3.黄先生认为“经1958年的拆建,篆园(即浮沤馆、拥绿园、秋吟阁)建成了兴化县昭阳中学”②,也与事实不符。

事实情况是,郑銮的“篆园”仅指原“拥绿园”(上文已论述),在吴家祠堂巷

① 黄俶成《画仙春秋·李鱓传》,上海人民出版社2001年版,第233页。

② 黄俶成《画仙春秋·李鱓传》,上海人民出版社2001年版,第235页。

北,不在昭阳中学内,并不包括浮沤馆与秋吟阁。而王国栋的“秋吟阁”在昭阳中学南围墙外面巷内,也不在昭阳中学内,只有浮沤馆是昭阳中学校园的一部分。

1952 年县文教科在东岳庙内办的速成师范要搬迁,就在浮沤馆及金殿传胪楼地基上建了两排八间教室。建教室前,当时在速成师范任教的张鸿庆、金培熏两位老师曾来看过,这时传胪楼已拆为空地,但传胪楼西边的浮沤馆主屋还在,雕花窗槅,四周有飞檐、走廊,只是破败不堪,假山犹存。此后张、金二位老师曾几次和我提及此事。速成师范停办后,此处两排教室为兴化中学寄宿生宿舍。

1956 年昭阳中学在今实验小学和小学东南面龙王行宫建校,次年搬来此处。校长过征婉担心学生爬假山不安全,就把假山石埋到地下,平整地面为篮球场。1960 年 4 月,我在篮球场上给几个班的学生做课外阅读指导讲座,过校长也来听课。下课后她指着篮球场亲口对我说:“这下面有假山石呢!”并告诉我埋石的原由。上世纪 80 年代我担任政协常委后,曾几次在协商会上提出挖假山石的建议,但未被采纳;再后来已成为水泥篮球场,要挖也难了。

在纪念板桥诞辰 290 周年之前,县文化部门曾请江苏省委原宣传部长陶白同志题写“李鱓故居遗址”,立碑嵌于昭阳中学篮球场外西北角教工宿舍墙内。

后来昭阳中学扩建为市第一中学,在学校东侧重建浮沤馆,只是与在校区西北角的原址相距较远;虽房屋体量较大,但无花园,建制已非旧观。至于拥绿园在郑銮之后何时易主、何时荒芜,还有待发现新的史料做进一步考探。

三、李鱓墓不是“葬所失载”,而是在“兴化城西阳山里”

《画仙春秋·李鱓传》附录《李鱓年谱》(第265页)中云:“七十五岁……卒于兴化升仙荡浮沤馆……李鱓葬所失载……”查咸丰《重修兴化县志》卷一《古迹十八·宅墓》,其中“国朝”内有郑板桥、任大椿墓址,却没有李鱓墓址,这可能是黄先生认为“葬所失载”的原由。但再查民国《续修兴化县志》卷一《古迹十二·宅墓》的“补遗”,就找到李鱓墓址:“李明府鱓墓城西阳山里。”正是因咸丰兴化县志未载,民国兴化县志才作补遗。文中“明府”本指官府,唐代以后也作为对县令代称,李鱓做过知县,故称之。那么“阳山里”在何处?咸丰《重修兴化县志》卷一《公署十·里》中有“永兴里、阳山里具西门外”。明清时每一里有“十甲”,每甲人丁不限。当时西门城墙外至石桥东边为“永兴里”,石桥西边为“阳山里”。后来的城西中学就砌在石桥西边阳山里侯家垛。民国后,西门外改“里”为“镇”,叫“兴阳镇”,可能就是把永兴里与阳山里各取一字而名“兴阳”(见民国《兴化县小通志·乡镇篇(一)》“曰兴阳镇在城西”)。而“阳山”之名源于“昭阳山”,据明嘉靖《兴化县志·古迹·昭阳山》:“在县西四里,楚令尹昭阳墓在山下,即旁立庙祀之,因以名山。”在“名宦”中又说:“昭阳有惠于民,死葬邑之山下,墓庙尚存。按:昭阳又名云,今邑名昭阳,亦曰阳山,以似也。”所以“阳山里”在西门外石桥西南,到靠近阳山的这一地域。那么李鱓墓在“阳山里”的何处?据李氏后裔回忆,在侯家垛(后来的城西中学)南边的太平垛上。上世纪40年代茔地尚存,坟墓依稀可辨,所以民国《续修兴化县志》能标明位置;但后来因无人问津,与荒烟蔓草为伍,变为农田;今日又已淹没在居民住宅之中,难以寻觅,只能留下遗憾了。

以上质疑,如有不当之处,请黄先生批评指正。

〔作者简介:任祖镛(1939—),男,江苏省首批名教师、中学语文特级教师;已出版专著及主编合著40本(部),在国内及美国、香港报刊发表论文300余篇,论文、著作填补多项研究空白,多次获奖。〕

《大学》"明德"考释

罗历辛

《大学》作为四书之一,篇首开宗明义提出"大学之道,在明明德,在亲民,在止于至善",后之学者以此为大学"三纲"。"明明德"作为三纲中的首纲,在大学体系中占据重要地位,历来疏解众多,然不能尽如人意。

观其原文,"明明德"语连用两个"明"字,前一"明"字释为动词已无碍,而后一"明"字,前人多以其为"德"之修饰,然其确解则尚未形成共识。其实《大学》后文已引《尚书》中语:"《康诰》曰:'克明德。'《大甲》曰:'顾諟天之明命。'《帝典》曰:'克明峻德。'皆自明也。"意在强调作为动词的"明",但未廓清"明德"之"明"的内涵。《尚书》之"克明德"语,亦非以"明"作为"德"之修饰,若将《大学》此句视为"在明德"亦或可通。然此处重言"明"字之故,尚祈深思。

作为偏正词语的"明德"非《大学》首见,早在《周易·下经》中即有"君子以自昭明德"之说,其他先秦典籍诸如《尚书》《诗经》《左传》中皆有出现。前之学人多从"明德"之"明"的"光明"义进行发挥,而尤重朱熹《大学章句》对"明德"的理学阐释,鲜有以其他典籍中的"明德"作为参照对"明德"的内涵进行阐发。今拟联系先秦典籍中的"明德"概念,深化对《大学》中"明德"的语义定位,加深其所容纳的学术内涵和价值内核的认识,并进而对儒家的天人观加以反思和考察。

一、"明德"旧训平议

《礼记正义》中郑玄注"明明德"云"显明其至德也"[①],孔颖达疏则言"大学之道,在于章明己之光明之德。谓身有明德,而更章显之"[②]。以"至"释"明",似有引申稍远之嫌,而以"光明"释之,则又有画蛇添足之感,盖"明德"已可表示"光明己德"之意,再加一"光明"之义的"明",则"明明德"遂成"光明光明的己德",文义则拖沓冗赘。至于"光明之德"所指为何,注疏并未给予详尽的说明。

北宋学者吕大临以"理"来解释"明德":"学者,大人之学也,穷理尽性而

① 郑玄注,孔颖达疏《礼记正义》,上海古籍出版社2008年版,第2236页。
② 郑玄注,孔颖达疏《礼记正义》,上海古籍出版社2008年版,第2240页。

已；性者，合内外之道，以天地万物为一体者也。人伦物理，皆吾分之所固有；居仁由义，皆吾事之所必然。物虽殊类，所以体之则一；事虽多变，所以用之则一。知此，然后谓之明，明则穷理者也。……在明明德者，穷理以自明其明德者也。”[①]然亦以“明德”之“明”为“显明”“光明”之旧义。

南宋学者朱熹集理学之大成，其《大学章句》注此句云：“明，明之也。明德者，人之所得乎天，而虚灵不昧，以具众理而应万事者也。但为气禀所拘，人欲所蔽，则有时而昏；然其本体之明，则有未尝息者。故学者当因其所发而遂明之，以复其初也。”[②]朱子将“德”解作本体，而“明”是修饰本体之状态的，即本体是“虚灵不昧”的，是“本明”的，“明德”乃人得乎天的具有显明不昧特点的本初心性。朱子门人认为：“此‘明德’乃是人本有之物，只为气禀与物欲所蔽而昏。今学问进修，便如磨镜相似。镜本明，被尘垢昏之，用摩擦之工，其明始现。及其现也，乃本然之明耳。”朱子答曰：“公说甚善。但此理不比磨镜之法。……忽然闪出这光明来，不待磨而后现，但人不自察耳。”[③]朱子及其门人将“明德”视为人与生俱来的心性，之所以以“明”修饰之，乃因其由天赋予，光明不昧，“明明德”即是要回复这元初的光明。此与孔疏有一脉相承之处，唯其有更进一步的义理和源流阐发。后世学者论“明德”，多不出朱子之义，卫湜《礼记集说》胪列诸解可见[④]，不再赘述。诸解皆重于“明德”或为物欲所蔽而须复其本明，重在阐释作为动词之“明”的原因，对于“明德”之“明”，虽言其得之于天而能光明不昧，似仍未能释其文义冗赘之嫌。

明代王阳明《大学问》则谓：“大人之能以天地万物为一体也，非意之也，其心之仁本若是。……是其一体之仁也，虽小人之心亦必有之；是乃根于天命之性而自然昭灵不昧者也。是故谓之‘明德’。”[⑤]其解也未对“明德”作出确诂，然提出了“天命之性”的说法，则或语出《中庸》所云“天命之谓性，率性之谓道，修道之谓教”，以此助于对“明德”的理解。

清杭世骏《续礼记集说》中载姚际恒对“明德”之解[⑥]，谈到古无“明明德”

---

① 卫湜《礼记集说》第4册，影印文渊阁《四库全书》本，台北商务印书馆1986年版，第570—571页。

② 朱熹《四书章句集注》，中华书局2012年版，第3页。

③ 朱熹：《朱子全书》第14册，上海古籍出版社；安徽教育出版社2002年版，第578页。

④ 如龙泉叶氏（适）、建安真氏（德秀）、霅川倪氏（思）、钱塘吴氏（如愚）等释“明德”，均不出“本明之体”“光明之性”等义。详见卫湜《礼记集说》第4册，影印文渊阁《四库全书》本，台北商务印书馆1986年版，第575—578页。

⑤ 古清美《大学问今注今译》，台北商务印书馆2000年版，第1页。

⑥ 其言明德“如释氏所云妙明直心、妙觉明性、元明明觉等义矣，单主心体，遗却事为，与吾儒有毫厘千里之别。……既明德，则无非善矣。”杭世骏《续礼记集说》，《续修四库全书》本，上海古籍出版社2002年版，第703—704页。

语,已疑其重言"明"字之故。但最后仍以"妙明""明明""明镜"等语来解释"明德"之"明",并没有在前述之解的基础上有进一步的发明。

今人姜昆武所著《诗书成词考释》中有"明德"条[①],其为考释《诗经》《尚书》二作中之"明德",然亦涉及《大学》之"明德",略述于此。姜氏认为"明德"一词具有原始民族光明崇拜的文化内涵。在原始民族发展之初,天神光明实为最普通的宗教迷信,"明德"也体现了一定的宗教痕迹。姜氏另胪列《诗经》《尚书》中"明"字出现之处,发现其除一般作光明意义之外,与天道、天神宗教有关者占大多数,进而证明"明德"所含的光明崇拜意味和宗教意识,在长期发展过程中由宗教术语过渡为政治术语,"在天曰天德,在人王则曰明德",并成为儒家政治哲学理论的基础。《大学》中的"明德",实以修身为枢纽,最终目的在于平天下,此"德"字重视道德修养,既是政治上选举贤能的反映,亦是儒家道德、哲学的总和。其以"明德"具有光明崇拜的宗教意味,似把此"明"字之义看作天之光明而赋予在人者,如此则"明"字就不是"德"之形容词性的修饰语,而是一个具有名词意味的修饰语了,它应该具有自己的概念定位,但以"光明崇拜"来定位这一概念,似又失于表面,而难与后世儒学的本体认同达成一致。

台湾学者黄博仁在《大学明明德释义》[②]一文中引用了钱基博、熊十力对"明德"的解释,融合了儒释的观念,将明德视为人的灵性,"明明德"便是指对人的心灵生命的参悟培养。此重于对"明德"进行心性化的解释,也未给予"明德"之"明"确切的解释。

今人陈来对朱子之解加以阐发,认为朱子所说的"明德"是指心,"心有三个特点,一是虚灵不昧,二是心具备众理,三是心能应接事物。就人得乎天的本心而言,是光明不昧的,这就是明德。明德的明,既是心知的功能,也是德性的状态"[③]。"明德"是指人的本心,"明德"之"明"意即"本体之明",具有功能和状态的定位,是将朱子之解中的概念明确化了。

二、先秦典籍中的"明德"考察

以上各家对《大学》"明德"的诠释,多局限于"明"的"光明"含义本身,或受朱子注解的影响,后世的解读中更有渗入佛家观念者。其实,"明德"一词非《大学》首创,早在《易》《书》《诗》《左传》等典籍中,即已作为固定成词在多处使

---

① 姜昆武《诗书成词考释》,齐鲁书社1989年版,第175—200页。

② 黄博仁《大学明明德释义》,《社会科教育学报》2004年第7期,第99—113页。

③ 陈来《论朱熹〈大学章句〉的解释特点》,《文史哲》2007年第2期,第103—111页。

用。《礼记》成书年代虽未有定论,但基本可认为成于上述著作之后,对《大学》以前的典籍中的"明德"一词加以考察,可助于进一步理解《大学》"明德"的深义。

《诗经》《尚书》中的"明德"共十见,《左传》次数为多,除引自《尚书》外,《左传》中"明德"凡十五见,《周易》《国语》《逸周书》等书均有"明德"出现。按先秦诸书之"明德",其"明"不解作动词而具有对"德"的修饰功用,连用为固定成词,即与《大学》之"明德"关联甚深,此用例颇多,兹列举如下:

君子以自昭明德。(《周易·下经》)

先王既勤用明德。(《尚书·梓材》)

帝迁明德,串夷载路。(《诗经·大雅·皇矣》)

寡君闻命矣,敢不承受君之明德。(《左传·隐公八年》)

天祚明德,有所底止。(《左传·宣公三年》)

晋君宣其明德于诸侯,恤其患而补其阙,正其违而治其烦,所以为盟主也。(《左传·襄公二十六年》)

美哉禹功,明德远矣!(《左传·昭公元年》)

舜重之以明德,置德于遂,遂世守之。(《左传·昭公八年》)

叔父其懋昭明德,物将自至。(《国语·周语中》)

膺保明德,以佐王室,可谓广裕民人矣。(《国语·周语下》)

神曰:"无惧,帝享女明德。"(《墨子·明鬼下》)

慎德必躬恕,恕以明德,德当天而慎下。(《逸周书·程典解》)

综观上述之例,不难发现"明德"的指称对象多与天神人王或圣人君子有关,《左传》中"明德"的主体确指为天神或圣君之"明德"在十处以上。盖西周以来敬德保民的政治思想在当时文献中有体现,"神"的内涵在春秋战国时期更多地与"德"的概念结合起来,成为人世间道德原则的化身,鬼神的形象则以人世的道德意志为意志①。《左传·僖公五年》曰:"鬼神非人实亲,惟德是依。"又:"神所冯依,将在德矣。"反映了这一时期的观念体系里神灵被道德化的现象。出于对神灵的敬畏而敬德,人君为天命所授,自然被要求身怀明德,负有布德施政的责任。如《国语·周语上》有云:"其君齐明、衷正、精洁、惠和,其德足以召其馨香,其惠足以同其民人。神飨而民听,民神无怨,故明神降之,观其政德而均布福焉。"《左传·昭公二十年》载晏子之语:"若有德之君,外内不废,上

① 陈来《古代思想文化的世界》,三联书店 2009 年版,第 139 页。

下无怨，动无违事，其祝史荐信，无愧心矣。是以鬼神用飨，国受其福，祝史与焉。”可见晏子将人君是否备德，能施以仁政使国泰民安作为能飨鬼神，降福于国的标准。

反观《大学》中的“明德”，其主体对象似已不限于天神人君，更多地扩展到一般人身上①。其含义承继了前述典籍的“明德”内涵，有朱熹所说的“人之所得乎天”的本源在里面，但也并未使我们清楚地理解“明德”之“明”。《周易》为六经之首，中之“昭明德”语则与《大学》所言之“明明德”应有莫大关联，或可等同②。《大学》“明德”的深层涵义，或可赖于易学概念而得到彰显。

考之《周易》本书，“明”与“德”分用皆与易学中的“神明”概念有关。《周易·系辞上》云：“圣人以此斋戒，以神明其德夫。”《系辞下》云：“以通神明之德，以类万物之情。”又云：“以体天地之撰，以通神明之德。”“明德”本身即很可能具备“神明之德”的含义。

参《礼记》本书，也多次出现“神明”这一概念。如《礼记·檀弓下》：“其曰明器，神明之也。涂车刍灵，自古有之，明器之道也。”《乐记》：“礼乐偩天地之情，达神明之德，降兴上下之神。”《哀公问》：“孔子曰：非礼无以节事天地之神明也……内以治宗庙之礼，足以配天地之神明。”通过《周易》“神明”概念的内涵比参，可助学人从另一角度理解“明德”。

先秦两汉的著作中，“神明”概念多与“天地”有关，“天地神明”在当时可谓普遍的思维模式③，除《周易》《礼记》外，不少文献中都出现了“天地/神明”的概念。如：

> 神明者，天地之所生也。（郭店楚简《太一生水》）
> 礼乐顺天地之诚，达神明之德。（《史记·乐书》）
> 天地之动静，神明为之纪。（《黄帝内经·素问·五运行大论》）
> 道德，天地之神明也；天地，道德之形容也。（《老子指归·道生》）
> 德在天地，神明休集。（《春秋繁露·正贯》）

① 《大学》后文提到“古之欲明明德于天下者”的一系列途径，从格物致知、诚意正心到修身齐家，又谓“自天子以至于庶人，壹是皆以修身为本”，可见能够“明明德“非只是圣人君王等的专利，详见后文对《大学》文本的分析。

② 朱熹《孟子集注》于《尽心章句下》“孟子曰：‘贤者以其昭昭，使人昭昭；今其昏昏，使人昭昭。’”条引尹氏注曰：“大学之道，在自昭明德，而施于天下国家，其有不顺者寡矣。”（《四书章句集注》，中华书局2012年版，第376页）盖朱子本深知大学之道之理，此引他说而不加己见，则其亦或赞同《大学》之“明明德”同于《周易》之“昭明德”。

③ 郭静云《先秦易学的“神明”概念与荀子的神明观》，《周易研究》2008年第3期，第52—61页。下文所引例证也有数条见于其文。

潜天而天，潜地而地，天地神明而不测者也。（《法言·问神》）

天地之道，神明之为，不可见也。（《潜夫论·赞学》）

将天地神明联系在一起，其用意又多牵涉天地万物之“德”的概念。“神明”在此处不应简单理解为神祇、神灵等，《说卦》：“昔者圣人之作《易》也，幽赞于神明而生蓍。”荀爽注云：“神者在天，明者在地。神以夜光，明以昼照。”①“神明”在易学体系中可以视作天地的一个象征，“神明之德”意即“天地之德”。《系辞下》所云：“仰则观象于天，俯则观法于地……于是始作八卦，以通神明之德。”后又重申：“阴阳合德，而刚柔有体，以体天地之撰，以通神明之德。”孔颖达正义：“万物变化，或生或成，是神明之德。”②惠栋《周易述》云：“幽赞于神明而生蓍，演之为数，三才五行备焉。显道神德行，可与酬酢，可与右神，故以通神明之德。”③可见“神明”包含了天地合德的概念，天地的至高无上、神妙功能可立足于“德”的概念之上。

“神明”聚积了天地之德，因此也就成为天地交通的关键所在。神在于上，明出于下，《周易·乾卦》：“夫‘大人’者，与天地合其德，与日月合其明，与四时合其序，与鬼神合其吉凶。”可见“神明之德”有法天、法自然的易学内涵，与天地万物的交通融合构成了其内在的本体价值。从这个角度而言，神明成为了天地与万物的中介，具有沟通天地万物的作用。“神明之德”既是个体与天地的联系枢纽，也就成了人们理想的“通天之德”④。据此，则明德并非简单的至德、光明之德等等。人之明德得之于天，它具有本体意义，故人虽渺小，存在于寥阔的天地之间，却能通过“昭明德”而参悟天地之神明本体，回归天道。这样一个授予—复明—返归的过程，也是人的灵魂生命循环轮回之因缘所在。“明德”之“明”，包涵有对个体在天地万物之中所处位置的认识，以及对天地宇宙的终极思考。

易学思想的一个重要内涵即主张万物交感，天人协调，《礼记》亦主守天地四时之序，尤以《乐记》多言天地和同之理想。如：“大乐与天地同和，大礼与天地同节。”“乐者，天地之和也。礼者，天地之序也。……乐由天作，礼以地制……明于天地，然后能兴礼乐也。”礼乐观可得以上溯至易学中之天地观。解《大学》之“明德”，参以易学“神明”概念中天地交通的内涵，亦属应有之义。

---

① 李道平《周易集解纂疏》，中华书局1994年版，第687页。

② 王弼、韩康伯注，孔颖达疏《周易正义》，影印《十三经注疏》本，台北艺文印书馆2010年版，第172页。

③ 惠栋《周易述》，中华书局2007年版，第304页。

④ 郭静云在《先秦易学的“神明”概念与荀子的神明观》一文中已谈到“神明”对于天地交通的媒介作用，提出“明德”的正确理解应是“光明而通天之德”，但未明确指出“明德”即为“神明之德”。

前述《诗》《书》《左传》等典籍中之"明德",或亦受易学中"神明之德"概念的影响。出于探索天地的求知欲和对神灵的畏敬之心,可以想见古初先民对于沟通天地、求神庇佑的渴望,《国语·楚语下》记载了一段著名的楚昭王与观射父的对话,学者多有引之,其中便涉及天地交通之事:

> 昭王问于观射父曰:"《周书》所谓重、黎实使天地不通者何也?若无然,民将能登天乎?"对曰:"非此之谓也。古者民神不杂。民之精爽不携贰者,而又能齐肃衷正,其智能上下比义,其圣能光远宣朗,其明能光照之,其聪能听彻之,如是则明神降之,在男曰觋,在女曰巫。是使制神之处位次主,而为之牲器时服,而后使先圣之后之有光烈,而能知山川之号、高祖之主、宗庙之事、昭穆之世、齐敬之勤、礼节之宜、威仪之则、容貌之崇、忠信之质、禋洁之服,而敬恭明神者,以为之祝。……于是乎有天地神民类物之官,是谓五官,各司其序,不相乱也。民是以能有忠信,神是以能有明德,民神异业,敬而不渎,故神降之嘉生,民以物享,祸灾不至,求用不匮。
>
> "及少皞之衰也,九黎乱德,民神杂糅,不可方物。夫人作享,家为巫史,无有要质。民匮于祀,而不知其福。烝享无度,民神同位。民渎齐盟,无有严威。神狎民则,不蠲其为。嘉生不降,无物以享。祸灾荐臻,莫尽其气。颛顼受之,乃命南正重司天以属神,命火正黎司地以属民,使复旧常,无相侵渎,是谓绝地天通。……"

此段论述可见先民怀有通天的理想,并在长期的生活中形成了对于沟通天地的认识。觋和巫作为"明神"在人间的使者,通过制定礼仪、祭祀敬神、传授知识等一系列途径来使万民万物井然有序,各司其职,以得享神之护佑,无灾无祸,这也成为具备"明德"的先决条件。而败德乱序的结果是灾难降临,重整秩序之后,地民与天神相通之道亦被断绝。绝地天通之事固然出于先民之想象,但亦可窥其欲究天人鬼神的本初愿望。

而神灵道德化的倾向在周代已有萌芽,春秋战国时期越趋明显,纯粹宗教崇拜的意味趋于减弱,"德"成为神性中最重要的成分①。沟通天地的诉求体认集结到"神明之德"的概念之中,理性的人本思想开始崛起,天命所授的君王故而可身负"明德",成为"神之主,民之望"(《左传·襄公十四年》)。《管子·君臣》有言:"先王之在天下也,民比之神明之德。"如前所述,春秋战国时期修德为政成为对诸王的普遍要求,道德是为君王的判断标准之一,君王亦须"教之语,

① 牟钟鉴、张践《中国宗教通史》上册,社会科学文献出版社2003年版,第118页。

使明其德,而知先王之务,用明德于民”(《国语·楚语上》)。这实际上是古人对于“与天地合其德”的途径的探索,冀求达一无祸无灾、自然和谐之理想境界。

考《左传》《国语》中亦有“昭明德”之语,《左传·襄公十九年》:“铭其功烈以示子孙,昭明德而惩无礼也。”《定公四年》:“是使之职事于鲁,以昭周公之明德。”《国语·楚语下》:“明德以昭之,和声以听之。”可见《周易》“昭明德”语得以继之,在对先秦典籍“明德”的解读中融入易学“神明”概念的内涵,可以更为清晰地理解“明德”的发展脉络,亦得以从“天地合德”的角度理解《大学》之“明德”,探求其沟通天地、天人交通的宏观内涵。

三、《大学》“明德”文本的再认识

对“明德”涵义的考察,至此已非简单的“至德”“天德”“光明之德”等义,而基于“明德”在大学纲领中的重要地位,将其回归至《大学》文本中,对相关概念进行系统的梳理,可加深对“明德”的深刻内涵及相关义理的理解。

首先,“大学之道,在明明德”,欲释“明德”,需先释“大学之道”。郑玄《三礼目录》云:“名曰‘大学’者,以其记博学可以为政也。”孔颖达疏:“此‘大学’之篇,论学成之事,能治其国,章明其德于天下,却本明德所由,先从诚意为始。”[①]朱熹之解更为简略:“大学者,大人之学也。”[②]郑孔之解,盖本于后文“治国平天下”语,然仅以“博学”释之,未免过于简单。“大人之学”者,则取《周易》乾卦文言之语:“夫‘大人’者,与天地合其德,与日月合其明,与四时合其序,与鬼神合其吉凶,先天而天弗违,后天而奉天时。”

大“学”之“学”,似不能仅以学识、学问等视之。《说文解字》:“学,觉悟也。”段注:“《学记》曰:‘学然后知不足,知不足然后能自反也。’按知不足所谓觉悟也。……教人谓之学者,学所以自觉,下之效也。教人所以觉人,上之施也。”[③]《白虎通·辟雍》:“学之为言觉也,以觉悟所不知也。”故“学”本于“觉悟”,“大学”可视作“大觉”。此觉不仅为主体自身之觉,还应囊括共处之人、世间万物、宇宙天地之觉,方可称为“大觉”。“觉”的主体为人自身,人能禀天地日月之灵气,别于草木禽兽,感知万物,领悟众生,“是以有精爽,至于神明”(《左传·昭公七年》语)者,故能成“大觉”之前提。而通往“大学/大觉”的途径,便“在明明德,在亲民,在止于至善”。朱熹释“至善”为“事理当然之极”,必

① 郑玄注,孔颖达疏《礼记正义》,上海古籍出版社2008年版,第2236页。

② 朱熹《四书章句集注》,中华书局2012年版,第3页。

③ 许慎撰,段玉裁注《说文解字注》,上海古籍出版社1988年版,第127页。

以自身性灵去发觉此事理之极，又云：“盖必其有以尽夫天理之极，而无一毫人欲之私也。”[①]“至善”之境，不仅止于尽天理，无私欲，由通向“大学/大觉”之道而言，还应包含天地万物的相融合谐，至是则为尽善之地。

既然“明德”为大觉之道，前述《诗》《书》《左传》《国语》等书中“明德”的主体皆为神明君主或地位崇高的圣人，《周易》曰“君子以自昭明德”，则《大学》“明明德”的主体当是以昭明身体中的本体自性为目的。

联系此前朱熹解“明德”为“人之所得乎天”，还有他对门人所说的“此‘明德’乃人本有之物”，可以推想朱子认为“明德”是众人皆所具备，较先秦典籍中“明德”主体的宗教崇拜意味具有更多的普遍性理解。朱子曾说：“学者须是为己。圣人教人，只在大学第一句‘明明德’上。”[②]由“圣人教人”一句，可推知圣人之不同在于圣人已“明其明德”，故而可以教普通人亦复其明德。

观《大学》原文，下句“在亲民，在止于至善”，孔疏以其“言大学之道，在于亲爱于民”[③]，限于为政治国之解，未免狭陋。而朱子用程颐之说，以“亲”当作“新”，言“新者，革其旧之谓也，言既自明其明德，又当推以及人，使之亦有以去其旧染之污也”[④]。朱子对“亲民”之解与其“圣人教人”说相合。此处可留意者在“新民”之“民”的具体指代对象。“民”在先秦典籍中多指“庶民”，以区别于君主、百官、士大夫等阶层，如《诗经·大雅·假乐》：“宜民宜人，受禄于天。”朱熹注：“民，庶民也。”[⑤]《左传·闵公二年》：“告之以临民，教之以军旅，不共是惧，何故废乎？”《孟子·梁惠王上》：“王无罪岁，斯天下之民至焉。”加之后文“治国平天下”一段，故郑孔二家以“庶民”释之，进而将“大学之道”视作为政之道。

朱子则以此“民”不仅指庶民，而泛指一切人。“民”亦有此义，《诗经·大雅·生民》：“厥初生民，时维姜嫄。”《左传·成公十三年》：“民受天地之中以生，所谓命也。”孔颖达正义云：“民者人也。言人受此天地中和之气以得生育。”[⑥]皆泛指人，故“民”可泛言，而大学之道，当应众生之理，以“民”作“人”之解为宜。

既然己之明德可延及他人，故知众人之“明德”皆是与生俱来。圣人与普通人皆有“明德”，然则圣人何以能先“明明德”呢？普通人赖己之力又可否“明明

① 朱熹《四书章句集注》，中华书局2012年版，第3页。

② 朱熹《朱子全书》第14册，上海古籍出版社；安徽教育出版社2002年版，第433页。

③ 郑玄注，孔颖达疏《礼记正义》，上海古籍出版社2008年版，第2240页。

④ 朱熹《四书章句集注》，中华书局2012年版，第3页。

⑤ 朱熹《诗集传》，《朱子全书》第1册，上海古籍出版社；安徽教育出版社2002年版，第683页。

⑥ 杜预注，孔颖达疏《春秋左传正义》，影印《十三经注疏》本，台北艺文印书馆2010年版，第460页。

德”呢?《大学》后文即有关于“明明德”上升为可能性的现实之论述,由个体自身自觉,从格物致知入手,加以诚意、正心、修身,恢复个人与生俱来的本体心性。朱子论此确切的途径时说:“学者当因其所发而遂明之。”又谓:“修身以上,明明德之事也。”[①]可见朱子认为格物、致知、诚意、正心、修身之一系列举措为“明明德”的部分。关于“明明德”的具体方法,朱子门人提到明明德似磨镜之工,需要摩拭,而朱子则认为“明德”可忽然闪现,“不待磨而后现,但人不自察耳”。

朱子对此的理解,不禁让人联想到《论语·述而》篇中孔子关于通向“仁”之途径的话:“仁远乎哉?我欲仁,斯仁至矣。”“明德”与此处的“仁”皆存于本心,需个体有其内在的意愿才能呈现出来。普通人可能难以自察,但对于圣人或学者而言,起初是需要明了自身所存在的“明德”,然后才可以将之发显出来。

然朱子此说看似有不完善之处,一者在于“明德”虽能忽现,但在何种情境之下忽现不得而知。其次,若“人不自察”而现,则何以分辨明德处蒙蔽或显明的两种不同状态呢?据此解释“明德”全在自身生发,这实际上需要主观上坚信“明德”存于自身,才有可能“忽现明德”。明德虽然存在,但并不是一开始就能够被感知的。存在与感知之间,还有相当长一段距离。故而朱子门人才会提到“用摩擦之工,其明始现”,而朱子却不赞成此“磨镜之法”。究其原因,并非朱子否认明德的存在是需要经历一个过程才能被感知的,而是不赞成为“明明德”而“明明德”的做法。若明德是人本有之物,则须完善自身,磨炼心性,静待回复本初之状态。在这一过程中明德之“镜”也许会不断地受气禀与物欲所蔽而昏,亦会不断地因自身心性的修炼而越渐明朗,而这样一个反复昏蔽又趋于明朗的过程便是对自身内心的磨炼与完善的过程。自身应能由保持对于明德的确信与自识,经此历程在明德显现时才能自知。

此析之下不难发现朱子之解与佛教奥义有莫大渊源。“明明德”即与禅宗所言“明心见性”相类似,本体之明德则似佛家所言之“本心”“本性”,而朱子认为人皆有明德亦类于佛僧竺道生所倡“一切众生皆有佛性”之说。然则“明心见性”被视为禅宗中成佛之途径,而儒学体系中,“明明德”只是“内圣”的部分,还需经由其他部分才能“止于至善”。至于“明德忽然而现”之理,则与禅宗六祖慧能大师所倡之“顿悟说”有异曲同工之处。在人皆有佛性的前提下承认人可以悟出自己的佛性,脱离传统佛教悟道的繁琐过程,直指人心,见性成佛,即同于朱子所言人之明德可“介然之顷一有觉焉”。然而从朱子强调气禀之杂对人的所造成的影响来看,朱子并不能接受明德是得以没有任何作为的情况下一念

① 朱熹《四书章句集注》,中华书局2012年版,第4页。

之间突然显现的观点。

"明明德"首先即需要如前所述的主观上对于明德的一种自觉,但却不完全等同于孔子对于"仁"的说法,可以"我欲明德,斯明德至矣"。朱子在对于《大学》的解读中非常重视"格物去蔽"的思想,认为:"人心之灵莫不有知,而天下之物莫不有理,惟于理有未穷,故其知有不尽也。是以大学始教,必使学者即凡天下之物,莫不因其已知之理而益穷之,以求至乎其极。至于用力之久,而一旦豁然贯通焉,则众物之表里精粗无不到,而吾心之全体大用无不明矣。"①对于明德而言,亦需加以格物穷理的渐进工夫,以达去蔽存善之方②。这又有些类似禅宗思想中与"顿悟说"相对的"渐悟说",所不同者在于朱子强调"介然之顷的自觉",是要通过儒家格物致知等一系列工夫来达成。

且不论"顿悟"与"渐悟"两说在宋初之争③,禅佛思想对宋代儒学确有较大程度的冲击,而能使得儒者在对经典的解读中蕴含了禅佛的义理。两宋儒者中,朱熹深谙禅佛义理,亦多有独见与批判。由朱子之释"明明德",可见朱子的思想理论与禅宗思想有暗合之处,然其能坚持儒学之立场,融释于儒,于前人对"明德"的浅显释义之外,对"明明德"有更为深广的理解。

对于"明德"本身,朱子将其视为"人之所得乎天"的"本明之体",此处"明"虽为形容词义,却并未影响朱子对"明德"本义的把握。"明德"虽然包含有心和性两个方面,但其言"明明德"可"以此立心,则如今端已敛容,亦为己也;读书穷理,亦为己也"④。可知"明德"的本质属性仍归之于"心",是为立心的要义。

"明德"指人得乎天的本心,则可视为前述"神明之德"在微观范畴的概念。《周易·系辞上》:"神而明之,存乎其人。"已将"神明"这一与天地宇宙相关的宏观概念定位到个体上,肯定神明在人的精神体系中的存在。后《荀子·解蔽》云:"心者,形之君也,而神明之主也,出令而无所受令。"《黄帝内经·素问·灵兰秘典论》:"心者,君主之官也,神明出焉。"荀子将"神明"归结于人心,落实到人的意识和道德层面,即成"明德",可见"神明"被纳入了儒家的哲学思想体系,"神明之德"不再限于天神君圣,故而《大学》之"明德"亦可具有普遍意义。

经过后世的发展演变,"神明"也成为用于指"心"的专语。如朱熹《孟子集注》中"孟子曰:'尽其心者,知其性也。'"条注云:"心者,人之神明,所以具众理

① 朱熹《四书章句集注》,中华书局2012年版,第7页。

② 黄莹暖《朱子对佛教"观心""识心"说的理解》,台湾中央大学文学院儒学研究中心编辑:《第一届青年儒学国际学术会议论文集》,2003年。

③ 汤用彤《汉魏两晋南北朝佛教史》第二部分第十六章:"顿悟、渐悟之争,在宋初称甚盛。"上海书店出版社1991年版,第625页。

④ 朱熹《朱子全书》第14册,上海古籍出版社、安徽教育出版社2002年版,第433页。

而应万事者也。"[1]王阳明《传习录》:"心之神明,原是如此。"[2]戴震在《孟子字义疏证》中也有其指:"神明之盛也,其于事靡不得理,斯仁义礼智全矣。故理义非他,所照所察者之不谬也。何以不谬?心之神明也。人之异于禽兽者,虽同有精爽,而人能进于神明也。"[3]由此可见,《大学》作者所用的"明德",乃是指具有本体意义的德性而言,是对人之本心、本性所凝聚的精神气魄的高度提炼。其侧重于彰显、呈现此"德"性乃是具有终极本体意义的德性之义,如戴震《孟子字义疏证》所言:"至乎其极,如日月有明,容光必照,则圣人矣。"[4]

综上,《大学》"在明明德"之"明德",其意并非"至德""天德"或"光明的德性",而是在宏观与微观领域皆可作为"神明之德"解的本体德性之谓。"明德"之"明",既然作为本体之称,则复明此个体生命中的本体之德,自可融合天人、万物并与之交通协同,这种对自身性灵本体和沟通天地的体察与认知,其主体亦不限于圣人君子。在人皆具此"明德"本体的前提之下,圣人能明己之明德,亦须助他人明其明德,共同发显自身之智识与性体,参悟世间万物之理,领会天地宇宙之所处,并使众生万物与天地神明在本体层面上达成一和谐融通之境,是乃"明德"的终极文化内涵,可得外推扩充而与"新民""止于至善"一起成就此"大学之道"。

(作者简介:罗历辛,四川大学文学与新闻学院,中国古典文献学博士研究生。)

① 朱熹《四书章句集注》,中华书局2012年版,第349页。
② 王守仁撰,萧无陂校释《传习录校释》,岳麓书社2012年版,第45页。
③ 戴震《孟子字义疏证》卷上,《戴震集》,上海古籍出版社2009年版,第270页。
④ 戴震《孟子字义疏证》卷上,《戴震集》,上海古籍出版社2009年版,第270页。

向宗鲁《校勘学》发微

刘国宣

在现代学术史上,《校雠学》是一部长期遭受冷遇的校勘学著作,作者向宗鲁(1895—1941)为近代蜀中朴学名家,名承周,原名永年,以字行,巴县(今属重庆)人。1915年,向宗鲁毕业于四川存古学堂,受到当时蜀中名家廖平的赏识。1922年游武汉,结识黄侃、徐恕。1931年还重庆,先后执教于重庆大学、四川大学。1941年病逝①。向氏专治校勘学,曾致力于《史记》②《淮南子》《管子》《说苑》《文选》《史通》等典籍的研究,但除《说苑校证》外,皆无成书。幸得其及门弟子王利器、屈守元的整理,向氏《校雠学》《淮南鸿烈简端记》等著作始得流传③。

《校雠学》本是向宗鲁在四川大学教授校勘学的讲稿,殁后由屈守元整理成书并在1944年12月由商务印书馆出版。向氏标持的"校雠学"实即校勘学,与当时通行的"校雠学"意义迥异。其书凡十二篇,是为《正名》《原始》《宗郑》《评杜》《明颜》《申陆》《议孔》《择本上》《择本中》《择本下》《取材》《杂述》,其中《评杜》《议孔》《择本下》《取材》《杂述》五篇阙佚,只存其目。《校雠学》虽非完璧,但通过王利器、屈守元的评介,仍不妨我们对全书主旨、结构的理解与把握。笔者不揣浅陋,以为向著《校雠学》在现代校勘学史上是成书较早、自成系统且兼具理论性与实践性的佳作。兹就其书,考述向宗鲁之校勘学,以表现向氏校勘学之主张及其为校勘学理论体系构建之努力④。为了便于行文及避免误会,文中在述及向氏"校雠学"时,除非特殊的语言环境,则一律以今日通行的"校勘学"表出,希读者察之。

---

① 向氏生平据屈守元《说苑校证序言》及罗国威《向宗鲁先生学术年表》,分别见于向宗鲁著《说苑校证》卷首(中华书局1987年版)及《校雠学》附录(商务印书馆2014年版)。

② 参见苏芃《向宗鲁〈史记讲义〉考述》,《文献》2015年1月第1期。

③ 向宗鲁的著述情况,可参见屈守元《说苑校证序言》,《说苑校证》,中华书局1987年版,第9—10页。

④ 本文所据向氏《校雠学》,系商务印书馆2014年《中华现代学术名著丛书》本,同时参考了1944年12月商务印书馆初版,特此说明。

一、离合之间:为“校雠学”正名

“校雠”一词本作“雠校”,语出刘向《别录》:“雠校,一人读书,校其上下,得谬误为校;一人持本,一人读书,若冤家相对为雠。”[①]“校”的本字当作“搉”,据《说文解字》的解释是“敲击”的意思,引申为勘核之意,而“校雠”的本义即指文本的校勘[②],这几乎已是尽人皆知的常识。在民国学术史上,以“校雠学”一词指代古籍整理的“治书之学”,曾经长期流行。范希曾最早为“校雠学”作了如下定义:“细辨乎一字之微,广极夫古今内外载籍浩瀚。其事以校勘始,以分类终,明其体用,得其鰓理,斯称‘校雠学’。”(《校雠述林》)胡朴安、胡道静合作的名著《校雠学》继承了这一说法:“校雠学者,治书之学也。自其狭义言之,则比勘篇籍文字异同而求其正,谓之雠校。此刘向《别录》之义也。自其广义言之,则搜集图书,辨别真伪,考订误谬,厘次部类,暨于装潢保存,举凡一切治书事业,均在校雠学范围之内。”[③]这实际上是将校勘、版本、目录等所有有关古籍整理的学科统统涵纳到了“校雠学”之中,与今天的文献学相比,其差异几乎仅在于名目的不同。大约与之同时的以“校雠”为名的著作,如杜定友《校雠新义》(1930)、蒋元卿《校雠学史》(1935)、张舜徽《广校雠略》(1945)[④]等对“校雠学”的定义并无二致。直至上个世纪80年代,程千帆、徐有富仍以之为著作之名[⑤]。足见这一观念流行之深远。

现代“校雠”的观念导源于郑樵的《通志·校雠略》,积重于章学诚的《校雠通义》,到了近代,如上文提及的范希曾、胡朴安、蒋元卿等“校雠学”家秉持郑、章二氏的遗说,努力将本已独立存在的目录、版本、校勘等学科重新纳于“校雠学”的名目之下,使之成为一种“新学”,并获得了相当的成功。甚至于“校雠”

---

① 王利器《风俗通义校注》,中华书局2010年版,第495页。

② 参见蒋伯潜《校雠目录学纂要》,北京大学出版社1990年版,第1页。王欣夫《文献学讲义》,上海古籍出版社2005年版,第155页。按二家说似本刘师培。

③ 胡朴安、胡道静《校雠学》上卷《校雠学之定义》,《民国丛书》第三编,上海书店1991年版,第1页。

④ 张著的出版年代据作者1962年自序所云,“此书始属稿于一九四三年,后二年始付刊行”。张舜徽《广校雠略》,华中师范大学出版社2004年版,第4页。

⑤ 程千帆、徐有富合著的《校雠广义》分作版本、校勘、目录、典藏四编(各自单行),实际上仍然遵循民国时代“校雠学”的轨辙。此书初版于1998年,但由程千帆先生执笔的《校雠广义叙录》(见各编卷首)作于1985年12月1日。

一词的本义已被无视而隐然变作约定俗成的名词为学者所用[①]。当时如陈垣、胡适等学者皆提倡“校勘学”而不取“校雠”一词命名，除了承袭清人的用语习惯外，是否有意避开与“校雠”一词的纠缠，我们暂置不论。但向宗鲁则一反此说，明确表达了对误用“校雠”一词的反对，他认为：

> 昔人校雠之名，本以是正文字为主。而郑樵、章学诚之流所谓辨章学术、考镜源流者，特为甲乙簿录，语其宗极，而冒尸校雠之名，偏其反矣。……辨章学术者，校雠之余事；是正文字者，校雠之本务也。……彼踵武郑、章者，乃欲以蹈虚之业，易征实之功，显与《别录》之言相背，未尝一顾，而曰：子政之校雠固如是也。不亦悖哉！（《正名第一》）[②]

在向氏看来，“校雠学”（实即我们今日所讲的校勘学）的“本务”就是“是正文字”，“辨章学术”是“校雠之余事”，前者“征实”，后者“蹈虚”，郑樵、章学诚“冒尸校雠之名”，与刘向《别录》的本义是相违背的。那么通行的“校雠学”名实不符，自然也就不能成立。如此严格地循名责实，其目的固在为“校雠学”“正名”，而“正名”的意图，盖尤欲使校勘学完全脱离“治书之学”而独立，不复为当时流行意见所左右。因而他罗列了稠叠的证据，意在证实“洛诵讹编，率由误简。寻文考义，理难遍通；空语辨章，何由质定？”的论断，借以提高校勘学的身价，反驳“辨章学术为难，是正文字为易”的“昧者”之见[③]。为此，他甚至在《正名》篇末附录了清人段玉裁的那篇《与诸同志书论校书之难》的名文为其说增重。我们承认他的举证足以支持他的论点，但对于他汲汲创辟的“校雠学”的学科范式的划定则嫌语焉未详，恐是其短。

向宗鲁的主张以现代学术发展论，符合学科划分日益精密而渐趋各自成学的发展规律。应当承认的是，在校勘学与目录学、版本学本已各自独立成学的当时，仍然主张以“校雠学”指代“治书之学”的学者，其综合诸学科并使之共成一体系的用心，与现代文献学建立者“不尽同而可相通”。至于诸门学科彼此之间是否真的不可或缺而必须共系于“校雠学”抑或“文献学”的范畴之内方可存在，当然可以见仁见智，但向氏对此的态度显然是否定的。

向氏在篇中引及清人李兆洛《顾千里墓志》的一段话：“郑渔仲辑《艺文略》，始附以校雠之名，然其所言校雠之事，惟编纂类例，搜求亡书，不啻灌灌，则

---

① 如钱穆在评介章学诚的《校雠通义》时，即浑然置“校雠”一词的本义于不顾。参见钱氏著《中国近三百年学术史》，商务印书馆2006年版，第456—458页。

② 向宗鲁《校雠学》，第1页、11页。

③ 同上，第2页。

尚是目录家也,不与校雠事。"[①]表示了他的观点渊源有自。实则这一主张在当时也并非为向氏独持,如余嘉锡即曾指出:"案据《风俗通》引刘向《别录》,释校雠之义,言校其上下得谬误为校,则校雠正是审订文字,渔仲、实斋著书论目录之学,而目为校雠,命名已误。"[②]余先生旨在为目录学正名而点到即止,尚未及向氏批判成说的深刻。但二者在反对学科综合、期望自身研治的学问保持独立的主张上是相当一致的。

然则向宗鲁所欲建立的"校雠学"亦即校勘学体系是怎样的?

二、校勘学理论体系的构建

校勘学本不是"口耳之学",治此学者自以实践训练为宜,所以陈垣讲授校勘学,索性选择一部适合校勘学训练的沈刻《元典章》作为教材,在实践的过程中归纳校勘的"义例"[③],这与其后来讲授"史源学"的方法是一以贯之的。但纯理论的构建并非陈氏所擅长,这也是陈先生有《元典章校勘释例》《旧五代史辑本发覆》等丰硕的校勘学成果,却无系统的校勘学理论著作的原因所在。向宗鲁的做法则不同于是。他把《史记》《淮南子》《管子》《文选》等研究有素的典籍作为讲授内容教授诸生,根据现存的资料(如国家图书馆所藏《史记讲义》、四川大学图书馆所藏《八代文讲义》)和他的学生们的回忆,他的讲授是很偏重于校勘学的,这与陈垣的选择专书讲授校勘学的方法大致相当。而他撰著《校雠学》,则旨在于校勘实践之外,创辟一独立的校勘学理论体系。可惜的是,由于书稿的残缺,这部在校勘学史上拥有非凡意义的开创性著作终不能以完璧传世,而向氏所要建立的校勘学理论体系自也无法以全部面貌示以后人。

王利器先生的《赞辞》与屈守元先生的《附记》同时完整地记录下了由向宗鲁手定的《校雠学》目录。作为全书的纲领,这节文字极为重要,我们不惮词繁,引录于下:

> 一曰《正名》,释校雠之名义;二曰《原始》,述斯学之起原,及二刘之梗概;三曰《宗郑》,刺取康成《礼注》《诗笺》之涉及校雠者,以为校雠规例;四

---

① 按此文不见李兆洛《养一斋文集》,而冠于清道光二十九年徐渭仁刻《思适斋集》卷首,题作"《顾君墓志铭》","不与校雠事"作"无与校雠事"。

② 余嘉锡《目录学发微》,中华书局 2009 年版,第 14 页。

③ 参见陈垣 1959 年为《校勘学释例》所作的《重印后记》,《校勘学释例》,中华书局 2004 年版,第 155 页。

曰《评杜》，取杜预《春秋集解》之涉及校雠者论其得失；五曰《明颜》，黄门《家训》，多涉及校雠，今表出之，而以颜籀《汉书注》《匡谬正俗》之涉及校雠者附焉；六曰《申陆》，取《经典释文》之论众本得失者为广申其义；七曰《议孔》，取《五经正义》之涉及校雠者，议其得失，贾公彦诸人之说附焉；八曰《择本上》，论石经；九曰《择本中》，论古抄本；十曰《择本下》，论刻本；十一曰《取材》，论类书、古注所引须慎择，以药近人审易古书之失；十二曰《杂述》，古人及今人之从事校雠者，前目所不能该，于此杂陈之。

根据这十二篇（实存七篇）的主旨，大致可将全书分作三部分：第一，《正名》篇，意在为校勘学"正名"，已如上述；第二，从《原始》至《议孔》凡六篇，以人为纲目，先后选择了在校勘学史上占有重要地位的刘向、歆父子、郑玄、杜预、颜之推（附颜师古）、陆德明、孔颖达等学者进行论述，评骘其校勘学得失，当然，应当还包括已经佚失的《杂述》篇所涉及的"古人及清人之从事校雠者"，实则是向氏归纳的校勘学史；第三，《择本》三篇及《取材》，分论石经、古抄本和刻本，则涉及到校勘学的方法论层面。

一门学科的阐述，必当追溯其源流。先于向著成书的"校雠学"著作，几乎无一不涉及"校雠学"史的梳理，自然也涵纳了校勘学史。这些既存的学术成绩，本来为向氏的归纳梳理工作奠定了良好的基础，堪供借鉴取材，但向宗鲁的兴趣侧重似乎不在于此。第一，向氏择取了在校勘学史上具有典型代表性的有数学者分别进行专篇讲述，在体裁上类似"学案"体，但仅就这几位学者讨论，显然尚不能将校勘学史表述完整。第二，对这几位学者的校勘学成就，向氏侧重于"评"而不止于"述"，其评判则完全依据自己治学玩索的心得，不轻易依附成说，因此他的举证具有极高的校勘学价值。第三，通过对诸人校勘学成绩的评述，向氏表达了其自身的学术态度和观点，他推崇的是二刘、郑玄，奉之为校勘学的圭臬；对颜之推、陆德明，也表示了相当的肯定；而根据向氏的手订目录，其对享有盛名的杜预、孔颖达等则似颇有保留。褒贬议论之间，实际上已寄寓了向氏的一家之言，表达出其自身的学术态度，如选择校勘底本之严格、采证须旁征博引、勤于校勘、谨慎改字，等等。对于唐代之后的校勘学家们的具体看法，因为《杂述》篇的佚失，我们尚无从判断。

向宗鲁从《七略》《别录》《汉书》《后汉书》《华阳国志》等书中勾稽刘向、歆父子校书事业，并"参验子政诸书叙录，及旧辑《录》《略》，撮其指要，括以八目"，是为"聚本""去复""正讹""补脱""异文""别义""编次""定名"，以为刘向校书"规模既远，衣被无穷。春秋以来，六艺折中于夫子；西京以降，群书删定于子政"[①],这是极高的评价了。他在篇末附录了章太炎的《征七略》并以小注的形式对章文进行发挥或者异议,实则阐发了自己对《七略别录》的研究心得[②]。对于郑玄,他认为是"游、夏以来,盖未有匹"的学者,仅从篇题的一个"宗"字,也足见向氏对郑玄的推崇备至。他肯定郑玄"必聚众本"而后"衡量诸本,采其从违"的方法,尤其表彰其"非好为改字"的谨慎态度;又根据郑玄的三《礼》注,归纳出郑玄校勘学的几则条例,曰"有以记载之实数核之者""有以本文之上下推之者""有以文章之节次勘之者""有以本书正本书者""有以他书证本书者",并指出"后世校雠之规,略具于此矣"[③]。颜之推被公认为是南北朝后期综合"南北异学"的杰出学者,向宗鲁更根据《颜氏家训》,发掘出若干实证,以明颜之推对当时南北经学的融会综合、各不偏废,尤以颜氏"取材之博"为"校雠之良规"[④]。著有《匡谬正俗》《汉书注》的颜师古,也因其"凡厥匡正,咸有据依","稽撰群言,辨其同异","择本之严,雠校之勤"[⑤],得到向氏的认可。陆德明的《经典释文》更因旁征博引、校勘精审,被作者誉为"经义之邓林,校雠之准的"[⑥]。

胡适在为陈垣的《元典章校补释例》所作的序言中,曾对"舍版本而空谈校勘"的现象深致不满[⑦]。倘若向著《校雠学》没有《择本》三篇与《取材》篇的设置,作者当然也无法避免这类指责。

已佚的《取材》篇旨在"论类书古注所引须谨慎,以药近人窜易古书之失",实则引书不谨本是古人著述的惯技常态,如清人卢文弨即指出:"大凡昔人援引古书,不尽皆如本文。故校正群籍,自当先从本书相传旧本为定。"[⑧]朱一新也说,"国朝人于校勘之学最精,而亦往往喜援引他书以改本文。不知古人同述一事、同引一书,字句多有异同。非如今之校勘家,一字不敢窜易也",尤其反对清儒"据类书以改本书"的做法[⑨]。我们怀疑向宗鲁在该篇中的讨论与卢、朱二说

---

① 向宗鲁《校雠学》,第 27 页。

② 关于向氏对《七略别录》的讨论,我们怀疑他在一定程度上受到了余嘉锡《目录学发微》的影响,但此事极难证明,姑存疑待质。

③ 向宗鲁《校雠学》,第 34—37 页。同时应当指出,郑玄杂糅今、古文经学的做法历来颇受经学家的非议,向宗鲁更知"昔人传经,家法是尚",他把讨论限定在少有争议的三《礼》范围之内,则表现出了相当的谨慎。

④ 向宗鲁《校雠学》,第 43 页。

⑤ 同上,第 46 页。

⑥ 同上,第 56 页。

⑦ 胡适《序》见陈垣《校勘学释例》,第 12 页。

⑧ 卢文弨《抱经堂文集》卷二十《与丁小雅杰进士论校正方言书》,《丛书集成初编》,商务印书馆 1936 年版,第 283 页。

⑨ 朱一新《无邪堂答问》卷三《答问注书引书》,中华书局 2000 年版,第 75—76 页。

当无异致。

《择本》上、中、下三篇分别涉及石经、古抄本和刻本，追溯各自的源流，讨论彼此的校勘价值。《择本上》历数自汉熹平石经、魏三体石经以至清代石经，各有考述，而对颇存争议的“名儒不窥”的唐石经以及五代时期的蜀石经着墨尤多。他认为：“夫石经著而古本亡，刻本行而石经晦。然则唐石经者，固今本之祖祢，而古本之云礽也。”[①]蜀石经则“征殊文于往志，综坠绪于残编”，“诚稽古之盛业，学林之大观也”[②]。自雕版印刷术流行，刻本行世，石经在校勘学上的价值自不能与此前相匹，故作者考述自宋代以降石经的篇幅显得颇为短促。讨论古抄本的《择本中》篇，以大半篇幅讨论了日本所存我国古抄本文献（五经、《文选》《蒙求》等），这在同类著作中殊属少见，表明作者的学术视野并不局限在禹域之内。屈守元的《附记》推测此篇“未成者当涉及鲩近所得敦煌写本也”，作者在评介日藏写本《文选》的自注中言道，“敦煌所出，亦有唐写《文选》残卷，详下”[③]。则完全证实了屈先生的推测。对敦煌文献的关注，表现出作者注意于新材料的发现与利用，可惜这一节没有完成。

三、几点待质的推论

向宗鲁在四川任教时，曾教授《八代文》的课程，致力于对六朝文学的研究，因此本书在行文上运用典雅的骈文，自不必怪焉。每句之下又附识详审的小注。平心而论，这种体裁的采用在客观上对本书的传播是一种制约。既然有志于学术的创辟，何不以通俗易懂的行文抒发己见，以便普及？王利器先生在卷首《赞辞》中称此书“义据宏深，文章尔雅，求之古人，当在《文心》《史通》之间”。今观其书，无论篇目的拟定，抑或在行文上采用四六骈文，似乎都表现出向氏对《文心雕龙》与《史通》的刻意仿效，尤其联系向氏生前曾用力于对浦起龙《史通通释》的订补，种种蛛丝马迹，均使我们怀疑王利器先生的赞语是否在变相地为乃师交代撰著此书的某种初衷。

《校雠学》在论述时代上详古略近，即使将已佚的五篇补齐，对宋代以降的校勘学的论述也殊为疏略。上文曾表及向宗鲁与余嘉锡的持论颇有某种程度上的契合。余氏在北京教授目录学，所编讲义流传极广，这部后来改题《目录学

---

① 向宗鲁《校雠学》，第 73 页。

② 同上，第 75 页。

③ 同上，第 102 页。

发微》的名著即“意在详于唐以前”[①]而对宋代以降目录学仅仅略涉官修书目而已。这两部著作,分别是目录学史与校勘学史上的带有开创性质的扛鼎之作,而二者之间又颇存相似的微妙关系,是否意味着向著《校雠学》对余著《目录学发微》的某种承袭,或者参考?这一猜想能够得到证实的前提首先是向宗鲁具有见到余著的机会。著名学者杨树达与余嘉锡是终生的挚友,对余氏的目录学推崇备至,如在1929年7月21日的日记中盛赞他的《目录学讲义》“透辟精审,其专门之业也”[②],而徐恕在上世纪三、四十年与杨树达的学术交往非常频繁,因此向氏通过好友徐恕而得见余嘉锡的《目录学讲义》,是完全有可能的。

1922年到1931年前后几十年间,向宗鲁以家庭教师的身份旅居武汉,因生活优裕,故能潜心治学。在此期间,他与黄侃(季刚)、徐恕(行可)来往最密。黄侃为章太炎入室大弟子,为学一遵朴学路数,“以刻苦自得为宗”[③];徐恕更是近代藏书名家,治学亦与黄氏为近。向宗鲁的学术宗尚,自早年起即表现出了与颇有奇诡善变意味的蜀学格格不入的倾向,其早期代表作《说苑校证》即是显证。纵观其一生为学,实际上正是恪守着清代乾嘉朴学的学术范式,这与黄侃、徐恕的学术追求如出一辙,因此,他们在学术上的投契及相互砥砺是可以想见的,如《说苑校证》的完成即颇得益于徐恕富赡的藏书。但可惜的是,相关的第一手材料的缺乏——如黄侃日记在抗战时期佚失[④]——使我们难以确知他们在武汉的学术交往的具体活动,这是很可惋惜的[⑤]。仍然回到本书,《择本中》详于日本所藏华夏古文献的介绍,而向氏的这一学术认识的建立及成熟,首先应渊源于清代朴学家对日藏华夏古籍的重视,但与黄、徐的关系似亦未可轻视。黄侃曾长期寓居日本,对日本所存华夏古籍知之素稔,徐恕也颇重日本汉籍的收藏。向宗鲁在书中引录了黄侃为徐恕所藏日本《文选》残卷的一则题跋,或许可以为我们的推测提供一条较确实的依据。

虽然向著《校雠学》并不能臻于完备,但允为校勘学史上的不朽名著。后世的校勘学理论著作,均不能越出向氏构建的校勘学理论体系(如江辛眉的《校雠蒙拾》即明显存有此书的影子)。作者英年早逝,寿仅46岁,而一生黾勉治学,

---

① 余嘉锡《目录学发微》,中华书局2009年版,第134页。

② 杨树达《积微翁回忆录》,第29页。

③ 杨树达《积微翁回忆录》,第75页。

④ 杨树达在1947年11月24日的日记中写道:“徐行可告(张)舜徽,言黄季刚日记于抗战中失去云。”《积微翁回忆录》,第187页。

⑤ 向宗鲁在这一时期与黄侃、徐恕的学术交往,可参见屈守元《说苑校证序言》,《书品与人品——纪念向宗鲁先生诞生百岁周年》(《书品》,1995年第4期)。陈宛茵《江城书香惠学人——记旅汉治学成名的向宗鲁教授》,《武汉文史资料》2002年第8期。但较之当事人的亲述,这类“代言”文字的史料价值自然大打折扣。

刻苦自得，所培养的学生如王利器、屈守元、杨明照等皆著学名。向氏著作有待于进一步的整理，以上所述，独就其《校雠学》阐释说明，固卑之无甚高论，尚祈方家指正！

（作者简介：刘国宣，华东师范大学古籍研究所博士生。）

殷周铜器铭文文学研究述评

张宪华

殷商西周铜器铭文保存了商周时期政治、经济、文化、军事等各个方面的原始资料,是探索商周时代文化渊源、社会状况的宝贵资料,具有丰富的历史价值。青铜器史料价值的发现最早要追溯到战国时代。《墨子·兼爱下》:"子墨子曰,吾非与之并此同时,亲闻其声,见其色也。以其所书于竹帛,镂于金石,琢于盘盂,传遗后世子孙者知之。"[①]自此金石之学遂开。由宋至清八百余年,学者们多于器物定名、铭文著录、文字考释等方面艰难开拓,为金石学奠定根基,但未脱古器物学的窠臼。清季以降,金石之学趋于鼎盛,一大批才华横溢的学者致力于金文研究,使其成为一门显学。总的来看,学者的研究大都集中在文字考释、字体发展、用义探索、时代断定、文化推演、资料整理、工具书编订等等方面,并取得了丰硕的研究成果。但另一方面我们也应该看到,学界对铜器铭文这种"原汁原味的商周文学文献"[②]中所承载的文学价值和文艺思想并未给予足够的重视,文学史的书写也大都语焉不详,这不能不说是一个巨大的遗憾。

一、铜器铭文文学价值的发现

商周铜器铭文为古代信史之记载,历史价值与文献价值毋庸置疑,但其是否具有文学性,可否作为文学作品进行研究,恐怕不少人心中要打个问号。其文学价值不被认可,原因有三:一者文字典雅古奥;二者语句难称流畅;三者艺术技巧不足。王国维在《毛公鼎考释序》中曾经谈到:"顾自周迄今垂三千年,其迄秦汉亦且千年。此千年中,文字之变化脉络不尽可寻。故古器文字有不可尽识者势也。"[③]对上古文字的陌生感,会使很多人望而却步,而一旦踏足此领域,文字释读会耗损很多精力,对研究领域也就无力再加拓展。能够拨开文字的层层迷雾,进而认识到其文学价值,需要具有敏锐的学术眼光。从前辈学人的著述中,我们可以读到零星记录。欧阳修《集古录·敦匜铭跋》:"古之贤臣名见

---

① 孙诒让撰、孙启治点校《墨子闲诂》,中华书局2001年版,第120—121页。

② 陈桐生《商周铭文语言的发展演变》,《东南大学学报(哲学社会科学版)》2015年第1期,第1页。

③ 王国维《观堂集林》(外二种),河北教育出版社2003年版,第145页。

《诗》《书》者,常为后世想望,矧得其器,读其文,器古而文奇,自可宝而藏之邪!”[①]王国维言:“文无古今,未有不文从字顺者。今日通行文字,人人能通之能解之。《诗》《书》、彝器亦古之通行文字,今日所以难读者,由我辈之知古代不如知现代之深故也。”[②]黄公渚《周秦金石文选评注》言:“古文之精研雅洁者,莫如金石文字,而周秦金石诸作上接典谟雅颂之绪、下导两汉碑刻之先,尤为崇闳隽伟之巨制。”[③]于省吾认为:“金文之用韵似《诗》,不用韵似《书》,可与《诗》《书》鼎足而三。”赵英山亦云:“青铜器铭文,真可谓上好文章,用笔:简洁、高雅;词气:豪迈,坚苍;章法:严密、整齐。”[④]由器古而文奇到文从字顺到精研雅洁到与《诗》《书》鼎足再到用笔、词气、章法,关于铜器铭文文学价值的认识愈加深入。其后的文学史和散文史著作基本也都能关注铜器铭文文学性及其在散文史上的地位问题,可惜都未予展开。冯其庸《中国古代散文的发展——先秦至魏晋南北朝时期》载:“青铜器铭文是商周两代统治者为了纪功纪事或其他原因,刻在青铜器上的文字。这两类文字语言都很简短,从散文发展的渊流来看,不妨称它为最古的散文。”[⑤]赵明主编《先秦大文学史》认为:“铜器铭文由简略到详赡、由单一记述形式到多种记述形式的发展过程……它在史传文学发展史上应有其适当的地位。”[⑥]郭预衡《中国散文史》(上册)也曾这样描述:“散文的产生,始于文字记事。从现有的材料看,中国的文字记事,大约是从商代开始的。这时不仅有了甲骨刻辞,而且有了铜器铭文。……这些卜辞和铭文的特点,是单纯、质朴,据事直书,无所文饰。内容不过晴雨田猎,祭祀征战,人地月日,都很简短。”[⑦]这些论述虽然都是只言片语的零星散论,但对后来的研究沾溉深远。

二、铜器铭文文学研究的不断深入

学术研究,一般都是后出转精,关于铜器铭文的文学研究,亦复如是。20世纪以前此类研究多属零散之论,难称系统,直到最近十余年以来,铜器铭文的文学研究领域开始不断拓展,研究内容不断深化,在文学思想、文体意识、语言艺

---

① 欧阳修《欧阳文忠全集》(第17册),台湾中华书局影印,第134页。
② 王国维《观堂集林》(外二种),河北教育出版社2003年版,第145页。
③ 黄公渚《周秦金石文选评注》绪言,太平书局1956年版。
④ 赵英山《古青铜器铭文研究(第一册)殷器》,商务印书馆1983年版,第4—5页。
⑤ 冯其庸《中国古代散文的发展——先秦至魏晋南北朝时期》,北京出版社1961年版,第2页。
⑥ 赵明主编《先秦大文学史》,吉林大学出版社1993年版,第608页。
⑦ 郭预衡《中国散文史》,上海古籍出版社2000年版,第1页。

术、人物形象等方面都取得了可喜的成果。

1.铜器铭文的文学思想

中国古代文艺思想起源于哪里,这是建立中国古代文学批评理论体系首先要解决的问题,然而自1927年陈钟凡著成《中国文学批评史》(上海中华书局,1927年2月版)以来,此问题一直暧昧不明。前贤时哲谈论中国古代文论或自“诗言志”始①,或自孔子诗论始,却都忽略了对于出土文献中的文学思想的考察。徐正英先生是系统抉发铜器铭文文学批评思想和理论价值的第一人,其博士论文《先唐文学思想考论》(西北师范大学2003年)有精彩论述。论文第一章通过对甲骨卜辞的清理和分析,认为商朝人已具备了朦胧的文艺思想意识:浓厚的尚文意识、初步的文体意识和明晰的写作意识,这三种意识都是文艺思想意识的重要因素和基础。这一论断为中国古代文论的起源提供了创新性的说法。第二章通过对最早的西周原始文献——西周铜器铭文作为的考察,首次讨论了西周铜器铭文中的文学思想,认为西周已有了相对独立的文学活动和初步的文学功能观,表现在:一是歌功颂德、记彰功烈、宣扬孝道的社会功能;二是娱乐审美功能;三是文章明志。尽管该论文语言的概述性还稍显稚嫩,总结的几点也不够全面完善,但其确有开创之功。徐先生文论功底深厚,治甲骨金文也得心应手。其博士论文第二章稍加修改后以“西周铜器铭文中的文学功能观”为题发表在《甘肃社会科学》2004年第2期。其后谭德兴先生在此问题上又有所推进。其文章《从〈诗经〉与铜器铭文看中国文学批评思想的萌芽》考察了20世纪中国文学批评史著述对中国文学批评思想起源问题的看法,认为:“从传世文献《诗经》与出土的铜器铭文可以发现,中国文学批评思想实际滥觞于西周初期的周王室。在西周初期的文化及文学实践活动中,周王室形成了自己的文学批评理论与范畴,并对周初之后的先秦文学批评思想发展产生了重要影响。”②其《论周代铜器铭文中的文学批评思想》一文为周代铜器铭文文学思想专论。文章指出“周代的铜器铭文是中国古代散文发展的重要形式,其中蕴涵着丰富的文学批评思想”,主要表现在“一、人物品评:嘉功崇德;二、诗乐功能:娱情乐心;三、诗乐审美:声和境谐”③三个方面,与周代传世文献在文学批评的范畴和思想理论等方面均呈现出高度的一致性。总体来看,谭文的研究未能跳出徐文的窠臼,只是在材料的运用方面有所扩展,表述也更加精练。

---

① 如朱自清《诗言志辨序》认为:“诗言志”是开山的纲领。开明书店1947年版。

② 谭德兴《从〈诗经〉与铜器铭文看中国文学批评思想的萌芽》,《衡阳师范学院学报》2008年第5期,第76页。

③ 谭德兴《论周代铜器铭文中的文学批评思想》,《贵州大学学报》社会科学版2009年第3期,第47—53页。

学界还注意到了殷商西周时代人们在铜器铭文中表现出的不朽意识。傅道彬先生说："青铜时代制造的那些象征国家尊严个人权威的钟鼎器皿，是人类追求永恒的物化形式。而刻在青铜上的铭文历史，也反映着人类通过青铜文字的不朽以求个体生命不朽的普遍心理。"①陈彦辉先生的论文《"子孙永宝用"商周青铜铭文不朽之思》从铭文中的常见词语出发，认为："铭文中经常出现的固定用语'子孙永宝用'，表明商周社会不朽的观念已经深入人心，春秋时代出现的'三不朽'思想为不朽的含义做了明确的界定，商周社会人们用自己的行为实践着不朽，把不朽作为个体超越生命的永恒精神追求。"②丁进先生的论文《青铜器铭文创作与个人写作传统》独辟蹊径，重点探讨铜器铭文中蕴含的个人写作意识，认为："青铜器铭文从铭刻作记号，到记载历史事件，再到抒发个人的感受，金文一步一步走向文学，终于在西周中期形成创作高峰，在青铜器皿上制作长篇铭文，成为贵族们竞相仿效的时尚，铭文创作已经超越了实用功能，具有审美意义。铭文是最早的私家著述，它开启了私人创作的传统。商周金文是目前所能看到的最早的个人创作。"并且"青铜器铭文创作遍及各级贵族阶层，创作历史长，创作风格多样，作者众多，作品数量大，它们开启了中国文学中的个人写作传统"③。

2.铜器铭文的文体研究

文体研究是铜器铭文文学研究中非常重要的一环，近年来有好多相关课题申报成功，如陈彦辉的教育部人文社会科学研究课题"先秦铭文文体研究"，梅军的教育部人文社会科学研究青年资助项目"殷商西周散文文体研究"等等，相关的论文成果也有不少。总的来说，这些研究可以分为两类：单一文体的研究和综合的文体研究。

单一文体的研究主要以铜器铭文中的某一类文体为研究对象。铜器铭文字数不多，但内容十分丰富，涵盖了殷周社会的方方面面。陈炜湛、唐钰明先生的《古文字学纲要》认为西周铭文包括了祭祀典礼、颂扬先祖、征伐纪功、赏赐册命、训诰臣下、刑典契约六个方面的主要内容。马承源先生认为："在大量的青铜器铭文中，记载着王室的政治谋划、历代君王事迹、祭典训诰、宴飨、田猎、征伐方国、政治动乱、赏赐册命、奴隶买卖、土地转让、刑事诉讼、盟誓契约，以及家史、婚媾等等，都是反映当时社会的政治、经济、军事、法制、礼仪情况的重要资

① 傅道彬《〈诗〉外诗论笺》，黑龙江教育出版社1993年版，第58页。

② 陈彦辉《"子孙永宝用"商周青铜铭文不朽之思》，《北方论丛》2009年第2期，第1页。

③ 丁进《青铜器铭文创作与个人写作传统》，《韶关学院学报》社会科学版2006年第7期，第12—15页。

料,具有明确的书史性质。”[①]这些虽是内容归纳,却启迪了后人从文体方面也作如是观。金信周的博士论文《两周颂扬铭文及其文化研究》(复旦大学 2006 年)以两周时期的颂扬铭文为研究对象,采用共时比较与历时比较相结合、定量分析与穷尽研究相结合的方法,“对颂扬铭文的概念提出了新的解释、探索了颂扬铭文各种格式;考释颂扬词句的意义,增补颂扬词汇的词义、用例的阙如,尽量精确地掌握句式的规律;也探索了颂扬铭文所反映的文化内涵,并通过这些研究,可以窥视古人的颂扬文化以及周人的价值观”[②]。近年来陈彦辉在铜器铭文的文体研究上用功甚深,有一系列的研究成果问世。其论文主要有《西周册命铭文的礼仪内涵及其文体意义——以文体要素“拜手稽首”为例》(《广东外语外贸大学学报》2009 年第 5 期)、《周代铭文祝嘏辞的发展流变》(《文艺评论》2011 年第 10 期)、《周代铭文祝嘏辞的文体特征》(《学术交流》2011 年第 12 期)、《周代训诰铭文的发生及其文体特征》(《文艺评论》2012 年第 12 期)、《周代册命礼与册命铭文的体制》(《广东外语外贸大学学报》2013 年第 2 期)、《周代记事铭文的叙事特点及演变》(《学术交流》2014 年第 2 期)这些论文均以铜器铭文中单一文体为研究对象。郭倩《西周青铜铭文中的自述型铭文初探》(《殷都学刊》2015 年第 2 期)探讨了西周青铜铭文中自述型铭文的内容、主旨,西周贵族对“明德”言论的自觉意识及其在后世的发展,兼顾了文体研究和文学思想的分析。

综合的文体研究指的是对商周铜器铭文的文体进行整体考察,代表性的成果有梅军博士论文《殷商西周散文文体研究》(上海大学 2010 年)和郑勇博士论文《西周金文文体研究》(北京师范大学 2012 年)两篇。梅著的文体研究以殷商西周铜器铭文为研究对象,将其分为记体、告(诰)体、命体、训体、约体。该文资料翔实,概括精练。郑著以西周金文为研究对象,将西周金文文体分为“记叙体”“册命体”“论说体”“杂体”四类。“记叙体研究西周金文的记事、记言以及发展变化;册命体研究西周金文中有关分封赏赐的文章;论说体研究西周金文中的议论文;杂体分为颂体、衬托体、法律体、誓叙体、模拟体等文体”[③]。并分析了西周金文“语体”中的“押韵、抒情、对偶、排比、人物刻画”等艺术手法。另外,陈彦辉《商周青铜铭文文体论》(《文艺评论》2009 年第 9 期)、连秀丽《周代礼乐制度的兴衰与吉金文学的文体演变》(《学术交流》2010 年第 3 期)和郑勇《西周昭王时青铜器铭文文体特点简论》(《内蒙古电大学刊》2012 年第 2 期)也是目前铜器铭文综合文体研究较为重要的研究成果。

---

① 马承源《中国青铜器》,上海古籍出版社 1988 年版,第 358 页。

② 金信周《两周颂扬铭文及其文化研究》,复旦大学 2006 年,第 6—7 页。

③ 郑勇《西周金文文体研究》,北京师范大学 2012 年。

3.铜器铭文的语言艺术

文学是语言的艺术。前文已述王国维、黄公渚、于省吾等学者已对铜器铭文的语言艺术有深刻认知，只是未加以全面论述，后世学者沿着前人足迹继续开拓。对铜器铭文语言艺术的研究多是从语法词汇角度进行的。专著主要有管燮初的《西周金文语法研究》（商务印书馆 1981 年版）、张玉金的《西周汉语语法研究》（商务印书馆 2004 年版）。学位论文主要有：潘玉坤《西周金文语序研究》（华东师范大学 2003 年）以《金文资料库》为依托，主要研究铜器铭文中的被动结构与语序、双宾语结构与语序、同位语结构与语序、介宾结构与语序、否定词与语序、连词与语序、量词与语序及特殊语序问题。邓章应《西周金文句法研究》（西南师范大学 2004 年）主要分析金文句法。梁华荣《西周金文虚词研究》（四川大学 2005 年）针对单个虚词在金文语句中具体的意义和用法进行分析、归纳和总结。杨怀源《西周金文词汇研究》（四川大学 2006 年）以《殷周金文集成》中收录的 4855 篇西周金文为语料，对西周金文的词汇进行了系统研究。该论文于 2007 年在巴蜀书社出版。另外还有武振玉《两周金文词类研究（虚词篇）》（吉林大学 2006 年）、朱刚焄的《西周青铜器铭文复音词研究》（山东大学 2006 年）、金河钟《殷周金文词汇研究》（山东大学 2008 年）、寇占民《西周金文动词研究》（首都师范大学 2009 年）、蒋书红《西周汉语动词研究》（华南师范大学 2010 年）等也属于此类研究。

专门从修辞艺术角度进行研究的学位论文主要有：李义海《西周金文修辞研究》（华东师范大学 2006 年），对 20 世纪 90 年代以前出土的西周时期五十字以上长铭金文的修辞格式进行了全面系统的描写，发现修辞格式近五十种。在此基础上，依据所见格式之间的关系，缀为七个部分：字词句篇修辞、简明省约修辞、繁褥复沓修辞、错综律整修辞、情景再现修辞、叙事插说修辞与人物称谓修辞。刘影《两周金文先王先祖修饰语及相关问题研究》（河北大学 2007 年），对"修饰语词类以两周先王先祖称谓，如王、祖、考、妣、母、父等为修饰对象"进行了研究。龙正海《西周赏赐铭文用词与句式研究》（西南大学 2012 年），对使令动词、赐予动词、职司动词、册名铭文勉励铭辞、西周金文双宾语句进行系统考察。

还有一些论文从整体上探讨铜器铭文的语言艺术。李亚楠《两周铜器铭文的语言特色》认为两周铜器铭文的语言"韵散兼行、句法多样；准确精当，简洁流畅；记言摹态，生动形象"，"在韵文文体中，它们具有旋律之美；在散文文体中，它们具有文气之美，体现出了后世所谓的'韵生动'"[①]。邓飞《从两周军事铭文

① 李亚楠《两周铜器铭文的语言特色》，《安徽文学》2011 年第 3 期，第 244—245 页。

用词看中国古代早期的军事文化》从其军事铭文用词可以看出“从殷商到两周时期,战争观念有继承,也有较大的改变:祭祀在战争中显得更加简便,意在安慰参与者的心灵世界。具体的心理描写更关注战争主体的存在及其表现,也更重视军队组织的规范化和合理化、军队管理的细节、战争有效性和战争维护,这说明权利安全和生命安全意识得到加强。”①陈桐生《商周铭文语言的发展演变》:“商周青铜器铭文语言的发展经历了四个阶段:从殷商武丁晚期到文丁为滥觞期,此时铭文只有一些标记性的单词或词组谈不上有什么文学性;从殷末帝乙到西周为兴盛期,这是商周铭文大发展大繁荣的阶段,其表现是遣词造句日趋丰富,逐步凝炼成博约温润的语言风格,形成某些程式化套语,铭文多从《诗》《书》中吸取语言营养,西周中后期铭文出现一些四言句,少数铭文具有韵律,铭文语言内涵丰富。”

4.铜器铭文的人物研究

人物是文学作品的灵魂,成功的人物形象塑造是作品文学性的重要体现,殷商铜器铭文在简短有限的篇幅之中,运用了多样的描写手法,塑造了类型繁多、个性鲜明的人物形象,呈现了一个丰富多彩的人物世界。专著有:曹兆兰《金文与殷周女性文化》是对殷周女性形象的专题研究,是一部功力深厚的佳作。作者“尝试看以金文材料为主,以甲骨文和传世文献材料为辅,来勾勒殷周的女性文化面貌。企图对这一时段的女性生活,从政治、经济、社会和家庭婚姻等多角度,尽可能构筑或复原当时女性活动的真切环境,探究女性地位变迁轨迹,说明女性问题产生的社会根源”②。学位论文有:苏斌《西周金文所见家臣研究》(复旦大学 2012 年)通过对西周金文所反映的家臣材料的研究,分两章讨论家臣形象。第一章讨论西周王家行政体系的两个主要职官——宰和善夫,主要说明了他们管理的事务及其在王朝中的地位;第二章讨论除王家以外的贵族家臣。对他们的组成、职能及其反映的一些特点作了讨论。另外,单篇论文有:曲艳秋《试析周代铜器铭文中的人物形象》(《三峡大学学报》2013 年增刊)分析了周代铜器铭文中的君主形象、王臣形象、将军形象、女性形象、奴隶形象,并对人物形象的描写手法从直接和间接两个方面进行了介绍。

以上我们分类总结了铜器铭文文学研究的主要成果,另外还有一些成果属于综合的文学研究,其中以连秀丽《周代吉金文学研究》(中国社会科学出版社 2011 年)和丁进《商周青铜器铭文文学研究》(西北大学出版社 2013 年)为代表。连著高度评价了青铜铭文的文学成就,认为:“青铜铭文以其恢弘的历史跨

---

① 邓飞《从两周军事铭文用词看中国古代早期的军事文化》,《绵阳师范学院学报》2012 年第 10 期,第 54 页。

② 曹兆兰《金文与殷周女性文化》,北京大学出版社 2004 年版,前言第 11 页。

度、浩瀚雄伟的篇幅、精湛的写作艺术，丰富的文体样式，成为《诗》《书》以外的又一部史书和‘颂诗’，成为上古文学一道独特的文化景观，因此在这个意义上称为青铜史诗并不为过。”①该书从文学背景、叙事艺术、诗体文化、审美精神和文学影响分析，观点独到，理论深厚，但也存在的一些问题：（一）书名以“吉金”为题，按照作者的说法是“因其生动鲜明地突出文学的载体青铜器的最重要的特征——礼器性质”，但这种说法毕竟不占主流，更像是参考了之前已有吴闿生《吉金文录》、罗振玉《三代吉金文存》、罗福颐《三代吉金文存释文》、佚名《吉金文字》等书而来。（二）书中追溯铜器铭文文学渊源时，既没有分析“零度修辞”的甲骨文和口传文学带来的文学给养，也没有考察西周时期的文学活动如宗教领域的“祝”“占卜”，人文领域的“册命”“誓”等，而将周代的礼乐文化作为背景，明显是本末倒置。（三）忽视了对铜器铭文中的复杂人物形象的分析。丁著通过考察了商周青铜器铭文创作历程，归纳出晚商青铜器铭文创作的五种基本模型：日干支+作器原因+作器+王祀日月、日干支+作器原因+地点+作器+王祀日月、日干支+背景+作器+原因+作器+王祀日月、日干支+背景+记言+作器+王祀日月、日干支+核心事件+作器目的，这五种基本模型在西周时代经过拓展走向鼎盛。并且重点研究了铭文的记言艺术、仪式记叙、叙事技巧和写人艺术。丁著是目前学界对铜器铭文文学研究最突出的成果。如果说该书还有一点遗漏的话，那就是缺失了对铜器铭文文学思想的分析，但瑕不掩瑜。

三、铜器铭文文学研究的开拓方向

殷周铜器铭文创作历时千年，遗留下了丰厚的文学遗存，是我国上古时代文学的奇范，也是中国文学史有待开拓的处女地。铜器铭文的文学研究是一项系统复杂的工程，目前已经取得了一些阶段性的成果，但仍有许多方面有待加强，例如：

（一）检视铜器铭文常用词汇中所蕴含的文学思想。铜器铭文中有很多表示不朽的字眼，比如“子孙永宝用”“其子子孙孙永宝”“孙孙子子其永宝”“孙子其永宝”“子其永宝”“子孙永宝用享”“子子孙孙永宝”“子子孙孙永用”“子孙永宝”“其子子孙孙万年”等等。这些字眼一方面暗含了殷周人将彝器传至后人，希望子孙万代都能永享宝器，另一方面也昭示着后世要永远铭记先人的美德、功业和名声。钟鼎铭器可以被时光腐蚀得锈迹斑斑，上面的文字也可以漫

① 连秀丽《周代吉金文学研究》，中国社会科学出版社 2011 年版，第 6 页。

湮不清,但祖先的精神永远不能被遗忘。这种观念直接影响了后世“三不朽”思想的形成,那么我们可以据此推论铜器铭文中就蕴含了立言不朽的观念。

(二)宏大叙事与私人叙事相结合的叙事艺术。铜器铭文中既有宏大叙事又有私人叙事。宏大叙事包括线性叙事、场景叙事和空间叙事。铜器铭文不但有着完整清晰的叙事线索,而且结构谨严,语句凝练,条理分明,我们可以从中梳理殷周王朝的历史脉络。以往的研究都注意到了对铜器铭文按照时间线索的线性叙事艺术的分析,以及这种叙事艺术对后世的“春秋笔法”和“书法不隐”带来的影响。学界忽略的是铜器铭文中受礼乐文化影响的场景叙事和空间叙事,私人叙事也仅仅是在丁著中有所提及。

2003年1月赵诚先生完成了《二十世纪金文研究述要》,对二十世纪的金文研究进行了总结,该书对铜器铭文的文学研究有只言片语的涉及,没有系统地进行总结。十一年之后2014年12月刘正先生的《金文学术史》出版,此书中铜器铭文文学研究的部分仍然缺失。笔者不忍见从事文学研究的学者的辛苦劳动不被认可,而铜器铭文文学研究任重而道远,故撰写此文,就教于方家。

〔作者简介:张宪华,男,绥化学院文学与传媒学院讲师,上海大学文学院在读博士。基金项目:上海市哲学社会科学规划重大课题“两周文研究”(项目编号:2015DWY001)阶段性成果,绥化学院“中国古代诗文研究”科研创新团队项目。〕

敦煌契约文献词语释证

赵永明

敦煌契约文献是中国契约文献的重要组成部分,敦煌契约文献真实记录了自唐代以来西北地区人民的生产、生活状况。然而,我们在阅读这些文献的时候常常为一些文字、疑难词语的障碍所阻,这些疑难词语有的虽经学界考释,但争议较大;有的尚未为释证;有的词语仍虽经考证但释义不确。今拣选部分此类词语进行尝试性释证,祈请方家批评审合。

【寒盗】

《唐开元二十九年于阗兴胡安忽娑卖牛契》:"如后牛有寒盗,并仰主、保知(支)当,不忓(干)买人这事。两主对面,画指为记。"

按:王树枏《新疆访古记》解释"寒盗"为当时俗语,言人贫寒而为盗者。金祖同批评王树枏的观点,他认为:"似牵强过甚。《流沙坠简》'方技类'有治伤寒马医方,是寒谓寒疾,盗则被盗也。"①张传玺认可金祖同的观点,但是同时有所保留②。其实,关于"寒盗"之释义,诸家皆未中的。"寒盗"非为词语,为词与词的临时组合形式。"寒",中医指引起疾病的六淫之一。《素问·至真要大论》:"夫百病之生也,皆生于风、寒、暑、湿、燥、火,以之化之变也。"《唐开元二十九年于阗兴胡安忽娑卖牛契》中的"寒盗"指风寒侵入人或动物体内而引起的疾病。汉张机撰,(晋)王叔和编《伤寒论注释》批注卷第二:"凡中风与伤寒为病,自古通谓之伤寒。《千金》曰:'夫伤寒病者,起自风寒,入于腠理,与精气分争,荣卫偏隔,周身不通而病。始表中风寒入里,则不消矣。始自皮肤入于经络,传于藏府是也。'"西北地区天气寒冷,人及大牲畜等由于寒气的侵袭,常常患有伤寒之病,重者致死。故《流沙坠简》"方技类"有治伤寒马之医方。

"寒盗"中的"盗"如何释义?这是解决问题的关键。要解决这个问题,就要熟悉近代汉语的用字习惯。近代汉语文献中,词语书写不规范、形体不定,同音字相互替代的情况比比皆是。在契约文书中,由于该种文体的适用群体多为下层百姓,他们所受教育程度不高等原因,致使文书中词语的书写不规范现象时有发生。如"徽州契约文书中词形的不稳定,同音替代现象较为多见,俗字别字现象繁多,甚至出现了一些错字现象。以词形不稳定为例,文书中"分"与

① 黄永武主编《敦煌丛刊初集》,新文丰公司印行1985年版,第284页。

② 张传玺主编《中国历代契约会编考释》,北京大学出版社1995年版,第209页。

"份"混同,"原"与"元"混同,"之"与"衹"混同使用的情况较为常见。有时又以同音词语进行替代,如把"成"写作"诚","应"写成"硬","闻"写成"文"等等[①]。回过头来再看"盗"与"倒"的关系,其实"盗"即为"倒"。《广韵》中"盗"与"倒"同为号韵,故语音相同。"倒"即为"倒死"之义。明代《吏文》(第11篇):"至第三日,倒死枣骝(骟)马一匹,至镇江,又倒死黄花骟马一匹。"又:"又拨马一匹,以备倒损,自合依公奉行。"明代朝鲜著名的汉语家崔世珍注释:"倒死:凡六畜死则倒,故曰倒死。"[②]

故此,"寒盗"义即或有伤寒或者倒死之义。

【贷便】

《吐蕃辛丑年敦煌龙兴寺寺户团头李庭秀等请贷麦种牒》:"春无下子之功,秋乃凭何依托。今人户等各请贷便,用济时难。"

《吐蕃丑年敦煌灵修寺寺户团头刘进国等请便麦牒》:"右进国等贷便前件麦,其麦自限至秋,依时进国自勾当输纳。"

按:"贷便"又写作"便贷"。如王梵志《村头语户主》:"在县用钱多,从吾相便贷。"为"借贷"之义。《资治通鉴》卷二七三"后唐同光二年":"豆庐革尝以手书便省库钱十余万。"胡三省注:"今俗谓借钱为便钱,言借贷以便用也。"敦煌吐鲁番契约文献中"便"有借贷之义触处皆见。如《唐道士梁玄忠便钱契》:"如身[东]□□在,一仰保人代还。画指为验。钱主。便人道士梁玄忠,保人曹奉一。"唐景龙三年后西州勾所勾粮账:"四石一斗八升,神龙元年已后巡察使勾征。七斗八升青稞,征典刘德,二石九斗青稞,百姓便种子,征马[𪎊],五斗米,便粮人何秃子等。"《唐天宝十四载某馆申十三载三至十二月侵食当馆马料账历状》:"闰十一月于交河仓请粟壹拾捌硕壹㪷叁胜,便县仓物合坊填还。"敦煌契约文献中"便"作"借"义的例子亦较为习见。如《某年敦煌曹清奴押铛便豆麦契》:"清奴为无种子,今于寺僧手下佛物处便麦四硕。"又如《吐蕃某年敦煌僧神寂等便麦契》:"三月六日僧神寂为负债,今于当寺佛账物内便麦两硕陆斗,并汉斗。""贷便"中"贷""便"属于同义联合构词,该词语在契约类文书中较为常见,如唐陆贽《翰苑集》卷第二十二:"参军专知仍定观察判官一人,与和籴巡院官同勾当,亦以义仓为名,除赈给百姓已外,一切不得贷便支用。"宋李昉《太平广记》卷四百八十七:"生家素贫事,须求贷便。"

① 赵永明《徽州土地契约文书词汇的特点及价值》,《中国农史》2016年第1期,第133页。
② 崔世珍编、朴在渊校注《吏文、吏文辑览》,延梨文化社2001年版,第37页。

【造作】

《戊戌年敦煌令狐安定雇工契》:"戊戌年正月廿五日立契。洪润乡百姓令狐安定,为缘家内失阙人力,遂于龙勒乡百姓龙聪儿造作一年。从正月至九末,断作价直每月五斗。"

按:此文契中"造作"为"劳动、劳作"之义。该种语义的"造作"在敦煌吐鲁番契约文献中较为习见。如《壬午年敦煌康保住雇工契》:"慈惠乡百姓康保住为缘家中欠少人力,遂于莫高乡百姓赵紧匠面上雇男造作壹周年,从正月之九末,断作每月壹驮,春壹对,汗衫壹领。"又如,《后梁龙德四年敦煌阴厶甲受雇契》:"龙德肆年甲申岁二月一日,敦煌郡乡百姓张厶甲为家内阙少人力,遂雇同乡百姓阴厶甲,断作雇价从二月至九月末造作,遂月壹驮。"《甲申年敦煌韩壮儿受雇契》:"甲申年三月五日,敦煌乡百姓苏流奴,伏缘家内欠少人力,遂于效谷乡百姓韩德儿面上雇壮儿,造作营种。"等等。敦煌类诸词典未收录该词语,《大词典》《唐五代语言词典》虽收有"造作"一词,但未及该义。

【死生】

《戊戌年敦煌令狐安定雇工契》:"其人立契,便任入作,不得抛功,一日,勒物一斗。忽有死生,宽容三日,然后则需驱驱。"

按:"死生"一般语文性辞书多解释为"死亡和生存""偏义复词。指死亡"等等,这是"死生"的常见义。敦煌契约文献中的"死生"一词当有别义,如上揭《戊戌年敦煌令狐安定雇工契》例中"死生"当为"生病"之义。对于敦煌契约文献中"死生"一词的这种语义,学界一直较有争议,如蒋礼鸿《敦煌文献语言词典》解释为:"偏义复词。指死亡。"①张传玺《中国历代契约会编考释》释义为"生病"②。《敦煌文献语言词典》与《中国历代契约会编考释》皆举同一例子,即《戊戌年敦煌令狐安定雇工契》例。我们认为该文献中的"死生"当为"生病"。首先从句子本身的意义来看,句子的意义为立契约以后,龙聪儿(受雇者)就要入雇主家进行劳作,不得旷工。如果旷工一日即克扣一斗东西。但是契约亦考虑到特殊情况,即如果受雇者生病之情况,所以契约中又有"忽有死生,宽容三日,然后则需驱驱"。那么宽容三日后,受雇者就要加紧劳作,以此弥补。句中的"驱驱"为"奔走辛劳,不辍劳作"之义。如《敦煌变文集·妙法莲华经讲经文》:"如此富贵多般,早是累生修种,何得于此终日驱驱,求甚事意?"《敦煌变文集·父母恩重经讲经文》:"回干就湿最艰难,终日駈駈更不闲。"

---

① 蒋礼鸿《敦煌文献语言词典》,杭州大学出版社1994年版,第299页。

② 张传玺主编《中国历代契约会编考释》,北京大学出版社1995年版,第437页。

关于"死生"的疾病之义,我们还可以从异文进行考察。如《乙酉年敦煌邓仵子受雇契》:"从入雇已后,便须逐月逐日驱驱入作,不得抛却作功……如若有病患者,许五日将理,余日算价。"

又,"死生"作"疾病"之义在唐代亦习见于其他文献。如(唐)徐坚等著的《初学记·政理部·医第七》:"疾医掌万民之疾病。四时皆有疠疾:春时有痟首疾,夏时有痒疥疾,秋时有疟寒疾,冬时有嗽上气疾。以五谷五药养其病,以五色、五气、五声视其死生。两之以九窍之变,参之以五藏之功,凡民之有疾病者,分而治之。"句中"以五色、五气、五声视其死生",语义甚明,义即从不同的角度观察、采用不同的方法对疾病进行观察。又如,唐王焘的《外台秘要》:"伤寒热病、风温湿病、阴毒阳毒、热毒温疫,天行节气,死生不同,形候亦别,宜审详也。"其中的"死生"亦为"疾病"义。

【唯书】

题名:唐咸通六年敦煌尼灵惠唯书。

按:敦煌文献契约中"唯书"不为常见,诸多研究性的论文皆举"灵惠迁变之日,一仰潘娘葬送营办。已后更不许诸亲吝护。恐后无凭,并对诸亲,遂作唯书,押署为验。"作为用例。对于敦煌契约文书中的"唯书"之释义学界历来意见分歧较大,至今难有成说。如有人认为"唯书"义当为"是一种希望或承诺能遵守约信的民间盟誓文书"①。另有观点则认为"唯书"当作"遗嘱、遗书"之义,张传玺主编《中国历代契约会编考释》已有释证②,对此我们持赞同的观点。其实,"唯"即为"违"。"违"有"离开、离别"之义。《说文·辵部》:"违,离也。"《诗经·邶风·谷风》:"行道迟迟,中心有违。"毛传:"违,离也。"与世界相违即为与世长辞,故有"违世"一词。《左传·文公六年》:"秦穆之不为盟主也宜哉!死而弃民。先王违世,犹诒之法,而况夺之善人乎?"南朝梁沈约《齐明帝哀策文》:"哲王违世,克播遗尘。"《资治通鉴·后唐明宗天成四年》:"先王违世,兄为人子,初不临丧,可乎?"

今所有辞书皆未收录"唯书"一词。纵观文献,虽然这一名词罕见,但是毕竟存在,我们在这里仅仅指出这一现象,以引起学界的注意。

【家活】

《九世纪敦煌遗嘱格式》:"所是城外庄田,城内屋舍,家活产业等,畜牧什物,恐后或有不亭,争论偏并。"

---

① 钟书林《一种奇特的盟书》,《唐都学刊》2010年第6期,第18页。

② 张传玺主编《中国历代契约会编考释》,北京大学出版社1995年版,第498页。

按:上揭例子中的“家活”与“产业”同义连文,一般多指“家产、家业”。唐代的契约文书中亦有“房资产业”的用例,如《十世纪敦煌遗嘱格式》:“今醒索之时,对兄弟子侄诸亲等遗嘱:房资产业、庄园舍宅,一一各支分数。”其中的“房资”与“产业”同义并列。“家活”与“房资”皆为“家产、家业”之义。目前学界多认为“家活”首见于宋。如徐复等编《古代汉语大词典》、袁宾等主编《禅宗大词典》、孙维张主编《佛源语词词典》等诸多辞书皆引证宋代文献作为书证。其实,“家活”在唐代的契约文献中已较多出现。

【听抴】

《高昌赵阿头六举钱券》:“若前却不偿,听抴家财,平为钱直。”

按:敦煌契约文书中多处出现“听抴”字样,除上述用例外,又如《高昌某人举钱残券》:“若前却不偿,听抴家财,平为钱直。”如此等等,习见敦煌文献。由此来看,上述文句在当时已经成为一种固定的格式而广泛分布于当时的契约文献。然“听抴”之义为何?考“听”即为“许”之义,上古已有之。《说文》:“从,相听也。”段注:“听者,聆也,引申为相许之偁。”《吕氏春秋·知士》:“三日而听。”高诱注:“听,许也。”又如《战国策·秦策一》:“王何不听乎?”鲍彪注:“听,犹许。”“许”即为“任、由”之义。近代汉语中该义习见诸文献。如《慧琳音义》卷十二:“听不”注引《字书》云:“听,任也。”《三国演义》:“不愿从者,听之可也。”

“抴”,义为“牵引,拉”。《说文·手部》:“抴,捈也。”“抴”,后作“曳”,俗作“拽”。《仪礼·士相见礼》“举前曳踵”汉郑玄注:“古文“曳”作‘抴’。”如晋常璩《华阳国志·蜀志》:“还到梓潼,见一大蛇入穴中,一人揽其尾,掣之不禁,至五人相助,大呼抴蛇,山崩。”后作引申,义为“拿、取走”。上述契约文献中的“抴”即为此义。

故“听抴”义当为“任凭取走”。

〔作者简介:赵永明,文学博士,淮北师范大学文学院副教授,硕士生导师。主要从事词汇、训诂学研究。基金项目:本文为国家社科基金重大招标项目“汉语史语料库建设研究”(项目编号:10&ZD117)与安徽省高校人文社科重点研究项目“徽州文书词汇研究”(项目编号:SK2015A93)的阶段性成果。〕

元代水浒戏与明代小说《水浒传》中宋江形象之比较

张茜茜

自水浒故事出现并流传开来后,以其为题材的文学作品众多,元代的水浒戏和明代小说《水浒传》可谓是其中的佼佼者,在中国文学史上有着重要地位,塑造出了一大批个性鲜明、独具魅力的梁山好汉形象,影响深远,广受欢迎,小说《水浒传》中诸多英雄好汉的形象和他们的故事,更是深入人心。不可否认,元代的水浒戏与明代小说《水浒传》的成书有着千丝万缕、不可分割的联系,历经百年,元代水浒戏中的梁山好汉形象到了小说《水浒传》中已然发生了相当的变化,而这变化背后又隐藏的文化意蕴值得深思与探究。在众多的梁山好汉中,尤以手持两把板斧、风风火火、杀气腾腾的"黑旋风"李逵最受关注,而梁山泊首领——宋江与之相比,关注度反倒在其之下。宋江作为梁山泊群雄之首,其地位和重要性自然不必多言,他的形象自元代的水浒戏开始到明代小说《水浒传》中发生了显著的变化,通过对其形象变化的比较和分析,力图探究其形象变化背后蕴藏的文化意蕴。

一、元代水浒戏中的宋江形象:正直豪侠,勇于反抗

元代以水浒故事为题材的杂剧数量众多,但由于年代久远,有完整剧本保存下来并流传至今的作品屈指可数,而学界对于元代水浒戏的总数、剧目及现存状况一直争议颇多,此处仅以傅惜华先生《元代杂剧全目》[①]中所列的元代水浒戏现存剧本及李修生主编《古本戏曲剧目提要》[②]中所列的元代水浒戏现存版本为准,对现存的元代水浒戏剧本及其版本情况进行归纳、分析,详见下表。

① 朱一玄、刘毓忱《水浒传资料汇编》,南开大学出版社2012年版,第61—69页。

② 李修生《古本戏曲剧目提要》,文化艺术出版社1997年版。

元代水浒戏现存剧本及版本一览

剧名	作者	创作时间	现存版本
《梁山泊李逵负荆》	康进之	元初	明臧晋叔《元曲选》本 明孟称舜《古今名剧合选·酹江集》本 顾学颉《元人杂剧选》本 王季思等编校《全元戏曲》本 傅惜华、杜颖陶《水浒戏曲集》本 王学奇等《元曲选校注》本
《黑旋风双献功》	高文秀	元初	明脉望馆钞校本 《元曲选》本 王季思等编校《全元戏曲》本 王学奇等《元曲选校注》本 傅惜华、杜颖陶《水浒戏曲集》本
《同乐院燕青博鱼》	李文蔚	元初	脉望馆钞校本 《元曲选》刻本 《古今名剧合选·酹江集》刻本 傅惜华、杜颖陶《水浒戏曲集》本 王季思等编校《全元戏曲》本 王学奇等《元曲选校注》本
《都孔目风雨还牢末》	李致远	元初	《古名家杂剧》本 脉望馆钞校本 《元曲选》本 傅惜华、杜颖陶《水浒戏曲集》本 王季思等编校《全元戏曲》本 王学奇等《元曲选校注》本
《争报恩三虎下山》	无名氏	元末明初	《元曲选》本 傅惜华、杜颖陶《水浒戏曲集》本 王学奇等《元曲选校注》本 王季思等编校《全元戏曲》本

续表

剧名	作者	创作时间	现存版本
《鲁智深喜赏黄花峪》	无名氏	元末明初	明赵琦美脉望馆钞校《古今杂剧》本 王季烈校刊《孤本元明杂剧》本 《元曲选外编》本 王季思等编校《全元戏曲》本
《梁山五虎大劫牢》	无名氏	元明间	脉望馆钞校内府本 王季烈校刊《孤本元明杂剧》本 《古本戏曲丛刊》四集据脉望馆钞校内府本影印
《梁山七虎闹铜台》	无名氏	元明间	脉望馆钞校内府本 王季烈校刊《孤本元明杂剧》本 《古本戏曲丛刊》四集据脉望馆钞校内府本影印 周贻白《明人杂剧选》本
《王矮虎大闹东平府》	无名氏	元明间	明脉望馆钞校内府本 王季烈校刊《孤本元明杂剧》本 《古本戏曲丛刊》四集据脉望馆钞校内府本影印
《宋公明排九宫八卦阵》	无名氏	元明间	脉望馆钞校内府本 王季烈校刊《孤本元明杂剧》本 《古本戏曲丛刊》四集据脉望馆钞校内府本影印

学界普遍认为可以确定为元代水浒戏的现存剧本分别是康进之的《梁山泊李逵负荆》、高文秀的《黑旋风双献功》、李文蔚的《同乐院燕青博鱼》和李致远的《都孔目风雨还牢末》。王齐洲则认为："可以确定为元末明初的作品有2种，它们是《争报恩三虎下山》《鲁智深喜赏黄花峪》。"[①]傅惜华在《元代杂剧全目》

① 王齐洲《元代水浒戏三题》,《汉江论坛》2000年第8期。

中将《争报恩三虎下山》和《鲁智深喜赏黄花峪》划归为元明间无名氏作家作品，而后综合各方面因素，最终在《水浒戏曲集》中将这两部作品划归为元人作品。争议较大的是后四种，学者大都认为此四种杂剧是否为元代作品有待考证，并多数认为此四种杂剧较大可能是明代编撰。王齐洲认为表格中后四种杂剧"不仅未见于元人著录，甚至未见于明人著录，视为元杂剧根据不足"。故而傅惜华出于审慎考虑在所编的《元代杂剧全目》中，将后四种杂剧定为元明间无名氏作家作品。所以，综上所述完整保存并流传下来的元代水浒戏应为六种，也即上表所列的前六种。故而本文仅以《元曲选》与《孤本元明杂剧》中收录的《梁山泊李逵负荆》《黑旋风双献功》《同乐院燕青博鱼》《都孔目风雨还牢末》《争报恩三虎下山》《鲁智深喜赏黄花峪》六种元代水浒戏作为文本，对宋江这一梁山泊群雄之首的形象进行分析、探究。

宋江这一人物虽在现存的六种元代水浒戏中并未作为主角，但在这六部剧中都是作为梁山泊首领这一不可或缺的关键人物出现。鲁迅在《中国小说史略》中说："《水浒》故事亦为南宋以来流行之传说，宋江亦实有其人。"但史传中对于宋江的评价往往以"盗"或"寇"来形容他，鲁迅也在书中以史为证"《宋史》（二十二）载徽宗宣和三年'淮南盗宋江等人犯淮阳军，遣将讨捕，又犯京东，江北入楚海州界，命知州张叔夜招降之'"[①]。可见最初人们对宋江的印象并不好，往往会联想到"盗""寇"等字眼，但随着水浒故事在民间的流传开来，宋江的形象发生了变化，在元代的水浒戏中宋江被塑造成了一个有胆有识、赏罚分明、主持正义、为民除害的豪侠，作为梁山泊农民起义军的首领，他不仅受到梁山好汉们的拥戴，在百姓中也有极高的威望。在《争报恩三虎下山》的楔子中赵通判之妻李千娇曾云："我一向闻得宋江一伙，只杀滥官污吏，并不杀孝子节妇，以此天下驰名，都叫他做呼保义宋公明。"[②]在《梁山泊李逵负荆》中，也正是由于认可宋江等人素日都是"替天行道的好汉"，出于敬意，老王林才让女儿满堂娇给假梁山好汉递酒。可见在一般百姓眼中，宋江等梁山好汉都是替天行道、为民除害的侠义之士。

宋江为何会上梁山，他在上场的自报家门中就已说明，在现存的六部元代水浒戏中，宋江上梁山的原因基本一致，原为"把笔司吏"，因"带酒杀了阎婆惜"被"迭配江州牢城"后从梁山过，"遇见晁盖哥哥"，晁盖打祝家庄死后，便被

---

① 鲁迅《中国小说史略》，上海古籍出版社 2001 年版，第 94 页。

② 本文所引《争报恩三虎下山》原文均出自明代臧晋叔《元曲选》，中华书局 1989 年版。下文所引，不一一详注。

众兄弟"推某为头领"①(《黑旋风双献功》第一折)。自宋江上了梁山后一直扮演着扶弱济困、惩恶锄奸、除暴安良的豪侠义士角色。在《黑旋风双献功》中的第一折,宋江的结义兄弟孙孔目因往泰州烧香想寻一个护臂之人,便往梁山上向宋江寻求帮助。宋江未等他开口便知其来意,主动为他寻一个护臂,在李逵主动请缨后,因不放心李逵素日的鲁莽,让其改了姓名,换了装扮前去,并叮嘱他不要与人争执,甚至想到李逵会为庙中"打擂台赌本事的"(《黑旋风双献功》第一折)与人厮打这样的细节,得了他的保证才同意让他护卫孙孔目,足以见宋江的热情、侠义之心。对于那些欺压良民、仗势欺人的权豪势要,宋江坚决打击、决不手软。在《梁山泊李逵负荆》《黑旋风双献功》等剧中,多为恶霸或权豪势要欺压良民,官府却无所作为,让百姓任人鱼肉。如《梁山泊李逵负荆》中宋刚、鲁智恩两个恶人打着宋江、鲁智深的旗号强抢民女满堂娇,《黑旋风双献功》中白衙内与孙孔目之妻郭念儿有染,为了两人能长久做夫妻,白衙内将孙孔目打入大牢,《同乐院燕青博鱼》中杨衙内与燕大之妻王腊梅私通之事见光,便企图谋害燕大,《鲁智深喜赏黄花峪》中蔡衙内倚势强占秀才刘庆甫之妻李幼奴。面对这些恶行,官府往往袒护权豪势要,不仅使百姓有冤无处诉,反而可能因此丢掉性命。此时的宋江俨然成为包公式的人物,在这些剧中基本都是由宋江接受百姓的告状,然后理清事情本末,再派遣梁山好汉去营救被害者,并将恶人抓上梁山,听候发落。如《鲁智深喜赏黄花峪》中刘庆甫在被蔡衙内抢走妻子后上梁山向宋江状告,宋江遣人下山救下李幼奴、拿住了蔡衙内,面对众人痛骂蔡衙内"倚势挟权","强夺了良人妇女,坏风俗不怕青天",赞扬李幼奴"守志心坚",最终将蔡衙内"斩首街前"②(《鲁智深喜赏黄花峪》第四折)。在《同乐院燕青博鱼》中也是如此,燕顺向宋江告假下山去救被杨衙内关入大牢的燕大和燕青,宋江率一支人马去接应他们,最终将杨衙内与王腊梅这对"奸夫淫妇",绑上山去,为燕大主持公道"杨衙内败坏风俗,共淫妇暗约偷情"③(《同乐院燕青博鱼》第四折),最终将二人"分尸断首"。在这些剧中宋江总是对上山求助者倾力相帮,与其他好汉一起为受害者主持公道,明辨是非黑白,替社会伸张正义,恪守"替天行道救生民"的准则,从未与权豪势要相互勾结,也从不倚仗梁山的聚义事业而欺压百姓。宋江身上的正直和侠义精神备受人们的赞赏与推崇,他身上正直豪侠的一面在明代小说《水浒传》中得到了进一步的发展和突显。

---

① 本文所引《黑旋风双献功》原文均出自臧晋叔《元曲选》,中华书局1989年版。下文所引,不一一详注。

② 本文所引《鲁智深喜赏黄花峪》原文均出自《孤本元明杂剧》,中国戏剧出版社1958年版。下文所引,不一一详注。

③ 本文所引《同乐院燕青博鱼》原文均出自臧晋叔《元曲选》,中华书局1989年版。下文所引,不一一详注。

在元代的水浒戏中。宋江身上闪耀的反抗精神也值得人们关注。元杂剧中，宋江心甘情愿的成为梁山泊农民起义军的领袖，他热爱梁山这片土地，并充满热情的想将梁山的聚义事业发扬光大。在李致远的《都孔目风雨还牢末》第四折中有宋江诗云："俺梁山聚集豪英，要替天行道公平。忠义堂施逞气概，结交尽四海豪英。"①（《都孔目风雨还牢末》第四折）道尽了宋江的万丈豪情。在《鲁智深喜赏黄花峪》的第二折开场，宋江就云："绿树重重映碧天，远溪一派水流寒。观看此景真堪羡，独占人间第一山。"（《鲁智深喜赏黄花峪》第二折）他极力赞扬梁山泊的美景，夸其为"人间第一山"，足以见宋江对梁山的热爱。从宋江的雄心壮志和对这片土地的热爱，以及宋江领着众好汉为民除害义举中，不难发现宋江并没有向后世小说中那样时时刻刻盼望官府的招安，反而时常为了"替天行道救生民"而与官府对抗，惩治了许多欺压百姓、任意妄为的衙内式的权豪势要，如《鲁智深喜赏黄花峪》中的蔡衙内、《黑旋风双献功》中的白衙内等。不但如此，宋江也从未渴望过招安，以摆脱"盗""寇"的名声，反而自豪于与其他好汉们的结义，更是对官军有一种蔑视，在《争报恩三虎下山》中曾云："聚义的三十六个英雄汉，那一个不应天上恶魔星。绣衲袄千重花艳，茜红巾万缕霞生。肩担的无非长刀大斧，腰挂的尽是鹊画雕翎。赢了时，舍性命大道上赶官军；若输呵，芦苇中潜身抹不着我影。"（《争报恩三虎下山》楔子）宋江的反抗精神在一句"舍性命大道上赶官军"上展现的淋漓尽致。

此外，宋江也是一个有情有义、是非分明的好领袖。在《梁山泊李逵负荆》中被李逵误会强抢民女时，对李逵的冷嘲热讽和大闹聚义堂的举动并没有以权压制，而是冷静下来主动要求前去对质，用事实说话，让李逵心服口服。《同乐院燕青博鱼》中燕青因误了期限，按梁山律令应当问斩，经众人劝说，便"姑免他项上之罪，脊杖六十者"（《同乐院燕青博鱼》楔子），在看到燕青因受了杖责而气瞎双眼后，又十分不忍，让众好汉"每人只一短金钗"让其下山寻医救治，"待医治的好了"，回到梁山，依旧用他，可见宋江对众好汉十分有情义，为人宽厚。总的来说，元代水浒戏中的宋江是一位正直而又心系百姓、充满侠义精神和反抗精神的绿林豪杰。

二、明代小说《水浒传》中的宋江形象：忠心朝廷，被动反抗

元代水浒戏中的宋江留给人最深的印象就是其正义豪侠的性格，他是作为

① 本文所引《都孔目风雨还牢末》原文均出自臧晋叔《元曲选》，中华书局 1989 年版。下文所引，不一一详注。

一个热爱梁山的聚义事业并率领众好汉一起为民除害并同官军作斗争的农民起义军的首领活跃在戏中的,而在小说《水浒传》中,宋江身上的反抗精神基本不存在了,有的只是对赵家王朝的忠心耿耿,成为了一个被迫上梁山落草为寇,时时刻刻想着招安的没有了草莽气息的儒将。宋子俊在《元杂剧中的宋江和燕青形象考述》中认为:"《水浒传》中的宋江,是一个封建正统思想十分浓厚的地主阶级的忠臣义士。"[①]在《水浒传》中,宋江时刻高举着"忠义"的大旗,以忠和义作为自己的言行的不二准则,也用忠和义来约束其他梁山好汉的言行。

《水浒传》中的宋江是小说的主角,他作为忠义的化身,贯穿着小说的始终。聂石樵认为"宋江作为一个农民起义领袖的性格,在上梁山之前已经形成……忠、孝、仁、义在宋江性格上都有反映",[②]在小说之中,忠、孝、仁、义这些封建社会主流价值观对于个人道德的最高评价在宋江身上都曾或多或少的出现。宋江之忠自不必说了,不论是作为上梁山之前的郓城小吏还是上梁山之后的梁山泊之主,他对大宋王朝都可以说是忠心不二,时刻想着为宋王朝建功立业。宋江也是一个至孝之人。在书中的第三十回,宋江因怒杀阎婆惜而逃亡在外,于村中酒店恰逢石勇得家书一封,宋江从中得知老父病亡,当下悲痛欲绝要撞墙并哭到昏迷,不顾被捕的危险定要回家奔丧以尽人子的孝道。不仅如此,宋江处处表现出对父亲的孝顺,宋太公不愿宋江落草为寇,宋江便几次三番的拒绝江湖友人们的入伙要求,甚至不惜以自杀相胁。即使在宋江入伙梁山泊后也时时不忘远在家乡的老父。在书中的第四十回,宋江为回乡接老父上梁山泊,不惜孤身一人,以身犯险,幸得九天玄女和众好汉的救助才免于被官府捉拿。可见宋江是一个事父至孝之人。此外,宋江的确是一个仗义疏财、扶危济困之人,书中多次写到宋江对江湖好汉的慷慨解囊,对于普通百姓也常常赠银相助。小说的第三十六回,宋江于揭阳镇上遇到了使枪棒卖膏药的好汉薛永,周围人无一给钱,唯有宋江虽与薛永素不相识却赠予他五两银子。对于寻常百姓,宋江也常常予以救济,郓城县中买糟腌的帮闲唐牛儿常得宋江资助银钱,也曾答应买药茶的王公与他些银子买棺材。不论是江湖豪杰还是市井平民,宋江都能解囊相助,其仗义、慷慨可见一斑。宋江为人义气深重,书中第十八回晁盖等人劫走生辰纲,宋江冒死通风报信放走晁盖。入伙梁山后,对众兄弟十分爱护,有兄弟陷于官府大牢或其他江湖中人之手时都全力营救。第六十三回中卢俊义与石秀陷在北京城中,宋江率领其他好汉齐心协力攻打北京城救出二人。在攻打祝家庄时,杨林、邓飞、秦明、王矮虎等好汉被捉,宋江久攻不下却也不放弃,在

---

① 宋子俊、范建刚《〈水浒全传〉主题辨析——与传统的农民起义说商榷》,《中国古代小说戏剧研究丛刊》2003年。

② 聂石樵《对宋江形象的再认识》,《水浒争鸣》第2辑,长江文艺版社1983年版,第314页。

三打祝家庄后终于将众人救了出来。

《水浒传》中的宋江依然保留着水浒戏中的侠义之心，但与水浒戏所不同的是小说中的宋江始终将忠放在第一位。张锦池在《“忠义之烈”的艺术典型》一文中指出：“宋江的形象早在南宋水浒故事中便被赋予忠义思想的色彩。宋江形象的历史发展过程就是其忠义思想被不断深化的过程，而忠于宋室的观念则越来越处于矛盾的主导方面。”[①]宋江出于义气放走了晁盖等人，后来晁盖等人不仅杀了追捕之人还落草梁山，宋江的内心里并不认同他们的做法，认为“如此之罪，是灭九族的勾当，虽是被人逼迫，事非得以，于法度上，却饶不得”[②]（第二十回）。宋江的志向在书中第三十二回中对武松的劝诫之语中就可窥一二，武松拜别宋江去二龙山落草时，宋江对他说：“兄弟，你只顾前程万里，早早到了彼处。入伙之后，少戒酒性。如得朝廷招安，你便可撺掇鲁智深、杨志投降了，日后但是去边上，一枪一刀，博得个封妻荫子，久后青史上留得一个好名，也不枉了为人一世。我自百无一能，虽有忠义，不能得进步。”（第三十二回）宋江的这一番话实际上说出了自己的志向即依靠自己的才能报效朝廷，以博得封妻荫子的好结果，最终青史留名。正是有这样忠君报国的志向，宋江才会在怒杀阎婆惜后宁愿亡命天涯，也不愿落草为寇。虽然宋江不愿上梁山，但是在贪官污吏的迫害下，几经周折还是上了梁山落草为寇。即便是成为梁山一员，即便是亲历了官府的黑暗和吏治的腐败，宋江依旧对朝廷忠心一片，主要表现在时刻不忘招安上。在小说的第五十六回中宋江劝徐宁入伙梁山时说道：“见今宋江暂居水泊，专待朝廷招安，尽忠竭力报国，非敢贪财好杀，行不义之事。”（第五十六回）宋江在成为梁山泊之主后的第一件事便是将“聚义厅”改为“忠义堂”，“义”在“忠”后实际上就改变了梁山起义队伍的性质，本是以替天行道、为民除害为目的，现在则是以忠于朝廷、报效国家为第一要义。在第五十八回中，众兄弟反对招安，宋江却劝说道：“皇上至圣至明，只被奸臣闭塞，暂时昏昧，有如云开见日，知我等替天行道，不扰良民，赦罪招安，同心报国，青史留名，有何不美？因此只愿早早招安，别无他意。”（第七十一回）宋江不光自己谨记忠君报国，也向众好汉灌输忠君报国的思想，希望有朝一日可以与众好汉一起为国效力。为求招安，宋江不惜以身犯险，先后两次结交与宋徽宗相好的京师名妓李师师，盼其将自己的一片忠心传达给圣上。正是在宋江这种忠君思想的主导下才使得梁山大军在两赢童贯、三败高太尉的绝佳形势之下，接受朝廷招安。招安后，由于奸佞当道，梁山好汉不得重用，对此宋江并无怨言，还主动请缨征辽国、平方腊。

① 张锦池《“忠义之烈”的艺术典型——论宋江的艺术形象及其历史发展》，《中国古典文学论丛》，人民文学出版社 1986 年版，第 233 页。

② 施耐庵、罗贯中《水浒传》，人民文学出版社 1997 年版。

宋江等在征辽凯旋后却不得进城,众好汉皆有反心,宋江知后以死相胁阻止众人道:"你们众人,若嫌拘束,但有异心,先当斩我首级,然后你们自去行事;不然,吾亦无颜居世,必当自刎而死,一任你们自为!"(第一百十一回)即使在最后,蔡京等人用药酒将其毒死之际,宋江依旧对朝廷忠心耿耿,无怨无悔,还剖白忠心道:"我为人一世,只主张忠义二字,不肯半点欺心。今日朝廷赐死无辜,宁可朝廷负我,我忠心不负朝廷。"(第一百二十回)不但如此,宋江死前害怕李逵为此再去造反,竟将这个追随自己多年忠贞不二的兄弟亲手毒死。水浒戏中为百姓替天行道的义士宋江到了小说之中已变成一个心系朝廷的忠君者。

《水浒传》中宋江已由水浒戏中的"风高敢放连天火,月黑提刀去杀人"(《黑旋风双献功》第一折)主动反抗朝廷、"勇悍狂侠"的的豪杰变成了一个满脑子忠君爱国的被动反抗者。水浒戏中的宋江充满了反抗精神,在《梁山泊李逵负荆》中惩治泼皮流氓,在《同乐院燕青博鱼》《都孔目风雨还牢末》《鲁智深喜赏黄花峪》等中杀了那些作威作福、横行霸道的权豪势要,并积极对抗官军,而《水浒传》中的宋江因为忠于宋室的观念根深蒂固,所以他所作的反抗行为都是被动的。宋江从一开始就不愿上梁山,之所以上了梁山是由于贪官污吏的迫害已经严重的危及了他的生命,不得不开始反抗。宋江的心中更是将落草为寇视为"上逆天理,下违父教"(第三十六回)不配苟活于世的行径,为阻止其他好汉请他上梁山不惜以死相逼,在第三十六回中当刘唐等好汉要杀掉公差救他时,宋江拿刀自刎以阻众人道:"这个不是你们弟兄抬举宋江,倒要陷我于不忠不孝之地,万劫沉埋。"(第三十六回)宋江的忠义之心不允许他做出威胁到宋王朝稳定的造反行为,为了不落草为寇,甚至甘心认下杀人之罪成为囚犯,刺配江州。宋江本来希冀于认罪之后再做良民,但浔阳江头吟反诗让他失去了这个机会,在贪官污吏蔡九知府、通判黄文炳的迫害下,为求活命,被逼上梁山。后来两赢童贯、三败高太尉这样的胜利也是在朝廷派兵马围剿梁山时被迫出兵迎战否则将没有活路的情况下取得的,且宋江虽作为战胜一方却对战败者童贯、高俅恭敬有加,望其能在圣上面前美言以完成招安的心愿。可以说,《水浒传》中的宋江是带着一颗忠君报国之心去走反抗之路的,基于这样的前提,他身上的反抗精神注定是远不能与水浒戏中的宋江相提并论的。

三、宋江形象变化背后蕴含的文化意蕴

以水浒故事为题材的元杂剧在元代十分兴盛,高文秀、李文蔚、康进之等杂剧作家创作出了大量的水浒戏,塑造出了李逵、宋江、燕青、武松、鲁智深等众多

以“替天行道救生民”为一己之任、惩凶除恶的梁山好汉形象，宋江作为梁山泊首领，他带领着众多梁山好汉四处行侠仗义，为民除害，他的身上闪耀着嫉恶如仇、好打抱不平的侠义精神和与官府黑暗势力积极作斗争的反抗精神，深受平民百姓的拥护和爱戴。

毋庸置疑，以梁山泊首领身份出现主持正义的宋江，他的侠肝义胆使他仿佛化身为司马迁《史记》中所写的游侠一般，成为世人心中惩奸除恶的正义化身。这样一个充满着侠义精神的好汉，其行侠仗义之举动背后透射出了一个怎样的元代社会呢？众所周知，元朝统治者于马背之上得天下，建立起我国历史上疆域面积最广的一个大一统王朝——元朝，因此他们尚武轻文、落后而强悍，在建立新政权入主中原时，遇到民众稍有抵抗便下令屠城，残暴非常。而元代又是一个民族压迫极其深重的年代，阶级矛盾也异常尖锐，元朝统治者在建立政权之初，便将国民分为四个等级，蒙古人为第一等级，最为尊贵；色目人其次；汉人为第三等级；而原为宋朝国民的南人最受轻贱，为第四等级。不仅如此，元朝统治者还等级分明的规定了不同人等所享有的政治地位和经济上的权利，汉人和南人没有资格担任较高级别的官吏，蒙古人和色目人则占据了元代的统治阶层，他们凭借着政治特权和经济上的优势对普通百姓任意压榨、肆意凌虐，汉族中人所受到的歧视和压迫尤其深重。

正是由于这样的歧视和压迫，广大民众才会对现实生活产生强烈的不满，内心也更加渴望有正义之士来改变现状，并滋生出反抗的情绪，所以元朝一代农民起义不断。而平民百姓对正义的呼唤，对朝廷的反抗情绪自然会出现在元杂剧之中，那些替天行道、为民除害的梁山好汉活跃在舞台上也就不足为怪了。陈汝衡在《元明杂剧中的黑旋风》一文中说：“因为社会上黑暗重重，受了冤枉气不可能从法律上得到解决，就会幻想有江湖侠客出来，路见不平拔刀相助，用暴力的方式替百姓惩恶除凶，因此侠盗的故事也就自然产生。”①在元代现存的水浒戏中，出现了许多的衙内形象，他们作为元代权豪势要的代表，是元朝统治者的化身，这些人集权势、财富于一身，在社会中横行霸道、与官府相互勾结欺压良民，《鲁智深喜赏黄花峪》中的蔡衙内霸占良家妇女，《黑旋风双献功》中的白衙内拐人妻子，还将受害者关入大牢，《同乐院燕青博鱼》中的杨衙内在街头肆意打人，他们逞凶行恶，却不受官府惩治，反而凭借自己的权势与官府沆瀣一气，将受害者送进狱中，作为受害者的平民百姓有冤无处诉，有苦不能言，只能希望于梁山好汉这样路见不平、拔刀相助的豪侠以非正常的手段来为自己讨回公道。于是就有了在《黑旋风双献功》中，宋江派李逵去保护孙孔目夫妇，于梁

① 陈汝衡《元明杂剧中的黑旋风李逵》，《戏剧艺术》1979 年第 3—4 期。

山之上惩处了作奸犯科的白衙内和有杀夫之罪的郭念儿;在《梁山泊李逵负荆》中宋江替天行道识破了假梁山好汉之名的宋刚、鲁智恩强抢民女的强盗嘴脸;在《同乐院燕青博鱼》中宋江亲率人马接应捉拿奸夫淫妇杨衙内、王腊梅的燕青等。在这些水浒戏中宋江俨然化身为包青天式的人物,接受百姓们的告状,派遣好汉们替天行道,救助好人,捉拿恶人,最后押回梁山接受审判,主持公道。他调兵遣将、替天行道、惩恶除奸的行为背后,实际上承载了元代平民百姓遭受社会不公和统治阶级压迫的悲愤以及饱受压迫后所激发出的反抗情绪,更寄托着元代平民百姓对公平、合理的理想社会的美好向往。

此外,元朝统治者为了巩固统治,曾在相当长的一段时间内废行科举制,使得本就社会地位地下的汉族儒生无法通过仕途来提升社会地位。元代知识分子的社会地位之低下令人诧异,曾有"九儒""十丐"的说法,这些知识分子不仅在政治上前途渺茫,在经济上也十分困窘,他们中的许多人为了维持生计成为了"书会才人",于勾栏之中写作维生,并借此倾吐胸中郁垒。元代知识分子的社会地位低下和生活困顿也使得他们对于传统观念有一种反叛心理,并将这种反叛的情绪带入了写作之中,而与下层平民生活在一起又使他们更能体察百姓疾苦和社会的种种黑暗,于创作之中更能反映社会现实,体现百姓的心声。也正因如此,水浒杂剧作家笔下的梁山好汉才更为真实且具有强烈的反抗精神。宋江虽不作为主角却积极主持正义,配合其他好汉惩恶除奸、打抱不平,他并非完美的英雄,却能够以一己之力为民除害、伸张正义,从不与官府勾结,也不想被朝廷招安。由于作家对于现实的清醒认识,对于传统观念的反叛以及元代对人们的思想文化禁锢较弱,使得这些作家笔下的梁山泊头领——宋江的身上充满了反抗精神,他热爱并积极光大聚义事业且毫不妥协的与鱼肉百姓的统治势力作斗争,他的"忠"是对聚义事业的忠诚,他的"义"是践行"替天行道救生民"的义举。

而明代小说《水浒传》中的梁山好汉也继承了元代水浒戏中梁山好汉为民除害的侠义精神,宋江诛杀贪官污吏,但他的身上忠义色彩更加浓烈,反抗精神始终为忠义所束缚,心心念念只盼招安,好为朝廷效力。之所以有此变化,与明代的高压统治不无关系。明朝建立之初,明太祖朱元璋为了巩固统治,大兴文字狱,杀害功臣,使得人人自危,在这种情况下,《水浒传》中梁山好汉身上的反抗精神就必须披上一层忠义的外衣,反抗的矛头也不能直指最高统治者皇帝。除此之外,明王朝对思想文化的控制加强,有意向人们灌输忠孝节义的封建伦理观念,加之《水浒传》作者受儒家伦理观念中的忠义思想影响很深,所以使得小说中的梁山好汉既有替天行道、为民除害的侠义之举亦有忠君报国的一面。

不同的时代背景,作家不同的写作理念使得元代水浒戏与《水浒传》中宋江的人物形象同中有异，但不论是元杂剧还是明代小说，其身上独特且鲜明的个性和路见不平、拔刀相助的侠肝义胆历久弥新，永远鲜活。

（作者简介：张茜茜，女，安徽大学艺术学院戏剧戏曲学硕士生，研究方向：中国戏曲史。本文系安徽大学研究生创新基金 yfc100318 阶段性成果。）

《世说新语》中“驴鸣”的多重文化解读

郭艳莉

魏晋是中国历史上畸形发展的时代。宗白华先生在《美从何处寻·论〈世说新语〉和晋人的美》中说道:“汉末魏晋六朝是中国政治上最混乱、社会最苦痛的时代,然而却是精神史上极自由、极解放、最富于智慧、最浓于热情的时代。”[①]在魏晋之前,儒家名教思想长期在中国历史上束缚、禁锢着知识分子的思想,并从人际关系来确定他们个体的价值。要想获得社会的尊重和承认,他们必须湮没自己的个性,以“道”自尊,绝对服从这个统一的、秩序井然的社会等级和角色位置。封建时期王权“势”的统治至高无上、不可违逆,同时统治阶级也运用“道”的支持来证明及维护其合理性与权威性。中国古代知识分子虽以道自任,但他们往往与统治阶级的意见相抵牾而无法实现他们治国平天下的愿望,只能以其人格的自省与完成证明“道”的存在。随着东汉清议运动的失败,“势”与“道”的合作关系彻底破裂,统治阶层失去了依附的土壤,社会秩序和角色位置发生了巨大变化。至魏晋时期,政治环境混乱险恶,世风日下,宣扬正统思想的儒学地位降低,玄学应运而生,佛学亦渐趋繁盛,名教与自然的矛盾尖锐化。在相对宽松的思想环境中,士大夫们力求摆脱儒学的思想控制和礼法对他们的人格戕害,推翻名教,寻求一种超功利性质的合乎人的自然本性的真实生活。他们注重“血性生命”,以空前激烈的形式极力展现个性的光芒,或肆意山林,或饮酒服药,或鼓琴诗画,任诞放纵,毫无顾忌。在崇尚与追求名流风度、展现个性风采的“和声”中,“驴鸣”这一颇具“黑色幽默”韵味的行为艺术值得我们认真解读。

《世说新语》,志人小说的典范作品,许多复杂错综的文化现象都收录其中。与“驴鸣”有关的资料仅有两篇,分别收录于《伤逝》篇第一则与第三则中。

> 王仲宣好驴鸣。既葬,文帝临其丧,顾语同游曰:“王好驴鸣,可各作一声以送之。”赴客皆一作驴鸣。[②]
>
> 孙子荆以有才,少所推服,唯雅敬王武子。武子丧时,名士无不至者。子荆后来,临尸恸哭,宾客莫不垂涕。哭毕,向灵床曰:“卿常好我作驴鸣,

① 宗白华《美从何处寻》,江苏教育出版社 2005 年版,第 185 页。

② 余嘉锡《世说新语笺疏》,中华书局 1983 年版,第 636 页。

今我为卿作。”体似真声，宾客皆笑。孙举头曰：“使君辈存，令此人死！”[①]

两则材料分别显示出名士王仲宣（王粲）及孙子荆（孙楚）好驴鸣的特殊癖好。魏晋时期文人士子卓然不群，在行为准则、生活方式、思维方法、人生价值及信仰等诸多方面都洋溢着盎然生气，体现出与众不同的奇异个性。譬如，阮籍雅好长啸，并在真人的啸声中体悟出人生真谛，写下传世作品《大人先生传》；刘伶嗜酒如命，“常乘鹿车，携一壶酒，使人荷锸随之，云：‘死便掘地以埋。’土木形骸，遨游一世”[②]；何晏服寒食散以求长生驻颜，自云“服五石散，非唯治病，亦觉神明开朗”[③]，甚至引起了魏人服药之风，“由是大行于世”。此外还有士人弹琴、打铁、书法、裸坦等五花八门的特别癖好。然而，为何也存在“驴鸣”这一难为人理解的奇异行为呢？在“驴鸣”的怪异行为背后又有何深意呢？从中又可以窥探出魏晋时期怎样的文化内蕴？

一、不平之鸣

翻阅魏晋时期的历史资料，特别是晋人传记，我们可以了解到在令人窒息的黑暗环境里士人的艰难生存与精神上的痛苦挣扎。长期以来的儒家入世思想已深深镶刻在他们的大脑里，他们也希望像尧舜时代那样有贤明的君王统治管理天下，渴望自己能够得到重用，在政治天地里施展自己的才华与抱负，但司马氏政权混乱无能，社会奢靡淫乱成风，等级森严的门阀制度垄断了士族政权，将许多有才志之士拒于仕途之外。生活在这个时代的王仲宣、孙子荆等人也避免不了仕途失意、不得重用的残酷命运。王粲，建安“七子之冠冕”，才华卓越，十七岁时被东汉朝廷征为黄门侍郎，避不应召而投奔荆州刘表，但不得刘表器重，从事幕僚工作十余载，甚至因其容貌丑陋而失去娶刘表之女的资格。直至建安十三年，王粲以劝投刘琮之功到曹操幕府工作，被授为丞相掾，赐爵关内侯，但曹操看中的只是他的文学才华，视他为文学侍臣而非军政要员，他始终未挤进政治权利中心，依附于曹营却“俯仰不得言”。经历过战乱之祸的痛苦、强烈的忧国忧民之情以及胸怀大志而始终不得重用的悲愤种种苦闷压抑使得他欲以激烈的宣泄方式来抒发胸中郁结难平的块垒，因此学驴的嘶鸣以抒发、表现自己的复杂情感。孙楚，才藻卓著，爽朗超逸，但生性耿直，“多所陵傲，缺乡

① 余嘉锡《世说新语笺疏》，中华书局 1983 年版，第 638 页。

② 宁稼雨《世说新语与中古文化》，河北教育出版社 1994 年版，第 200 页。

③ 余嘉锡《世说新语笺疏》中华书局 1983 年版，第 74 页

曲之誉”,其名声之失使其很难得到察举中正官的赏识以致仕途一直不畅,滞留家中,年逾四十才入仕为镇东将军石苞的参军,又因直谏不讳,被石苞参本而弃官归家,十余年后才做扶风司马骏征西参军。士人的时不与我的哀怨之情与愤懑不平的人生苦涩悲凉之感与驴的遭世人蔑视、讽刺、辱骂,只被用以承负辎重、担当坐骑、付出劳力的凄楚、愤慨不得志两者之间构成某些对应关系。驴的叫声是凄怆嘶哑的长鸣,内含遏抑的呻吟和痛楚绝望的哀号,能够引起文人强烈的情感共鸣,选择和学“驴鸣”理所当然地成为他们有力宣泄情感的手段,传达他们悲愤难平的刺世之意和极度张扬的“不平而鸣”。

二、越名教而任自然

“越名教而任自然”由嵇康提出,是魏晋时期最具代表性的口号。所谓“名教”,宗白华先生指出魏晋时名教应指包含政治关系在内的整个社会的人伦秩序,君臣和父子两伦是所有秩序的根本;“自然”指的是老庄崇尚的自然之旨,“任自然”,便是让人的本性得到彻底解放,能够无所顾忌地自由伸展,而将儒家礼教、伦理纲常放在从属的位置上,从而使人具有一种“人格化的自然美”,真实的美,崇高的美。儒家所提倡的名教礼法至东汉后期更加形式化,虚伪做作,甚至不近人情。随着以门第为社会基础的察举制及“累世同居”“门生故吏”观念逐渐取代汉大一统政权下建立起来的普遍性的君臣观念,大族在更多方面具备了与君权相抗衡的力量,君权也因统治和领导危机降低了对知识分子的约束,文人知识分子也因此对君权产生了怀疑,甚至产生“无君论”思想。而虚伪礼教的盛行将儒家礼法推向更加令人深恶痛绝的境地。另一方面,反对伪礼教的新派人物从人伦关系的传统角度入手揭露并鞭挞抨击虚伪礼教对真正人情的侮辱和戕害,提倡自然之情之平等,表现至情至性、真正自然的情感,而不以功利性为目的。道统与势统关系的破裂,自然之情对名教思想的取代,“摘掉了众人头上限制其个性自由的紧箍咒”,使广大士人重做自我,认识自然,崇尚自然,追求真性情。

随着魏晋时代风貌的变化,文人士子在人生观上重自然而轻名教,重道统而轻势统,重审美而轻功利,重个人而轻社会,社会中的各种思想和观念都发生了根本性的变化,其中一个显著现象就是对虚伪礼仪的排斥与摈弃。礼仪虽能在生活中,无论是在日常生活抑或是政治生活中提供行为规范或社会规则,但究其根源,传统礼仪产生于阶级社会,是统治阶层为维护宗法等级制度、维护统治阶级利益而设的。统治者往往用礼仪道德来钳制百姓,桎梏人的思想,扭曲人性，是对生命的摧残与扼杀。

古代的丧礼制度作为传统礼仪中的重要一支，也存在束缚、摧残、破坏人性的流弊。古代的丧葬制度繁琐复杂、庄重肃穆，具有一整套规定性的习俗方式，包括庄严的仪式性的哭丧。曹丕在王粲的丧礼上率领众宾客集体齐作驴鸣以吊唁、送别王粲，在当时庄重的场合中这种行为是怪异的、可笑的、不合礼法规范的。但抛开既定的仪礼行为规范，我们可以看到曹丕作为上位者对传统礼教的否定与改变。曹丕是建安时期文人集团的领导者之一，具有独立的个人的思想意识，是个不拘礼节之人，还提倡薄葬之风。王粲作为当时“建安七子”的佼佼者，其满腹才华必然受到曹丕赏识，此外出于政治目的，曹丕需要文人的鼎力支持，曹丕与王粲的关系应该不错，可以准确了解王粲的喜好。也许在丧礼上驴鸣并不适宜，但曹丕认为这是对王粲最好的送别方式。礼仪的形式是次要的，重要的是礼仪所表达的真情实感。因此曹丕不拘于礼教约束，以这种异于常人的吊唁方式，以王粲喜好的“驴鸣”这一对他具有独特性、个性化意义的方式去吊祭他。而孙楚也是积极反抗世俗、不拘一格之人，敢于向不合理的社会现象发难，同时他也极其钟情于老庄之学。孙楚在挚友王武子的殡礼上，不顾众人的哄然大笑，学驴鸣哀悼他，足见其任情废礼，“任自然而相佯”的独特本性精神。他的怪异举动，并不是为博取名声，而是对礼教的揶揄与反抗，是对死者这一癖好的理解与尊重，也是对友人的追悼与不舍。这些近乎狂放荒诞的行为方式，正透视出当时令人窒息的社会环境下魏晋文人对虚伪名教观念的摈弃和对自然个性的执着追求。

三、生命意识的彰显

原始人感觉不到死亡的悲哀，因此感受不到死的可怕和生命的变化无常，诗三百也没有这种情绪，《楚辞》中虽写到对现实社会的不满，并没有讲到生命消逝的悲哀。汉代儒家学说直接以“未知生，焉知死”而直接规避了死亡问题。直至东汉末，文学中才出现了表现对生命的留恋以及无法避免生命逝去的悲伤、恐惧与憎恨这一思想内容，《古诗十九首》有很多诗句都有所体现，如：“所遇无故物，焉得不速老。”“人生忽如寄，寿无金石固。”自东汉末至混乱苦痛的魏晋，人们更是感受到前途的渺茫、生命的无常，强烈的生存意识与生命意识反映到文人的作品中便常常涉及生死问题。《世说新语》以其强烈的生命意识素来受到学者的关注，并对魏晋士人生命意识和个体意识的醒悟给予极大肯定。魏晋士人的生命意识一个重要方面就是肯定自我存在的价值，珍视并热爱生命，寻求生命的本真状态。残酷的社会现实使魏晋士人对生命和死亡进行了深沉的思索,并以洒脱恣肆、率真任性的方式面对死亡,表现出强烈的生存愿望。《伤逝》一门中集中反映了魏晋士人面对死亡时的各种情状及行为活动。正是体悟到生命的脆弱与死亡的不可避免,所以他们选择用本真的性情与情态表达生命的意义和价值,在他们有限的时间和空间里对生命作无限的扩张,并由对自己生命的观照扩展到对他人生命的关注。

生命感伤意识,贯穿着曹丕的一生。由于承接着东汉这一动荡的时代,魏晋文人曹丕目睹了社会的战乱和人民的辛酸苦难。社会的动荡、灾荒和疾病使他认识到生命的祸福无常和面对死亡的无可奈何,细腻敏感的文人心灵受到深重的打击,同时他于立嗣斗争的艰险夹缝中生存,更是无法漠视死亡,对死亡有着切身的感悟,对生命普遍观照。王粲的去世对他而言有着复杂的感受,心存感伤与同情,也会让他产生生命的转瞬即逝,命若浮尘,要珍重自己和他人生命的苍凉之感。生命是最可贵的,要尊重它,珍惜它,出于对个体生命的尊重,曹丕选择了吊唁王粲的最好方式“驴鸣”。生活在同样时代的孙楚自然也有对生命的深沉感伤之怀,而且,去世的是他的知音,好友难觅,知音难寻,他内心极大的悲伤与哀思只能用强烈的宣泄方式表达出来。对生命的沉重感悟,只能由真挚、不加掩饰的外在方式表达出来,显示出魏晋士人“人的觉醒”、生命意识的觉醒。

魏晋时期士人虽然经历了中国历史上最苦难的时代,但时代的苦难、命运的悲剧又会使他们生发反抗意识,以独特的思想、放诞狂傲的个性和卓然不羁的灵魂来对抗这个黑暗的社会,这是时代的进步。《世说新语》作为魏晋风流的故事集,“名士底教科书”,为士人展现了魏晋名士的独特风流面貌。“驴鸣”作为魏晋文人的特殊癖好,同样真实展示了他们的独特人格魅力,焕发出智慧光芒。通过对“驴鸣”的多角度文化解读,我们不仅看到了那个时代士人的惬意自在、放浪形骸的生活状态,也瞥见了魏晋社会的整体风貌和时代特色。每个时代都有它存在的意义和价值,都会孕育出色彩斑斓的各式文化,展示出这个时代的独特美。

(作者简介:郭艳莉,淮北师范大学2016级文学院研究生。)

唐代敕书的文献价值

熊 碧

作为处理国家日常政务的文书,唐代敕书的内容极其丰富。这一点仅从宋敏求所编《唐大诏令集》的目录就可以看出。该目录包括帝王、妃嫔、追谥、册谥文、哀册文、皇太子、诸王、公主、郡县主、大臣、典礼、政事、蕃夷,总计 13 类 130 卷。其中仅政事一类就包含礼乐、刑法、恩宥、官制、举荐、按察、制举、贡举、田农、赋敛、财利各门,计 44 卷,涉及唐代政治、经济、军事、教育、文化、法律、社会生活、对外关系等方面。当然,这是就诏令文书整体而言的,单以敕书而论,篇目自然要少一些,但涉及内容差别不大。唐代敕书不仅内容丰富,而且以其材料的原始性、权威性,在两《唐书》的补遗、勘误以及《全唐文》的校勘方面,都具有重要的参考价值。下面将举例说明。

一、两《唐书》的补遗与勘误

两《唐书》是研究唐代文史的基本典籍,在收录唐代诏敕文书方面,《旧唐书》网罗较多,《新唐书》则基本不收。《新唐书》主编之一宋祁对此的解释是"文有属对平侧用事者,供公家一时宣读施行以便快,然不可施于史传。余修《唐书》,未尝得唐人一诏一令可载于《传》者,唯舍对偶之文近高古者,乃可著于篇。大抵史近古,对偶宜今。以对偶之文入史策,如粉黛饰壮士,笙匏佐鼙鼓,非所施云"①。从史学专业角度讲,宋氏的话固然有道理,但将大量极具史料价值的骈体诏令都丢弃了,未免矫枉过正。顾炎武曾对此进行批评:"宋子京不喜对偶之文,其作史,有唐一代,遂无一篇诏令。如德宗兴元之诏,不录于《书》,徐贤妃谏太宗疏,狄仁杰谏武后营大像疏,仅寥寥数语,而韩愈《平淮西碑》则全载之。夫史以记事,诏疏俱国事之大,反不如碑颂乎?"②顾氏批评是有道理的,史料关注的应该是内容,而不必拘泥形式。《新唐书》较之《旧唐书》删减过半,其中绝大部分都是诏令,事繁而文省,很多记载也就简而不明或者失载。如《后

① 宋祁《宋景文公笔记》,见朱易安、傅璇琮主编《全宋笔记》第一编第 5 册,大象出版社 2003 年版,第 48 页。

② 顾炎武著、黄汝成集释《〈日知录〉集释》卷二六,上海古籍出版社 1985 年版,第 1932 页。

妃下》记德宗王皇后去世,德宗下敕云:“祭物无用寓,欲祭听之。”[①]其意思令人费解,核之《旧唐书》,这句话原是“祭筵不可用假花果,欲祭者从之”[②]。《新唐书》省略了几字,却让人如坠云里。类似例子很多,文字简单了,但理解总跟不上,反而影响阅读效率。

唐代敕书对补充两《唐书》人物传纪颇有价值。有些人物,正史无传,也没有其他记载。但是唐代敕书里保存有他们的任职记录,这对考证他们的生平尤为重要。如德宗时期中书舍人朱巨川乃三朝元老,书法史还有徐浩的行楷名作《朱巨川告身》流传,而这样一位人物在两《唐书》中却没有传记,可谓遗憾。不过,我们由《全唐文》卷五四所收《授朱巨川中书舍人敕》可知他曾经由朝议郎行尚书司勋员外郎知制诰转中书舍人。再结合《文苑英华》卷八九四李纾撰写的《故中书舍人吴郡朱府君神道碑》及《全唐文》卷三八八独孤及《送朱侍御赴都上序》所载朱氏之入幕生涯[③],则朱巨川一生行迹可推知。

有些历史大事如唐廷与西北的突骑施苏禄之间战争,史书语焉不详。苏禄联合吐蕃劫掠安西四镇、进犯北庭的具体情况,玄宗命令安西节度王斛斯、瀚海军使北庭都护盖嘉运等人展开远交近攻的实施过程,两《唐书》上只是寥寥几笔,令人难以理清头绪。陈建森先生曾根据张九龄所拟的多道敕书,清晰地还原了开元二十二年至二十四年唐与突骑施苏禄之间战争的史实,这是以敕书补两《唐书》之阙的一个范例[④]。

唐王朝与渤海、新罗等地方政权的关系是玄宗时期对外策略的重要内容,两《唐书》同样是数语带过。而张九龄的《曲江集》中收录了与之相关的七篇敕书,分别是四篇《敕渤海王大武艺书》、二篇《敕新罗王金兴光书》、一篇《敕新罗都督金兴光书》,从这七篇敕书,我们能够清楚了解唐代开元时期唐朝与渤海、新罗之间纷繁复杂的军事外交关系。香港学者黄约瑟的《读〈曲江集〉所收唐与渤海及新罗敕书》对这个问题有详细探讨,可参考[⑤]。

《旧唐书》虽然收录唐代敕书数量较多,但限于史书体例,在引用时亦存在节录、改动的情况。如懿宗的《改徐州为感化军敕》,《全唐文》与《唐大诏令集》文字相同[⑥],而《旧唐书》中此敕书缺“累岁用兵,甚费国力,特与借助,功在节量。如初有胁从,后成亡命,或未还乡里,或逃匿诸州,加意招携,各归本业。若

---

① 欧阳修、宋祁等《新唐书》卷七七,中华书局1975年版,第3502页。

② 刘昫《旧唐书》卷五二,中华书局1975年版,第2194页。

③ 参戴伟华《唐方镇文职僚佐考》,广西师范大学出版社2007年修订版,第342页。

④ 参《张九龄〈曲江集〉敕书的文史价值——开元二十二至二十四年突骑施苏禄侵犯四镇个案探究》,《华南师范大学学报》(社会科学版)2007年第3期。

⑤ 参刘建明编《黄约瑟隋唐史论集》,中华书局1997年版,第81—113页。

⑥ 见董诰等《全唐文》卷八四,中华书局1983年版,第885页。

称自乐所止,亦可徇其私情。贵众士获安,恐一物失所,用期昭泰,必在均平。典故具存,废兴不昧,仍更镇额,盛彼军威。冀睹封疆,就保宁谧"一段。省略这段文字,则敕书最后的所云"其徐州都团练使改为感化军节度、徐宿濠泗等州观察处置等使"之缘由则显得不明不白[①]。

《新唐书》讹误之处也很多。如《方镇表九》咸通三年敕载:"升邕管经略使为岭南西道节度使,增领蒙州。"[②]可是《唐大诏令集》卷九九《分岭南为东西道敕》文字却是:"宜分岭南为东、西道节度、观察、处置等使,以广州为岭南东道,邕州(今广西南宁)为岭南西道……将盛藩垣,宜割桂州管内龚州、象州,容州管内滕州、岩州,并隶岭南西道收管。"[③]由这道敕书可看出"蒙州"乃"象州"之误[④]。实际上,这道敕书也是广东、广西行政上正式分开的最早记录。

二、《全唐文》的校勘

《全唐文》(含《唐文拾遗》)中所载敕书,多从前代史籍中辑录,但不注出处,利用《通典》《旧唐书》《册府元龟》《唐大诏令集》等书,可以校勘舛误,辨别差异。例如《全唐文》卷三五玄宗名下的《遣祭郊庙山川敕》[⑤],《唐大诏令集》卷六七题为《命宰臣等分祭郊庙社稷敕》,作者为孙逖,其中有"冀申诚恳,如朕预焉。道释二门,玄通众妙。……用齐三圣之教,以叶百灵之心,宜嗣虚怀,各陈至敬者也"云云[⑥]。《全唐文》在"冀申诚恳,如朕意焉"句后无"道释二门,玄通众妙"等句。不仅如此,《全唐文》中该敕书有"国子祭酒张说祭南岳"一句,可敕书的前半部分又有"兵部尚书兼中书令晋国公李林甫、工部尚书同中书门下三品邠国公牛仙客即分祭郊庙社稷"云云,可实际上李、牛二人拜相时张说去世已久,不可能一起参加祭祀活动,所以记载肯定有误。查《旧唐书》卷七二张大安传,张大安有子张涚,开元中为国子祭酒,而《唐大诏令集》中这道敕书的系年是开元二十五年十月,时间恰好吻合,所以"张说"应为"张涚"之误。这一则敕书在作者、人名、字句都有差异,如果不通过相关敕书相互参照,则鲁鱼亥豕难以辨别。同样是玄宗名下《赐百官九日射敕》有"其三元射礼宜依旧遵行"的句

① 刘昫《旧唐书》卷一九,中华书局1975年版,第676页。
② 欧阳修、宋祁等《新唐书》卷六九,中华书局1975年版,第1948页。
③ 宋敏求《唐大诏令集》卷九九,商务印书馆1959年版,第501页。
④ 钱大昕《考史拾遗·诸史拾遗》卷二,商务印书馆1958年版,第30页。
⑤ 董诰等《全唐文》卷三五,中华书局1983年版,第387页。
⑥ 宋敏求《唐大诏令集》卷六七,商务印书馆1959年版,第376—377页。

子[①],但在《通典》里该句为“其三九射礼宜依旧遵行”,而且载此礼为“三月三日、九月九日赐百僚射”[②],则此礼行于三月、九月,称为“三九射礼”更妥,《全唐文》中“三元”应为“三九”之误。

再如《全唐文》卷七二唐文宗的《令出使郎官御史条奏所历州县政绩诏》与《拾遗》卷六唐宪宗《访察州县敕》文字大同小异,前者由《册府元龟》卷六五辑出,其中有“闰七月己未诏曰”云云[③]。依《册府》编撰体例,这篇敕书首句前省略与前文一致的“大和七年”。根据历史年表,元和七年并无闰七月,大和七年则有闰七月[④],“大和”乃唐文宗时期年号,故此篇属文宗为是。又《拾遗》唐文宗《丁匠代役并减青苗钱敕》云:“诸色丁匠,如有愿纳资课代役者,每月每人任纳钱二千文。其青苗地头钱,天下诸州每亩率十五文,比以京师烦剧,加至三十文。自今以后,宜准诸州例,每亩十五文。”[⑤]引文未交待出处,实际也是据《册府》卷四八七辑出,原文明确指出是“(大历)八年正月诏”。又《旧唐书》卷四八《食货志》也引“青苗地头钱”以下数句,更进一步明确为“(大历)八年正月二十五日敕”[⑥],则此敕当属代宗。

还有篇目重收的情况。比如《全唐文》卷四八《减次年麦税敕》前半部分自“比属秋霖”至“特宜与减常年税”又见于《全唐文》卷四七,题为“减来年夏税诏”,比较两文,明显为重出。再如卷三四唐玄宗《诸州府马数阙额以牧马充敕》,即卷二九《幸河东推恩诏》节文。至于字句的差异,则是随处皆是,这里就不一一列举。

(作者:熊碧,文学博士,湖北民族学院文学与传媒学院。)

---

① 董诰等《全唐文》卷三六,中华书局1983年版,第386页。

② 杜佑《通典》卷七七,中华书局1984年版,第418页。

③ 王钦若等编《册府元龟》卷六五,中华书局1960年版,第724页。

④ 参陈垣《二十史朔闰表》,中华书局年版,第103—105页。

⑤ 董诰等《全唐文·唐文拾遗》卷七,中华书局1983年版,第10442页。

⑥ 刘昫《旧唐书》卷四八,中华书局1975年版,第2092页。

试论民国《郾城县志》辑录平淮西诗文价值及不足

丁耀桩

民国《郾城县志》先由陈金台于民国四年(1915)纂辑,志未成,陈金台先生于民国十二年(1923)病逝,后由周世臣续纂修,成书并刊刻于民国廿三年(1934)。1976年,台湾成文出版社影印出版,上世纪90年代《中国地方志集成》将其收录,甚便研究者使用。台版题作"陈金台纂辑",大陆版题作"周世臣纂修",均不符合实际,当题为"陈金台、周世臣纂修"为妥。陈金台,河南郾城凤宪里(今漯河市郾城区大刘乡陈村)人,光绪十五年(1889)进士。周世臣,生平不详。该志广征博引,参考旧志,取长补短,并"博访通人","相助搜集",分录16类,30目,有疆域、大事、学校、赋役、沟防、职官、封国、科目、艺文、金石、耆旧、列女、述略、文征内篇、文征外篇等。所辑录史料丰富详实,编纂体例明晰,言简意赅,对保留地方文献贡献卓著。

一、淮西兵乱史料概述

两部《唐书》所载与县志所载有关淮西兵乱的史料大同小异①,所不同者只是体例和详略。正史因记录的是一代历史沿革,并不是分地域记述,虽属编年性质,然所记录的淮西兵乱史料是与其他当时历史事件杂录在一起。民国《郾城县志》所载也同样采取编年体例,但是记录整件事的先后发展,近似于纪事本末体。相较之下,如果仅从记录一件事的角度考虑,《郾城县志》所载淮西兵乱的史料更加清晰,也更细致入微,以《郾城县志》所记录的史料为主要对象,以正史史料为佐证,对于清楚认识中唐时期,发生在中原腹地的这场旷日持久的兵乱,具有很大的帮助。

本志《大事篇》有关淮西兵乱的记录有17条,以时间为经,以县境内地域为纬,同时从《旧唐书》《资治通鉴》《通鉴纪事本末》等史书中征辑资料,以夹注形式对正文进行索隐式介绍,保存了有关唐代淮西兵乱的记载,不仅梳理历史演进过程,同时对于正史记录不甚翔实之处,通过旁征博引,予以呈现。如县志中

① 按:《全元文》在编纂中,忽略作家别集,而据其他文献搜罗其部分文章,郑渊即为一例。此外,胡一桂《双湖先生文集》、朱右《白云稿》、林右《天台林公辅先生文集》、涂几《涂子类稿》均留存至今,而《全元文》均失之参考。参笔者博士论文《〈全元文〉编纂考索》,华中师范大学2015年。

对于平淮西乱后期,在前线讨贼的大将李光颜的作战记录,就很好地补充了正史的不足。

除此之外,县志中的《文征篇》外篇中,也辑录了数篇作于淮西兵乱前后的诗文作品,更是从微观角度,对那场战争进行了细节还原。《文征篇》共辑录诗文9篇,但据唐代诗文集,陈、周所辑录相关诗文,并不完整。且所辑录的诗文于其他文集中的相关诗文作品相对比看来,陈氏在纂辑方志资料时,特别注意地域的区分。辑录史料时,十分考究,对于不属于"郾城"一域的史料,一概慎入县志。然而,过于审慎,有时难免会有疏忽,比如在《文征篇》中,失载刘禹锡的诗歌《平蔡州三首》和柳宗元的《献〈平淮夷雅〉表》等,就是其百密一疏之证。

二、民国《郾城县志》所收平淮西诗文

对于此次战争的记录,以一县为界,以战争演进为脉络,并从史记、诗文两个层面,辑录战争史料,后人由此可以探微知著。在这方面,民国《郾城县志》发挥了重要价值。《郾城县志》所辑录的诗文如下:

《郾城县志》著录平淮夷诗文(含补遗)

序号	体裁/篇名	作者	页码
县志辑录			
1	诗/献淮宁军节度李相公	刘文房(长卿)	1951页
2	诗/观校猎上淮西相公	刘文房(长卿)	1951—1952页
3	诗/送陈校书赴蔡州幕	章孝标	1952页(中)
4	诗/郾城晚饮赠副使马侍郎冯宿李宗闵二员外	韩退之(愈)	1952—1953页
5	诗/晚秋郾城夜会联句	韩退之(愈)	1953—1958页
6	碑文/平淮西碑(并序)	韩退之(愈)	1958—1964页
7	碑文/平淮西碑	段墨卿(文昌)	1964—1973页
8	诗(雅颂体)/平淮夷雅 皇武	柳子厚(宗元)	1973—1976页
补遗			

续表

序号	体裁/篇名	作者	页码
9	表/贺收蔡州表	刘禹锡	雍正《河南通志》卷七十六
10	诗/平蔡州三首	刘禹锡	《全唐诗》卷三百五十六
11	表/献平淮西雅表	柳宗元	雍正《河南通志》卷七十六
12	诗/平淮夷雅 皇武	柳宗元	唐刘禹锡辑《柳河东集》
13	诗/平淮夷雅 方城	柳宗元	唐刘禹锡辑《柳河东集》

总体看来,县志中所辑录的诗文作品,反映平定淮西叛乱之后的作品较多,而反映战争前期和战争进程的作品较少,仅有刘长卿献给李希烈的诗2首,章孝标送友人的诗1首。

对这场战争的预期,社会各阶层虽然都希望战乱尽快平息,但是对于战争的发展和演变,都无法提前做出判断。比如,李希烈原本是讨伐叛军的功臣,后来竟然也拥兵反叛。吴少诚曾受到朝廷的封爵,最后也一样反叛。所以,当一切尘埃落定之后,朝野上下,欢欣鼓舞,这时候才真的松一口气,因此,这个阶段的作品自然就出现得比较多,而且还出现了因为关于战功表述的不同,产生的韩碑、段碑的孰是孰非的历史争议。

本志中辑录的相关诗文作品,从体裁上看,有诗9篇(含柳宗元雅体诗2篇)、碑文2篇、表文2篇。其中历史上影响较大的,如柳宗元的《平淮夷雅》和韩愈、段墨卿的《平淮西碑》。关于韩、段碑的历史争议,历代学者论述较多,此处不作详细论述。柳宗元的《平淮夷雅》以及他的2篇上表,均属于诗文名篇。从刘禹锡辑录柳宗元诗文集中,《平淮夷雅》及2篇上表,都在别集的首篇中著录,可见柳氏后期的这几篇作品在当时影响力,这也是柳宗元为复古运动所发出的最后呐喊。柳宗元一生官运颇为不顺,两度遭贬,后客死异乡,但在其文学作品中,我们看到的是作者百折不挠、坚忍不拔的坚定信念,这几篇作品的写作时间和写作内容,也是作者精神的写照。

当然,本志辑录的诗文作品,与其他诗文集对校来看,也存在一些细微差异。比如刘长卿的2首献贺诗《献淮宁军节度使李相公》和《观校猎上淮西相公》。民国《郾城县志》所辑录的这2篇刘长卿的律诗原文如下:

献淮宁军节度使李相公

建牙吹角不闻喧，三十登坛众所尊。
家散万金酬士死，身留一剑答君恩。
渔阳老将多回席，鲁国诸生半在门。
白马翩翩春草绿，召陵西去猎平原。

观校猎上淮西相公

龙骧校猎邵陵东，野火初烧楚泽空。
师事黄公千战后，身骑白马万人中。
笳随晚吹吟边草，箭没寒云落塞鸿。
三十拥旄谁不羡，周郎小小立奇功。

《旧唐书·李希烈传》记载："建中元年(780)，又加检校礼部尚书。会山南东道节度梁崇义拒捍朝命……二年六月，诏诸军节度使率兵讨之……希烈破崇义众，遂讨平之。录希烈功，加检校右仆射、同平章事，赐宝封五百户。"诗中所言"身留一剑答君恩"，可见李希烈当时对朝廷的态度，并没有反叛的迹象。然而，三年之后，建中四年(783)，李希烈便僭号忤逆。昔日将军，今日反贼，何其讽刺。从李希烈的反叛，我们可以看出这场发生在中原地带的战争，发生得非常突然，这说明朝廷权威的削弱以及地方节度权力的过度膨胀。

《郾城县志·文征篇》录入刘长卿两首诗，与其他诗文集在个别字上有一些差别。如第一首中的"白马翩翩春草绿"中的"绿"字，《全唐诗》作"细"；"召陵西去猎平原"的"召陵"《全唐诗》中作"郊原"，《增订注释全唐诗》在注解中，进一步将其明确为"召陵"；"周郎小小立奇功"，《全唐诗》作"周郎少小立奇功"。陈氏在辑入县志时，当是没有采用《全唐诗》中辑录的诗，而是另有所本，好在所相差的内容并不影响对读者对作品的理解。

再比如，县志在纂辑柳宗元诗文作品时，仅录入其《平淮夷雅》中的"皇武"篇，没有同时载入其原作中的"方城"篇，且割裂了原著中的"雅"与"表"。因为目前流传于世的柳宗元的诗文集，最早的应当是刘禹锡辑的《柳河东集》。在这个版本里，柳氏的"雅"与"表"是收录在一起的，且在文集的最前面，而从二者的字句看，陈金台所本的版本与刘禹锡本并没有不同，所以陈氏对于这些内容的失载之责，是毋庸讳言的。

同时，纂辑者通过纂修方志，也体现出自己对历史的看法。比如《郾城县志·文征篇》著录有韩退之(愈)、段墨卿(文昌)二人先后撰写的《平淮西碑》。

再看《郾城县志》详录的有关李光颜的战斗细节,概因《平淮西碑》争议的影响过大,历来人们对裴度之功、李愬争功等相关事件关注较多,而对于在平蔡之战中功绩卓著的李光颜关注较少。县志详细记载了李光颜在李愬攻入蔡州城时,与淮西主力纠缠于洄曲,其牵引兵力的作用不容忽视。

《郾城县志》载:"李光颜入洄曲,淮西军悉降:贼知李光颜勇冠诸将,悉其众,出当之,精兵皆在洄曲。李愬乘其无备,克蔡州,获吴元济。董重质遂弃洄曲,降于愬。光颜知之,驰入其壁,贼众万余人皆解甲投戈。(李光颜)请命贼平。"①可见,如果没有李光颜的洄曲之战,李愬奇袭蔡州,俘吴元济,并不会那么顺理成章。裴度之运筹帷幄、李愬之临阵指挥,皆居功至伟,后来《平淮西碑》的争议也围绕二者展开,韩文偏于裴度,失于李愬,而段文则反之,这一段历史公案自此反反复复。然而,对于李光颜的战功,除了在正史中有记载外,其他资料却很少提及,人们在争议中,似乎也忘记了他在战争后期发挥的关键作用。陈金台先生从史实出发,不仅辑录了两篇诗文作为参照,更在大事记中详细记录了李光颜的作战实况。这也是在告诉后人,历史不仅仅是对重大事件的争论,其更重要的价值,在于让后人记住每一个细节。

三、民国《郾城县志》平淮西诗文补辑

如果说民国《郾城县志》在收录平淮西诗文方面饶有史料价值的话,但是,陈金台在抄录作品时,由于疏忽,或故意为之,对原作做了一些更改、割裂,以及过于限于一地一域的范围,还存在大量的遗漏。

笔者通过其他文集补辑 5 篇(其中柳宗元《平淮夷雅 · 皇武》疑《郾城县志》所辑不全,故附于后,备查)。

1.刘禹锡《贺收蔡州表》所云:"臣某言,伏见诏书以唐州节度使李愬生擒逆贼吴元济,献俘文武百寮于兴安门,列班称贺……但威声而何城不克,楚气改色,淮水安流,汉上成人,尽沾雨露,汝南遗老,重睹升平……"如果以地名计,这其中出现又楚、淮水、汉、汝南,从历史疆域沿革来看,皆属淮西蔡州郾城一带的古称,仅因为不具书郾城二字,失而不录,确实不妥。

再说刘禹锡的《平蔡州三首》,也当据以补录,先从刘诗的内容来看:

① 民国《郾城县志》第五卷,第 147 页。

平蔡州之一

蔡州城中众心死,妖星夜落照濠水。
汉家飞将下天来,马箠一挥门洞开。
贼徒崩腾望旗拜,有若群蛰惊春雷。
狂童面缚登槛车,太白天矫垂捷书。
相公从容来镇抚,常侍郊迎负文弩。
四人归业闾里间,小儿跳浪健儿舞。

平蔡州之二

汝南晨鸡喔喔鸣,城头鼓角音和平。
路傍老人忆旧事,相与感激皆涕零。
老人收泣前致辞,官军入城人不知。
忽惊元和十二载,重见天宝承平时。

平蔡州之三

门衢车马浑浑流,使臣来献淮西囚。
四夷闻风失匕箸,天子受贺登高楼。
妖童擢发不足数,血污城西一抔土。
南峰无火楚泽间,夜行不锁穆陵关。
策勋礼毕天下泰,猛士按剑看常山。
按:时唯常山不庭。

对照上面所辑录的《贺收蔡州表》,“臣某言,伏见诏书以唐州节度使李愬生擒逆贼吴元济”,平蔡州时,刘不可能在蔡州。再考据刘禹锡生平,其时他正因为写诗暗讽朝政,与柳宗元等旧党一干人等皆被贬谪,人尚在播州(今广东省境内),不可能目睹战后的场景。所以,他诗中所描述的战后场景,应当属于朋友书信告知的,并非亲眼所见。故而,诗中所写的“蔡州”,因为有“妖星夜落”“飞将下天”“马箠一挥门洞开”等字句,可以确定为书蔡州城破事无疑。然而第二首,出现的“汝南”“城头”,这些字眼可以作蔡州事,也可以作蔡州所辖的其他地域的事,虽不能确定为郾城,但从记录战争史迹的角度,应当予以辑录。因为在这首诗中,写到了百姓对兵乱的态度,也写到了蔡州城破时的细节,虽然带有虚拟演绎成分,但对于史实记载是一个补充。并且,在没有影像记录的年代,所赖有诗文存迹,生动、细致入微地记录了战争场景,可谓非常难得,故而补录这三首诗,也可以增加这部县志的文献价值。

2.柳宗元的《献平淮夷雅表》。柳宗元诗文集最初是由好友刘禹锡所编,刘氏在编诗的时候,是将这篇表与两篇雅诗编录在一起的,并未将表放到文集中去。这样的用处大概是诗作为正文,表作为序,这也是柳宗元在人生最后阶段发出的壮音,充分体现出柳宗元坚韧的性情和高尚的爱国情操,诗与表关系如此紧密,完整地辑录才能保留了诗文的原貌。以上为《郾城县志·文征篇》的补遗及依据。

《文征篇》更重要的意义在于,它从不同的角度,对那场战争作艺术式的记录。当然这其中,有写实的,如碑文;有借助想象还原场景,如刘禹锡《平蔡州三首》;也有高雅雄壮的雅体诗,如柳宗元的"皇武""方城"两篇等,其价值当然非简单的大事记录可比。

结语

陈金台秉承祖上之遗风,矢志修纂县志,为后世存文籍史料,得观一邑之历史沿革。在其"大事记"中,贯通两千年之兵戎、水旱等事变,"抚今念昔,境徂迹存约,轨于一治……惟此之权一时之兴废,张弛施政之缓急……"[①]他对"大事记"撰述颇为用力。概祖上曾修祠以祭祀岳武穆公,也深知郾城地处中原转战之衢,历来战争,生民频遭涂炭,故而于唐宋征战之事,记录颇详。而唐代发生在郾城的战事至久者,当推"淮西兵乱",故而在大事记中于一城一栅之得失,也予以记载。

陈金台同时还著录十几篇文人著作,以详录其时的战争影响和平叛实况。如韩愈夜会联句、晚秋赋诗;刘禹锡亲历蔡州,与路傍老者忆经年之战事,记录城破贼平,民众欢腾之喜悦;而远在柳州的柳宗元闻听喜讯,也如当年杜甫当年创作《闻官军收河南河北》,虽不得其狂喜,却也是奋笔疾书,志气干云;而韩愈也在平淮之后,表彰节度裴度之功,撰文刻碑予以记之。所赖志书记述,后人观此书,再参阅其征引的其他著作,虽逾千载,而能详述唐宋此邑之战事,对于郾城一邑的历史文化传承,具有非常重大的意义。

(作者简介:丁耀桩,男,苏州大学文学院2016级硕士研究生。)

① 民国《郾城县志》,第1447—1448页。

晚清小说集《蛛隐琐言》著作权考

阮东升

上海图书馆藏《蛛隐琐言》三卷,无目录序跋,《中国古籍总目》著录为"清邹弢撰。清光绪上海苏报馆铅印本"①。邹弢(1850—1931),字翰飞,有潇湘馆侍者等号,江苏无锡人,著述颇多。《蛛隐琐言》所收十二篇小说全见于王韬《淞滨琐话》,略有字句之异②。《淞滨琐话》初名《淞隐续录》,连载于清光绪十三年(1887)八月初六日至十四年十二月二十六日《点石斋画报》附张(126—176号),共五十一篇③。其后王韬又新增十七篇,更名"淞滨琐话",刊印于光绪十九年(1893)。邹弢曾说有《浇愁集》续集手稿数卷,若干篇为王韬"借抄"入《画报》,嗣后收入《淞滨琐话》。学界亦有以此为言者④。不过邹弢的说法漏洞颇多,本文逐一考之。

一、《浇愁集》之"续集"及《蛛隐琐言》的刊印

邹弢并没有称《蛛隐琐言》为《浇愁集》的"续集",《浇愁集》原拟书名即

---

① 中国古籍总目编纂委员会《中国古籍总目(子部)》,上海古籍出版社2010年版,第2195页。

② 《蛛隐琐言》与《淞隐续录》重复有七篇,为卷二《反黄粱》《居仲琦》(《续录》作《煨芋梦》)、《妖画》,卷三《辛四娘》《沈兰芬》《皇甫更生》《花妖》。与《淞滨琐话》则全部重复,除《续录》之七篇外,其他为卷一《记徐太史事》(《琐话》作《徐太史》)、《姊妹同郎》(《琐话》作《玉香》)、《因循岛》《梦中梦》,卷二《粉城公主》。其字句差异部分,见段怀清《王韬〈淞滨琐话〉与邹弢〈蛛隐琐言〉相关篇目对比勘校表》,《王韬与近现代文学转型》,复旦大学出版社2015年版,第302—338页。

③ 点石斋《百念五号画报出售》:"《淞隐漫录》以此号为止,共成十二卷,是为《正集》,下次所出为《续集》,先此布知。"(《申报》,1887年9月13号)点石斋《画报后幅改送卧游集胜告白》:"昔宗少文画天下佳山水悬之室中,号曰卧游……(光绪十五年)正月初六日起陆续排印附入画报。"(《申报》,1889年2月5日)按:《淞隐续录》篇目为:卷一《徐麟士》《药娘》《李延庚》《田荔裳》《画船纪艳》《倪幼蓉》《刘淑芬》《柳青》《仙井》《严寿珠》,卷二《邱小娟》《龚蒋两君轶事》《乐国纪游》《梅无瑕小传》《袁野宾》《纪四大和尚》《刘大复》《顾慧仙》《杨莲史》《罗浮幻迹》,卷三《魏月波》《白琼仙》《卢双月》《金玉蟾》《煨芋梦》《辛四娘》《沈兰芬》《皇甫更生》《徐希淑》《反黄粱》,卷四《剑气珠光小传》《花妖》《箫仙》《画妖》《孙伯篪》《水仙子》《谈艳(上)》《谈艳(中)》《谈艳(下)》《红豆蔻轩薄幸诗(上)》《红豆蔻轩薄幸诗(中)》《红豆蔻轩薄幸诗(下)》《朱素芳》《东瀛艳谱(上)》《东瀛艳谱(下)》《燕台评春录(上)》《燕台评春录(下)》《珠江花舫记》《纪双烈》《真吾炼师》《柳夫人》。《点石斋画报》每月初六、十六、二十六日出版,据目录大致可断定各篇刊登年月。

④ 如张振国《王韬小说集中部分作品著作权质疑》,《南京师范大学文学院学报》2009年第4期。王韬《淞滨琐话中的邹弢小说考辩》,《暨南学报》(哲学社会科学版),2013年第8期。

“蛛隐琐言”，成于1877年，刊于次年，刊印前后申报馆所作的广告甚多。1878年3月4《申报》也刊有邹弢《征题〈蛛隐琐言〉诗词启》云：

悟泡中之富贵，参镜里之姻缘；境设驱愁，天修补恨；薄守钱之虏，则称《多贝大王》；笑窃位之官，乃号《要钱太守》；文章阨塞，龟年竟司运天曹；境遇萧条，张仲忽谪官地府。以上八则，乃书中之大略题目……成书八卷，汇为一编，名曰《蛛隐琐言》。

其“大略题目”即《浇愁集》之《泡中富贵》《镜里姻缘》《驱愁镜》《补恨天》《多贝大王》《要钱太守》《司运神》《魁解》。改名“浇愁”的原因是“蛛隐”有谢绝仕宦意，不符合早期报人多数热衷科举的热情。本年11月、12月《申报》皆刊有邹弢友人题咏《浇愁集》诗词，邹弢亦有和作。1879年7月16日《申报》刊有吹彻玉笙楼旧主（王毓仙）《花朝后二日过访翰飞借得新著写本〈蛛隐琐言〉〈瘦红馆词〉携至金昌道中为胠箧者攫去遍觅无踪代柬谢罪……》组诗，题中《蛛隐琐言》即《浇愁集》。邹弢也曾提及此事云：“同邑王毓仙秀才大纶，别号吹彻玉笙楼主人，余庚辰（1880）春所交友，三月来城，匆匆借得《浇愁集》原稿及《三借庐吟稿》数卷去，舟泊阊门，为胠箧者窃去。”[①]二人所述事同，时间略异，“庚辰”系“己卯（1879）”之误。

1912年之后，邹弢陆续将《姊妹同郎》《梦中梦》《粉城公主》《朱素芳》重新在报刊上发表[②]。1914年面对抄袭《淞滨琐话》的质疑，邹弢有《覆梦庐主人书》进行答复，说光绪十四年（1888）在山东幕府时曾著《续浇愁集》数卷，其中“五六篇”为王韬拿去刊登于《画报》，继而收入《淞滨琐话》，云：

二十年前，酒丐在山左般阳矿次，空山孑影，事佣无聊，曾著《续浇愁集》数卷，卷少而无力付刊，曾在抚署将草稿呈弢园先生（王韬）。时先生由王菊人延聘《点石斋画报》主笔，将余稿《朱素芳》《因循岛》《粉城公主》等五六篇，借抄入《画报》中，旋竟刊入《淞滨琐话》。[③]

邹弢在“山左般阳矿次”系山东巡抚张曜（1832—1891）聘请。光绪十三年

① 邹弢《三借庐赘谈》，《续修四库全书》第1263册，上海古籍出版社1996年版，第637页。

② 邹弢《姊妹同郎》（《申报》，1912年10月15、16、20、23、24日）、《梦中梦》（《游戏杂志》第五期，1914年）、《粉城公主》（《礼拜六》，1914年7月16日）、《朱素芳》（《申报》，1914年8月20、21日）。

③ 邹弢《酒丐覆梦庐主人书》，《申报》1914年8月21日。

十月张曜对王韬“谬采虚声,驰书相招”,约定次年二月前去[①],邹弢山东之聘出于王韬的推荐居多。邹弢赴山东在光绪十四年农历三月下旬,原拟与王韬同行[②]。王韬因病推迟,邹弢至后有诗期待王韬早日前去。[③] 王韬山东之行在十四年九月初九[④],至后邹弢《随弢园师次红花埠题壁》中也说到了自己急于回沪的心情[⑤]。王韬年底或次年初回沪,邹弢或与同行,光绪十五年正月初五日王韬曾宴请高莹、邹弢等人[⑥]。邹、王二人同在山东的时间约四个月。

王韬离沪时《淞隐续录》刊登至第四十篇《红豆蔻轩薄幸诗(上)》。自《薄幸诗(中、下)》《朱素芳》以下十一篇刊于王韬到山东之后。《续录》的卷次安排也受王韬之行影响,该书前四卷每卷十篇二十页,版心标卷数、页码;《薄幸诗(中)》以后十一篇二十二页版心皆未标卷次,当是拟分第五卷。邹弢所说的《因循岛》《粉城公主》不见于《续录》,《朱素芳》刊于王韬离沪之后,这三篇笼统称之为借“抄入《画报》中,旋竟刊入《淞滨琐话》”亦可。但《蛛隐琐言》与《淞隐续录》重合的七篇发表于王韬离沪之前,与邹弢“在抚署将草稿呈弢园先生”的陈述不符。或以为这七篇或是邹弢《蛛隐琐言》的旧稿曾提供给王韬批阅,据前文知这一说法略可存疑。

邹弢《祭蒲留仙先生文》“附注”也提到了《浇愁集》续集,说“逊清光绪戊子(1888)”七月和同事孙逸如一同祭奠蒲松龄墓,“因以所著之《浇愁集》初刊及新续二编焚之”[⑦]。1888年10月7日《申报》刊有邹弢《祭蒲柳泉先生记》,未提到焚稿一事并且是否为二人一同祭奠也略有出入。《记》中“题诗于碑上”的

① 张志春《王韬年谱》,河北教育出版社1994年版,第173—174页。

② 问梅山人舒昌森《戊子三月下浣瘦鹤有辽阳之行招同人于酒楼饯别赋赠即请大吟坛指正并请梦畹生赐刊》:“一楼歌管杂欢声,春风得意文心壮(君与弢园先生同行)。”《申报》,1888年5月6日(光绪十三年三月二十六日)。

③ 梁溪瘦鹤词人《烟台登禹王顶上蓬莱阁次龚蔼人方伯原韵录请梦畹问梅寄萍瘦竹正和》:“王谢雕梁巢燕子,痴心还望蹇修来(谓王紫诠老夫子)。”《申报》,1888年5月26日(光绪十四年四月十六日)。梁溪瘦鹤词人《七夕怀人词寄临江仙调两体二十四首录请诸大吟坛拍正(其一)》:“锦函珍重寄瑶思,要烦宪鹊诉与阿师知(弢园夫子)。”《申报》,1888年10月5日(光绪十四年九月初一日)。

④ 王韬《辞作论专心著述》:“戊子(1888)重九,余有山左之行,故《漫录》于冬杪告止。”《申报》,1896年10月23日。吴颖炎《紫诠先生将有山左之行诗以送之并乞教正》,《申报》,1888年9月3日(光绪十四年七月二十七日)。徐邦逸《天南遁叟有山左之游诗以送之》,《申报》,1888年9月6日(光绪十四年八月初一)。

⑤ 邹弢《三借庐集》,《清代诗文集汇编》第773册,上海古籍出版社2010年版,第53页。

⑥ 高莹《紫诠老伯招饮寓庐,赋此志谢,即乞完正,并尘席上廖君荣卿、英卿、李君洛才、邹君翰飞、藉请昕丈、桂师削正》,尾署“正五日侣琴高莹”。《申报》,1889年2月9日(光绪十五年正月初十);云栖居士《余与瘦鹤不通音问已年余矣,顷读太痴新正五日诗,知瘦鹤已归海上,即成一律,略诉离怀,并促其速寄书来,录请高昌寒食生、梦畹生、朵红仙史、吹彻玉笙楼主、古香室主同鉴》,《申报》,1889年2月25日。

⑦ 邹弢《三借庐集》,《清代诗文集汇编》第773册,上海古籍出版社2010年版,第11页。

“泣鬼惊狐绝妙才”一诗也被邹弢单独收入文集，题作“戊子孟秋下浣五日祭蒲留仙后再成二律焚之”①，诗为其一。民国初邹弢很强调“焚稿”“焚诗”，或是与此时的抄袭质疑有关。

1894年汪瑗《致司香旧尉书》也有“二集之稿”一说，云：

> 承赐大著《三借庐赘谈》《浇愁集》各一部，拜领谢谢。《浇愁集》嬉笑怒骂，都成文章，但偶有习见之处。少年之作，不足病也。二集之稿，远胜初集，必传无疑。《赘谈》说诗有见到处，然以葛女子比瑗，则何敢当？……阁下相识，已及两载。②

信中多青楼女子自明心志之语，不足深论③，而其“二集之稿”盖指《三借庐赘谈》。《三借庐赘谈》亦名“烟窗谈萃”，初稿完成于1881年，初集刊于1885年，全集刊于1888年，创作则始于1875年④。该书与《浇愁集》创作时间有重合，因成书、刊印在后，故理论上即是后者之“二集”。申报馆广告称“（是书）谈狐说鬼、炫异惊奇，于诗论词等法，尤觉精切，实诗话而兼志怪之作”⑤。葛其龙说该书“大抵表扬忠孝，阐发贞烈，以及搜罗山林之佚稿、闺阁之残编”，“至于传奇述异，结撰维新，亦自别饶风趣”⑥。那么，汪瑗既能指出《浇愁集》是“少年之作”，就不应对《赘谈》的志怪、传奇不置一语。“二集”一词，系对《赘谈》小说、诗文分评的需要，分评的原因则是自明心志。另外“说诗有见到处”亦是“必传”因素之一，从书信往来礼仪讲，言一不足必言一有余，若“二集”指未刊手稿，则已刊者皆不可传，殊乏礼数，故所谓“二集之稿”即指《三借庐赘谈》。

《蛛隐琐言》十二篇，原系1897年邹弢任《苏报》主笔时发表于《苏报》附张，其后由苏报馆结集出版。《覆梦庐主人书》云：

---

① 邹弢《三借庐集》，《清代诗文集汇编》第773册，上海古籍出版社2010年版，第45页。

② 邹弢《海上尘天影》，《古本小说集成（第二辑）》，上海古籍出版社1991年版，第1页。

③ 按：信中“葛女子”系邹弢女弟子葛珊玉、葛珂玉（见《赘谭》卷一《韵人韵事》《鹃红》，卷二《诗征福泽》《尘香》，卷三《中秋月》《瘦红馆》《诗余双璧》，卷四《红颜福薄》，卷六《咏镜》，卷七《七夕吟》，卷十一《七圆》）；又信中云“《牡丹亭》《西厢记》二书，执事誉之过当”，二书邹弢其实也论之不多（见《赘谈》卷二《金凤钿》、卷八《优癖》），汪瑗说杜丽娘“不应一梦而生妄想”，崔莺莺对张生“事近淫奔”。

④ 梁溪瘦鹤词人《烟窗谈萃告成喜赋两律录呈饭颗山樵正和》：“七载寒窗秋共瘦（此书之作已阅七年），三借庐中赘怨深（此书又名《三借庐赘谈》，本十六卷，今为十二卷）。”《申报》1881年7月23日；申报馆《新排三借庐赘谭初卷》，《申报》1885年4月17日；申报馆《新印三借庐赘谈出售》，《申报》1888年9月7日。

⑤ 申报馆《新排三借庐赘谭初卷》，《申报》1885年4月17日。

⑥ 邹弢《三借庐赘谈》，《续修四库全书》第1263册，上海古籍出版社1996年版，第612页。

然酒丐终不甘心……迨弢师物故,丐屡在报馆从事,时出旧稿,为报上附张之点缀。是则《粉城公主》诸稿,乃《淞滨琐话》抄袭酒丐……今《浇愁续稿》只剩五六篇,已将原稿寄送钝根,俾释群疑。①

王韬卒于1897年,本年邹弢任《苏报》主笔,1898年2月被辞退,同年6月任《趣报》主笔,并在《趣报》的附赠页连载其长篇小说《断肠碑》,1905年至启明女中任教②。王韬卒后,邹弢"从事"的报馆为苏报馆、趣报馆,因《蛛隐琐言》系苏报馆(1896—1903)刊印,故"附张之点缀"的"旧稿"除《断肠碑》之外,唯有《蛛隐琐言》十二篇。十二篇中九篇有着明显的《聊斋志异》痕迹③,盖是有意选择的结果。邹弢在其师王韬逝世当年就在报刊上重新发表《淞滨琐话》中的篇目,不符传统士人的品性修养,原因盖系"在报馆从事"的实际需要。邹弢"丙申(1896)十月朔"从湖南回沪,其时《断肠碑》已经完成但应汪媛的要求尚需修改④。在苏报馆邹弢的主要工作是翻译新闻,自言"没有权柄"但作为主笔毕竟要担负一定的工作量⑤。亦即邹弢并无时间再进行新的小说创作,从《淞滨琐话》中拿些篇目略作修改以作"报上附张之点缀"是最简便的方法,并非"终不甘心"。另外邹弢说王韬"借抄"了"五六篇",又说旧稿"只剩五六篇",似乎并不知道有《蛛隐琐言》十二篇的存在。

二、《朱素芳》等文本内容分析

1914年8月20、21日邹弢在《申报》连载《朱素芳》,力以此篇的自传色彩证明是自己的作品。文中"得《如梦令》一阕"注云:"此词现尚存稿。""乔秀才定侯,新雨也"注云:"乔定侯即乔慎德,名天保,法华西乡人,死十余年矣。"皆意在说明小说所写是自己的故事。

① 邹弢《酒丐覆梦庐主人书》,《申报》1914年8月21日。

② 参见申报馆《会讯主笔》《照录会讯主笔供词》(《申报》1898年3月9、11日),阿英《晚清文艺报刊述略》(《阿英全集》第六卷,安徽教育出版社2003年版,第296页),邹弢《启明女校校刊序》(《三借庐集》,《清代诗文集汇编》第773册,第14页)。

③ 刘文忠点校《淞滨琐话》,齐鲁书社2004年版,第315页。

④ 邹弢《海上尘天影》,《古本小说集成(第二辑)》,上海古籍出版社1991年版,第4页。

⑤ 申报馆《照录会讯主笔供词》:"今年(1898)正月初四我去拜年,他已病好,不知初七、初八他往愚园游玩。他病以前,所有本地新闻我不管,只管翻译,有生驹悦说,我照写。馆中有二位副主笔,倘有不暇,我帮他。"《申报》1898年3月11日。

《朱素芳》写梁溪秀才邹伯翔与青楼女朱素芳的情感纠葛，文中邹伯翔经历与现实中邹弢颇类似，朱素芳也实有其人。光绪十四年七月十七日（1888年8月24日）《申报》刊有邹弢写给朱素芳诗《西公和里朱素芳校书，为申江名花十品之一，三分憨态，一点灵心，玉鱿师（王韬）〈淞隐漫录〉中品为第一。申江别后，未能忘情，因成截句二章，即请幽梦生（乔天保）、问梅（舒昌森）、瘦竹（黄文翰）、寄萍（朱筱塘）赐和，并请梦畹生（黄协埙）正刊》二首。王韬《谈艳（下）》也提到邹弢此诗，云："朱素芳居西公和里，梁溪瘦鹤词人最为倾倒，谓姬三分憨态，一点灵心，为申江名花十品之一。与余同饮酒楼，遽招之来，宛转随人，殊可人意。词人客山左，寄二诗忆之云……可谓情深一往矣。"[①]卷四页十八下邹弢"遽招之来"或意在请王韬代为揄扬，类同于诗题所邀诸人"赐和""正刊"。1888年前后的《申报》未见其他文人赠朱素芳之作，当还是艳名有限。不过"玉鱿师""幽梦生"等人显是熟悉邹、朱之事的。

酒楼之会后王韬四次将朱素芳写入《淞隐续录》，分别是《孙伯篪》《谈艳（下）》《薄幸诗（中）》《朱素芳》[②]，原因盖是朱素芳"宛转随人，殊可人意"及邹弢之请。值得注意的是《谈艳（下）》"申江名花十品之一"是引述邹弢之言，王韬并未作为自己的观点，同时王韬也省略了"玉鱿师《淞隐漫录》中品为第一"之说。1884年王韬回沪后自有所眷，而被"品为第一"的校书也一般都需要擅长某些技艺，邹弢所赠朱素芳诗皆未提到朱氏有何种特长[③]，故"品为第一"只能是邹弢的希望之词。王韬后来似乎也回应了弟子这一请求，《续录》中符合"品为第一"之说的《薄幸诗（中）》人物指称不符，符合人物指称的《朱素芳》偏重游戏，当是花丛评品也需要态度慎重。《朱素芳》的游戏色彩还体现在它的情节安排上，全篇取弄玉、萧史之典敷演而成，结局邹伯翔聘娶朱素芳的资金来自于"泰山君主第十三女"，系朱素芳月宫姊妹。对于"穷措大"难办聘金的顾虑，十三女宽解说：

---

① 王韬《淞隐续录》卷四，点石斋合订本。

② 王韬《淞隐续录》卷四《孙伯篪》："戊子夏季花榜……十六人曰凝秋榭主朱素芳。"卷四《谈艳（下）》："朱素芳居西公和里……"卷四《红豆蔻轩薄幸诗（中）》："次素芳出见……若卿者，真可以冠群芳矣。"卷四《朱素芳》："此枇杷巷底朱素芳也……尤善洞箫，洵为北里冠。"见点石斋合订本。按：《红豆蔻轩薄幸诗》系箐江词客旧稿，1888年王韬"重加诠次"分三篇发表于《画报》，文中"素芳"不着姓氏，从原文看也非邹弢所言的朱素芳，不过小说人物所指本可含混其辞，邹弢若指此篇亦可。

③ 梁溪瘦鹤词人《七夕怀人词寄临江仙调两体二十四首录请诸大吟坛拍正》之二十三："犹记春宵踏明月，妆楼曾访朝云。曼声新学泥人听。含情眉起秀，艳玉忒珑玲。赠我相思留情影，愁来空自呼卿。痴心梦里遇倾城。并肩无一语，携手拜双星（朱素芳、金翠梧）。"《申报》，1888年10月5日。按：此词上片写金翠梧，"曼声新学泥人听"即指金翠梧擅长昆曲，金翠梧事详王韬《谈艳（中）》。下片写朱素芳，仅以赠照片为辞，必然是无技艺可称。

幸素姊奁中,薄有私蓄,将来五湖烟水,尽可逍遥。惟此时玉人声价,动掷千金,若太自贬损,则不免为姊妹中齿冷。君且归,妾当徐为谋之。"①

其后邹伯翔接受了十三女的资助,赎朱素芳脱籍,"卜筑于九峰三泖为寓公云"。这种穷措大靠名妓私蓄"尽可逍遥"的情节安排,作为自传色彩的小说创作并不合适,不符文人"措大"性格。王韬曾说过在席上戏谑某"卯金公子"自诩不费缠头事②,也说过高太痴欣赏某校书而决心"他日得志,必贮之金屋"③。这一情节安排也不太符合邹弢的叙事风格。邹弢早年创作的《浇愁集》中有某校书欲资助诸生吴某赎金而为吴某拒绝,其后"吴至洛,甚得意","一年后,鼓橐而归"④。1892年邹弢与青楼知己汪媛相识后,也"托人在沪西购别业,以代金屋之营"⑤。《朱素芳》若系邹弢所作,则以自己为原型的邹伯翔的形象应该更加"光辉"一些。

1887年邹弢在青楼界的遭遇并不如意,这也决定次年若要创作《朱素芳》应当更加注意自己的"光辉形象"。此年9月朱筱卿与邹弢交恶,在《申报》刊登《告白》,说邹弢"性情佻达,青楼之蠹","舞弄笔墨","含沙射影"⑥。1888年黄协埙解释此事始末,说邹弢"曾著《春江花史》(1884年刊),伪撰某君事,又冒某君名作序,致兴文字之狱","去年又以《中外青楼春影图说》(1887年刊)为某校书所恶,登《告白》于《申报》中,尽情辱骂",《游沪笔记》(1889年刊)"第四卷大半袭予《淞南梦影录》,闲或点窜数字。"⑦朱筱卿之例大致可见才子、青楼圈的互动较为密切,《朱素芳》刊出之后二圈之内也大致明了故事所指,故邹弢也不可"太自贬损"。黄协埙之言则可见,至少至1888年,邹弢实际的创作态度并不严肃。

1912年以后邹弢发表于报刊的另外三篇小说与《淞滨琐话》《蛛隐琐言》皆有字句上的差异,《姊妹同郎》《梦中梦》二篇有情节上的出入,《粉城公主》因系邹弢之子发表,并无情节的不同。

《姊妹同郎》的改写有铭德"年八十告老归"而有九岁女,有点不合逻辑,文中也有"今虽五族共和(按:意指民国)"之语,盖是重新发表略作修改。情节的差异是王生窃燕窝、毓英(英秀)杀贼二节(见表一)。从三者的差异看,《玉香》

① 王韬《淞隐续录》卷四,点石斋合订本。
② 王韬《淞隐漫录》,人民文学出版社1983年版,第364页。
③ 王韬《淞隐续录》卷四,点石斋合订本。
④ 邹弢《浇愁集》,黄山书社2009年版,第50—51页。
⑤ 邹弢《海上尘天影》,《古本小说集成(第二辑)》,上海古籍出版社1991年版,第709页。
⑥ 朱筱卿《玉梅花馆主白》,《申报》1887年9月6、7日。
⑦ 申左梦畹生(黄协埙)《奉题邹君翰飞新著游沪笔记》,《申报》1888年11月25日。

的情节安排显得更加雅顺，“窃燕窝”一事原是误会，着重突出王生的品质，恪尽孝道的同时亦展示了士人应有的“谨饬”，对毓英杀贼的过程也尽量做了淡化处理。《姊妹同郎》是王生直接行窃，颇显张皇，英秀杀贼的过程描写，几同《水浒》潘金莲谋杀武大郎的翻版。二文的处理有着雅俗之别，作者的创作期待视野不同。《姊妹同郎》还将“舒梅卿”改成了“舒问梅”，据郑逸梅所述，此篇确以舒问梅的故事创作①。“问梅”是舒昌森（1852—1927，字少钦，宝山人，寓居苏州）别号，改动意在突出此篇的题材来源。不过“梅卿”或是舒昌森更早使用的一个别号②，王韬与舒昌森也很熟悉，1887 年舒昌森眷某校书赠诗请王韬“斧正”，其后此校书别嫁王韬也有诗相慰③。在评花、赏花的氛围中，舒昌森曾经的绮遇也不是什么私人话题。王韬自 1884 年在《画报》连载其小说《淞隐漫录》，留意友人的轶事以作为创作题材既是习惯也是实际需要，若以题材来源定其作者，此篇作为舒昌森的作品更为合适。

表一

《淞滨琐话·玉香》	《蛛隐琐言·姊妹同郎》	《申报·姊妹同郎》
长德，汉军也……年六十致仕归……无子，止一女，字毓英，甫九龄。	铭德，满洲正蓝旗松龄佐领下人。……年六十告老归……无子，一女，字英秀，甫九龄。	铭德，满洲正蓝旗松龄佐领下人。……年八十告老归……无子，一女，字英秀，甫九龄。

① 郑逸梅《梅庵谈荟》，黑龙江人民出版社 1985 年版，第 41—42 页。

② 按：1875 年 3 月 22 日《申报》有泖湖渔隐梅卿氏《题杨柳枝校校书小像有序》，《序》云：“壬申秋（1872），余乃薄游白下，访艳寻春。……共话姻缘，遂欣邂逅。……听到琵琶一曲，名冠教坊；挥成珠玉连篇，才称学士。余与姬相逢匝月……今春重寻旧迹，则桃叶渡中，水流花谢；枇杷巷里，门掩人非。询之比邻，知姬已仙逝。”郑逸梅《舒问梅之绮遇》：“先生有一绮遇，伊人曰梅芬。……先生偶作吴游，于金阊邂逅梅芬，惊为天人。……先生谱《金缕曲》一阕以赠之，梅芬亦深佩先生之才……先生流连多日，始归。逾年，就职吴门税关，访梅芬不得，探询之余，始悉梅芬以不善媚客，门庭冷寂，吕姓夫妇携之天津。”二文所述略同，“泖湖”即青泖，在华亭县，亦符合舒昌森寓居之地。

③ 问梅山人《丁亥闰月偶遇惜馀春馆主人金翠梧词史芳草仕女图素题，赋此应之，录乞弢园吟丈斧正》，淞北王鈍生《问梅山人所眷有金翠梧者，北里之尤物也。居西荟芳里，所构惜馀春屋三楹，雾阁云窗，备极精雅，茗具香炉，无不独绝。屡招余饮，以事牵率未赴，因其索诗，先之以二绝句》，《申报》，1887 年 7 月 21 日。天南遁叟王韬《用元韵题馀春艳迹诗辑后并慰问梅、瘦鹤》，《申报》，1888 年 6 月 28 日。

续表

乃以古砚向相识某铺质得四两。及去,伙检之,缺一裹,疑为生窃。明日,生诣铺,伙面诘之。生忿然作色曰:"此何如事,乃轻诬穷秀才哉。"喧争不已,观者如堵。生诉其故,众素念生品诣谨饬,咸斥伙之非是。铺主亦至,向生陪礼,另以四两馈生。生却不受,而母病亦良已。	乃窃余某铺,伙觉,捽而缚于柱,将肆殴辱,生泣诉其故,众怜之,醵资付生,释其缚,购归奉母,病良已。	有所识在海燕铺,往赊之,不肯与。再往,所识已他出,乘间窃焉,为肆主所觉,搜身畔得之,乃缚而系于柱,将肆殴辱。观者如堵,王泣诉其故,所识亦至,代告王意。众怜之,醵赀代购,释其缚。王持归,急进,母病良已。
英持刀手颤……遂扼其喉,力刺之。刃透后颈,疾取被蒙其首,压以重物,渐不能动。	英持刀手颤……遂探其喉,力刺之。刃透后颈,疾取被蒙其首,骑坐于头而覆压之,渐不能动。	英持刀手颤……遂探其喉,力刺之。刃透后颈,疾取被蒙其首。苗负疼颠簸,英骑而力压之,首渐不能动,遂毙。

《梦中梦》的情节差异主要是卜元重阳登高,"及归,益复无聊"(《琐话》;《琐言》作"归更无聊"),《游戏杂志》改作"妇更无聊";另一差异是卜元在地狱中忏悔"诵《金刚经》",其后出现的救赎者是"观音"(《琐话》《琐言》),《游戏杂志》说是"诵《解罪经》",出现的救赎者是"天使"。前一差异体现了《琐话》《琐言》皆以男性为叙事中心;《游戏杂志》突出了卜元妻子的感受,或意在突出男女平等。后一差异体现的邹弢晚年的基督教信仰。邹弢发表《姊妹同郎》《梦中梦》时尚未遭到抄袭质疑,略作修改以适应新形式下读者的口味亦在情理之中。若未遭质疑,《朱素芳》或也有某些情节上的改动。

从上文所列的差异看,1912 年之后邹弢自己发表的三篇小说皆能因时制宜地作某些修改,就差异而言,这四篇与《蛛隐琐言》相同居多,《姊妹同郎》"王生窃燕窝"一节还可视为《琐话》《琐言》的改写,即各取"相识(所识)""窃焉"二要素。另就"长德,汉军也/铭德,满洲正蓝旗松龄佐领下人"这类的异同看,邹弢不知《蛛隐琐言》的可能性甚小,因为有个稿件来源问题,这点也可印证前文对《蛛隐琐言》刊刻的判断。

《蛛隐琐言》与《淞滨琐话》比较，有些差异造成语意不通，可能是因为排版质量低下所致。但有些常用词语的使用并不符合邹弢的用词习惯，以其首篇《记徐太史事》为例（见表二），其中“以绩佐读/以女工佐读，举火/举烟火，设银肆/开银肆，不喜诗书/不喜读，器宇不凡/器宇，不甚契合/不甚契，作冰人/作冰，大比/乡比，兴高采烈/兴采高烈，殊不能平/不能平，折阅/耗折，倦游/旅倦”这些常用词语的使用，《记徐太史事》中的用词均不见于邹弢《浇愁集》《三借庐赘谈》，反是《徐太史》的用词更符合邹弢的用词习惯，这也说明前者是后者的刻意改写。

表二

《淞滨琐话·徐太史》	《蛛隐琐言·记徐太史事》	《浇愁集》	《三借庐赘谈》
母以绩佐读	母多病，勉强以女工佐读		卷十《金孝子》：见母夜绩，孝子辄背灯涕泣。询之则曰：儿幼，不能奉养累母
不能举火	不能举烟火	卷二《吴绛雪》：率众至永壤，围城举火以胁之	卷八《黄渔庄》：诗笔高淡，无烟火气。卷十二《楹联》：真乃不食人间烟火者
杨设银肆	杨开银肆	卷三《梅痴》：林门庭渐寂，遂闭不设肆	卷八《梦异》：女曰……君设肆后，妾尚须阴佑
不喜诗书，惟声色犬马是好	不喜读，声色犬马	卷四《投生误》：反托诗书之名以掩其身	
见公器宇不凡	见公器宇	卷六《变马》：童颜鹤骨，器宇不凡	
不甚契合	而不甚契	卷三《遇骗》：或有萍水相逢，遽成契合	

续表

即浼杨作冰人	即浼杨作冰		卷六《雅婢》:明年罚我作冰人
明年大比	明年乡比	卷四《司运神》:会大比,储将入	卷四《望榜》:大比之年,士人望榜
兴高采烈	兴采高烈	卷二《秦生入梦》:读之觉兴高采烈	
令人殊不能平	令人不能平	卷一《集美山》:此子面貌殊不恶。	卷九《刘猛将》:众说荒诞,殊不足信也
频年折阅	频年多耗折		
倦游回里	旅倦回里		卷十一《寄颖楼》:倦游总为勤占毕

三、余论

1923年,邹弢回顾已刊著作有《蘅香馆无题》一卷、《吴门百艳图》一册(1882年刊)、《浇愁集》八卷、《三借庐赘谭》十二卷、《万国近政考》八卷(1896年刊)、《申江花史》四册、《断肠碑》六十卷①。其中《吴门百艳图》系邹弢与俞达共同编辑。这几部著作大致可分两类:花丛、西学,皆是晚清热门的话题。邹弢的创作紧跟时代潮流,也体现着市场的需要。可以注意到邹弢并未提到《中外青楼春影图说》《游沪笔记》。前者或是邹弢未满意,后者则是涉及抄袭《淞南梦影录》。同样邹弢也未提《蛛隐琐言》,以《游沪笔记》的例子推之,《蛛隐琐言》亦是抄袭《淞滨琐话》。

王韬自1884年在《画报》连载其小说《淞隐漫录》,留意友人轶事作为创作题材亦是一个作家的基本素养,《淞隐漫录》《续录》多数篇章若详加考索,皆能找出其故事原型,题材来源并不能作为质疑著作权的依据。就本文的考察看,"蛛隐琐言"是《浇愁集》的原拟书名,《浇愁集》并不存在"续集",至少至1888年邹弢的创作态度并不严谨,邹弢引以为据的自传色彩并不具说服力,邹弢因

① 邹弢《三借庐剩稿续刊》,上海文贤阁1923年版,第15页。

时制宜地修改作品发表于报刊,《蛛隐琐言》常用词汇的使用不太符合邹弢的用词习惯。凡此,皆足以证明《蛛隐琐言》是 1897 年时邹弢将王韬的旧作修改后重新发表。

1912 年邹弢、高莹等创办希社以期保存国粹,邹弢《希社记》有“圣君治国,先怀修齐;志士盟心,最严放纵”(按:即《中庸》“修身齐家治国平天下”,《孟子》“收放心”、宋明理学强调的心性涵养)、“学界诗书,是世道维持之具”(按:即士通过对六经的圣贤之道的阐释、推扬以达到维护世道人心的目的)云云。呼吁希社同仁“赓弦歌于阙里”,期待当代的“濂洛之儒宗”们为后生小子指明人生方向①。邹弢似乎又找回了传统士阶层注重心性涵养、希望兼济天下的热忱。然稽诸邹弢的创作历程,不严肃的创作态度、草率的行为方式至少与他所强调的儒者心性涵养格格不入。邹弢在处理这一矛盾时显得游刃有余,或是在文人职业化、心理边缘化的过程中,稿酬和受欢迎度成了他们游戏笔墨的唯一追求,他们已习惯了在理想与现实两端游走。

(阮东升,安徽枞阳人,兴义师范学院文学与传媒学院讲师,文学博士,主要研究方向:中国古典文献学。)

① 邹弢《三借庐集》,《清代诗文集汇编》第 773 册,上海古籍出版社 2010 年版,第 12—13 页。

文艺美学研究

论禅门诗学的"艺境追求"

王宗峰

当今,中国美学研究已经进入自觉时期,这一自觉与中国学人对中国美学文献的搜集、发掘、整理和研究工作紧密结合。在卷帙浩繁的中国文化典籍中,把中国美学文献搜集、发掘、整理和研究工作作为一门学科,有利于进行"务先大体,鉴必穷源,乘一总万,举要治繁"美学研究活动的开展。沿着这一思路,翻检《大正新修大藏经》《新编卍续藏经》《嘉兴大藏经》《乾隆大藏经》《大藏经补编》《禅宗全书》《禅门逸书》《续修四库全书》《四库存目丛书》《四库未收书辑刊》《四库禁毁书丛刊》等典籍,我们就会发现,其中有大量关于"艺境追求"的论述。

在佛教中,境即根与识之对象,亦即心与感官所感觉或思维之对象。它是引起眼、耳、鼻、舌、身、意六根之感觉思惟作用之对象,即色、声、香、味、触、法六境,以其能污染人心,故又称为六尘。又境或指胜妙智慧之对象,即是佛理(真如、实相)。它还指分限之义,如佛与众生,凡与圣,各因其所知所觉之程度不同,而有分限差别。境界般若,五种般若之一。五种般若,指照了法界、洞达真理之五种般若圣智。其中,境界般若指般若所缘之一切诸法。因般若为能缘之智,诸法为所缘之境,而境无自相,皆由智所显发,故以根本、后得二智照一切诸法境界为空寂,称为境界般若。禅宗诗学所言之意境追求,其实是对禅门诗歌(诗偈)的审美属性的思考。

禅宗强调"适化无方",指随机教化众生而不拘泥特定之方式。禅诗崇尚不假任何造作之力而自然而然、本然如是存在之状态。象田即念禅师在《金泽十咏(并序)》中说:"嵌石长兄"之诗,是写即目所见,"每于禅寂之暇,即其莺啼花笑,月落霜飞,餐采而为诗",以"阐夫微笑之意"①。入就瑞白禅师曾作《又题四景(并引)》,内有"任运禅人搬木回,至五龙湫憩息。举目偶见一水瀑布,喷珠

① 象田即念《象田即念禅师语录·金泽十咏(并序)》,《嘉兴藏》第27册,第191号,台湾新文丰出版公司1987年版。

而下，遂有瀑布泉五龙湫之诗”[①]。这些序说明，禅门宗师是主张诗歌创作应写即目所见。大自然有“天开画图之妙”，“频观兴愈清”，“快意乐天真”，诗歌的上乘之作，总是写即目所见。“即目所见”是在追求诗境，“诗境”何来？吹万禅师云：“何事与君堪敬节，何境与君共题诗？”那就是千姿万态的大自然：“唯有白雪乱山巅，梅花依旧吐寒枝。”[②]也就是说，诗境源于自然。达到这种状态之后，就会“天机所至，不期然而然”。牧云主张诗歌创作，应适“天机所至，不期然而然”，天机自动，天籁自鸣，出自自然[③]。牧云因此充分肯定慈受深禅师之诗，“其诗优游自在，令人深味，得古尊宿住山受用，非息躁竞大休歇者，不能退身三步守雌牧卑若余者”[④]。《和宋慈受深禅师登拔云台十咏(有序，附原咏并跋)》。牧云因此指出，佳诗出于无意为之，乃出之自然，“绝无思虑于其间，任天而已矣”[⑤]。

禅宗诗歌的艺境追求，可以分意义层、意蕴层和哲理层三个方面加以论述。

在意义层面上，首先是诗歌用词和音韵问题。真可云：“夫机缘者，活句耳。”[⑥]修睦强调用常语写诗：“常语亦关诗，常流安得知。”[⑦]也就是说，写平常语是对平常话语的关注。牧云则强调“意圆词爽，旨深格高”，他高度评价善坚之拈颂：“予观古庭和尚拈颂，其运笔甚灵，从而味之，意圆词爽，旨深格高，绝蹊径之岐，无穴凿之病，直截而婉转，老炼而优柔，见古人之大全，浑然如空中楼阁，云霞缥缈，是能妙于指者。”在牧云看来，善坚的拈颂有以下特点：第一，善坚“运笔甚灵”，用笔非常灵活、灵动。第二，所谓“意圆词爽，旨深格高”，是指从意、词、旨、格加以评价，善坚的拈颂具好。第三，善坚拈颂有创新，超脱程式束缚，无穿凿之蔽，有“直截而婉转，老炼而优柔”之特色《别刻古庭和尚拈颂序》)。

颛愚和尚则认为，诗不在词藻，而在志审，他在论诗偈中提出了以下观点：第一，诗偈无别，只道理有别：“偈句也诗，离句何以言之？是则诗偈无别，但道理别耳。”第二，诗偈不以道理为别，以辞之风雅为别：“又道理乃性情之所游也，诗果拒道理，而性情何由出耶？是知诗偈不以道理为别，以辞之风雅为别耳。”第三，诗不在词藻，而在志审：“诗若徒以清淡藻雅为重，而为诗者何益哉？……

---

① 入就瑞白《入就瑞白禅师语录·又题四景(并引)》，《嘉兴藏》第26册，第188号。

② 光真《吹万禅师语录》卷八《岁暮过石坪庵访大休法师坐兴》，《嘉兴藏》第29册，第239号。

③ 牧云《牧云和尚懒斋别集·栗周公贞》，《嘉兴藏》第31册，第267号。

④ 牧云《牧云和尚懒斋别集·和宋慈受深禅师登拔云台十咏(有序，附原咏并跋)》，《嘉兴藏》第31册，第267号。

⑤ 牧云《牧云和尚懒斋别集·壳音竹序》，《嘉兴藏》第31册，第267号。

⑥ 吴山净端《吴山净端禅师语录》，《卍新纂续藏经》第73册，第1449号，台湾新文丰出版公司1975年版。

⑦ 释正勉、释性《古今禅藻集》卷四《寄贯休上人》，《禅门逸书初编》第1册，第101号，明文书局1980年版。

仲尼云:‘春秋作诗,道衰矣。’又何言欤? 书云:‘见山思高,见水思明。’此诗之正训也。知此诗不在词藻,而在志审矣。”第四,离佛语,不足言诗,大乘经典(诸如华严净行一品)实真诗之奥府:“若论志,佛可无志耶? 而世出世间有超过佛志者耶? 又似离佛语,都不足言诗也。佛经诸有颂句都不论,只华严净行一品,凡所见闻,皆诵四句,此真诗之奥府,正见闻、正性情、正动止,莫尚于斯矣。但译人未拣工拙,世之学者尚于词藻,致使佛甚深诗道置而不诵,不惟不诵,而反呕耳。”第五,主张诗应“清”(意清):“诗不清,则不贵。”批评选诗者多不上选僧诗,是不知“僧之性情”(意清,超尘脱俗):“古今禅讲诗集盛多,如寒山子,不可备举,纵词未精细,而意岂不清耶? 而选诗者多不上选,岂选者不知性情耶? 大都僧诗乃僧之性情,世之学者乃世之性情,僧之性情与世之性情差别远矣。且浅说如寒山诗中,诙谐好杀生者,而世之学者几能戒荤茹耶。于戏! 无怪乎僧之不中选,不中吟咏,有以哉!”①

在禅僧那里,用词往往和音律结合起来。一种观点认为,诗偈创作,是“兴到随腔信口歌”,并不留心于什么“协韵”与否。“我无玄亦无奥,相逢只唱鱼家傲。更问如何性与心,断拂一枝当面挫。也作诗,也作偈,协韵何曾有文字。兴到随腔信口歌,记取是名雪书记”②。也有观点强调炼字和诗歌音律同等重要的,吹万禅师提出了“盖诗家法即禅家法”的重要命题。他揭示之曰:第一,“顿然悟后,再不挨门傍户,所谓拈来无不是用处,莫生疑也”。即均在顿悟,而有创新,脱离程式束缚,信手拈来,头头是道。第二,他提出“诗之法有四,至工有二”,“四者,兴趣意理也;二者,炼字错综也”。并以《山居诗》《春雪诗》《对桃花诗》《交秋诗》《量虚诗》《过折系岩诗》为例说明之。不仅如此,吹万禅师还强调诗应协韵,他说:“或谓诗者,歌咏性情也,何拘拘于响韵哉?”“但闼老子大圣人也,尚美频伽未出之卵,盖重其音也。夫音借韵以成句,续句以成章,章之长短即言之长短也。是而有风焉,有雅焉,有三颂焉,复又稽之乐经之五音也,析显刚柔之声,一之六律也。潜通岁时之气,故音变则声变,律变则气变,所以毛诗之后有离骚,离骚之后有十九首,十九首之后变辞为绝敲乐为律。”唐诗响韵联珠题辞用词和音律是诗文创作的语言问题,在诗歌的体制形式与用词、音韵关系上,也每每被人论及。

雪关提出了自己认为的好诗标准:一、好诗无人间俗气,“其吐词不带烟火”。二、佳诗体制形式灵活,不受程式束缚,“脱去筌蹄”。三、能运无思之思,即非思量,“妙拨无思关捩”。他以画师“能尽谙水法”即得“心水之法”比之:“譬画师画水,以能尽谙水法,故信笔一挥,如风涛怒作,波澜荡折,至观壁间悄

① 观衡《紫竹林颛愚衡和尚语录·拟古长诗述志序》,《嘉兴藏》第28册,第219号。

② 方明《石雨禅师法檀·示藻雪》,《嘉兴藏》第27册,第190号。

然,初无动静掀涌之相。”究其原因,实作者心无沉浊,“性海澄清,得此心水之法”,因而,无意于佳乃佳,“故有时滔天不有,有时湛碧非无,初未尝求工于翰墨,然笔端自莫能秘其天巧”。四、观赏佳诗,应有相应的审美能力,“当别具一隻眼,始可打关破寨,通其梗塞,渐入坦夷真境”[①]。不仅如此,他还强调活句的运用。雪关认为,“二水居士”之诗为上乘之作,他已掌握“词家三昧”,而且能游戏翰墨,在“一毫端上现神通,笔札大小神全備”。其成功的关键,是无心于佳乃佳,“字学无心诗偶工,个中活句难思议”,“赋草随时得,心花信手拈”(《复和张相国二水居士》)。他因此高度评价寒山之诗,认为他的诗,第一,不拘时人窠臼,打破程式束缚,“我爱寒山诗,不入时人调”。第二,诗的意句清新,勿事华藻,句句能涤除尘情忘识。第三,且能让人玩味,“乍看意句新,转玩滋味好”(《读寒山诗作》)。同是评价寒山诗,吹万禅师充分肯定寒山诗通俗流畅,“拈语不粘唇”;有强大的感染力,有如“风吹野火”,可以燎原;有很强的审美教育作用,能“唤醒众生心”。他以同样的标准评价丰干之诗,“言粗而理真”,诗句直朴粗犷,诗意真实深刻(真谛):“言粗令人怕,理真令人钦。”(《阅寒山诗数偈》)

在意蕴层面上,憨休禅师指出,佳诗有很强烈的感染力:孝廉公之《风穴游记》并诗“读之,如钟闻午夜,俗耳顿清,似剑淬丰城,星河耀彩,盖缘思超而才俊,兴远而语雄”。其使人“俗耳顿清”,缘于“思超而才俊,兴远而语雄”[②]。高泉强调写诗唯求适趣:“诗不求工唯适趣。”[③]《鄂州龙光达夫禅师鸡肋集》云:“适意辄吟诗。”[④]这是个重要观点:“吟诗”出于“适意”。齐己云:“道自闲机长,诗从静境生。”道(禅心)与诗(诗思),都只能在“闲机”“静境”中产生[⑤]。齐己指出,在参禅悟道外,也寻求诗之妙趣:“禅外求诗妙,年来鬓已秋。”(《自题》)而对意蕴的强调,往往强调诗偈的美育功能。居简吸收儒家诗教说,重诗之“厚人伦美教化移风俗”之功用,批评“末流着工夫于风烟草木,争研取奇,自负能事尽矣”之风[⑥]。

诗歌的上乘之作,有强烈的审美感染力,人们欣赏之,“如啜萝芥于酩酊,令人眼目一新”。而一些山居诗,并无真情实感,因为他们不食人间烟火,心中不存丘壑烟云:“近代禅讲,集必有诗,诗必有山居,多屐不食丘壑,杖不饱烟云,纵描写十分,何异矮子观场,而因人啼笑哉!”(《和椧堂诗序》)浮石禅师吟咏东洲先生之诗,“吟咏其句外之趣,直使白云低影,黄鸟添声,湖山拱秀,翰海停波,黯

① 雪关智訚《雪关禅师语录·和相国张二水白毫菴韵》,《嘉兴藏》第27册,第198号。
② 憨修《憨休禅师敲空遗响·孝廉罗稚圭过山赋记诗序》,《嘉兴藏》第37册第384号。
③ 性潡《一滴草·闲中写怀》,《禅门逸书续编》第3册,汉声出版社1976年版。
④ 龙光达夫《鄂州龙光达夫禅师鸡肋集》,《嘉兴藏》第29册,第225号。
⑤ 齐己《白莲集·寄州高辇推官》,《禅门逸书初编》第2册,第106号。
⑥ 居简《北礀集·送高九万菊礀游吴门序》,《禅门逸书初编》第5册第112号。

然而思,惕然而会,令人神清目朗,垂老益壮,恍如面对尊颜,亲闻謦欬,可以释我曩时不得识荆之叹矣!”[①]

好诗是用来品评的,昙英论诗重感兴(兴会),在他的《昙英集》中,论诗多重“兴”字:如“兴多常弄笔”(《古岸》,第40页上),“兴到诗随笔,毋烦世上传”(《野夫》)(第38页下—39页上),“兴发闲愁破,新诗到处吟”(《冬居》,第19页下),“兴到诗频咏,狂来笔数拈”(《长夏》,第9页下),“兴到谁能系,新诗任意联”(《近况》,第10页下)[②]。大汕论诗则注重以下几点:一、以“重离六爻、偏正回互”论诗、论禅:“惟吾洞上一宗,言禅而不离五位。”“吾宗之五,为君臣道合,君不偏于正,臣不正于偏,如银盘盛雪,明月藏鹭,混然而分明,斯为向上一路。知斯旨者,始可以言禅,并可以言诗。”二、写诗起于兴会,无容心于诗:“偶兴会所至,信口发声,侍者记录成帙,无容心于其间也。”三、禅不离诗,诗不离禅:“以为禅则离诗非也,以为诗则离禅非也。”四、然而,诗禅有别。它们是“合之未始合,则离之亦未始离”,不即不离[③]。关于意蕴的存在途径问题,有禅僧认为诗歌意蕴存于诗内者。吹万禅师引毛诗序,以说明他的诗歌创作乃是抒写情志。他说:“山野逃诸法苑久矣,策杖风尘,栖迟岩数,果独无言乎?言且出而不觉成句,句成而不觉带有咏焉,或长或短,或歌或叹,吾莫知其所以然。”其“吾莫知其所以然”者,表明他之诗,是无意为之,出自自然(《自序》)。牧云高度评价白居易之诗:“事境真率,意趣天然,自得之怀,陶咏具见,相传其深造玄机,盖非度泥之后,无此俊快矣。”〔《古南时之余二(折芦)》〕。虚舟省独爱陶潜之诗,认为陶诗之韵味,不以风花雪月取胜,而以朴实清新见长;其诗因人品高洁而传于后世。陶潜高洁清净之意趣悠长,与他的性情人品一样:“先生清意远,如其性本然。”[④]觉浪禅师指出,禅宗诗学在诗歌创作上,“独贵生机”:“吾宗提唱,独贵生机,机生则句活也,句活则不与人躲根,能令人起疑发悟,亦可八面受敌不死于人句下。文辞之妙,亦必得此始为可传。故诸尊宿每拈古诗,以激扬玄旨,盖有取于此。”[⑤]觉浪禅师主张偈颂创作应奇正相兼,才能免怪与俗之病:“奇而不出乎正,则涉怪诞矣。机昧终始能免乎正,而不寓乎奇,则涉鄙俗矣。”要避免怪与俗的原因是:“浊智流转能免乎此,怪与俗皆是学处不深,宗旨不烂故也。”他充分肯定石豁道者之禅偈,“其题注皆出于佛祖言行之正,其偈语皆出于佛祖宗旨之奇。惟奇能使人疑而悟,惟正能使人思无邪”(《石豁

① 浮石《浮石禅师语录·题崔曰可家藏东洲先生墨迹》,嘉兴藏第26册第185号。

② 昙英《昙英集》,《禅门逸书初编》第8册,第135号。

③ 大汕《离六堂集·离六堂自叙》,《禅门逸书续编》第7册,第227号。

④ 虚舟省《虚舟省禅师语录·读靖节诗》,《嘉兴藏》第33册第282号。

⑤ 道盛《天界觉浪盛禅师全录·又题梅花和诗》,《嘉兴藏》第34册,第311号。

道者禅偈引》)。

也有人认为意蕴存在于诗歌之外,有超以象外,得其环中的功效。觉浪禅师肯定《玉阶怨》含蓄有味,诗外之韵味(特别是诗人之“神情”),令人咀嚼玩味:“玉阶露白,旋生浸人,则空庭独立,夜分已久,直是彻骨冰冷形影无依,不可攀援,而四顾踌躕,只有明月在天耳。一笔到底,不寂寞而寂寞已甚,不言悲怨而悲感凄怨极矣。作诗者之神情,原在诗外,所以谓之仙人也。”(《杂纪》)象田即念用司空图论诗之“美常在咸酸之外”之论,以解说禅门之“所有言句”“直指之禅”“问答机缘”之重要特点:“宗门所有言句,往往超然,谈在格外,而使人心思识想之莫及,所以教家与儒者见之,十有九不能信,以为其语言无义味故耳,此亦不思之甚欤!”正所谓“闻韶忘味有余乐,方识诗人句外奇”,上乘之作有“忘味”之“余乐”,鉴赏者应体悟诗人诗句之外的奇境(意境)奇味(韵味)[①]。

在哲理层面上,禅宗诗学主张“融文心为禅思”。

天隐和尚指出了诗颂创作的先决条件,超脱一切“圣凡迷悟三乘学解”,成为一个“依真道人”:“实乃圣凡迷悟三乘学解一齐超脱活脱无依真道人也!”要做到这一步,必须参究公案,应“紧紧须看古人无义味语,种种因缘,密密体究,看他是个什么道理,一一俱要透过,不被他瞒,直至无疑无悟之地,七穿八穴,捞到古人不到处,则所悟既真,所行必到,所学既实,所证要明,最亲切处更加亲切,然后甦醒得来,掀翻窠臼,扫绝踪由,把从前学解的、见闻的、悟证的一抛抛向那边更那边”。只有到此田地,有了今人所说的“前理解”“前结构”,做到了“见在机先,意超言外”,那么,“飞泉落涧,清韵长吟,可以激扬般若之真机;空谷行风,玄音和雅,可以提挈纲宗之妙诀”。只有如此,“汝欲颂耶,不拨舌而松风浩然,岂非颂也?汝欲诗耶,未启唇而云鸟悠然,岂非诗也?”[②]何谓“诗中有禅”(即“诗禅”一诗禅相融)?是“非有关于性命”,不是讲禅理,而是“奇幻绝人”,是“融文心为禅思”,如严无敕居士,因他“老于林下,听水二三十年”,能“叩大事因缘”,领悟了生死事大,进入了禅境,获得了禅思,从而能“融文心为禅思”,因此,其山居诗“语语遒迈,复多警人心意,如流水细听看念断”(《严无敕居士山居诗序》)

为学日增,为道日损,除了佛法之外,尚有外学参悟,因此禅宗诗学主张精通“诗礼”“诗式”等“外学”,佛门弟子应“既精本业”,又应“钻极以广见闻,勿滞于一方”。应懂得“学不厌博”之理,因在“魔障相陵”时“必须御侮”,而“御侮

① 晦岩智昭《人天眼目·大慧》,《大正藏》第48册第2006号,台湾新文丰出版股份有限公司1983年版。

② 天隐《天隐和尚语录·示印中授徒》,《嘉兴藏》第25册第171号。

之术,莫若知彼敌情”。主张者举习凿齿、道安、宗雷之辈慧远、陆鸿渐、皎然等人为例,说明他们“御侮”之法,“皆不施他术,唯通外学耳”①。

〔作者简介:王宗峰,淮北师范大学文学院教授。基金项目:安徽高校人文社会科学研究重点项目(SK2015A738)阶段性成果。〕

① 永中补,如巹续补《缁门警训 · 右街宁僧录勉通外学》,《大正藏》第48册第2023号。

论乡邦美学文献与中学文化教育

任　强

乡邦文献往往以地方性物质文化遗存，地方性出版物的形式存在。一个地域的文物、出版物，是这个地域政治、经济、文化、风俗民情的综合反映。其中蕴涵着美学韵味，可以析取成美学文献，是值得挖掘并利用的宝贵资源。

一

以徽州[①]物质性文化遗存“三雕”为例，该地具有特色的地方性物质文化遗存是木雕、石雕和砖雕。徽州“三雕”许多表现手法，可以说是得益于徽派版画和后来的新安画派，这不仅是因为其具体处理手法，也有模仿绘画的痕迹，更因为其题材选择，构图布局及“三雕”中的书画味，文人文化气息浓郁。先看木雕。纵观徽邑六县木雕艺术的规模，大的如民屋、祠堂、寺庙等建筑装饰，小的至日常生活用具和文房笔、墨等用途极其广泛。木雕工艺的内容：有写实的人物、山川、花鸟、虫鱼，也有写意的云头、回纹、八宝博古、文字楹联，以及几何形体等图案；木雕以人物为主的，包括名人轶事、文学故事戏曲唱本、宗教神话、民俗风情、民间传说和社会生活等题材。描写帝王将相，才子佳人的贵族生活场景，也有游仙、佛教中人的宗教生活内容，还有市井百姓的生活画面。这些木雕反映了彼时彼地居民原生态的生活内容和审美风尚，具有很重要的文化传承价值。再看砖雕和石雕。这些雕刻多运用于建筑构件，以实用性为主，但是其审美文化内涵十分浓郁。砖雕作品，如明万历二十五年阮虎轩刻的《琵琶记》，万历三十八年黄一楷、黄一彬刻的《南琵琶记》《北西厢记》等砖雕，人物均是很讲究的，类似现代地面砖的地面回纹组成的四方连续图案，显得富丽华贵，层次丰富。《琵琶记》《西厢记》砖雕，既暗含着雕刻者对当时隐现的黑暗现实的不满，对生活在水深火热中下层民众的同情，对中国古代妇女传统美德的歌颂和赞美，也表现了他们肯定和维护封建伦理道德，要求戏曲作品宣传封建礼教的正统文人之保守思想。砖雕借用“后花园私订终身，落难公子中状元”的主题，反映了在宗法制度下，家、国同构体中地缘的国家与血缘的宗族的和谐有序结构。

---

① “徽州”一名始于宋代，北宋宣和三年(1121)，改歙州为徽州。在此之前，徽州先后被称为新都郡、新安郡、歙州。

石雕作品,拿许国石坊为例,石坊坐落于"十字天星"上,它巧妙地借助四个立面,把两组牌坊进行或二或三的层叠,构成四面八柱。牌坊因轴线汇聚而显得方正挺拔,因四面八柱而显得刚健有力,传达出体国经野,设官分职,"令民得其中正"①的政治哲学韵味。建筑群上的装饰,由若干有隐喻色彩的意象图案组成。"鱼跃龙门"暗示许国进士得第;"三豹(报)喜(喜)鹊",隐喻他万历十一年三步升迁;"龙庭舞鹰",则以舞鹰的谐音"武音",暗示许国是"武英殿大学士";"瑞鹤翔云",既寓意天下太平,又象征许国品格高洁脱俗。装饰图案布置匠心独运。处于关键部位的大梁,采用半立体深浮雕;处于陪衬地位的枋柱,细刻锦纹图案;梁、柱之间采用花鸟过渡,使得石坊主次分明。徽州地区的建筑及其构件,往往含有隐喻色彩,营造出含蓄蕴藉的意象美。

再以地方性出版物——徽州刻书为例,徽州所刻书反映的地方特色,主要表现在,学术性专著与通俗性读物相结合。徽州虽然处在地理和社会都很闭塞的环境下,然而教育发达,理学盛行,养成了极浓的学风。这里有很多人皓首穷经,兀兀有年,产生了一大批颇具全国影响力的学术著作。徽州朴学、新安医学、新安篆学的兴旺发达,都与徽州刻书有着千丝万缕的联系。另一方面,为了适应商人和下层社会的需要,所刻小说、戏曲、童蒙读物和日常生用书等也相当多,而且紧跟社会形势的发展和市场的需要,启迪了新思想,走出了新路子。譬如,明万历末歙县吴养春刻同邑江旭奇所编的《朱翼》一书,就是一个突出的例子。该书是以类为编的类书,它既征引古言古书,又汇入时言时书,甚至连西方传教士的译著、言论也纳于其中,虽然打的仍是朱子旗帜,传播的却不乏新知识、新思想。清代徽州官刻地方志比较突出,如康熙十二年(1673 年,26 卷本)、二十二年(1683 年,续编 8 卷本)、三十八年(1699 年,18 卷本)三次纂修府志。前两志今只存抄本,当时可能未予付梓;三十八年,赵吉士因其门生丁廷楗出任知府而被邀为主笔,赵说"百三十年之事","以为庶几得其大略焉"。当时参与纂修的还有吴苑、汪晋征、程文彝、张瑗、黄元治等一大批徽州著名文人②,由此可见他们对乡邦文献保护的重视程度。这些乡邦文献的出现及流传,为后世传承和弘扬地域文化,传承和弘扬地方性美学精神,提供了优良的物质和非物质资源。

---

① 李学勤主编《十三经注疏 · 周礼注疏》,北京大学出版社 1999 年版。

② 刘尚恒《徽州刻书与藏书》,广陵书社 2003 年版。

二

乡邦美学文献的地域特征，是它的本土性。乡邦美学文献的本土性往往表现为搜罗广泛。这些文献是有关地域历史、演革、山川、名胜、人物、典籍、经济、风俗、物产之类的忠实记录。它们无论是直接记载，或是间接涉及，皆广泛辑录。清人黄崇惺评价程敏政《新安文献志》云：“表章前哲，搜集时文，使吾乡文献之迹，不致湮没，其功伟矣。”①地域性文献往往在对该地域历代大家、名家广泛记载的同时，更多的是将关注的目光投放在那些独学孤往、名声不显，然在某方面有较高造诣、于乡邦文化有一定影响的人物身上，对他们的著述广为辑录，从而使此辈之心血不致沦亡，乡邦之珍贵文献流传久远。与此同时，封建朝代文网严密，前朝遗民之著述多在查禁之列，乡邦文献往往对此类书的收采极为注意，于其中佚文散篇更不辞繁难一一摘抄，对后世进行真实可靠的地域性美学研究，提供了十分珍贵的资料。乡邦美学文献的本土性，还表现在文献编纂者对当下文化的认同。赵吉士的康熙《徽州府志》说：“汉《天文志》云：‘斗，江、湖；牵牛、婺女，扬州。’徽州虽古属扬州，然扬州地广，今特取旧志丹阳郡为据。汉《地理志》：‘吴地，斗分野也；越地，牵牛、婺女分野也。’而丹阳等郡尽吴分野，我郡在汉为丹阳都尉治，当斗分。”②文化隶属上更接近于吴文化。徽州总隶扬州，扬州很早就有记载，《周礼》云：“以天下土地之图，周知九州之地域广轮之数，辨其山林、川泽、丘陵、坟衍、原隰之名物。”其注曰：“九州，扬、荆、豫、青、兖、雍、幽、冀、并也。”史书记载，与扬州对应的分星是牵牛、婺女，与牵牛、婺女对应的分野是越地。康熙《徽州府志》说：“帝喾初置九州，郡属扬州。”依照上述说法，扬州属于越地，总隶扬州的徽州也应该属于越地。历史上，徽州的隶属关系又是多变的，汉武帝原封二年壬申，徽州总隶丹阳郡，治在今宁国府，以赭山得名。丹阳属于吴地，分星对应于斗。依照这种隶属关系和分星、分野关系，隶属于丹阳的徽州就应该属于吴地。这样说来，徽州的分野就出现属越地与属吴地的矛盾，徽由于自元代以后，徽州受到中原文化和以南京为中心的吴地文化的影响比较深，所以赵吉士就说徽州“斗分野”。

乡邦美学文献的内容特征，是它的融合性。康熙《徽州府志》采信徽州隶属丹阳的说法，说徽州“当斗分”。其实，徽州的行政建置沿革相对复杂。该地秦朝时隶属会稽郡，西汉先后隶属荆国、吴国、江都国、丹阳郡、广陵国、广德国管

① 许承尧《歙事闲谭》，黄山书社2001年版。

② 丁廷楗、赵吉士《徽州府志》，成文出版社有限公司1975年版。

辖,东汉复属丹阳郡管辖。可以说,吴、楚、越等地都对徽州行使过管辖权。康熙《徽州府志》说徽州属吴地,更多的是出于政治现实的考虑。当时,江南行省被分成江苏、安徽两省。徽州虽隶属于安徽,其吴文化的印记更为凸显。分星、分野既是以星次确定一个地方的地域归属,也是通过地域归属,划定该地的文化属性。《小雅》曰:"不愧于人,不畏于天。"康熙《徽州府志》认定徽州"当斗分",这一论断本身就说明,即使徽州处在万山丛中,它也是扼守荆楚与吴越、豫章与江淮咽喉的战略要冲。《周易·文言》说:"夫大人者,与天地合其德,与日月合其明,与四时合其序,与鬼神合其吉凶。先天下而天弗违,后天而奉天时。"徽州文化建设,导于自然又顺于自然,徽州古人用分星、分野的方式,确定自我小宇宙在天地大宇宙中的位置,表达着一种天人合一的空间文化追求。有了这样一种空间文化追求,徽文化所孕育出的美学文献就不会局促于一域。徽州地处吴越、荆楚、豫章、中原文化的交汇地带,经过长期的文化涵化,它的美学文献因此有了小、大之分。徽州美学文献,既可指徽州歙、黟、休、祁、绩、婺一州六县的"小徽州"美学文献,也可指延伸到江南苏锡常、杭嘉湖、淮扬、芜湖、安庆乃至临清、武汉的"大徽州"美学文献。强调"小徽州",是对该美学文献的乡邦性、地域性、边缘性的认同,也是对创造这类文化的历代先民的文化身份的认可;关注"大徽州",既注意了相当长时期内荆楚文化、吴越文化、中原美学对徽州美学的渗透和影响,也看到了"小徽州"美学对荆楚、吴越、中原地区的反向渗透。只有这样,徽州的空间正义、自然和差异的地理学才能被正确认识。

乡邦美学文献的演进特征,是它传承的迫切性。乡邦美学文献孕育在地方性文物与出版物中,这些文物、出版物容易损毁,需要加以大力保护才能传承下去。拿徽州歙县的佛寺为例,这些佛寺是佛教人间化的重要体现,其中孕育着当地居民的生存智慧和精神文化信仰。在历史的不断演进中,这些智慧和信仰的传承,往往受到威胁,乃至湮灭。这一事实,可以在乡邦文献记载中得到证实。刘大魁说:"歙城之外多佛屋,西干为胜。"535 年(梁朝大同元年)歙州就建了向杲院。757 年(唐至德二年)兴唐寺在西干建成。宋朝罗愿在《新安志》中说太平兴国寺,有二十四座别院,在县西南,民间称为水西寺,寺有戒坛,为沙弥受戒,祠部给戒牒。"[①]弘治《徽州府志》说,该地有二十四座寺院,当时存十五六处,其中包括长庆观音、罗汉、如意、妙法、净名、经藏、等觉、崇寿、福胜、五明、兰若等寺院[②]。卷十在后古城时代,佛寺规模有所缩小,康乾之间,西干仍存十寺。康熙《徽州府志》说,太平兴国寺"别院二十有四,今存其十。"乾隆《歙县志》则

① 中华书局编辑部《新安志》,中华书局 1990 年版。
② 彭泽、汪舜民《徽州府志》,齐鲁书社 1997 年版。

说水西有十寺。民国二十六年《歙县志》记载,“咸同乱后,十毁其八”①。在乡邦文献中,西干地区不仅有大量的寺院存在,还有众多的祠堂、道观、庙宇遗存。这里曾是儒、释、道三教并存的地区,展示出文化多元的特征。

三

乡邦美学文献的本土性、融合性、传承的迫切性,孕育着强大的教育功能,能推动区域教育的发展。还以徽州为例,明清徽州教育之所以空前繁荣,被誉为“江左望郡”,成为比肩苏、杭的“人文渊薮”,是因为徽州教育发展与当地人文背景密切相关,宋、元、明、清时期徽州官学、书院、蒙学教育发展的基本线索、基本状态及其特点与乡邦美学教育密切相关。通过对徽州区域教育,特别是对明清徽州区域教育发展问题的研究,我们至少可以得出这样几点认识:第一,区域教育发展,除受到国家政治、国家政策的影响和制约外,更重要的是与区域文化背景、社会风尚、社会组织(如宗族组织)、经济基础等息息相关,是这些因素综合作用的结果。第二,由于各区域的社会经济文化条件不同,受其影响的区域教育发展亦呈现出差异性。要想弥合这种差异性,必须既关注与全国一致性的地方,又关注区域教育,特别是文化教育与审美的相关性,这正是区域教育发展研究的魅力所在。其三,区域教育发展受到区域本土文献资源因素的影响和作用,而区域教育的发展又必然会对这些影响它的因素的发展产生一定的反作用。

乡邦美学文献的本土性、融合性、传承的迫切性特征要求我们,适应现代教育的潮流,从青少年抓起,在九年义务教育,特别是初中阶段教育中,将美育工作融合在学科教育中,推动素质教育的发展。

美育是党的教育方针的重要组成部分,为了推动美育工作开展,践行党的教育方针政策,濉溪县任集中心学校积极开展教育教学改革,以“学导案”教学改革为抓手,将创新性“学导案”教学融入美育因素,大胆梳理有安徽特色的本土美育资源,并将其引入课堂教学,组织“舞蹈队”“书法队”“诗歌朗诵队”,发挥学生的特长,使他们的特长真正变为亮点。学校开展各学科教育和本土美育结合的高效课堂策略的研究,进行适合各科特色的学导案设计;开展基于本土文化特色的多种平台自我成长共同体运用与研究,促使学生高效学习,改革创新教育教学模式及管理模式。学校把研究成果转化为教育教学实践,在集体研

① 石国柱撰修《歙县志》,民国二十六年于沪同乡会。

讨、轮流主备、形成共案、整理个案、师生共用、优化学案等备课模式中，视学科教育、美育为和德育、智育、体育教育相辅相成、相互促进的重点，为落实立德树人根本任务、促进学生全面发展的重要途径；学校还把学科教育与本土美育资源开发融入“学导目标—学导重点、难点—学具准备和学法指导—学导流程”等各个步骤，把学科教育和本土美育学习的主动权还给学生，充分发挥学生的主体作用，寻找“学导案”实践中“出示目标”—“自学质疑”—“汇报展示”—“测评提升”为主要学习操作模式，获得学科教育与本土美育资源结合的效果、出现的问题及其解决路径的相关策略。通过理论研究和教育实践，我们发现，利用安徽省传统美育资源优势，在中学教育中形成“一班一品”“一班多品”的文化教育格局，从而使学校教育以美育为助力，对提高学生的审美与人文素养、促进学生全面发展，发挥了重要作用。这种因地制宜、结合教改、把学科教育与本土美育相结合的方法，为改变农村义务教育学校素质教育的薄弱局面，为培育和践行社会主义核心价值观、传承创新中华优秀传统文化，起到了很好的效果。

〔作者简介：任强，淮北师范大学文学院副教授。 基金项目：安徽高校人文社会科学研究重点项目(SK2015A738)，安徽省教育科学规划三项改革专项课题(JGZXB201426)阶段性成果。〕

论儒家美学文献与中学教育改革

潘国好

在各家学术思想中，儒家占有首要位置。《四库全书总目提要》因此说："自六经以外立说，皆子书也。其初亦相淆，自《七略》区而列之，名品乃定，其初亦相轧。董仲舒别而白之，醇驳乃分。其中或佚不传，或传而后莫为继，或古无其目而今增，古各为类而今合，大都篇帙繁富，可以自为部分者，儒家之外，有兵家，有法家，有农家，有医家，有天文算法，有术数，有艺术，有谱录，有杂家，有类书，有小说家。其别教，则有释家，有道家，叙而次之，凡十四类，儒家尚矣①。从孔子到现代，儒家的发展过程，也是儒家文献伴生发展的过程。儒家文献中孕育了很多美学思想，成为中国美学宝库中的重要资源。

拿春秋时期为例，儒家美学提出并区分了重要的美学范畴、规律和思想。这一时期，提出了"美""气""志""情"，貌""和""象"等基本范畴，探讨了美与气、美与丑、诗与志、情与貌、和与同、意与象、乐与德、乐与政、乐与礼的相互关系，体现了当时理论思维的发展和对美学、艺术的目的、性质、功能、特征的理性思考。这些理论探讨，概括起来主要有下列几个方面：

第一，关于美和艺术的生成。一说生于"六气"。秦国医和认为"天有六气，降生五味，发为五色，征为五声，淫生六疾，六气曰阴、阳、风、雨、晦、明也"(《左传·昭公元年》)。另一说生于"奉礼"而协于天地之性。郑国子产认为人之好、恶、喜、怒、哀、乐"六情""六志"，均需"为礼以奉之"，以"天之经也，地之义也，民之行也"的"礼"为准则，"审则宜类，以制六志"。这样才能由礼而生发出五声五色之美，进而"协于天地之性，是以长久"(《左传·昭公二十五年》)。第二，关于艺术本性和美学的内容、形式。春秋时期盛行"诗言志"说。《尚书·舜典》云："诗言志，歌永言，声依永，律和声。"近人朱自清《诗言志辨》以为先秦流行的"诗言志"说，是儒家传统诗论的"开山的纲领"，产生了深刻的影响。它从文艺主体论出发，概括地说明了文学表现思想感情的特征。这一理论，对春秋战国美学思想产生影响，如《左传·襄公二十七年》记赵文子对叔向称"诗以言志"，《荀子·儒效》"诗言是，其志也"。"诗言志"说肯定了艺术的审美特性和赋诗的表意功能，为了实现这种艺术本性和艺术的美育功能，在艺术创作上主张以内在的情志制约外在的形貌，并将之统一起来："夫貌，情之华也；言，貌之

① 永瑢《四库全书总目》，商务印书馆1931年版。

机也,身为情,成于中。言,身之文也,言文而发之,合而后行,离则有衅。"第三,关于美和艺术的特征。这一时期在理论上有二大贡献:一是指出艺术和美育的特征在于"象",即以形象表现情志和以形象感染人。《周易》提出了"拟诸其形容,象其物宜"和"立象以尽意"的命题,王孙满提出了"铸鼎象物……使民知神奸"的论断(《左传·宣公三年》),指出了艺术形象的表意性、审美性和美育功能。二是指出艺术、美育的基本要义在于"和"。《国语·郑语》史伯说:"夫和实生物,同则不继。以他平他谓之和,故能丰长而物归之。"

春秋时期产生的儒家美学文献资源,具有以下特点:第一,它具有很强的衍生性。拿诗言志为例,随着时代的发展进步,"诗言志"说又被后人赋予新意。传统诗论中的"诗言志"说之所以源远流长,生命绵延,这种突破与发展所注入的新鲜血液的奔腾是必不可少的。如唐韩愈的"不平则鸣"(《送孟东野序》)之说,认为诗歌所言之志不仅温柔敦厚,逆来顺受,而是标志人的主体意识的觉醒,是对社会环境压迫的抗争和呐喊,是诗人干预生活、改造社会并求得内在心理平衡的一种特殊需要。后来白居易《与元九书》又以"诗言志"为据,发为"文章合为时而著,歌诗合为事而作"之论,逐渐加强了诗歌文学的批判精神和斗争性,从而把古代的"诗言志"说,发展为富有古典现实主义精神的诗歌理论。而清初黄宗羲《万贞一诗序》,又结合时代斗争,对"温柔敦厚"的"言志"之说作出了全新的解释。他批判了俗儒"厌厌无气""委蛇颓堕"的言志方式,要求诗人"怒则掣电流虹,哀则凄楚蕴结,激扬以抵和平",认为这才是真正的"温柔敦厚"。这一新说,虽然并不符合汉儒原意,但新思维拓宽了"诗言志"说的理论视野,并赋予了新的审美活力。第二,它具有很强的参照性。还拿诗言志为例,经《乐记》《毛诗序》的发展,到陆机提出"诗缘情"理论,即"诗缘情而绮靡"之说。其原意是讲诗歌的特点是以精美的辞采抒发情感。"缘情"在现存的《陆机集》中凡三见。《文赋》之外,二见于《叹逝赋》:"乐喷心其如忘,哀缘情而来宅。"三见于《思归赋》:"悲缘情以自诱,忧触物而生端。""情"都是泛指情感。绮靡,原指精美的织物,这里引申为美的辞藻。刘勰《文心雕龙》云:"《九歌》《九辩》,绮靡以伤情"(《辨骚》),"结藻清英,流韵绮靡"(《时序》),都是用的引申义。其后,诗缘情理论遂成为文艺审美主观论的依据。第三,它具有很强的教育性。再拿"和"范畴为例,它在中和之美含义中,包含着和谐共生的概念。中国美学历来讲究"中和之美"。从孔子所说的"《关雎》乐而不淫,哀而不伤"(《论语·八佾》)到《礼记·经解》篇提出的"温柔敦厚,诗教也"、《诗大序》主张的"发乎情,止乎礼义",直到清人沈德潜宣言的"诗之为道,不外孔子教小子、教伯鱼数言,而其立言,一归于温柔敦厚,无古今一也”①。这一审美标准在中国美学史中始终占据主导地位。这一标准表明,儒家美学十分注重政治教化功用,强调借诗以观察民风国情,用诗以感化教育百姓,所谓“正得失,动天地,感鬼神,莫近于诗。先王以是经夫妇,成孝敬,厚人伦,美教化,移风俗”(《诗大序》)。这是中国美学的主要价值取向。

儒家之教化名曰儒教,亦即孔子言教之传统思想。一般以儒家、儒学、儒教三者为同义词,而儒、释、道并称为“三教”之说,由来已久。盖儒家有祭天、拜祖、祀孔等宗教性活动,于传统社会中产生极大之功能;历来大儒如董仲舒、韩愈、康有为等,亦致力于将儒家变成儒教。儒家美学文献对于青少年,特别是初中生,具有很强的美育意义。美育即审美教有或美感教育。近人蔡元培为《教育大辞书》写的《美育》条目说:“美肓者,应用美学之舆论于教肓,以陶养感情为目的者也。人生不外乎意志;人与人互相关系,莫大乎行为;故教育之目的,在使人人有适当之行为,即以德有为中心是也。顾欲求行为之适当,必有两方面之准备,一方面,计较利害,考虑因果,以冷静之头脑判定之,凡保身卫国之德,属于此类,赖智育之助者也。又一方面,不顾祸福,不计生死,以热烈之感情奔赴之;凡与人间乐、舍己为群之德,属于此类,赖美育之助者也。所以美育者,与智育相辅相行,以图德育之完成者也。”②拿表情达意为例,儒家美学文献提出诗以达意的观点。司马迁《史记·太史公自序》云:“《易》著天地、阴阳、四时、五行,故长于变;《礼》经纪人伦,故长于行;《书》记先王之事,故长于政;《诗》记山川、溪谷、禽兽、草木、牝牡、雌雄,故长于风;《乐》乐所以立,故长于和;《春秋》辨是非,故长于治人。是故《礼》以节人,《乐》以发和,《书》以道事,《诗》以达意,《易》以道化,《春秋》以道义。”司马迁“《诗》以达意”之语,继承先秦儒家的“诗言志”说,又直接受到董仲舒的影响。董氏《春秋繁露·玉杯》分析儒家六艺的不同特点,有“《诗》道志,故长于质;《礼》制节,故长于文;乐咏德,故长于风;《书》著功,故长于事;《易》本天地,故长于数;《春秋》是非,故长于治”。他们一样认识到儒家六艺,包括诗乐在内,各有自己的特点。但明显不同的是,司马迁改“道志”为“达意”,从而突出了文艺等美育活动诉诸感情的特征。司马迁之所谓“意”,也即其“发愤著书”的意思,所以《太史公自序》又说:“《诗》三百篇,大抵贤圣发愤之所为作也,此人皆意有所郁结,不得通其道也,故述往事,思来者。”人的情感受到压抑,“意有所郁结”,终于通过“诗以达意”的渠道,源源倾泻发泄,既获得内在的心理平衡,又引起社会的共鸣。因此,“诗以达意”之说,既是古代儒家“诗言志”说的重要补充和发展,又是通向魏晋六朝文学自

① 沈德潜《国朝诗别裁集》。

② 彭会资《中国古典美学辞典》,广西教育出版社 1991 年版。

觉时代以后的“诗缘情”说过渡的一座桥梁,从而产生巨大的影响。文艺活动不仅要表情达意,还要善于表达。儒家美学文献提出“主文谲谏”之说,为如何恰如其分地表达提供了借鉴。《诗大序》云:“上以风化下,下以风刺上,主文而谲谏,言之者无罪,闻之者足以戒,故曰风。”这里提出了文艺艺术风格与美育有关的问题。郑玄解释说:“风化、风刺,皆谓譬喻不斥言也。主文,主与乐之宫商相应也。谲谏,咏歌依违,不直谏。”后来孔颖达《毛诗正义》也说:“其作诗也,本心主意,使合于宫商相应之文,播之于乐。而依违谲谏,不直言君之过失;故言之者无罪,人君不怒其作主而罪戮之,闻之者足以自戒,人君自知其过而悔之。”这是要求诗人创作可以规讽统治者,但必须通过委婉曲折的方式,而不要过于切直刻露,以维护君主的尊严和权威。而委婉曲折地运用“譬喻不斥言”的比兴手法乃是重要的艺术手段,涉及诗歌创作表现方法的问题,也可以说,“主文谲谏”云云,实际是儒家“温柔敦厚”传统诗教的另一种说法。

并不仅仅是语言表达的问题。儒家很多美学文献,对于中学教育都具有十分重要的意义。拿《论语》的美学思想为例,首先,教育的目的是为现实社会服务。在孔子看来,教育除了用仁、义、礼净化人们的灵魂,协调人们的社会行为之外,其重要目的在于培养具有仁义之心的“仕”“君子”,以为当时的社会服务。子曰:“诵《诗》三百,授之以政,不达;使于四方,不能专对;虽多,亦奚以为?”(《子路》)也就是说,熟读《诗经》,交给他政治任务,却办不成;派他出使到外国,又不能独立作主应对;这样,虽然书读得很多,又有什么用处呢?又说:“德之不修,学之不讲,闻义不能徙,不善不能改,是吾忧也。”(《述而》)也就是说,品德不去修养,学问不去讲习,听到正义的事不能去做,有错误不能改正,也就是理论和实际不能结合,这才是我们忧虑的。由此可见,读书的目的,不在于死记书本,而在于应用,在于实践,在于“举一反三”地灵活运用知识。其次,教育的基本内容是多元结构。孔门美育有“文、行、忠、信”之说(《述而》),即强调文化知识、品德修养、忠诚笃厚、坚守信约多元并举。“子所雅言,《诗》《书》、执礼”(《述而》),“兴于诗,立于礼,成于乐”(《泰伯》),“不学诗,无以言”,“不学礼,无以立”(《季氏》)。由此可见,孔子是以诗、书、礼、乐为普通教材教育学生的。再次,教育的基本原则是有教无类。孔子提倡“有教无类”(《卫灵公》),能面向所有学生,不分贫贱、地域,一视同仁。孔子设立私学而不以盈利为目的,又能平等地对待他的学生,有利于文化在下层人民中间的传播。这一办学指导思想是值得今天各级各类学校,特别是义务教育学校的办学者们学习的。第四,教育的实施有赖于教育者的素质。孔子认为教育者首先必须正身正已,“其身正,不令而行,其身不正,虽令不从”,这样才能成为学生仿效的合格榜样。其次,要有一个宽宏博大的爱心,包容学生,诲人不倦,本着“没有教不好的学生”

的思想,关心、帮助每一个学生。最后,教育者不能缺少"终身学习"的观念。《里仁》中的"朝闻道,夕死可矣",《述而》篇中的"学而不厌",《子罕》中的"逝者如斯夫,不舍昼夜"的感叹,都是这一思想的具体体现。

可以说,儒家美学思想是一种与时俱进的思想,但是至近代,思想界亦有排孔、尊孔之论争,民国初年康有为于上海组织孔教会,主张定孔教为国教。另一方面,在五四运动全盘西化之口号下,儒家思想备受严苛之批判,而部分儒家学者则将儒学解释为一种人文宗教,试图挽救江河日下之儒家道统价值。然社会结构随时代而变迁,以往传统儒教之社会条件,业已逐渐消失,势难再恢复昔时具有宗教功能之角色。唯近年来,海内外之中国美学界,于西洋文化的强烈冲击下,面临整体文化总反省之时刻,对传统儒家、儒教之价值乃有重新诠释、评估之倾向。此外,在当代新儒之典型人物唐君毅、牟宗三、张君劢、方东美、钱穆、徐复观等人之孤愤为学,会通中西美学之精神,致力阐扬儒家美学,而肯定儒家思想价值之下,颇能起振二十世纪震荡衰颓之儒家思想于一时,且激发新一代之风气,此即当今士林所谓之新儒家。然至此,古借用以陶冶性情,规范人伦的儒家美学,亦已成长为一种指导审美生活的精神信念。

在进行儒家美学思想的运用研究时,我们发现,发挥儒家美学思想与时俱进的优势,将其与初中教育实践相结合,能够推动义务教育的发展。例如,濉溪县任集中心校实施了结合儒家美学思想的基于"学导案"平台的"先学后导,展示训练"的高效课堂教学模式的实验。我们对这一实验进行研究,发现以下几点:第一,如果将儒家美学有教无类的教育原则,融入学生自主学习途径的探索,就能使学生变"被动学习"为"主动学习",并能够在"导学案"的引导之下,通过课前自学、课堂提高释疑、课后巩固复习等环节的调控,锻炼自学能力和独立思考的能力,让学生养成自主学习的良好习惯,同时也使学生学会学习、学会探索、学会提问,为学生提供了创新的空间。第二,如果将儒家美学的正身正己、终生学习的教师发展原则,融入教师专业发展的思路,在运用"导学案"时,教师就能转变落后的教育思想,注重对学生的引导,教师就能站在学科教育的最前沿,有效驾驭课堂,能够将"导学案"与教材有机整合,精心设计,合理调控课堂教学中"教"与"学",从而极大地提高自身的专业能力。第三,如果将教育的社会服务功能、教育的多元结构内容思想,融入中学教育中知识传授的途径和课堂教学模式的改革,就便于形成一套系统的评价体系和管理范式。传统教学沿用的多是"知识—教材—教师—学生"的知识传授过程,学生容易处于接受状态,缺乏自主探索,而通过将儒家美学思想结合"导学案"编写和使用,就会建立起教材、教师、学案、学生之间的新型关系。建立一套有效的评价体系和管理范式,重点是小组、团队等课内外合作共同体对学生学习、生活、审美等科学评价体系,“学导案”编写、实施、教学模式操作程序、教师发展阶梯、青年教师成长等都形成比较完善的制度体系。

由于初中生的思想观念处于逐渐形成的阶段,因此在初中课题教学中更应弘扬儒家文化,提高学生的思想认识,从而让学生在思想上与理论上增进对中华传统文化的理解①。儒家美学文献是中华美学文库的宝贵财富,教育工作者要胸怀美学意识,以弘扬儒家美学精神为重要使命;中学生也应身体力行,在学习中也加强美育修养,把儒家美学精神文化发扬光大。

〔作者简介:潘国好,淮北师范大学文学院副教授。基金项目:安徽高校人文社会科学研究重点项目(SK2015A738),安徽省教育科学规划2014年度三项改革专项课题(JGZXB201426)阶段性成果。〕

① 钟贞琼《如何在初中语文教学中弘扬儒家文化》,语数外学习(初中版下旬),2013年版。

中国古典文艺审美主体间性特质的精神源头

屈雪娇 陈士部

阴阳、有无、虚实、心身、形神、浓淡、文质和情景等交互性观念，按照一定的哲性或诗性的层递关联以隐在的思想体系企达一种独异的审美理想或艺术至境，同时又有其内在的流变机理，留下依稀可辨的史性痕迹。阴阳、有无、虚实、心身、形神、浓淡、文质和情景等这些交互性观念，在哲学根基的意义上，当源自于本体意义上的"道"。何者为"道"？一阴一阳谓之"道"。形而上学之"道"是中国传统文化关于自然、社会和人生的总根源和规律，它成为滋生中国古典文艺审美主体间性特质的思想滋生地，值得我们深切关注。

艺术的存在同"意象"紧密相关，"意象"既是艺术表情达意的媒介，也是艺术价值存在的本体。中国艺术区别于西方艺术之处，与其说在于民族性的思想情感，不如说在于民族特色的审美意象。这种富有中华民族特色的审美意象的渊源在哪里呢？包括中国古典艺术在内的中国文化的思想精神源头是《周易》。作为中国古代重要的文化经典，《易经》是一部占筮书，《易传》是一部哲学书，《周易》则是汉代将"经"与"传"合为一体的产物。《周易》具有占筮、哲学、史学和科学等多层面的性质和成分。它究竟是如何同艺术关联起来的？《周易》与艺术的远缘关联正是在于"象"。"象"是艺术构思的诗性逻辑起点，它是促进艺术构思进展的契机，同时也是艺术本体的感性显现，艺术构思与艺术体验须臾离不开"象"的诗性运演。

《周易》内涵的根本，在于它通过巫术性的占卜活动，"观物取象"，最终达到"以象尽意"。"象"无疑是《周易》体系的核心，"象数"是体，"义理"是用，体用一源，显微无间。很明显，《周易》是借助"象"的想象和规定来把握一切、把握整体世界的。日本学者中村元指出，东方人的思维方式是综合型的，而西方人的思维方式是分析型的，"中国人的思维方式是非常具象的性的"①。可以说，中国传统文化的"具象思维""隐喻思维"，在《周易》中已有集中体现的。《周易》以及诸多对其解读的典籍成为培养中国人"具象思维""隐喻思维"的思想运演场地。

① 中村元《东方人的思维方式》，吴震译，浙江人民出版社1989年版，第233页。

一、《周易》的"象征"及其文化意义

首先要指出的是,《周易》以"象"征"道"、以"象"征"意"的典籍价值在《山海经》中就有所体现,也就是说,中国神话已开启了以"象"御"道"、以"象"御"神"的文化逻辑。

《山海经·叙录》云:"夫以宇宙之寥廓,群生之纷纭,阴阳之之煦蒸,万殊之区分,精气浑淆,自相渍薄,游魂灵怪,触象而构,流形于山川,丽状于木石者,恶可胜言乎?然则总其所以乖,鼓之于一响;成其所以变,混之于一象。"这种"象物以应怪,鉴无滞赜,曲尽幽情"的文化观念,在"万物有灵"的神秘文化语境中,暗自生成了理性精神的晨曦,"正因为神话源于万物有灵的观念,所以神话意象在'闳诞迂夸'的语言形式下,可以看出远古初民对待世界的独特态度——认知与价值相结合的态度"①。神话意象所涵括的认知性与价值观融合的精神观念恰恰是所有艺术形象的基本特征!

《周易》之言"象",多在《系辞传》中。《周易·系辞传》曰:"在天成象,在地成形,变化见矣。""观乎天文,以察时变。观乎人文,以化成天下。""易有太极,是生两仪,两仪生四象,四象生八卦。""仰则观象于天,俯则观法于地。""易者,象也。象也者,像也。""彖者,言乎象者也。"更重要的是,"易象"由于"数"的介入,增强了它的人为运演功能,且常拿人文事象与某些自然物象作比照,相互发明,以更"理性"地趋吉避凶。所以说,"'易象'较之'龟象'人文分量已经占有优势"②,"从《易经》到《易传》,是一个漫长的跨越七八百年的历史行程,也是中国文化走出原始巫教的神学阴影,走向人文自觉的重要行程"③。虽然这个行程无法加以精确地描述,但可以肯定的是,这个行程完全能视为艺术由自在到自觉、由自律到他律的漫长进程中的一个独特的缩影,它为艺术后续的发展开辟了前进的道路。

更需要申明的是,《周易》所言之"象"并不是主客体二元对立中的外在之"象",而是经由"气"的中介被人所感知之"象"。咸卦《彖》传更将"阴阳"两元坐实为"二气":"咸,感也。柔上而刚下,二气感应以相与……天地感而万物化生,圣人感人心而天下和平。观其所感,而天地万物之情可见矣。"正如有学者据此所作的阐释一样,"就宇宙言,阴阳二气相感而生万物;就圣人言,由观人心

① 汪裕雄《意象探源》,安徽教育出版社 1996 年版,第 59 页。

② 汪裕雄《意象探源》,安徽教育出版社 1996 年版,第 121 页。

③ 汪裕雄《意象探源》,安徽教育出版社 1996 年版,第 127—128 页。

所感而见万物之情，这就统摄了天、地、人，而以二气相感一以贯之。"[1]在文化意义上说，《周易》的文化旨趣只在于模拟生命样态，以生命形式来呈现生命的运动，"易象"这种生命符号具有本体意义。因此，人们观察易象，阐释易象，即是要发现这一生命符号所具有的本体意义，而不是要由物去发现人情世事。所以说，有学者这样指出："《周易》之'观物取象'与'取象比类'的一般符号迥然不同，它不是比喻，不是象征，只是其自身，只是一种独立的生命符号。这种传统给中国艺术提供的也不是简单的从物出发、借物比喻的思想，它直接影响中国艺术的意象符号创造，艺术是一种生命符号，它具有独立意义，生命符号的独立意义因而成为中国艺术的重要特点之一。"[2]沉思中国古典艺术的思想精神可以发现，与西方传统诗学中的"典型""讽喻"或"隐喻"不同，中国艺术的旨趣不在于象征性模仿客观外物，求其形似，而是以文化之"易象"文艺之"意象"来比兴、演示生命本身，重在求其神似。可以说，"易象""意象"的诗意就是生命本身的意义。很明显，中国艺术中诸如"目击道存""澄怀观道"和"兴象"等观念，无不指认虚实相生、主客互化、情景交融的诗境，观照艺术对象就是"直观自身"，也就是经由直观体悟而直达生命精神本体。所以说，这里"观物取象"所得的"易象"与"意象"与西方生命哲学、现象学中的"本质直观""是其所是"的现代理念，有其可以展开诗思对话的思想交集，值得我们持续深入的研究，展开深度的中西对话与古今对话。

一气本生，二气交感，故人与万物同在，"游乎天地之一气"(《庄子·养生主》)，心随物运，物随我动，物我交相感发。在我看来，正是因为如此，《周易》之"象"有了超越自身而向诸种文化形态延伸的可能性，由此，《周易》在"圣人"的精神开掘下，拥有了无比广阔的思想生长性。

二、《周易》之"象"的拓展及其诗性价值

《周易》之"象"经由老庄的阐释，其内涵得到了扩张，巫术性的文化内涵让位于哲学性、审美性的文化意蕴，原有的"道"与"象"之精蕴被不同的哲学话语抖落出来，并在无意中赋予无形而又可感的"道象"以审美性的品格。正因为如此，《周易》及其有关的老庄思想才成为后来中国古典艺术思想精神的诞生地，如刘勰《文心雕龙·原道》所言："人文之元，肇自太极，幽赞神明，易象惟先。"

老子的"道"论与"大象"说有着极为密切的关联，甚或说，两者几乎是一而

① 汪裕雄《意象探源》，安徽教育出版社1996年版，第131页。
② 朱良志《中国艺术的生命精神》，安徽教育出版社1995年版，第147页。

二、二而一的。《老子》书中有物象、意象、形而上学的无形之象("大象无形")等不同用法,"象"的指称对象,从形而下经验性事物直到形而上的本体,几乎无所不包,"象"的表达功能,有描述、有隐喻,有象征,甚至有形而上的体悟。《老子》这样来描述"大象":"无状之状,无物之象,是谓惚恍。"(第十四章)"道之为物,惟恍惟惚。惚兮恍兮,其中有象;恍兮惚兮,其中有物。"(第二十一章)这种"无形"之"大象"或者说"无象之象",实为"道"之"象",因而具有了"执大象,天下往"(《老子》第三十五章)的精神超越功能,同时也就拥有了诗性审美功能。

老子所言之"形"即"物象",它借由语言功能转化为心理意象,这种心理意象摆脱了"物象"("形")的物理有限性,达至精神性层面;进而,这种心理意象因观念的介入而带出一种辐射性的象征物("大象"),使有限性的心理意象产生由此及彼、由一总多的多重意蕴。如此一来,由物象及意象再及大象形成意念超越的路径,完成了以形而下者意指形而上者的哲学描画。正是在这里,我们看到了老子的"道"论与"象"说及其对《易传》的影响,在很大程度上,它们成为中国传统文化、传统艺术的思想诞生地。艺术的形象性因素是"与理性因素交融在一起,审美地存在于情境和意境之中的","在审美情感的深层往往隐含着理性的认识"①。在艺术中,感性与理性的统一、情感性与认知性的统一以及审美性与意识形态性的统一,其思想源头显然在于《周易》的"立象以尽意"与《老子》的"象"说。中国的艺术意境理论表明,"意境具有因特定形象的触发而纷呈叠出的特点,它常常由于象、象外之象、象外之意的相互生成与传递而联类不穷……意境就是特定的艺术形象(符号)和它所表现的艺术情趣、艺术气氛以及它们可能触发的丰富的艺术联想与幻想的总和"②。"象""象外之象"与"象外之意"的相互生成与传递而联类不穷,艺术主体与艺术对象、审美主体与审美对象彼此之间胶着互渗,相互辉映,生成富有张力性的诗性空间。

可见,中国传统艺术所特有的情景交融、虚实相生的意境学说,在《周易》与《老子》等中国古典文化典籍中,早已显露出它的思想萌芽。难怪,凌继尧先生在爬梳古典文献,寻找中国艺术学思想的源头时,得出结论这样说道:"《周易》最重要的艺术学思想是关于象的论述:'观物取象','观象制器','立象以尽意',此外,则是关于阴阳的学说。《周易》和《老子》一起,为中国艺术学思想奠

① 田川流、刘家亮《艺术学导论》,齐鲁书社 2004 年版,第 81 页。
② 蒲震元《中国艺术意境论》,北京大学出版社 1999 年版,第 1 页。

定了坚实的哲学基础。"①其中所提及的重要概念,如"道""阴阳""象""妙""化""文""自然"等,均同中国艺术的创作与鉴赏的内在机理有关。不管怎么说,视《周易》与《老子》为中国传统艺术学思想的诞生地,总是不算为过的。

这种思想萌芽与诗性智慧在《庄子》中有了更为明朗的展示,与老子的学说比较而言,庄子哲学直指人生的精神自由、自由的人生,是一种有关艺术化人生、人生艺术化的哲学。庄子更注重从人与自然的关系即天人关系去探究人的自由生存境界,这种自由的生存境界体现一种艺术的、审美的人文精神,"中国古代思想是从宇宙精神这一本质上去设定美,从宇宙精神与人的精神的对话、交流、融合中去确定美"②。所以,在《庄子》中我们经常读到各种奇异"高人"的典故,比如,"佝偻者承蜩"(《庄子·达生》),"匠石运斧"(《庄子·徐无鬼》),"列子为射"(《庄子·田子方》),"庖丁解牛"(《庄子·养生主》)等。这些"真人""圣人""神人",其精神就是"以天合天"(《庄子·达生》),"备于天地之美"(《庄子·天下》)。出于"齐物论"的道学观念,庄子赋予这些丑陋、残损、拙劣、低贱的"下人"形象以"真人""圣人""神人"的至道品格,并由此达至"天乐":"知天乐者,其生也天行,其死也物化。静而与阴同德,动而与阳同波。""夫以虚静推于天地,通于万物,此之谓天乐。"(《庄子·天道》)庄子之"天乐",意在展现人之生存的理想境界,这种理想境界就是艺术需要通往的审美至境。正如徐复观先生所指出的那样,"庄子所追求的道,与一个艺术家所呈现出的最高艺术精神,在本质上是完全相同。所不同的是:艺术家由此而成就艺术的作品;而庄子则由此而成就艺术的人生。庄子所要求,所待望的圣人、至人、神人、真人,如实地说,只是人生自身的艺术化罢了"③。

在实质意义上,道家精神其实就是中国艺术的精神,包括山水画在内的中国文艺似可看为中国道家哲学思想的艺术表现形式。道家思想自起源发展,它逐渐在中国古代文人文化中,和儒家文化一道起统领作用,宗炳最早把老庄之道和山水画联系起来,因此画和画技皆"道",后人称画:"非画也,真道也。"万物皆文,刘勰的"道之文"正是表达此意。老庄道家学说在魏晋南北朝时期进入一个独特的发展时期。魏晋玄学家以《老子》《庄子》和《周易》为经典,通过阐

① 凌继尧《〈周易〉的艺术学思想》,《东南大学学报(哲社版)》,2011年第5期。先秦诸子"往往引譬设喻,以阐明政治、经济、哲学主张,其目的很少直指艺术,却流露出极为深刻的艺术思想,影响并左右了中国艺术思想体系的确立和审美特征的形成。离开先秦哲学,就没有办法探讨中国艺术思想……在中国,政治的、哲学的、宗教的思想,最终都通向了艺术。先秦诸子哲学不仅奠定了中国哲学思想体系,也决定了中国艺术思想发生发展的脉络。"(请参见张燕《先秦诸子哲学与中国艺术思想》,载徐子方主编《美学与一般艺术学新论》,东南大学出版社2009年版,第361页。)此处可以彼此参证互见。

② 彭吉象《中国艺术学》,北京大学出版社2007年版,第379页。

③ 徐复观《中国艺术精神》,春风文艺出版社1987年版,第49页。

释经典来表达各自的哲学见解。“玄学的主要论题有无之辨、言意之辨、名教与自然之辨等多依附于《老》《庄》,并通过解、注《老》《庄》的形式表现出来。玄学的发展实际上是由解《老》到注《庄》的过程,玄学内部的争论实是基于人生实践和政治抱负的不同而造成的对老庄哲学的不同解释”①。伴随这种玄学思想运动,中国文艺的自觉意味更为明朗、强劲,我们从刘勰《文心雕龙》的“自然之道”“宗经征圣”与“论文叙笔”等文艺观中可以见出。

诚然,需要进一步补充的是,由“易象”与“意象”所含带的技艺或技道,同中国传统文化、传统艺术中儒道释多元思想交融的情形相对应,在不同的历史文化时期有着具体的复杂纠缠的拓展情景。凡此“道艺”“技道”或“道象”中的“道”,并不是单纯道家之“道”所能完全涵括的,它实则包涵经世致用、调理社会关系的儒家之“王道”。魏晋时期,阮籍的《乐记》调和儒道,以道家的“自然”为儒家的“礼乐”辩护,创立了以“和”“乐”为美的审美意识。同样,唐代张彦远《历代名画记》有云:“夫画者,成教化,助人伦,穷神变,测幽微,与六籍同功,四时并运,发于天然,非由述作。”唐宋之际有关“道统”与“文统”的争议实为儒道融合的学术思想表征,为此,虽然“文以载道”在不同文化时期有着不同的精神内涵,但它总是能成为中国传统文艺中的核心命题。儒道释等诸种文化思想在不同的政统、史统中有着错综繁杂的冲突与融合,并在不同个性的传统文人那里有着不同的传承。齐梁之际,刘勰文艺思想的复杂性就是一个典型的个案。总之,《周易》之“象”在后世艺术思想中的多元拓展是不言而喻的,这里不再详论。

(作者简介:陈士部,淮北师范大学文学院教授;屈雪娇,淮北师范大学文学院2015级硕士研究生。)

① 陆建华等《道家与中国哲学》(魏晋南北朝卷),人民出版社2004年版,第24—25页。

书 评

评高彦颐《闺塾师——明末清初江南的才女文化》

朱 雯

在近现代学术史上，异彩纷呈、纷至沓来的史学理论与方法论，无疑是当下学术研究的热潮之一。在此进程中，欧美学者，则往往是新理论、新方法的缔造者与弄潮儿，其学术生命力之旺盛，亦直接影响了东亚地区学术研究的格局与走向。以中国学界而言，从上世纪初的马克思、韦伯，到中叶伽达默尔的“诠释学”、福柯的“知识考古学”、德里达对“文本”的解构等等，凡此种种，无不引发一波又一波亦步亦趋的热潮①。

随上世纪后期西方“新史学”乃至“新新史学”的勃兴与舶来，1990年，台湾《新史学》杂志创刊，以杜正胜为首的一批中青年学者，高张“新史学”的大旗，着意于“尝试各种方法（不论已用未用），拓展各种眼界（不论已识未识），以探索历史的真实和意义”②。由此，20余年来，两岸学界在环境史、生命史、性别史、民族史、生活史等诸多领域，新论迭出。

在此意义上，高彦颐女士的《闺塾师——明末清初江南的才女文化》，无疑是上世纪末欧美学界在中国古代女性史学领域的一部力作③，在台湾新史学性别史领军人物李贞德，以及大陆赵园的力作《家人父子——由人伦探访明清之际士大夫的生活世界》之外，为我们提供了又一值得借鉴的范本。

《闺塾师》一书，在学术取径与风格上，呈现出明显的欧美学风，亦即特别关注“观念”的解构与重建，以及理论与方法的开拓。这一点，在其《绪论：从“五四”妇女史观再出发》中表现尤为突出，其立意之新颖、思辨之缜密，对笔者震撼莫大。作者指出，在近代民族危机的大背景下，受历史研究与历次政治革新的直接影响，“假定女性为受害者的预设”“受害的‘封建’女性形象”成为国人“根

① 参阅黄进兴《中国近代史学的双重危机：试论“新史学”的诞生及其所面临的困境》，氏著《后现代主义与史学研究》，生活·读书·新知三联书店2008年版，第217—256页。

② 《新史学·发刊词》，1990年第1期，第3页。

③ 该书原系高彦颐女士上世纪80年代中期在美国斯坦福大学完成的博士学位论文，1994年，英文版由斯坦福大学出版，2005年，李志生所译的中文版，由江苏人民出版社出版。

深蒂固"的认知。这种"非历史的偏见",以及矫枉过正的"女性是动因"的提法,都妨碍了历史真相的呈现,故而不得不展开"历史性的考察"。因此,作者择取了"闺塾师"——江南地区拥有特权、受过教育的女性,并同时呈现出"限制与自由"的群体——作为其研究对象。这可以视为作者的第一重反思。随后,作者特别强调其"女性"的视角,并不仅指"生理性别"(sex),而是就其"社会性别"(gender)——即社会关系、权力关系、文化建构下的性别特征,又将其析分为理想化理念、生活实践、主体认同三个层次①,以达成其交互关系中的社会性别解读,这是作者的第二重反思。基于这两点反思,作者尝试重现并重估"儒家的社会性别体系","通过妇女在社会性别体系内的既得利益,来解释社会性别体系的运作和再生产",借此完成其理论框架与宏观观照的建构。

《绪论》中所呈现出的宏观反思与重建,是笔者读来获益最深的部分。在学术研究中,固化的"常识"往往直接造成了研究者与历史真相之间的隔膜,而"常识"的打破,或称为"祛魅"的过程,亦往往预示着学术研究中新境界的开拓。较近的例子,我们可以举出侯旭东先生对传统中国"农业社会"这一常识认知的撬动②。在此意义上,高彦颐将女性研究从"受害者"形象的泥沼中拔出,将其还原到多重秩序下互动关系中的有机系统中去,其意义不仅在于旧知识的"祛魅",更在于新的研究理路的开拓,由此点来说,尤属难能。

受高彦颐的启发,循此视角,我们仍可对传统社会的"女性"作出更多的思考。我们知道,中国历史的基本脉络及其走向,绝不是单向的线性递增或递减的进程,而是屡有起伏、波峰波谷迭次呈现的曲折往复。那么,高彦颐所着意"祛魅"的"'五四'妇女史观",及其作为样本范围的明末清初时期,或许只是历史的结点而非全貌,在此时代与史观之前,"女性"的观念与事实,又呈现出怎样的源流与起伏,历史上似乎牢不可破的性别伦理又是如何萌芽乃至最终奠定的?借用高彦颐所提示的"自由"与"限制"的二元对立,以峰、谷的轮替而言,《史记·货殖列传》所记秦"以丹穴致富"的巴寡妇清,或可称为峰;东汉末《孔雀东南飞》中的刘兰芝,或可称为谷;魏晋南北朝"我见犹怜,况老奴乎"式的"妒妇"形象的迭出,或可称为峰,这一高峰似乎一直延续至盛唐,但同时,随着赋税制度的演进,多见于中古簿籍的"女户头",在唐以后彻底淡出,男性家长制随赋税的权利增加似乎终于奠定,峰又向谷陵替;宋世以后,随儒家伦理的强

---

① 按,三层次的概括语,作者先后使用"规范性的概念、社会制度和主体认同""理想化理念、生活实践、女性视角"等表述,此处较原文有所改动,简言之,理想化理念指王朝政治与儒学价值体系中的宏旨、生活实践指现世生活中的事实与观念、主体认同则强调女性对前两者的认同与超越。

② 侯旭东《渔采狩猎与秦汉北方民众生计——兼论耕织为本传统的形成与农民的普遍化》,侯氏著《近观中国史——侯旭东自选集》,上海世纪出版社 2015 年版,第 31—63 页。

化，这一低谷大概一直接续到高彦颐所论的明末清初时期，才有所改观。由观念史上，我们可以考虑的是，性别伦理的基本叙事——亦即至晚确立于汉代的“男女敌体”观念的发生史及其后来的演化。借助于考古学的成果，引入时代、阶层这两个变量，夫妻合葬墓中所呈现出的“同茔异穴”与“同穴”的交替，又反映出怎样的演变脉络与轨迹？这些并不成熟的思考，在高彦颐的祛魅与重构之后，引发了笔者浓厚的兴趣。

言归正传，不同于其《绪论》中高屋建瓴式的成熟架构，《闺塾师》在具体章节的写作上，则似乎互有参差，文中随处多见精彩的论述，但在整体上，似乎并未完美地支持《绪论》中的构建。

《闺塾师》分为上、中、下三卷。

上卷题为“情史与社会秩序”，即以现世的时代、社会背景来解释江南才女文化在明末清初的繁荣。第一章题为“都市文化、坊刻与性别松动”，立论的主体实际是“坊刻”的繁荣所带来的“性别松动”。本章用了一大半的篇幅来讨论明末清初“坊刻”的繁荣，其与本书的主旨有着较大的悬隔，初读之下，不免难解。实际上，第一章是作为第二章《情教的阴阳面：从小青到〈牡丹亭〉》的铺垫，大概是为了进一步证成“妇女由阅读而非现实生活中，学习在社会中的自处”，故而首先强调书籍成本的下降，方更能显现文学传播对于才女文化的哺养。即便如此，第一章的论述似乎仍有可以质疑之处。例如，作者试图在插图书籍与女性阅读之间建立联系，认为插图更符合了女性需求，因为“她们至多只能按图识字”（第53页），这样的论断实在难以令人信服。同时，以作为研究对象的“才女”亦即女性中的上层群体而言，唐宋印刷业的发展，业已形成了作者所讨论的“才女”文化，耳熟能详的人物，便可举出薛涛、唐婉、李清照、管道升等等，明清印刷成本的进一步下降，其获益的群体，大概更主要的是上流女性中的末流，如果将“才女”这一特权群体再作区分，或许倒能够更加证成作者的观点。第二章无疑是本书最为精彩的论述，作者提撕出《牡丹亭》与“冯小青故事”在女性群体中的阅读热潮——作者称之为“情迷”，以及这种文学阅读在明清女性的自我认知中所扮演的至关重要的角色，以有趣的选题促成了其盎然的论述，其成功之处不言而喻。但是，也要看到，其论述的核心，比如“情迷”以及女性阅读所带来的自我认知与自我塑造，实际都来源于孙康宜的先行研究。

中卷题为“妇女性别的重写与重读”，立意在于重新解读女性的身份地位，以呼应《绪论》中对“受害者”形象的解构与重构。第三章题为“丈夫与女中丈夫：女性角色的错位与延伸”，力图在“受害者”形象外，勾勒出女性“自由”的身份及其社会地位，其所择取的有趣的对象有女塾师、女文人、夫妇才学的错位、“女状元”等，但是，问题在于，由于其各类人物中样本数量的寡少（甚至单一），我们同样可以举出前代的相似例证,从而将其视为"常态的反例",亦即自来女性中的佼佼者凭借才华,同样能够突破其身份限制,并不仅限于其所探讨的时代而已。作者对此也有所体认,故而写道"当然,著名女作家如班昭、李清照和管道升,一直是受到中国历史承认的……明末清初女作家露面的新奇之处不仅在于数量,也在于男、女间角色和身份的颠倒",随后举出黄媛介和王端淑的例子,指出其夫、兄反而进入了从属于女性"列传"的"附传"中去。但是,同样的,这样的面貌在前代的《列女传》中已有呈现,其差异何在,作者并未再作解答。笔者实是赞同作者此处的观点,但如能就此问题,加以史学史的深入探讨,其论证的力度与立论的可信度,大概能够更为彰显吧。否则,以上流群体中的个例而探讨大时代下的整个女性群体,论据不免单薄。第四章《从三从四德到才、德、美》,探讨的主体实际是女性生活史的诸面向,但正如作者所自陈的,乃是"由妇女自己带来的微妙变化",相关的考察,在作者的另一部作品《缠足——"金莲崇拜"盛极而衰的演变》中,实际有着更为精彩的论述。

下卷题为"家门内外的妇女文化",前两章题为"家族人伦与"家居式"结社""书写女性传统:交际式及公众式结社",亦即探讨了作者所划分的女性结社的三个层级:家居式、交际式与公众式。对女性结社现象的揭橥,以及其层级的划分,无疑显示出了作者卓然的学术眼光,亦是对作者所揭的"限制"与"自由"的一个极佳的回应。经由其优美的笔触,我们看到,女性中的佼佼者实实在在地突破了闺门的限制,而开拓出与男性相等齐的"自由领域"。当然,仍可以思考的是,在明末清初男性士人的结社热潮下,女性结社的出现与男性风潮之间的关系,由此而言,这一"自由"或许亦能呈现出"限制"的面向。末章《名妓与名山:男性社会中的妇女文化》,以名妓为切入点,回应的是江南货币经济发展的现实下,女性地位的另一重面向,以及其仍然受到"限制"的男性社会之间的关系。同时,作者还强调了导致女性差异的(阶层)二元原则。但正如前文所提到的,以才女群体而言,其本身的更为细化的阶层划分,或许会得得较妻妾一名妓这样的划分更为合理的结果。

总体而言,《闺塾师》一书,为我们打开了一扇了解欧美性别史学研究现状的窗户,我们可以借由这一享受性的阅读过程,一窥欧美学界的堂奥,并借鉴汲取其长处。毫无疑问,《闺塾师》在写作的方式上,特别是《绪言》所呈现出的宏观的反思与理论、方法的构建,与国内普遍的研究模式大相径庭。如举同一研究领域的赵园女士而言,其对明清之际夫妇伦理的研究,如其所言,"本书有关考察的特别之处,或许更在材料……文集中有更感性、更个人、更具体情境中的

‘家人父子’”,“我没有兴趣……构建‘理论模型’,关注始终在现象、形态的多样性”①。其中自然有自谦之语,却也呈现出了中、西方学者研究取径上的显著差异。当然,如以赵园女士的研究作为参照,《闺塾师》在对“明末清初”这一时段的探讨中,对于明清易代这一大变局竟然鲜少着墨,那么,在明末与清初之间,江南的才女文化是否会因时代剧变而造成某种断裂与承续呢?笔者衷心期待这一话题的后续探讨的面世。

(作者简介:朱雯,女,文学博士,清华大学文学院博士后。)

① 赵园《家人父子——由人伦探访明清之际士大夫的生活世界》自序,北京大学出版社2015年版,第2页。

《古典文献学术论丛》稿约

一、《古典文献学术论丛》由淮北师范大学文学院组稿,黄山书社出版,计划一年出版一辑。

二、本书主要收录以古典文学为中心而展开的各种专门性研究文章,下设学术史与学术方法研究、古典文献研究、海外汉学研究、古籍版本研究、安徽文献研究、文献与文学研究、文学专题研究、谱牒研究、书评等版块。内容、主题、字数均不限。

三、文稿采用页下注的方式给引文标注,凡来稿,本编辑部即聘请专家进行审阅,不同意修改者敬请说明。来稿文末请注明作者真实姓名、供职单位、职称、详细通讯地址、电子邮箱、电话等,以便联系。

四、来稿可以是纸质也可以是电子版。纸质文稿请寄:安徽淮北师范大学文学院《古典文献学术论丛》编辑部(邮编 235000)。本编辑部欢迎电子文稿,电子文稿请发送至邮箱:renrong224@ sina.com 或 jiyunlu@ 163.com。